HOUGHTON MIFFLIN
Lectura

Triunfos

Autores principales
Principal Authors
Dolores Beltrán
Gilbert G. García

Autores de consulta
Consulting Authors
J. David Cooper
John J. Pikulski
Sheila W. Valencia

Asesores
Consultants
Yanitzia Canetti
Claude N. Goldenberg
Concepción D. Guerra

HOUGHTON MIFFLIN
Lectura
Herencia y futuro

 HOUGHTON MIFFLIN

BOSTON

Front cover and title page photography (sand) by Tony Scarpetta.

Front and back cover photography (dolphin) by © Sunstar/International Stock.

Acknowledgments begin on page 655.

Printed in the U.S.A.

ISBN: 0-618-18030-3

123456789-VH-11 10 09 08 07 06 05 04 03 02

Triunfos

VALENTÍA

Las verdaderas confesiones de Charlotte Doyle

por Avi

Biblioteca del lector

- El río del cual no hay regreso
- El secreto de Corrie
- El doble desafío
- Cabalgando con los vaqueros

Libros del tema

La composición

    por Antonio Skármeta
    ilustrado por
    Alfonso Ruano

Óyeme con los ojos

    por Gloria Cecilia Díaz
    ilustrado por
    Chata Lucini

Aydin

    por Jordi Sierra i Fabra
    ilustrado por
    Teo Puebla

De cerca

POESÍA

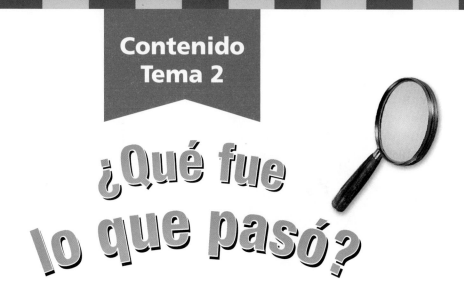

¿Qué fue lo que pasó?

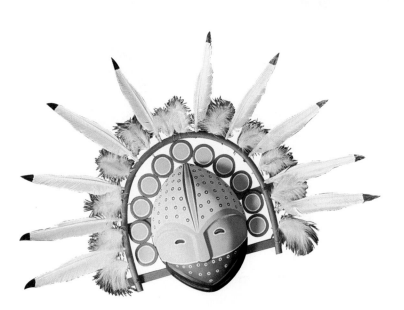

Biblioteca del lector

- Orson Welles y la guerra de los mundos
- El niño y los galgos
- Stonehenge: ¿Un misterio sin resolver?

Libros del tema

La fábrica de nubes

por Jordi Sierra i Fabra

ilustrado por Viví Escrivá

Con los pies en el aire

por Agustín Fernández Paz

ilustrado por Miguelanxo Prado

El cuento interrumpido

por Pilar Mateos

ilustrado por Teo Puebla

De cerca

Teatro

Abriendo caminos

Biblioteca del lector

- La fotografía familiar
- Amigo
- Llegar hasta el final
- El jugador en equipo

Libros del tema

Las desventuras de Juana Calamidad
por Paco Climent
ilustrado por Ángel Esteban

Cajas de cartón
por Francisco Jiménez

Allá donde florecen los flamboyanes
por Alma Flor Ada

Culturas antiguas

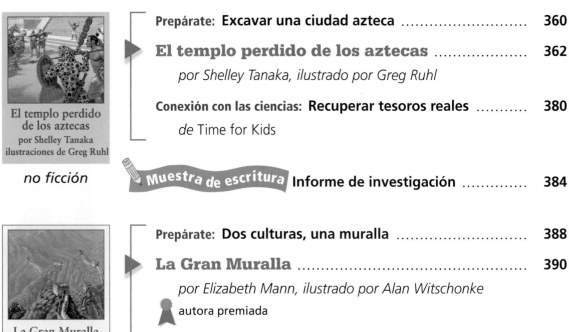

Biblioteca del lector

- Un pasado valeroso
- Las pirámides de Giza
- El Bagdad antiguo: Una ciudad en la encrucijada del comercio

Libros del tema

Mao Tiang Pelos Tiesos
   por Monserrat del Amo
   ilustrado por Fátima García

El abrazo del Nilo
   por Montserrat del Amo
   ilustrado por Marina Seoane

La antigua China
   por Robert Nicholson y
   Claire Watts

De cerca

Mitos

Contenido
Tema 5

Visionarios

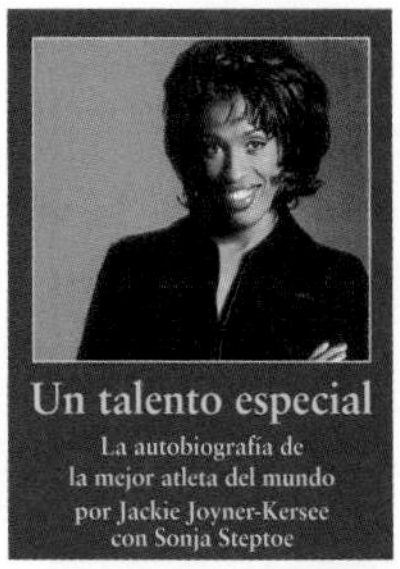
Un talento especial
La autobiografía de
la mejor atleta del mundo
por Jackie Joyner-Kersee
con Sonja Steptoe

autobiografía

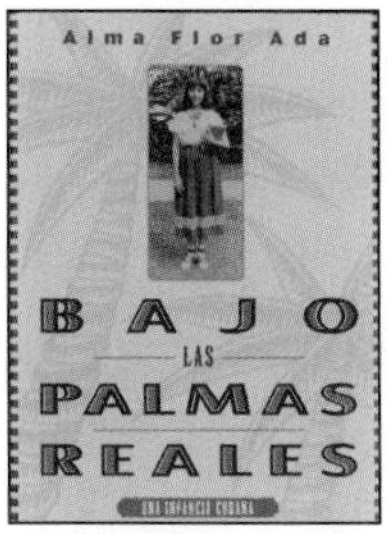
Alma Flor Ada
BAJO
LAS
PALMAS
REALES

autobiografía

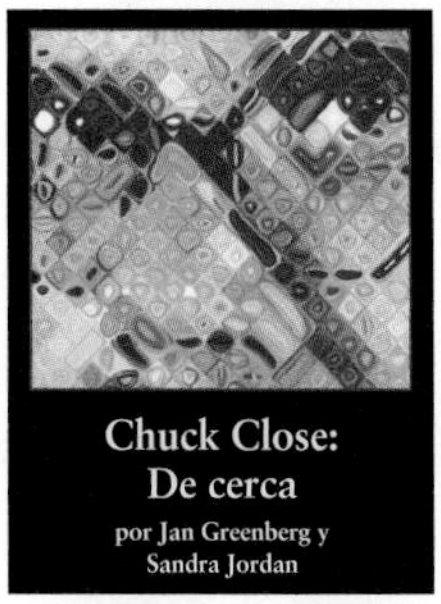
Chuck Close:
De cerca
por Jan Greenberg y
Sandra Jordan

biografía

Biblioteca del lector

- Mia Hamm: La jornada de una campeona de fútbol
- Monedas de veinticinco centavos para todos
- Un héroe verdadero

Libros del tema

César Chávez: Una biografía ilustrada con fotografías
  por Lucile Davis

Sammy Sosa: Héroe de los jonrones
  por Jeff Savage

El árbol de los sueños
  por Fernando Alonso
  ilustrado por
  Emilio Urberuaga

Discursos

Nuevas fronteras: Océanos y espacio

Las aventuras del *Sojourner*
por Susi Trautmann Wunsch

Franklin R. Chang-Díaz
por Argentina Palacios

Bajo las aguas azules
por Deborah Kovacs y Kate Madin
fotografía principal de Larry Madin

Biblioteca del lector

- Como en casa en el espacio
- Eileen Collins: La primera mujer comandante en el espacio
- La extraña vida de los respiraderos submarinos
- El resplandor de la caleta del faro

Libros del tema

Una mirada al espacio
por David Glover
ilustrado por Stuart Trotter,
Teri Gower, Mel Pickering y
Jason Lewis

Misterios de océano
por Peter Riley
ilustrado por Tony Hargreaves
y Brin Edwards

Bajo las Olas
Escrito y ilustrado por
Kristin Joy Pratt

VALENTÍA

"Debes hacer
las cosas que
crees imposibles".

—*Eleanor Roosevelt*

VALENTÍA

Contenido

Las verdaderas
confesiones de
Charlotte Doyle
por Avi

Biblioteca del lector

- El río del cual no hay regreso
- El secreto de Corrie
- El doble desafío
- Cabalgando con los vaqueros

Libros del tema

La composición
    por Antonio Skármeta
    ilustrado por Alfonso Ruano

Óyeme con los ojos
    por Gloria Cecilia Díaz
    ilustrado por Chata Lucini

Aydin
    por Jordi Sierra i Fabra
    ilustrado por Teo Puebla

Libros relacionados

Si te gusta…

El hacha
por Gary Paulsen

Entonces lee…

Esto es coraje

por Armstrong Sperry

(Noguer y Caralt)

Un niño le tiene miedo al mar hasta que pasa algún tiempo en otra isla para superar su miedo, y luego regresa a casa.

Estrella Negra, Brillante Amanecer

por Scott O'Dell

(Noguer y Caralt)

Una niña no puede creer a su papá cuando éste le pide que ocupe su lugar en la carrera de trineos tirados por perros.

Si te gusta…

Pasaje a la libertad
por Ken Mochizuki

Entonces lee…

No me llamo Angélica

por Scott O'Dell

(Houghton Mifflin)

En esta novela, el autor narra la gran revuelta de esclavos de 1733.

Sadako y las mil grullas de papel

por Eleanor Coerr

(Pearson)

Una niña enferma quiere hacer mil grullas de papel para recuperarse, pues según cuenta la leyenda, una persona enferma se cura si lo consigue.

Escalar o morir
por Edward Myers

Julie y los lobos

por Jean Craighead George

(Santillana)

Una niña de 13 años se pierde en Alaska y es acogida por una manada de lobos.

La caseta mágica

por Norton Juster

(Seastar)

Milo tiene que rescatar a una princesa y salvar el reino.

Las verdaderas confesiones de Charlotte Doyle
por Avi

La isla de los delfines azules

por Scott O'Dell

(Noguer y Caralt)

Karana sobrevive sola durante dieciocho años antes de ser rescatada.

Taínos

por Michael Dorris

(Econo-Clad Books)

Este libro relata las vidas de dos niños que viven en una isla del Caribe en la época precolombina.

Tecnología

Visita www.eduplace.com/kids

Education Place®

Desarrollar conceptos

El hacha
por Gary Paulsen

El hacha

Vocabulario

hacha
refugio
supervivencia

Estándares

Lectura

- Determinar el significado a través del contexto

En un lugar salvaje

Tras un accidente de avión en una zona inhóspita de Canadá, el joven protagonista de *El hacha* se las arregla para sobrevivir solo. Sin refugio ni contacto humano de ninguna clase, la naturaleza le resulta hermosa, pero lo asusta. El bosque está lleno de sorpresas y son muchos los animales que se ocultan en él. Estos animales parecen inofensivos en su entorno natural, pero pueden resultar peligrosos y dificultar la supervivencia. ¿Cómo se las arreglará el muchacho para sobrevivir sólo con sus ropas y una pequeña hacha?

Una imagen típica del paisaje natural canadiense

¡Ay! Las púas de un puerco espín, duras y puntiagudas como agujas, son su principal defensa.

Un uapití en un bosque canadiense.

Un lobo gris entre los colores del otoño.

El oso pardo causa temor en los lugares salvajes.

Conozcamos al autor
Gary Paulsen

"Sencillamente, no puedo estar sin escribir", afirma Gary Paulsen. "Traté de hacerlo cuando me dedicaba a adiestrar perros, pero acabé escribiendo a mano junto a la hoguera cuando los perros dormían. Escribí *Hatchet* (*El hacha*), *Dogsong* y *Woodsong* mientras acampaba con mis perros".

Además de ser un escritor premiado, Paulsen también ha trabajado como maestro, ingeniero de campo, jefe de redacción de una revista, soldado, actor, director, agricultor, ranchero, camionero, trampero, arquero profesional, trabajador rural migratorio, cantante, escultor y marino.

Conozcamos al ilustrador
Michael Steirnagle

Michael Steirnagle vivió su infancia en El Paso, Texas, donde pasaba el tiempo jugando básquetbol y béisbol, cuando no estaba dibujando o pintando. Probablemente su madre, que era artista, lo ayudó a decidirse a ser ilustrador. También se dedica a enseñar arte en el Palomar College en Califonia. Éste es su consejo para quienes deseen ser artistas o ilustradores: "Aprendan a dibujar. Dibujen constantemente, y utilicen también la imaginación".

Internet

Para saber más acerca de Gary Paulsen y Michael Steirnagle, visita Education Place. **www.eduplace.com/kids**

El hacha

por Gary Paulsen

Estrategia clave

¿Cómo reacciona Brian al encontrarse solo en un ambiente salvaje? Al leer la selección, haz un **resumen** de lo que ocurre usando tus propias palabras.

Brian Robeson, un muchacho de trece años, viaja en avión para encontrarse con su padre, cuando el piloto sufre un ataque al corazón. El avión se estrella en un lago y Brian se encuentra abandonado a su suerte y solo en un páramo salvaje de Canadá. Construye un refugio cerca del lago y tiene un encuentro cercano con un oso. A medida que pasan los días, Brian se da cuenta de que debe encontrar comida para sobrevivir.

Al principio pensó que era un gruñido. En la silenciosa oscuridad del refugio, abrió los ojos en el medio de la noche, despertó y creyó que había oído un gruñido. Pero era el viento: un viento moderado entre los pinos había causado un sonido que lo había sobresaltado y despertado. Se incorporó y notó un fuerte olor.

Se sintió aterrorizado. Olía a podrido, un olor a podrido y humedad que inmediatamente le hizo pensar en tumbas con telarañas, polvo y muerte. Las aletas de su nariz se dilataron y abrió los ojos de par en par, pero no veía nada. Estaba demasiado oscuro, una oscuridad densa, porque las nubes cubrían hasta la luz de las estrellas, y no podía ver nada. Pero el olor estaba vivo, vivo e intenso, y estaba dentro del refugio. Pensó en el oso, pensó en *Bigfoot* y en los monstruos de todas las películas de miedo que había visto en su vida. El corazón le golpeaba con fuerza en la garganta.

Entonces oyó el roce. Era un sonido como si algo resbalara o se arrastrara junto a sus pies. Dio una patada con todas sus fuerzas y al mismo tiempo lanzó el hacha hacia el lugar de donde provenía el sonido, mientras escapaba un gemido de su garganta. Pero el hacha no dio en el blanco: llegó hasta la pared y golpeó las rocas, desprendiendo una lluvia de chispas. En ese instante sintió un intenso dolor en una pierna, como si se le hubieran clavado un centenar de agujas. "¡Aaay!"

Esta vez gritó de dolor y de miedo, y se arrastró sobre su espalda hasta un rincón del refugio, respirando por la boca y esforzándose por ver, por oír.

Oyó el roce nuevamente. Al principio pensó que se dirigía hacia él: se sintió tan aterrorizado que dejó de respirar. A duras penas consiguió ver una forma oscura en el suelo, apenas un bulto en la oscuridad, una sombra viva; pero se estaba alejando, deslizándose y arañando el suelo, y lo vio, o creyó que lo vio, escaparse por la salida.

Permaneció tumbado de costado unos instantes. Después tomó una gran bocanada de aire y la retuvo, esperando que el atacante volviera. Cuando parecía que la sombra no iba a regresar, se palpó la pantorrilla, donde estaba centrado el dolor que se extendía por toda la pierna.

Sus dedos palparon cautelosamente una serie de agujas que le habían atravesado el pantalón y se le habían clavado en la parte más carnosa de la pantorrilla. Eran rígidas, y la parte de ellas que sobresalía era muy puntiaguda. Entonces supo qué era lo que lo había atacado. Un puerco espín había llegado hasta su refugio, y cuando él le dio la patada, el animal lo azotó con su cola de púas.

Palpó cuidadosamente las púas. El dolor era tal que parecía que tuviera varias docenas clavadas en la pierna, pero eran sólo ocho espinas que

pinchaban la tela contra su piel. Se apoyó un momento en la pared. No podía dejarlas allí clavadas, tendría que sacarlas, pero con sólo tocarlas el dolor se hacía más intenso.

Qué rápido, pensó. Qué rápido cambian las cosas. Cuando se acostó se sentía satisfecho, y un momento después todo era diferente. Sujetó una de las púas, contuvo la respiración y la arrancó de un tirón. Sintió cómo le llegaban al cerebro las señales de dolor en densas oleadas, pero agarró otra y la arrancó, y después otra. Cuando había sacado cuatro, se detuvo un momento. El dolor, que al principio era agudo y bien localizado, se había extendido por toda la pierna como una nube caliente y lo obligaba a contener el aliento.

Algunas de las púas estaban clavadas más profundamente que otras y le desgarraban la carne al salir. Respiró hondo dos veces, dejó escapar la mitad del aire y volvió al trabajo. Tirón, pausa, tirón... y otras tres veces más, hasta que se dejó caer de espaldas en la oscuridad: lo había conseguido. Le dolía toda la pierna, y sentía lástima de sí mismo: ambas sensaciones le llegaban en oleadas. Sentado solo en la oscuridad, con la pierna dolorida y los mosquitos molestándolo otra vez, rompió a llorar. Era demasiado, simplemente demasiado, y no podía soportarlo. No podía más. Así no podía seguir.

"No puedo continuar así, solo, sin fuego y en la oscuridad. La próxima vez tal vez sea peor: puede que venga un oso, y entonces no serán simples púas clavadas en la pierna; puede ser peor. No puedo hacerlo", pensaba una y otra vez. Brian se incorporó hasta quedar sentado en su rincón, al fondo de la cueva. Apoyó la cabeza en sus brazos cruzados sobre las rodillas, con la pierna izquierda entumecida, y lloró hasta el agotamiento.

No supo cuánto tiempo pasó así, pero más tarde, al recordar su llanto a oscuras en el fondo del refugio, pensó que fue entonces cuando aprendió la regla más importante de la supervivencia: sentir lástima de uno mismo no servía de nada. No era simplemente inadecuado o incorrecto, sino más aún, era inútil. Cuando por fin dejó de llorar, sentado a solas en la oscuridad, nada había cambiado. La pierna le seguía doliendo, todo permanecía oscuro, él continuaba solo y haber sentido lástima de sí mismo no le había servido de nada.

Por fin volvió a dormirse, pero sus hábitos ya estaban cambiando y tuvo un sueño ligero: fue más bien una siesta reparadora que un sueño profundo, y algunos leves sonidos a su alrededor lo despertaron dos veces en lo que quedaba de la noche. En el último sueño antes del amanecer, antes de despertar definitivamente con la luz de la mañana y nuevas nubes de mosquitos, soñó, no con su madre, sino con su padre al principio, y más tarde con su amigo Terry.

En la primera parte de su sueño su padre estaba parado en el ángulo de una sala, mirándolo, y su expresión indicaba claramente que trataba de decirle algo. Sus labios se movían pero de ellos no salía ningún sonido, ni siquiera un susurro. Le hacía señas con las manos, hacía gestos ante su rostro como si tratara de arañar algo, y se esforzaba por articular una palabra, pero al principio Brian no podía verla. Entonces los labios de su padre se juntaron como si quisiera pronunciar *mmmmmm,* pero de ellos no salió sonido alguno. *Mmmmmm... maaaa.* Brian no lograba oírlo ni entenderlo, a pesar de todos sus esfuerzos; era muy importante entender a su padre, saber lo que estaba diciendo. Estaba tratando de ayudarlo, intentándolo con todas sus fuerzas, y al ver que Brian no comprendía hizo un gesto contrariado, como cuando Brian repetía la misma pregunta varias veces, y su imagen se desvaneció. Se perdió entre la niebla y Brian lo perdió de vista. El sueño casi había terminado, o eso parecía, cuando apareció Terry.

No le hacía gestos a Brian, sino que estaba sentado en un banco del parque, mirando una barbacoa, y durante unos momentos no sucedió nada. Entonces se puso en pie y colocó en la barbacoa unos trozos de carbón que sacó de una bolsa. Añadió un poco de líquido de encendido y lo prendió con un encendedor. Cuando estaba ardiendo y el carbón estaba calentándose se volteó, notando la presencia de Brian por primera vez en el sueño. Giró y sonrió, señalando el fuego como diciendo: "¿Ves? Fuego".

Pero esto no significaba nada para Brian, excepto que le habría gustado tener fuego. Vio una bolsa en la mesa, junto a Terry. Brian pensó que probablemente contenía salchichas, papas fritas y mostaza, y no podía pensar en nada más que en comida. Pero Terry sacudió la cabeza y volvió a señalar el fuego, y otras dos veces volvió a señalarlo, obligando a Brian a fijarse en las llamas. Brian sintió crecer su enfado y su frustración y pensó: "Muy bien, ya veo el fuego, ¿y qué? Yo no tengo fuego. Ya sé que existe el fuego; ya sé que necesito hacer fuego".

"Ya lo sé".

Abrió los ojos y vio luz en la cueva, la claridad grisácea de la mañana. Se limpió la boca con la mano y trató de mover la pierna, que estaba rígida como si fuera de madera. Tenía sed y hambre, y comió algunas frambuesas que quedaban en el saco. Se habían estropeado un poco, estaban más blandas y aplastadas, pero conservaban toda su dulzura. Las apretó con la lengua contra el paladar y bebió el dulce jugo que le bajaba por la garganta. Un destello metálico llamó su atención y vio su hacha en la arena, donde había caído cuando la lanzó contra el puerco espín en la oscuridad.

Se incorporó, haciendo una mueca de dolor al doblar la pierna herida,
y se arrastró hasta el lugar donde estaba el hacha. La tomó y la examinó,
y vio que estaba un poco mellada.

El daño no era muy grande, pero el hacha era importante para él: era su
única herramienta, y no debería haberla lanzado. Era mejor tenerla siempre
al alcance de la mano, y construir otra herramienta de algún tipo para
ahuyentar a los animales. Tengo que hacer un bastón, pensó, o una lanza,
y conservar el hacha. Mientras sostenía el hacha, un pensamiento le rondaba
en la mente, algo relacionado con el sueño con su padre y Terry, pero no
podía definirlo.

"Ahhh..." Salió del refugio con dificultad y se paró bajo el sol de la
mañana. Estiró los músculos de la espalda y la pierna herida. Aún tenía el
hacha en la mano, y al estirarse y levantarla sobre la cabeza reflejó los
primeros rayos del sol de la mañana. La tenue luz se reflejó sobre la superficie pulida del hacha y relampagueó con un brillo dorado, como de fuego.
"Eso es", pensó. "Eso es lo que trataban de decirme".

Fuego. El hacha era la clave de todo. Cuando la lanzó hacia el puerco
espín en la cueva, erró el blanco y el metal chocó contra la pared de piedra.
Entonces habían saltado chispas: una lluvia dorada de chispas en la

oscuridad, tan encendidas como lo estaba ahora el sol.

El hacha era la respuesta. Eso era lo que su padre y Terry habían tratado de decirle. De alguna forma podría hacer fuego con el hacha. Las chispas podrían encender fuego.

Brian volvió a entrar en el refugio y estudió la pared. Era de una especie de granito calizo, o piedra arenisca, pero tenía grandes trozos incrustados de una piedra más oscura, una piedra más dura y más oscura. Tardó sólo un momento en hallar el lugar donde había golpeado el hacha. El acero había causado una hendidura en el borde de uno de los trozos de piedra más oscura. Brian volteó el filo del hacha para golpear suavemente la roca negra con la parte de atrás. El impacto fue demasiado leve y no ocurrió nada. Volvió a intentarlo, esta vez con un golpe seco y enérgico, y dos o tres débiles chispas saltaron de la roca para apagarse inmediatamente.

Golpeó de nuevo con más fuerza, sujetando el hacha de manera que el golpe tuviera una trayectoria más amplia y limpia, y de la roca negra salió un fogonazo. Saltaron tantas chispas que algunas de ellas llegaron hasta la parte de abajo de la roca. El muchacho sonrió y golpeó una y otra vez.

"Puede que consiga hacer fuego", pensó. "Voy a hacer fuego aquí", pensó y volvió a golpear. "Conseguiré hacer fuego con el hacha".

Brian se dio cuenta de que había un largo camino entre las chispas y el fuego.

Estaba claro que necesitaba algo para que las chispas prendieran, algún tipo de yesca o astillas pequeñas, pero ¿qué podía utilizar? Buscó un poco de hierba seca, hizo caer algunas chispas sobre ella y contempló cómo se apagaban. Lo intentó con ramitas secas, rompiéndolas en trozos pequeños, pero el resultado fue aún peor que con la hierba. Entonces probó con hierba seca mezclada con ramitas.

Nada. No era difícil conseguir chispas, pero los pequeños fragmentos calientes de piedra o metal (no sabía exactamente qué eran) simplemente chisporroteaban y se apagaban.

Se sentó en cuclillas, exasperado, mirando el triste montón de hierba y ramas secas.

Necesitaba algo más fino: algo suave, fino y liviano que atrapara los pedacitos de fuego.

Habría estado bien probar con papel triturado, pero no tenía papel.

—Casi —pensó en voz alta—. Casi...

Volvió a colocarse el hacha en el cinturón y salió del refugio, cojeando por el dolor de la pierna herida. Tenía que haber algo, tenía que haberlo. El hombre había conseguido hacer fuego. Hacía miles, millones de años que existía el fuego. Tenía que haber un sistema. Rebuscó en sus bolsillos y encontró un billete de veinte dólares en la billetera. Papel. Papel sin ningún valor en aquel lugar. Pero si lograba encender fuego...

Desgarró el billete en trocitos, hizo un montón con ellos y trató de que las chispas los alcanzaran. No ocurrió nada. Sencillamente, las chispas no prendían. Pero tenía que haber un método, alguna forma de lograrlo.

Apenas veinte pies a su derecha había unos abedules inclinados sobre el agua. Pasó medio minuto mirándolos hasta que cayó en cuenta de que eran hermosos y blancos y la corteza parecía de papel, un papel limpio y ligeramente moteado.

Papel.

Se acercó a los árboles. En algunos lugares la corteza se estaba desprendiendo del tronco y formaba diminutas aletas, como una pelusa. Brian arrancó algunos trozos y los enrolló entre los dedos. Estaban bien secos y

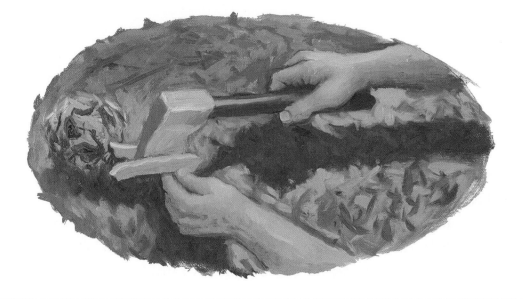

casi pulverizados, y parecía que arderían bien. Siguió arrancando trozos de corteza de los árboles con una mano y apelotonándolos con la otra, hasta que tuvo una bola del tamaño de una pelota de béisbol.

Luego regresó al refugio y colocó la bola de corteza de abedul al pie de la roca negra. Pensó un momento y decidió poner también los restos del billete de veinte dólares. Golpeó la pared y un montón de chispas cayó sobre la corteza, y enseguida se apagó. Pero esta vez una chispa cayó sobre un hilo de corteza seca, apenas una fibra, y pareció que brillaba con más intensidad antes de apagarse.

Necesitaba un material más fino. Tenía que conseguir un nido suave y finísimo para las chispas.

"Tengo que hacer un hogar para las chispas", pensó. "Un hogar perfecto, si no, no se quedarán, no se encenderá el fuego".

Comenzó a raspar la corteza. Al principio con las uñas y despeés, al ver que así no conseguía nada, con el filo del hacha: cortando la corteza en tiras delgadísimas, como cabellos, tan finas que apenas se veían. Era una labor agotadora y muy lenta, y pasó dos horas trabajando. Se detuvo dos veces para comer un puñado de frambuesas y otra vez para acercarse al lago, a beber. A continuación volvió al trabajo, de espaldas al sol, hasta que finalmente consiguió una bola de pelusa del tamaño de un pomelo. Pelusa seca de corteza de abedul.

Colocó el nido para las chispas (así es como él lo veía) en la base de la roca, hizo un pequeño hueco en el centro con el dedo pulgar y golpeó la pared con fuerza, con la parte posterior del hacha. Cayó una lluvia de chispas. La mayoría de ellas fueron a parar fuera del nido, pero algunas, una treintena quizás, cayeron en el pequeño hueco. De ellas, seis o siete prendieron y crecieron, ardieron sin llama y tiñeron la corteza de un rojo brillante.

Luego, se apagaron.

Cerca, estaba cerca. Volvió a colocar el nido, hizo otro hueco más pequeño con el pulgar y golpeó el muro de nuevo.

Más chispas, un leve resplandor y nada más.

"El problema soy yo", pensó. "Estoy haciendo algo mal. No sé hacerlo: un hombre de las cavernas ya habría logrado encender fuego, un hombre de Cromañón ya lo habría conseguido, pero yo no soy capaz. No sé hacer fuego".

A lo mejor hacen falta más chispas. Colocó el nido una vez más y golpeó varias veces la roca, tan rápido como pudo. Las chispas caían como una cascada dorada. Al principio parecía que prendían, eran muchas las chispas que cobraban vida y ardían unos instantes, pero todas se apagaban.

Se morían de hambre.

Se inclinó hacia atrás. "Están como yo. Muertas de hambre. No es la cantidad: hay suficientes chispas, pero tengo que darles algo más".

"Haría cualquier cosa", pensó de pronto, "por tener una caja de fósforos. Simplemente una caja. Bastaría con una. Haría cualquier cosa".

¿Cómo se hace el fuego? Retrocedió con su memoria hasta la escuela. Hasta todas aquellas clases de ciencias. ¿Había aprendido alguna vez cómo se hace el fuego? ¿Alguna vez se había parado un maestro al frente de la clase y había dicho: "Así se hace el fuego"?

Sacudió la cabeza, tratando de pensar con claridad. ¿Qué se necesitaba? Pensó que hacía falta un combustible, y lo tenía. La corteza era combustible. Oxígeno: tenía que haber aire.

Tenía que añadir aire. Tenía que ventilarlo, soplar en él.

Organizó de nuevo el nido, sujetó fuertemente el hacha y dio cuatro golpes rápidos. Las chispas cayeron y se agachó tan deprisa como pudo, y sopló.

Demasiado fuerte. Hubo un resplandor brillante, casi intenso, pero se apagó. Lo había apagado con su soplido.

Otra serie de golpes, más chispas. Se agachó y sopló, suavemente esta vez, sin acercarse demasiado y tratando de que la corriente de aire que salía de su boca fuera directamente al punto más brillante. Habían caído cinco o seis chispas en un punto denso de la pelusa, y Brian centró sus esfuerzos en él.

Las chispas crecieron con su suave soplido. El resplandor pasó de las chispas a la propia corteza, se extendió y creció, y se convirtió en gusanos, en gusanos rojos ardientes que trepaban por las fibras de corteza y encendían otras hebras, y seguían creciendo hasta que formaron un círculo rojo del tamaño de una moneda de veinticinco centavos, una brasa resplandeciente y roja.

Y cuando se quedó sin aliento y se detuvo a tomar aire, de pronto apareció una llama en la bola roja.

—¡Fuego! —gritó—. ¡Tengo fuego! ¡Lo tengo, lo tengo!

Pero las llamas eran gruesas y aceitosas y ardían deprisa, consumiendo la bola de corteza tan rápidamente como si fuera gasolina. Tenía que alimentar las llamas, mantenerlas vivas. A toda prisa colocó cuidadosamente la hierba seca y los trozos de madera con los que había hecho las primeras pruebas encima de la corteza, y vio con satisfacción que ardían.

Pero pronto se apagarían. Necesitaba más y más. No podía dejar que las llamas se extinguieran.

Salió del refugio y corrió hacia los pinos, y comenzó a arrancar las ramas bajas y secas. Las lanzó al interior del refugio y volvió a buscar más, una vez más las arrojó al interior y se agachó para descansar y alimentar las hambrientas llamas. Cuando las ramas pequeñas ardían bien, volvió a salir y encontró trozos de madera de mayor tamaño, y no se detuvo hasta que éstos también estuvieron ardiendo. Entonces se recostó contra el borde de la entrada y sonrió.

"Tengo un amigo", pensó, "ahora tengo un amigo. Un amigo hambriento, pero un buen amigo. Tengo un amigo que se llama fuego".

Reacción

Piensa en la selección

El hacha
por Gary Paulsen

1. Si el puerco espín no hubiera entrado en el refugio, ¿crees que Brian habría descubierto cómo hacer fuego? ¿Por qué?

2. Si tú fueras Brian, ¿te habrías sacado las púas de la pierna? Explica tu respuesta.

3. ¿Por qué Brian se compadecía de sí mismo? ¿Qué te dice eso sobre Brian?

4. Piensa en las personas del sueño de Brian. ¿Qué relación tienen con su idea de usar el hacha para hacer fuego?

5. Brian se acuerda de lo que aprendió en la escuela sobre cómo hacer fuego. ¿Qué has aprendido tú en la escuela que te haya ayudado a resolver un problema o a tomar una decisión?

6. ¿Por qué crees que Brian llama al fuego "un amigo hambriento"?

7. **Conectar/Comparar** ¿Crees que las acciones de Brian cuando estaba solo en un ambiente salvaje demuestran su valentía? ¿Por qué?

Explicar

Escribe una explicación

Para Brian, la regla más importante para la supervivencia es que compadecerse de sí mismo no sirve de nada. ¿Estás de acuerdo? En caso afirmativo, ¿por qué? En caso negativo, ¿cuál crees que es la regla más importante para la supervivencia? ¿Por qué? Explica por escrito tu opinión o tu punto de vista.

Consejos

- **Empieza por pensar en lo que sabes sobre reglas o normas de supervivencia.**
- **Plantea claramente tu punto de vista con una idea principal. Respalda tu idea con detalles y razones.**

Lectura   Unir y clarificar ideas principales
Escritura   Escribir composiciones expositivas

Diseña un cartel

Con un compañero, repasa los materiales que Brian reúne y los pasos que sigue para hacer fuego. Luego, haz un cartel en el que se muestren los materiales y los pasos seguidos para hacer fuego.

Tabla de los cinco sentidos

Haz una tabla en la que figuren los cinco sentidos: tacto, gusto, olfato, vista y oído. Vuelve a leer la selección y escribe las experiencias de Brian debajo de cada sentido correspondiente.

Extra Busca ejemplos de símiles (comparaciones con la palabra *como*) que describan lo que Brian percibe a través de los sentidos. Incorpora los símiles a la tabla de los cinco sentidos.

Internet

Publica una reseña

Escribe una reseña de *El hacha*. Publícala en Education Place.

www.eduplace.com/kids

**Destreza: Cómo
leer un artículo
de noticias**

① En primer lugar, fíjate
en el **titular** para saber
de qué trata el artículo.

② Después, busca
respuestas a estas
preguntas:

¿De **quién** trata el
artículo?

¿**Qué** pasó?

¿**Dónde** y **cuándo**
sucedieron los hechos?

¿**Por qué** ocurrió?

③ Fíjate en las **fotografías**
y lee las **explicaciones**
al pie para tratar de
visualizar los hechos.

La valentía en las noticias

**Los periódicos están llenos de relatos sobre la valentía.
Al leer la siguiente noticia, es probable que te preguntes:
"¿Qué hubiera hecho yo en la misma situación?"**

*Un joven admirable. Un estudiante
de quinto grado detiene el autobús
escolar al desmayarse la conductora.*

Carolyn Bower, redactora del Post-Dispatch

Un estudiante de quinto grado se convirtió en un héroe el martes pasado, tras tomar el control de un autobús escolar que circulaba sin conductor por la autopista 40, en St. Louis. Logró detenerlo sin que nadie resultara herido de gravedad, según declaraciones de la policía y del director de la escuela.

Larry Champagne III, de 10 años, salvó la vida de unos 20 compañeros de escuela, entre ellos su hermano, que viajaban en un autobús Mayflower cuando la conductora sufrió un derrame cerebral.

Los alumnos, todos ellos de St. Louis, se dirigían a la escuela Bellerive, en el distrito escolar de Parkway, cuando Larry se dio cuenta de que el vehículo estaba dando bandazos y vio que la conductora se desplomaba sobre el volante.

Larry corrió a la parte delantera del autobús, agarró el volante y pisó el freno a fondo. Una conductora que pasaba por el lugar se detuvo a auxiliar a los estudiantes, y Larry abrió las puertas del autobús.

Las autoridades explicaron que, al parecer, la conductora Ernestine Blackman sufrió un derrame cerebral que le paralizó temporalmente la mitad derecha del cuerpo. La señora Blackman fue trasladada en estado de gravedad al hospital de Barnes el pasado martes.

Cinco estudiantes sufrieron lesiones leves. Dos de ellos recibieron asistencia médica en el hospital infantil de St. Louis y otros tres en el hospital Cardinal Glennon. Todos fueron dados de alta poco después.

Larry apenas dio importancia a lo sucedido, pero otros niños afirmaron entusiasmados ante Ken Russell, director de la escuela Bellerive, que Larry "les había salvado la vida".

Larry Champagne es un héroe para sus compañeros de escuela.

Éstos son los hechos, tal como el señor Russell y la policía los explicaron:

Eran las 8 de la mañana, unos 20 minutos antes de la hora a la que el autobús escolar normalmente deja a los estudiantes que se transfieren voluntariamente a la escuela Bellerive. La señora Blackman, conductora del autobús, sufrió un ataque mientras manejaba por la autopista 40, cerca de Sarah Avenue. La policía desconoce la velocidad a la que estaba circulando.

El vehículo comenzó a dar bandazos mientras los carros que pasaban por el lugar tocaban las bocinas, y la señora Blackman cayó de su asiento. Larry corrió a la parte delantera del autobús para accionar el freno neumático. Antes de que el joven consiguiera controlar el vehículo, el mismo golpeó una valla de seguridad, dio un viraje y chocó contra otra valla de seguridad y contra una camioneta. La policía desconoce si el conductor del otro vehículo resultó herido.

Otros estudiantes acudieron inmediatamente a ayudar a Larry. Entre ellos estaban Crystal Wright y Gregory McKnight, ambos de tercer grado, y dos chicos de cuarto grado: Angelo McKnight, hermano de Gregory, e Imani Butler.

Crystal le dio el micrófono de la radio de la señora Blackman a un automovilista para que éste llamara a Mayflower, y alguien llamó a la policía desde un teléfono celular.

Gregory, Angelo e Imani no lograron mover a la señora Blackman. Imani y Angelo fueron dos de los jóvenes que sufrieron heridas leves, según ha declarado el director de la escuela.

Otro vehículo trasladó hasta Bellerive a los chicos que no resultaron heridos. El señor Russell habló con ellos y les preguntó cómo habían sabido lo que tenían que hacer.

Los muchachos explicaron que anteriormente la conductora del autobús les había informado sobre lo que debían hacer en caso de emergencia. Por su parte, Larry dijo que su abuelo, Lawrence Champagne, le había explicado algunos conceptos básicos de manejo.

Russell declaró: "Estoy orgulloso de que nuestros estudiantes fueran capaces de mantener la calma y preocuparse unos de otros. También estoy orgulloso de que prestaran atención a las instrucciones que les dio la conductora, y de que las recordaran".

El director del departamento de la empresa a la que pertenece el transporte, Tim Stieber, consideró asombroso que Larry fuera capaz de detener el autobús.

"Si pensamos en lo grave que pudo haber sido, todo ha salido bien", declaró el señor Stieber.

Según Dawn Little, la madre de Larry, el chico estaba demasiado nervioso para hablar con los periodistas el martes pasado. Elogió a Larry por su reacción y dijo que estaba especialmente agradecida por el hecho de que ni él ni su hermano Jerrick, de 9 años, resultaran heridos.

Narración personal

Una narración personal es un relato en primera persona de una experiencia verdadera. Utiliza estos párrafos escritos por una estudiante como modelo para escribir tu propia narración personal.

Comenzar la narración con una pregunta atrae la atención del lector.

Es fundamental cuidar la **secuencia** de los hechos para que la narración resulte clara.

Hacer rapel en Ocala

¿Alguna vez has practicado rapel? Por si no lo sabes, el rapel es una forma de descenso de una montaña en la que se utiliza una cuerda especial. El día 3 de enero de 1999 fui a hacer rapel con mis tres primos, mi hermano y mis dos tíos. ¡Fue increíble! Aprendí muchísimo y lo pasé de maravilla. Antes de aquel día sólo había hecho rapel una vez. Lo más impresionante es la tirolina, que consiste en atar un extremo de una cuerda a un árbol y el otro extremo a otro árbol más bajo para que quede inclinada. A continuación se pasa el mosquetón (anilla metálica alargada con una abertura de muelle) por la cuerda y te puedes deslizar por ella.

Una de las cosas que aprendí esta vez fue hacer rapel de cabeza. Tuve que intentarlo un par de veces antes de aprender a hacerlo. Fue estupendo porque tuve muchas oportunidades de hacer rapel y tirolina.

Escritura Entusiasmar al lector/establecer propósito

Lo pasé muy bien aprendiendo a utilizar algunos instrumentos de rapel que no conocía, como el grigri y el ascensor. La última vez que fui a hacer rapel utilicé un objeto que se llama descensor tipo ocho, pero ahora que he usado el grigri me siento más cómoda con él. Un descensor es el instrumento por donde pasa la cuerda para bajar hasta el suelo. El ascensor es un objeto que se cuelga de la cuerda para escalar más fácilmente. Solamente utilicé el ascensor cuando estaba intentando llegar hasta la cima del precipicio. Mis tres primos usaron los ascensores para subir hasta la cima del precipicio y escalar la pared. Me sacaban ventaja porque han hecho rapel varias veces.

En esta excursión he aprendido muchas cosas y al mismo tiempo lo he pasado muy bien.

Me gustaría ir muchas veces más a hacer rapel, por eso he pedido que me regalen instrumentos de rapel para mi cumpleaños. Espero poder hacerlo muchas veces más con mis primos y el resto de mi familia.

El uso de **detalles** concretos hace que la narración resulte más descriptiva.

Es importante que la narración termine con una **conclusión** adecuada.

Conozcamos a la autora

Megan M.
Grado: sexto
Estado: Florida
Pasatiempos: nadar y patinar
Qué quiere ser cuando sea mayor:
actriz o locutora de noticias

Desarrollar conceptos

El álbum de un héroe

Pasaje a la libertad

diplomático
gobierno
refugiados
superiores
visados

Estándares

Lectura

- Hacer aserciones razonables
- Determinar el significado a través del contexto

Durante la Segunda Guerra Mundial, muchas personas tuvieron que abandonar su país y convertirse en **refugiados,** es decir, personas que huyen de los peligros de la guerra. Una de las rutas de escape era un pequeño país llamado Lituania, como verás en el cuento *Pasaje a la libertad.* El padre del narrador, Chiune Sugihara, tenía un trabajo importante que le permitió ayudar a la gente a viajar desde Lituania hasta un lugar seguro.

Sugihara era miembro del cuerpo **diplomático:** así se llaman las personas elegidas para representar a su **gobierno** en otro país. Un diplomático pone en práctica las órdenes de sus **superiores.**

Kaunas, Lituania, es la pequeña ciudad donde vivían Sugihara y su familia en 1940.

Chiune Sugihara (*arriba*) arriesgó la vida de su esposa Yukiko y sus hijos (*en la fotografía de arriba a la derecha*) para salvar la vida de miles de judíos. Concedió **visados**, que son permisos oficiales por escrito para entrar a otro país y viajar por él, a refugiados judíos de Polonia. Los refugiados (*derecha*) hacían cola en la puerta de la casa de Sugihara con la esperanza de lograr la libertad.

Éste es el sello oficial que se estampaba en cada visado.

PASAJE A LA LIBERTAD
La historia de Chiune Sugihara

Escrito por KEN MOCHIZUKI

Ilustrado por DOM LEE

Epílogo de HIROKI SUGIHARA

AMERICAN
PICK
—OF THE—
LISTS
BOOKSELLER

Estrategia clave

Hiroki Sugihara y su familia enfrentan un problema que afecta a miles de vidas humanas. Al leer, **evalúa** qué tan bien capta el autor la dificultad de la decisión familiar.

Hay un refrán que dice que los ojos son el espejo del alma.

Una vez, mi padre vio en una tienda a un niño judío que no tenía dinero para comprar lo que quería. Entonces, mi padre le dio un poco del suyo.

El niño le miró a los ojos y, en agradecimiento, lo invitó a su casa.

Así fue como mi familia y yo fuimos por primera vez a celebrar la fiesta de Hanukkah. Yo tenía cinco años.

En 1940, mi padre pertenecía al cuerpo diplomático de nuestro país, Japón. Vivíamos en una pequeña ciudad de Lituania mis padres, mi tía Setsuko, mi hermano menor, Chiaki, mi hermanito de tres meses, Haruki, y yo. Mi padre trabajaba en una oficina, en la planta baja de la casa.

Por las mañanas, los pájaros cantaban en los árboles. Jugábamos con los niños y niñas del barrio, en un parque muy grande que había cerca de la casa. Las iglesias y las casas de los alrededores tenían cientos de años. Chiaki y yo jugábamos en nuestra habitación con soldaditos, tanques y aviones alemanes de juguete. No teníamos idea de que los verdaderos soldados no tardarían en llegar.

Una mañana, a finales del mes de julio, mi vida cambió para siempre.

Mi madre y la tía Setsuko nos despertaron a Chiaki y a mí, diciéndonos que nos vistiéramos de prisa. Mi padre subió corriendo de la oficina.

—Hay mucha gente afuera —dijo mi madre—. No sabemos qué pasa.

Mis padres nos pidieron a mi hermano y a mí que no nos asomáramos a la ventana. Aun así, separé un poquito las cortinas. Afuera, detrás de la verja de nuestra casa, había cientos de personas.

Los mayores gritaban en polaco, una lengua que yo no entendía. Luego vi a los niños. Miraban fijamente nuestra casa a través de las barras de hierro de la verja. Algunos eran de mi misma edad. Al igual que los mayores, tenían los ojos rojos por haber pasado varios días sin dormir. Llevaban gruesos abrigos de invierno —algunos llevaban más de un abrigo— aunque afuera hacía calor. Los niños tenían aspecto de haberse vestido muy deprisa. Pero, ¿si habían venido de otro lugar, dónde estaba su equipaje?

—¿Qué es lo que quieren? —le pregunté a mi madre.

—Han venido a pedirle ayuda a tu padre —respondió—. Si nosotros no los ayudamos, es posible que unos hombres malos los maten o se los lleven.

Algunos de los niños se agarraban fuertemente de la mano de sus papás, otros no se separaban de sus mamás. Había una niña sentada en el suelo que lloraba.

Yo también tenía ganas de llorar.

—Padre —dije—, por favor, ayúdalos.

Mi padre estaba a mi lado, callado, pero yo sabía que pensaba en los niños. Luego, algunos de los hombres empezaron a subirse a la verja. Borislav y Gudje, dos jóvenes que trabajaban para mi padre, intentaban mantener a la multitud en calma.

Mi padre salió de la casa. Separando un poco más las cortinas, pude verlo en la escalera. Borislav le servía de intérprete. Mi padre le pidió a la gente que eligiera cinco personas para que entraran en casa y hablaran con él.

Mi padre se reunió abajo con los cinco elegidos. Mi padre sabía hablar japonés, chino, ruso, alemán, francés e inglés. Pero en la reunión sólo se habló en ruso.

Yo no podía dejar de mirar a la gente por la ventana, mientras que abajo, mi padre escuchaba las terribles historias que contaban aquellos hombres. Los que estaban afuera eran refugiados que habían abandonado sus hogares, pues allí corrían peligro de muerte. Eran judíos de Polonia que huían de los soldados nazis que habían invadido su país.

Habían oído que mi padre podía darles visados, un permiso oficial, por escrito, para poder viajar a otro país. Esos cientos de refugiados judíos que esperaban afuera querían viajar hacia el este, atravesando la Unión Soviética, hasta llegar a Japón. Una vez allí, podrían viajar a otros lugares. Querían saber si era verdad lo que habían oído. ¿Podría mi padre darles esos visados? Si no, seguramente los nazis los capturarían.

Mi padre les respondió que podía dar algunos visados, aunque no cientos. Pero primero tenía que pedir permiso a su gobierno.

Aquella gente se pasó toda la noche esperando delante de nuestra casa. Yo, por mi parte, cansado como estaba de todo lo ocurrido ese día, dormí profundamente. Pero mi padre pasó una de las peores noches de su vida. Tenía que tomar una decisión. Si ayudaba a los refugiados, ¿pondría en peligro a nuestra familia? Si los nazis se enteraban, ¿qué harían?

Por otro lado, si no los ayudaba, podrían morir todos.

Mi madre escuchaba el chirrido de la cama con las vueltas que daba mi padre.

Al día siguiente, mi padre dijo que iba a pedir permiso a su gobierno para dar los visados. A mi madre le pareció que era lo mejor.

Mi padre escribió un mensaje y Gudje lo llevó a la oficina de telégrafos.

Yo observaba a la gente mientras esperábamos la decisión del gobierno japonés. Los cinco representantes entraron en nuestra casa varias veces aquel día para preguntar si se había recibido respuesta. Cada vez que la verja se abría, la multitud intentaba entrar en casa.

Finalmente, llegó la respuesta. Era negativa. No permitirían que mi padre diera tantos visados. Durante los dos días siguientes, mi padre no dejó de pensar cómo podía ayudar a los refugiados.

Mientras tanto, llegaron cientos de refugiados más. Mi padre envió un segundo mensaje a su gobierno y, una vez más, respondieron que no. Mientras tanto, nosotros no podíamos salir a la calle. Mi hermanito Haruki lloraba a menudo porque no teníamos suficiente leche.

Yo me cansé de estar dentro de casa. Le preguntaba constantemente a mi padre: —¿Qué hace esta gente aquí? ¿Qué es lo que quieren? ¿Por qué tienen que estar aquí? ¿Quiénes son?

Mi padre siempre me explicaba todo de manera que yo lo pudiera entender. Me dijo que los refugiados necesitaban su ayuda, que les hacía falta un permiso suyo para poder viajar a otro país donde estarían a salvo.

—Ahora no puedo hacer nada por ellos —me dijo con calma—. Pero cuando llegue el momento, haré todo lo que esté a mi alcance para ayudarlos.

Mi padre envió un tercer cable a sus superiores, y por su mirada supe cuál había sido la respuesta. Esa noche, le dijo a mi madre: —Tengo que hacer algo, aunque tenga que desobedecer a mi gobierno. Si no lo hago, estaré desobedeciendo a Dios.

A la mañana siguiente, reunió a toda la familia y nos preguntó qué debería hacer. Era la primera vez que pedía nuestra ayuda para tomar una decisión.

Mi madre y la tía Setsuko ya habían decidido. Debíamos pensar en la gente que estaba afuera antes que en nosotros mismos. Y eso era precisamente lo que mis padres me habían enseñado: "Siempre debes ponerte en el lugar de los demás". Si yo fuera uno de esos niños que esperaban afuera, ¿qué querría yo que hicieran por mí?

Le pregunté a mi padre: —¿Si no los ayudamos, los matarán?

Al ver que toda la familia estaba de acuerdo, me di cuenta de que a mi padre se le había quitado un gran peso de encima. Con voz firme nos dijo: —Voy a ayudar a esa gente.

Afuera, todos guardaron silencio para escuchar a mi padre. Borislav hacía de intérprete.

—Daré visados a todos y cada uno de ustedes. Así que les pido, por favor, que tengan paciencia.

La multitud se quedó paralizada durante un instante. Luego, los refugiados empezaron a gritar de alegría. Los mayores se abrazaron y algunos alzaron las manos al cielo. Los padres abrazaron a sus hijos. Yo me alegré especialmente por los niños.

Cuando mi padre abrió la puerta del garaje, todos intentaron entrar a la vez. Para mantener el orden, Borislav repartió unas tarjetas con números. Mi padre escribió todos los visados a mano. Al terminar cada uno, miraba a la persona a los ojos y le entregaba el visado diciendo: "Buena suerte".

Los refugiados acamparon en nuestro parque favorito, mientras esperaban el turno para ver a mi padre. Por fin, yo pude salir a jugar.

Chiaki y yo jugamos con los otros niños en nuestro auto de juguete. Algunas veces, ellos nos empujaban a nosotros y otras, nosotros a ellos. Corríamos alrededor de los árboles. No hablábamos el mismo idioma, pero eso no nos impedía jugar juntos.

Durante más o menos un mes, hubo una larga cola para entrar en nuestro garaje. Cada día, desde muy temprano en la mañana hasta muy tarde en la noche, mi padre trataba de extender trescientos visados. Tuvo que mezclar la tinta con un poco de agua para que le alcanzara. Gudje y un joven judío lo ayudaban, estampando el nombre de mi padre en cada visado.

Mi madre ofreció su ayuda, pero mi padre no quiso. Él prefería ser el único responsable por si surgían problemas en el futuro. Así que mi madre se limitaba a vigilar la cola para informarle a mi padre cuánta gente quedaba.

Un día, mi padre escribió con tanta fuerza, que se le rompió la punta de la pluma. Durante todo ese mes, yo sólo lo vi por las noches. Siempre tenía los ojos rojos y apenas podía hablar. Mientras dormía, mi madre le daba masajes en el brazo, pues le dolía y lo tenía agarrotado de pasar el día entero escribiendo.

Mi padre llegó a sentirse tan cansado, que pensó en dejar de escribir los visados. Pero mi madre lo animó a continuar: —Todavía hay mucha gente esperando —le dijo—. Demos más visados para salvar todas las vidas que podamos.

Mientras los alemanes se acercaban por el oeste, los soviéticos llegaron del este y ocuparon Lituania. Le ordenaron a mi padre abandonar el país. El gobierno de Japón le ordenó salir con destino a Alemania. Aun así, mi padre continuó escribiendo visados hasta el último momento en que tuvimos que abandonar la casa. Nos quedamos un par de días en un hotel, donde mi padre extendió más visados a los refugiados que lo siguieron hasta allí.

Entonces, llegó el momento de salir de Lituania. Los refugiados que habían pasado la noche en la estación de trenes rodearon a mi padre. Algunos se acercaron a él para protegerlo. Mi padre repartió los papeles de los visados, papeles en blanco sólo con su firma.

Cuando el tren se puso en marcha, los refugiados corrieron tras él. Mi padre seguía repartiendo papeles desde la ventanilla. Y cuando el tren empezó

a coger velocidad, tiró todos los papeles que le quedaban a los que esperaban con las manos abiertas. Los que estaban más cerca del tren le miraron a los ojos y le gritaron: —¡Nunca te olvidaremos! ¡Nos volveremos a ver!

Yo miraba fijamente por la ventanilla del tren, mientras Lituania y los refugiados quedaban atrás. Me pregunté si los volveríamos a ver algún día.

—¿A dónde vamos? —le pregunté a padre.

—Vamos a Berlín —contestó.

A Chiaki y a mí nos hacía mucha ilusión ir a una gran ciudad. Tenía muchas preguntas que hacerle a mi padre. Pero él se quedó dormido tan pronto tomó asiento en el tren. Mi madre y la tía Setsuko también parecían estar muy cansadas.

En aquel entonces, no comprendí plenamente lo que habían hecho mis padres y mi tía, ni la importancia que tenía.

Ahora lo entiendo.

ACERCA DEL AUTOR

Ken Mochizuki

Lugar de nacimiento: Seattle, Washington

Orígenes: Sus abuelos nacieron en Japón.

Cómo supo la historia: Habló con el hijo de Sugihara por teléfono durante horas, mientras éste recordaba lo que había sucedido 50 años atrás.

Qué opina de Sugihara: "Chiune Sugihara es uno de mis héroes".

Lema de Mochizuki: Cree en lo que puedes hacer, no en lo que otros te digan que no puedes hacer.

ACERCA DEL ILUSTRADOR

Dom Lee

Orígenes: Nació y creció en Seúl, Corea, pero actualmente vive en Plainsboro, Nueva Jersey.

Así trabaja: En primer lugar, extiende cera de abeja trabajada a mano sobre el papel, después raspa las imágenes y por último completa la ilustración aplicando pinturas al óleo y lápices de colores.

Trabajo en equipo: Dom Lee y Ken Mochizuki han colaborado antes en dos libros infantiles: *El béisbol nos salvó* y *Héroes*.

Internet

Para saber más acerca de Ken Mochizuki y Dom Lee, visita Education Place. **www.eduplace.com/kids**

Reacción

Piensa en la selección

1. ¿Por qué crees que hacer visados para los refugiados fue una decisión difícil para Sugihara? Explica tu respuesta.

2. ¿Crees que Sugihara hizo lo correcto al dar dinero al niño de la tienda? ¿Por qué?

3. ¿Por qué el narrador se compadecía especialmente de los hijos de los refugiados?

4. Cita algún ejemplo de la habilidad diplomática de Sugihara al hablar con los refugiados y comunicarse con su país.

5. Cuando todo ocurrió, el narrador no comprendía por completo la importancia de lo que hicieron sus padres. Cita un ejemplo de un suceso o una persona de tu vida que comprendas mejor ahora que cuando eras pequeño.

6. ¿Por qué no era necesario que los hijos de Sugihara y los de los refugiados hablaran el mismo idioma para jugar juntos?

7. **Conectar/Comparar** Compara el valor de Brian en *El hacha* con el de Sugihara. ¿Cómo se manifiesta la valentía de cada uno? Explica tu respuesta.

Expresar

Escribe desde otro punto de vista

Piensa en lo que sentiría un refugiado polaco al esperar en la puerta de la casa de Sugihara. Escribe unos párrafos expresando los sentimientos del refugiado mientras esperaba la decisión del señor Sugihara y después de enterarse de que le daría los visados.

Consejos

- Para escribir desde el punto de vista de un refugiado, imagínate lo que sentirías si *fueras* ese refugiado.
- Vuelve a leer la selección para encontrar pistas sobre los sentimientos de los refugiados.

| Lectura | Unir y clarificar ideas principales |
| Escritura | Escribir narraciones |

Medir distancias

En un mapa del mundo, señala la ruta que siguieron los refugiados al escapar de su tierra. Usa la escala del mapa para medir las distancias entre las ciudades principales. Haz una tabla con todas las distancias y la distancia total que recorrieron.

Extra Compara la distancia total que recorrieron los refugiados con la distancia que hay entre la costa oeste y la costa este de los Estados Unidos.

Explorar el color

Dom Lee emplea la gama de los marrones en las ilustraciones de *Pasaje a la libertad*. Esta técnica monocromática, que consiste en usar distintas tonalidades de un mismo color, sugiere un estado de ánimo determinado. Elige una gama de colores que tú creas que expresa un cierto estado de ánimo. Dibuja, pinta o describe una escena y usa esa gama de colores para expresar ese estado de ánimo.

Internet

Envía un correo electrónico

¿Qué es lo que te ha parecido más interesante de *Pasaje a la libertad?* ¿Hay algo que te haya dejado pensando? Envía un correo electrónico a un amigo y cuéntale la historia.

Matemáticas **Problemas de proporción**

Destreza: Cómo leer fuentes originales

Una fuente original es un documento o una narración de primera mano de un período de la historia.

1 Primero, lee el **título** y la **introducción.** Pregúntate:

¿Qué suceso se describe en este texto?

¿Qué aportaciones especiales puede facilitar esta fuente?

¿Qué puedo aprender de esta fuente?

2 Busca información que solamente pudiera conocer alguien que hubiera vivido directamente los hechos.

3 Presta especial atención a los **detalles.**

Estándares

Lectura

• **Unir y clarificar ideas principales**

La valentía
de una madre

por Tammy Zambo

*M*onique Goodrich (*arriba a la derecha, con su hermano Michel, en 1942*), que actualmente vive en Bradford, Massachusetts, se llamaba de soltera Monique Jackson y nació en París, Francia, en 1937. Cuando los alemanes invadieron Europa durante la Segunda Guerra Mundial, muchas familias judías trataron de marcharse o esconderse. Algunas parejas, como los padres de Monique, Hélène y Charles Jackson, enviaron a sus hijos a vivir con familias no judías hasta que pudieran volver a reunirse sin peligro. En esta entrevista, Monique cuenta cómo era la vida de un niño escondido durante la guerra.

¿Qué recuerdos tiene de antes de la guerra?

Para mí no hay un "antes", porque en mis primeros recuerdos estaba en los Pirineos y ya estábamos en guerra.

Cuando los alemanes invadieron Francia en 1940 y avanzaban hacia París, las autoridades les dijeron a las mujeres y a los niños que se marcharan. Mi madre tenía un amigo que nos propuso ir a una ciudad pequeña de los Pirineos llamada Saint-Laurent-de-Neste.

¿Cómo supieron sus padres cuándo tenían que esconderla?

Alguien fue a casa de mis padres y les dijo que había que esconder a los niños. También el jefe de la policía, monsieur Couquebert, era amigo de mi madre y nos ayudó. Le dijo a mi madre que si las autoridades iban a buscar a mi padre, le avisaría antes. (Al principio las autoridades arrestaban solamente a los hombres judíos.) Vivíamos en una casa vieja que tenía una especie de despensa de paredes gruesas, y mi padre se escondía allí si iba alguien a la casa. Pero yo era muy pequeña y señalaba con el dedo diciendo "papá, papá, papá". Resultaba muy peligroso.

Por eso me escondieron. Al principio estaba en el mismo patio, en casa de una vecina, madame Caseau. Por la noche iba a su casa a dormir con su hija, Renée, que tenía dieciocho o diecinueve años.

Más tarde, mi madre me llevó a vivir con una hermana de madame Caseau que tenía una granja en un lugar llamado Labastide. La gente iba a Labastide en bicicleta, pero la carretera era tan empinada que no se podía bajar en bicicleta hasta la ciudad, y todos dejaban las bicicletas en nuestra casa.

¿Corrió usted algún peligro mientras estaba allí?

En aquel momento los alemanes ya estaban por toda Francia. Bajaban por aquella colina tan empinada y dejaban allí las bicicletas, y yo me asustaba muchísimo. Para mí, los alemanes y la policía eran lo mismo, y yo me sentaba en un taburete junto a la chimenea y me quedaba allí temblando.

Un poco después le dijeron a mi madre que debía ocultarnos con otro nombre y en una zona diferente, de manera que ni ella misma supiera dónde estábamos. En 1943, la Cruz Roja nos colocó a mí, a mi hermano y a mis

Monsieur Couquebert, en la fotografía junto a (en el sentido de las agujas del reloj, desde arriba a la derecha) su esposa, dos de sus hijas, Michel, Monique y la madre de Monique.

primos Louis y Simon con una familia. No nos daban suficiente de comer. Teníamos que sobrevivir a base de pan, y bebíamos agua y vinagre. Teníamos tanta hambre que muchas veces íbamos a los campos a buscar nabos silvestres.

Un día mi madre soñó que nos estábamos muriendo de hambre. Despertó a mi padre y le dijo: "Tenemos que ir a buscar a los niños porque tengo miedo". De modo que fue a las oficinas de la Cruz Roja e insistió en que le dijeran dónde estábamos. Hizo tal escándalo que se lo dijeron, fue a buscarnos y se quedó horrorizada. Yo me alegraba de estar otra vez con mis padres, pero pasé mucho miedo mientras regresábamos a Saint-Laurent-de-Neste, porque las carreteras eran muy inseguras.

¿Corrió peligro su familia después de reunirse?

Una noche, efectivamente, vinieron a buscar a mi padre. Monsieur Couquebert envió a su esposa para que avisara a mi madre de que mi padre no debía estar en casa aquella noche. Como jefe de policía, él mismo tenía que ir y llamar a la puerta con las autoridades. Tenía que fingir, y mandó a sus hombres a que registraran la casa. Mi padre estaba en un granero al otro lado de la calle, viéndolo todo. Pero después de aquello, los refugiados judíos de Saint-Laurent-de-Neste tuvieron que marcharse de los Pirineos.

Monique y su familia se refugiaron en esta casa de Saint-Laurent-de-Neste, en Francia.

¿Cómo se marcharon?

Los hombres decidieron ir a España primero. Para los niños y las mujeres resultaba más difícil. Muchos refugiados, incluida mi tía Raymonde, su esposo Jacques y su hijo Marcel, contrataron a un guía que los entregó a los nazis. Cuando llegaron al puente de Chaum, en Francia, los alemanes estaban esperándolos. Cuando gritaron "¡Alto!" vieron que mi tío se movía, dispararon y lo mataron. Se llevaron a los demás a Drancy, que era un campo de internamiento francés, y desde allí fueron a parar a Auschwitz. Mis primos Louis y Simon también murieron allí.

¿Cómo fue su vida después de la partida de su padre?

Los nazis vinieron varias veces, y ya no era seguro para mi madre seguir allí. Los vecinos se acercaban y le decían: "Hélène, márchate". De modo que nos puso a los dos en un cochecito (mi hermano tenía dos años y yo seis) y se puso a caminar, con algo de comida. Por la noche se detenía y llamaba a la puerta de una granja, preguntando si nos podíamos quedar. Todos tenían miedo de dejarla pasar, así que le decían que podía quedarse en el granero, pero que tenía que marcharse antes del amanecer. Pasó aproximadamente dos días caminando así hasta que Renée fue a buscarla y le dijo que ya podía regresar sin peligro.

Mi madre fue tremendamente valiente. Siempre he dicho que me salvó la vida varias veces. Siempre hizo lo que pensaba que tenía que hacer, y nos salvó la vida.

El tío de Monique (el último a la izquierda), Jacques Kadinski, murió de un disparo cuando trataba de escapar de Francia a España. Su hijo, Marcel, y su esposa, Raymonde, murieron en Auschwitz. A la derecha están Monique y sus padres, Charles y Hélène Jackson.

Después de que acabara la guerra en 1945, el padre de Monique se reunió con su familia y todos regresaron a París. En 1950, cuando Monique tenía trece años, su familia se trasladó a los Estados Unidos.

Desarrollar conceptos

Escalar o morir
por Edward Myers

Escalar o morir

Vocabulario

asegurado
desesperada
improvisar
mosquetones
piolet
pitones
punto de apoyo
superar

Estándares

Lectura

- Hacer aserciones razonables
- Determinar el significado a través del contexto

EQUIPADOS PARA ESCALAR

En invierno, los escaladores tienen que **superar** los peligros de la nieve y el hielo. Hay algunos instrumentos especiales para escalar en hielo que se han desarrollado para mejorar la seguridad de los escaladores. Los protagonistas de *Escalar o morir* se encuentran en una situación **desesperada**, en la que no tienen más remedio que **improvisar** sus herramientas.

En todos los tipos de escalada es fundamental tener un punto de apoyo firme y seguro. Los crampones, que son unos clavos de hierro que se fijan a las botas, evitan los resbalones durante la escalada.

72

Los escaladores trepan todos unidos, cuidando de que cada uno esté bien asegurado con una cuerda que se fija (o se asegura) al hielo o a la roca.

Los pitones (arriba, parte superior de la foto) son unos clavos de metal que se entierran en la roca o el hielo para usarlos como punto de apoyo en la escalada.
Los mosquetones son unos anillos de metal que se utilizan para fijar una cuerda a un pitón.

Un piolet sirve de soporte a la parte superior del cuerpo a medida que el escalador sube.

Escalar
o morir

por Edward Myers

Para poder sobrevivir, Danielle y Jake tienen que escalar
hasta una estación meteorológica, situada en la cima de una
montaña. ¿Lo conseguirán? Al leer la selección, haz una
pausa de vez en cuando para **predecir** lo que va a ocurrir.

El viaje de la familia Darcy a su cabaña de la montaña se convierte en una pesadilla cuando su carro se estrella en medio de la ventisca. Para buscar ayuda, Jake y Danielle tienen que dejar atrás a sus padres, que están heridos, y a su perro Flash. Su única esperanza consiste en llegar hasta un observatorio meteorológico que hay en la cima de Mount Remington. Con la experiencia que Danielle tuvo como escaladora en Camp Mountain Mastery y con la imaginación de Jake, los dos intentan escalar el último barranco helado. Todo su equipo consiste en dos martillos, dos destornilladores y la correa de nylon de su perro.

DANIELLE golpeaba la roca con el martillo de papá. Con cada golpe salían despedidos pedacitos de nieve helada, como si fueran chispas. Algunos de los trozos le caían a Jake; algunos incluso le daban en la cara. Extendió la mano para indicarle que se detuviera, pero antes de que pudiera decir una palabra, algo le llamó la atención.

Danielle no estaba golpeando la roca sólo para desahogarse. Estaba haciendo algún tipo de experimento. Estaba intentando llegar a alguna conclusión.

El martillo cayó una, dos, tres veces.

Más fragmentos salieron disparados.

Entonces, sin decir palabra, Danielle dio la vuelta al martillo. Seguía sujetando el mango metálico por la parte recubierta de goma, pero ahora golpeaba el granito helado con la uña del martillo, no con la cabeza. La uña es la parte que se usa para sacar clavos: es un trozo de acero forjado curvo y puntiagudo.

—¿Qué estás haciendo? —preguntó Jake.

—Improvisar —respondió Danielle.

Jake la miró, sorprendido. De pronto comprendió. —¿Un piolet?

—Exactamente—. Danielle golpeó el bloque varias veces con la uña del martillo. Ahora ya no se desprendían tantos trozos como antes, y no salían en todas direcciones, sino sobre todo hacia los lados; además, el metal penetró más profundamente en la corteza.

—La uña del martillo es mucho más cortante que un piolet normal —le dijo a Jake—. Se parece más a lo que usan los escaladores para subir por paredes verticales de hielo. No está muy afilada.

Sacó el martillo con la mano derecha y palpó la uña con los dedos.

—Pero como tú dijiste, los pobres no pueden elegir.

Jake sintió una oleada de esperanza y alegría. —¿Crees que funcionará?

—Sólo hay una forma de saberlo —dijo extendiendo la mano hacia donde se encontraba Jake—. También voy a necesitar tu martillo. Dámelo.

El muchacho se lo tendió al instante.

Los martillos funcionaban, se dijo Danielle. Igual que los destornilladores servían de burdos pitones y los lazos de correa de nylon servían de mosquetones, los martillos también servían de piolets. Casi no podía creerlo, pero funcionaban.

Había otra cosa que no podía creer: era ella quien había ideado la mitad del sistema. No había sido Jake, sino ella. Aunque la idea general de improvisar con las herramientas se le había ocurrido a Jake, ella era quien había ideado la mayoría de los inventos. Primero fueron los falsos mosquetones, ahora los falsos piolets. ¡Y el sistema funcionaba!

No me extraña que Jake se entusiasme tanto con esto, se dijo. No se trataba simplemente de tener una idea nueva. Era el hecho de verse en un apuro y encontrar una forma de salir de él. Era una sensación fantástica, muy parecida a lo que había sentido en Mountain Mastery cuando, al verse atrapada a gran altura en un pico, Danielle decidió arriesgarse, logró escapar del peligro y descubrió una fortaleza que ni siquiera sabía que tenía.

De una forma u otra lo había logrado, pensó Jake. Se había caído y se había levantado. Tenía que seguir adelante. Tenía que superar el dolor, el miedo, las dudas sobre si sería capaz de continuar. Aunque había caído dos o tres pies y se había golpeado contra la roca, aunque se había hecho daño en el hombro y en la cara, no se había dado por vencido. Aquí estaba, dispuesto a empezar de nuevo.

Por primera vez, Jake comenzó a comprender por qué a Danielle le gustaban tanto los deportes. No se trataba de ganar, de superar a todos los demás. Se trataba de superarse a *sí mismo*.

Echó un vistazo al reloj. Las tres y media.

Ahora el mayor reto estaba justo delante de ellos.

—¿Estás bien asegurado? —preguntó Danielle.

—Perfectamente —respondió.

—Arriba, entonces.

—Vamos allá.

Escalar aquel tramo helado fue lo más difícil que Danielle había hecho nunca. Con un martillo en cada mano, golpeaba con el derecho hasta que quedaba bien clavado. Después doblaba el bíceps para subir todo el cuerpo mientras golpeaba el bloque con las botas, tratando de encontrar un punto de apoyo para los pies. A continuación golpeaba con el martillo izquierdo, pateaba de nuevo el bloque con las botas y subía un poco más. Muchas veces se le resbalaban los pies, sobre todo al principio. Después de un par de intentos, consiguió hallar algunos salientes que le sirvieron de apoyo; la pendiente era lo bastante suave como para poder avanzar, aunque los puntos de apoyo no fue-ran muy seguros. De una u otra forma continuó.

Danielle avanzaba aplicando la mayor parte de su peso en los martillos. De vez en cuando las uñas de los martillos resbalaban, y un par de veces estuvo a punto de perder el control. Pero consiguió seguir adelante. Continuó subiendo unas pulgadas cada vez. Jadeaba, respiraba con dificultad y luchaba contra la fatiga que amenazaba con hacerle perder el conocimiento, pero Danielle se las arregló para seguir arrastrándose hacia arriba, hasta la cima.

Entonces le llegó el turno a Jake. Danielle ni siquiera se detuvo a descansar. Ató uno de los dos martillos a un trozo de la correa de nylon de Flash y lo dejó caer hasta donde estaba Jake. El muchacho lo desató y Danielle tiró de la cuerda. Ató el segundo martillo y de nuevo lo descolgó. Entonces se aseguró bien en su posición, dijo a Jake lo que tenía que hacer y lo alentó hasta que llegó junto a ella.

La tormenta de nieve había perdido fuerza. Seguía nevando, pero tan levemente que parecía como si se hubiera detenido. Danielle podía ver las rocas cubiertas de nieve a su alrededor, las nubes que se acumulaban en torno a la montaña. Incluso se veía algo de tierra por debajo de las nubes.

Vio que estaban en una montaña; incluso vio la silueta del pico donde se encontraban. Pero donde esperaba ver una pared vertical por encima de sus cabezas, solamente había un suave montículo de granito nevado, que se alzaba por la izquierda. Mount Remington no seguía subiendo más y más. Al contrario, parecía que la pendiente se nivelaba.

Danielle notó que la inclinación empezaba a disminuir bajo sus pies. La montaña era cada vez menos empinada. A cada paso parecía que el terreno era más y más horizontal. Pronto Danielle y Jake ni siquiera podían gatear: tenían que avanzar erguidos. Estaban rodeados de una niebla espesa que les impedía ver el terreno, pero al cabo de unos minutos ya habían dejado de subir: simplemente estaban caminando sobre una superficie irregular, pero relativamente llana.

—Danielle —dijo Jake, con la respiración entrecortada—. Danielle... Se detuvo, se inclinó hacia delante, tosió, volvió a enderezarse y trató de recobrar el aliento. —Creo que... creo que ésta es...

—¡La cima! —exclamó Danielle. Quería seguir hablando, pero no pudo. Quería gritar, chillar de alegría, dar las gracias a su hermano por haber estado a su lado, pero no pudo. Casi no podía respirar, y mucho menos hablar. Lo único que consiguió decir fue: *"¡La cima!"*

La tormenta de nieve se había detenido. Se veían grandes nubes por debajo de ellos y a su alrededor, casi por todas partes, excepto por encima de sus cabezas. Estaban tan arriba que Danielle únicamente recordaba haber visto algo parecido desde la ventanilla de un avión. De pronto comprendió a qué se refería la gente cuando hablaba de un paisaje que corta la respiración.

De pronto el panorama dejó de interesarle en absoluto. Le daba igual que fuera bonito o feo. Comenzó a mirar a su alrededor de forma diferente, casi desesperada.

Había algo que no iba bien. Algo del paisaje. No era nada de lo que veía, sino de lo que *no* veía.

Por allí no se veía ningún observatorio meteorológico.

Juntos, Jake y Danielle avanzaron sobre el montón de rocas. Caminaron unos quince o veinte pies hasta llegar al punto donde la plataforma que habían alcanzado comenzaba a curvarse hacia abajo de nuevo. Estaban rodeados de nubes. No alcanzaban a ver muy lejos, no más de una docena de yardas montaña abajo. Pero ese era precisamente el problema. Estaban mirando hacia la base de la montaña, por la parte más alejada.

Danielle se volteó, avanzó una veintena de pasos hacia la derecha, se volteó de nuevo y se acercó a Jake por la izquierda. Se asomó por el borde y no vio nada más que rocas y nieve, hasta donde la vista se perdía entre las nubes. Aquella imagen la dejó aún más helada que el viento que la lastimaba.

Danielle miró a su hermano. Jake estaba haciendo lo mismo que ella acababa de hacer, con la diferencia de que el muchacho se alejó un poco más y se asomó por el borde con más decisión. Tenían que haber mirado mal, se dijo. No habían mirado con el suficiente cuidado.

Pero no conseguía ver nada parecido a lo que estaban buscando. No había nada parecido a un observatorio meteorológico.

Estaban en la cima.

Solos.

—Estamos muertos —gimió Danielle—. Jake, estamos muertos.

Jake se acercó dando traspiés. Había empezado a temblar, y ahora estaba temblando tan violentamente que no era capaz de parar. No podía creer que todos sus esfuerzos hubieran sido inútiles. No podía creer que su plan no hubiera funcionado. Tenía que haber un observatorio meteorológico por allí. Lo había visto en la televisión. Tenía que estar en alguna parte. Y sin embargo el lugar donde se encontraban parecía tan desierto como la luna. Jake se paró y miró a su hermana. Vio su gesto de desesperación, la vio ahogar el llanto con las manos enguantadas y sintió un horrible vacío en su interior.

—Danielle —dijo—. Lo siento... Al cabo de un momento él también estaba llorando. Se abrazó a ella.

Permanecieron abrazados largo rato. El muchacho quería tranquilizar a su hermana, sugerir otra idea que los salvara después de todo, pero no se le ocurría nada. Sólo podía pensar en el frío. ¿Qué se sentiría al morir congelado? ¿Cuánto tiempo tardarían en morir? ¿Sería una muerte dulce, como mucha gente decía? ¡Qué absurdo! ¿Cómo iba a ser dulce? Aunque su cuerpo se entumeciera y los dedos de las manos y los pies dejaran de dolerle al congelarse, aunque dejara de notar cómo se le espesaba la sangre, ni por un momento dejaría de pensar que les había fallado a su madre, a su padre, a Danielle...

La muchacha trató de soltarse de su abrazo. Ese gesto le dolió más que todo lo demás, y se le llenaron los ojos de lágrimas tan deprisa que se le nubló la vista.

—¡Es por *tu* culpa! —gritó Danielle.

—Danielle, lo siento...

—¡Por *tu* culpa!

—Escucha...

—¡Tú y tus tonterías del observatorio meteorológico!

—Danielle, escúchame...

Danielle lo sujetó por los hombros y lo sacudió.

—Lo siento —le gritó Jake—. ¡Lo siento, lo siento, lo siento!

Ella lo sacudió aún más fuerte. Tan fuerte que estuvo a punto de derribarlo. Pero de pronto, poco a poco, comenzó a sacudirlo de una forma distinta. Ya no estaba maltratándolo: estaba tratando de que le prestara atención. Sorprendido al principio, Jake no tardó en comprender lo que estaba haciendo su hermana. Se apartó de ella. Se frotó los ojos con el dorso de la mano enguantada.

—¡*Mira!* —gritó—. ¡Mira eso!

Danielle estaba señalando las nubes que se movían junto a ellos de izquierda a derecha.

—¿Qué es?

—¡Allí!

Jake se inclinó de un lado a otro para ver mejor. Al principio lo único que veía era la masa de nubes blancas y grises, y nada más. Miró otra vez y se dio cuenta de que lo que veía no eran sólo las nubes; las nubes se estaban moviendo, abriendo, y dejaban ver lo que había detrás. Al principio eran simples texturas, pero poco a poco fueron tomando forma. Era una especie de cajón horizontal de poca altura. Unas líneas verticales. No veía bien qué era. ¿Algo que había dentro de las nubes?

En ese momento las nubes se disiparon y lo vio más claramente. Paredes. Ventanas. Un tejado metálico. Una especie de cobertizo junto a la estructura principal. Una antena que sobresalía del cobertizo. Una antena parabólica sobre el tejado. Cada vez se veía mejor, con más detalle. Y vio algo más: una pequeña cresta de roca que unía la plataforma donde se encontraban Danielle y Jake con otra plataforma, una aglomeración de enormes bloques redondeados sobre los que se alzaban aquellos edificios fantasmagóricos.

—¡El observatorio! —exclamó Jake.

—Estamos en una falsa cima —dijo Danielle—. La verdadera es aquélla.

Sin decir una palabra más, corrieron hasta el borde y bajaron lo más rápido que pudieron, sin perder el equilibrio, hasta alcanzar la cresta que unía el lugar donde se encontraban con el lugar donde querían estar.

Danielle tiritaba violentamente cuando Jake y ella llegaron por fin al observatorio. Le temblaban las manos, las rodillas, todo el cuerpo. Temblaba de entusiasmo, pero sobre todo de frío. Danielle no recordaba haber sentido tanto frío nunca en su vida. Se sentía casi como si se estuviera desangrando, pero en lugar de perder sangre, lo que estaba perdiendo era calor, que se le escapaba del cuerpo. Pronto se le acabaría el calor corporal.

Danielle y Jake recorrieron, tambaleándose, los últimos pies de la pendiente que llevaba hasta el observatorio meteorológico. Había ventisqueros en la parte posterior de los edificios, tan grandes que Danielle tuvo grandes dificultades para seguir avanzando. Perdió varias veces el equilibrio al tratar de abrirse camino. Dos veces cayó al suelo y quedó cubierta de nieve. Pero consiguió seguir adelante, y Jake también, y por fin llegaron hasta el edificio de mayor tamaño.

—¿Dónde está la puerta? —preguntó Danielle.

—Quizás sea por aquí —contestó Jake, y rodearon el edificio por la derecha.

Danielle comenzó a golpear la puerta tan pronto como llegó a ella, pero tenía las manos tan agarrotadas que ni siquiera podía cerrarlas para formar un puño. En realidad no estaba golpeando, sino dando palmadas. Jake también empezó a golpear con todas sus fuerzas.

Ambos se detuvieron y escucharon con atención.

Sólo se oía el silbido del viento y el ruido que hacía al golpear contra el observatorio.

—Tal vez no hay nadie —dijo Jake.

—No digas tonterías —respondió su hermana, pero sus palabras la habían dejado aún más helada de lo que ya estaba. ¿Podía ser cierto? ¿Acaso habían llegado hasta allí sólo para encontrar un edificio vacío?

Miró a su alrededor. Junto al edificio había una zona abierta y relativamente llana: parecía un lugar destinado para estacionar un camión; pero no se veía ningún camión por allí. Danielle no vio ningún vehículo de ninguna clase. Al otro lado de esta área había algo parecido a un cobertizo, y la muchacha pensó que debía ser un garaje. Pero en realidad no importaba. Sabía que allí había alguien. *Tenía* que haber alguien allí.

Danielle comenzó a llamar de nuevo.

Jake la interrumpió: —¡Escucha!

La muchacha se detuvo. Esperó.

Entonces oyó algo: —¡Música! —exclamó—. Era una especie de jazz.

Inmediatamente volvió a golpear la puerta. —¡Abran! —gritó—. ¡Abran la puerta! ¡Por favor! ¡Necesitamos ayuda!

Jake también golpeó.

Se detuvieron, esperaron, escucharon.

No ocurrió nada.

Danielle notó que su emoción se desvanecía por momentos. ¡No se habían pasado el día escalando para encontrarse con que nadie los oía!

Antes de que empezara a golpear de nuevo, Jake dijo: —Espera, a lo mejor la música está demasiado fuerte. Se quitó la mochila, la abrió y rebuscó en su interior. No encontró lo que buscaba, y la vació por completo sobre la nieve.

—¿Qué haces? —preguntó Danielle.

Jake tomó el martillo más grande de su padre. Dijo: —Improvisar. Comenzó a golpear la puerta con él, tan fuerte que con cada golpe se producía una mella en el metal.

La música se detuvo unos instantes después.

Danielle no sabía si realmente había oído una voz o la había imaginado.

Jake dijo: —Muy bien, prepárate.

—¿Que me prepare? —preguntó Danielle, sin comprender. Vio a su hermano agacharse a recoger la mochila vacía. En ese momento se dio cuenta de lo que se proponía, pero era demasiado tarde para detenerlo.

Cuando la puerta se abrió, dejando ver a dos hombres muy sorprendidos al otro lado, Jake agitó la mochila vacía como si fuera una bolsa de Halloween.

—¡Venimos por nuestros dulces!

Acerca del Autor

EDWARD MYERS

A Ed Myers le encanta estar al aire libre, y especialmente hacer excursiones a pie y escalar montañas. Aunque nadie debería imitar a los personajes de *Escalar o morir*, Ed Myers ha probado con éxito todas las técnicas de escalada personalmente. Vive en Nueva Jersey con su esposa, Edith, y sus dos hijos.

Acerca del Ilustrador

BILL FARNSWORTH

"Dibuja siempre lo que ves, y habla con ilustradores. Compórtate como una esponja: absorbe toda la información que puedas". Éste es el consejo de Bill Farnsworth. Varias veces al año visita escuelas para hablar con los niños sobre su trabajo como ilustrador. También le gusta jugar al tenis, trabajar en su jardín y cocinar en su casa de Sarasota, Florida.

Para saber más acerca de Edward Myers y Bill Farnsworth, visita Education Place. **www.eduplace.com/kids**

Reacción

Escalar o morir
por Edward Myers

PIENSA EN LA SELECCIÓN

1. Si estuvieras en el lugar de Jake o Danielle, ¿habrías intentado escalar Mount Remington para buscar ayuda para tus padres? Explica tu respuesta.

2. Danielle siente cada vez más interés por escalar a medida que aprende más cosas. Da un ejemplo de tu propia vida sobre algo que te haya interesado más a medida que aprendías más sobre ello.

3. ¿Por qué se sorprenden los hombres del observatorio cuando ven a Jake y Danielle?

4. ¿Por qué crees que el autor decidió enfocar unas veces el comportamiento de Danielle y otras el de Jake?

5. Cuando llegan a la falsa cima, Danielle rechaza el abrazo de Jake y él se siente dolido. ¿Qué nos dice esta reacción sobre la forma de ser de Jake?

6. ¿Qué crees que aprenden Jake y Danielle uno de otro?

7. **Conectar/Comparar** Piensa en cómo Jake y Danielle improvisaban con sus herramientas, y compáralo con el uso que Brian hacía de su hacha. ¿Qué cualidades los ayudaron a sobrevivir? Explica tu respuesta.

Informar

ESCRIBE UN MENSAJE

Imagínate que Danielle y Jake llegan al observatorio y lo encuentran vacío. Escribe el mensaje que podrían haber dejado allí. Explica su situación y di lo que piensan hacer a continuación.

Consejos

- El mensaje debe ser muy claro. Recuerda que la información que escribas puede llevar al rescate de los personajes.
- No olvides incluir la fecha, la hora y los nombres de los personajes.

Lectura — Unir y clarificar ideas principales
Escritura — Explicar la situación

Vocabulario

DISEÑA UN CATÁLOGO DE ESCALADA

Haz un catálogo de instrumentos de escalada de los que usan los montañistas. Comienza con las herramientas que aparecen en la narración, como el piolet y los mosquetones. Si no encuentras fotografías, haz dibujos. A continuación, rotula y describe cada objeto.

Extra **Explica oralmente tu catálogo. Di cómo y por qué se usa cada instrumento al escalar.**

Escuchar y hablar

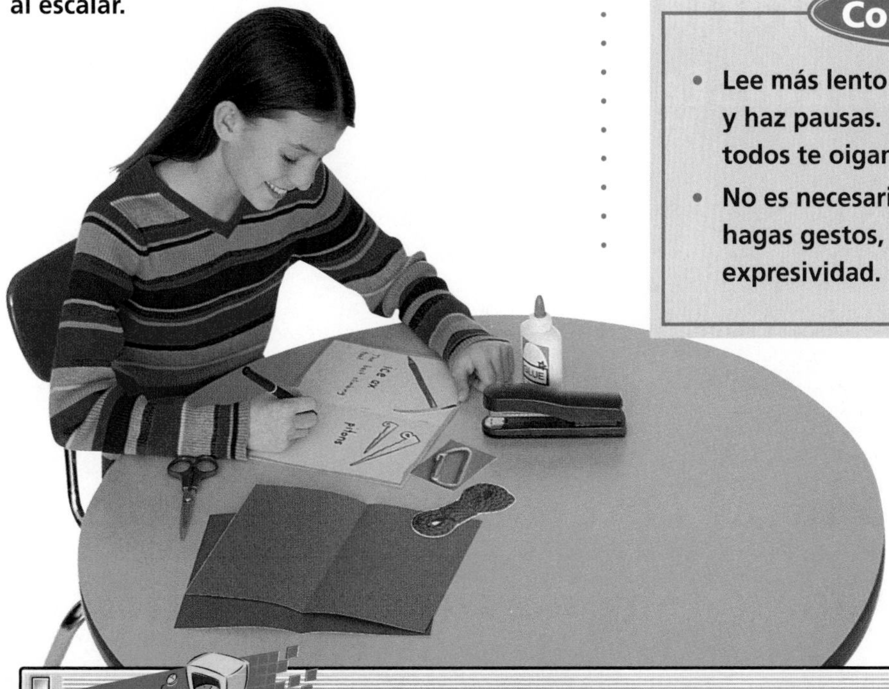

LECTURA DRAMATIZADA

Junto a un pequeño grupo, haz una lectura dramatizada de una parte del texto. Empiecen en la página 82, en el párrafo que comienza "Jake se acercó dando traspiés". Continúen hasta el final de la selección. Una persona puede leer el papel de Danielle, otra persona el de Jake y los demás pueden turnarse para leer las intervenciones del narrador.

Consejos

- **Lee más lento que de costumbre, y haz pausas. Asegúrate de que todos te oigan bien.**
- **No es necesario que te muevas ni hagas gestos, pero sí debes leer con expresividad.**

Internet

COMPLETA UN CRUCIGRAMA EN LA RED

¿Qué has aprendido sobre escalar al leer *Escalar o morir?* Averígualo haciendo un crucigrama que puedes imprimir en Education Place.

www.eduplace.com/kids

La lucha contra el EVEREST

por Michael Burgan

¿Lograrían los dos escaladores conquistar la montaña asesina?

POR FIN HABÍA LLEGADO EL DÍA para el que llevaban varios años preparándose. Los dos hombres se asomaron fuera de su tienda de campaña y vieron a su alrededor varias cumbres heladas que brillaban con las primeras luces del día. Los hombres estaban acampando a más de cinco millas de altitud en una de las caras del Everest, la montaña más alta de la tierra. El viento, que había estado soplando a 60 millas por hora, se había detenido, pero la temperatura era brutalmente baja: 17°F *bajo cero*. Ese día, el 29 de mayo de 1953, Edmund Hillary y Tenzing Norgay esperaban ser los primeros en pisar la cumbre del Everest.

Habían estado a punto de fracasar incluso antes de llegar hasta allí. Un mes atrás los dos escaladores, unidos por una cuerda, habían estado explorando una cascada helada, una extensión irregular y movediza llena de enormes bloques de hielo con los bordes aserrados. Hillary, en posición de cabeza, llegó a una grieta muy profunda y demasiado ancha como para poder pasar por encima de ella. Como muchos montañistas hubieran hecho, Hillary colocó un trozo de hielo sobre la abertura a modo de puente. Pero cuando pisó el trozo de hielo, éste cedió. Hillary cayó al interior de la grieta junto al trozo de hielo. "Parecía que todo sucedía muy lentamente" contó después, "aunque en realidad iba en caída libre por la grieta". Al caer, Hillary se dobló sobre sí mismo para no quedar atrapado en la grieta.

Cuando vio la caída de su amigo, Tenzing reaccionó deprisa. Clavó el piolet en la nieve y enrolló la cuerda a su alrededor. "La cuerda se tensó de golpe", recordaba Hillary, "y yo me detuve, balanceándome contra las paredes". El trozo de hielo se estrelló contra el fondo de la grieta. Si Tenzing no hubiera reaccionado tan rápidamente, a Hillary le habría pasado lo mismo.

Frente al peligro

Los dos hombres venían de mundos diferentes. Edmund Hillary había trabajado como apicultor en su país, Nueva Zelanda. Tenzing Norgay, su compañero, era un sherpa. (Los sherpas son un pueblo originario de Nepal, en el Himalaya, y son excelentes guías de montaña.) Pero Hillary y Tenzing compartían la pasión por la escalada de montañas. Hillary había realizado otros dos ascensos al Himalaya. Tenzing ya había intentado escalar el Everest seis veces. Ambos tenían la determinación y los conocimientos necesarios para alcanzar la cumbre, y además cada uno de ellos confiaba plenamente en el talento del otro.

Sin embargo, eran conscientes del peligro: desde morir congelados hasta sufrir una avalancha, caer en una grieta, verse envueltos en una tormenta de nieve repentina o encontrarse sin suficiente oxígeno. Ya habían muerto 24 alpinistas tratando de escalar el Everest. Tres días antes, dos escaladores habían regresado, agotados e incapaces de continuar. Ellos advirtieron a Hillary y Tenzing de los riesgos a los que se exponían.

A pesar de todo, a las 6:30 de la mañana del día 29 de mayo, Edmund Hillary miró a Tenzing Norgay y le preguntó: "¿Estás preparado?" **"Ah chah"**, respondió Tenzing: "Preparado". Sólo tenían que subir 1,100 pies y pasarían a la historia.

Meses de esfuerzos

Sus esfuerzos por coronar la cima del Everest habían comenzado más de dos meses atrás, el 10 de marzo de 1953. Sir John Hunt, un coronel del ejército británico, había encabezado un equipo de 14 escaladores, 36 guías sherpa y 350 porteadores que llevaban toneladas de víveres e instrumentos.

Hillary, Tenzing y los otros miembros del equipo salieron de Katmandú, la capital de Nepal. Al principio caminaban entre colinas llenas de colorido, salpicadas de casas y granjas. A medida que ascendían, el paisaje fue cambiando. Unos barrancos escarpados bordeaban el cauce de un río. Para atravesarlo, los montañistas construyeron un puente muy rudimentario de piedra y bambú. Las fuertes lluvias y los enjambres de avispones los atormentaban. Progresaban muy lentamente.

Tras avanzar hacia el este, el equipo por fin divisó el Everest a lo lejos, como si estuviera suspendido en el cielo. Los montañistas montaron un campamento base en una elevación situada a 12,000 pies de altitud. Desde allí continuarían el ascenso, montando nuevos campamentos por el camino.

El equipo dedicó algunas semanas a preparar el ascenso desde el campamento base, tallando escalones en la nieve. Un día Hillary encabezó un equipo de pocos hombres que salieron a explorar la cascada helada de Khumbu, "uno de los lugares más escalofriantes y espantosos que jamás haya visto el hombre", según la descripción de George Mallory, un montañista que falleció en aquella zona. Hillary y su equipo llegaron a una zona de gigantescos bloques

Tenzing Norgay y Edmund Hillary celebran el primer ascenso al Everest tomando unas tazas de té.

de hielo que oscilaban y se desplazaban a merced de los glaciares y las avalanchas que los empujaban y sacudían.

Hillary guió al grupo por aquel peligroso terreno que se movía y formaba grietas bajo sus pies. Las avalanchas amenazaban constantemente con sepultar al equipo entre bloques de hielo. Pero Hillary encontró una ruta a través de la cascada helada y montó un campamento a 19,400 pies de altitud.

Por el camino, los hombres dieron nombre a algunos de los puntos más difíciles. A uno de ellos lo llamaron "el Horror de Hillary". A otro, "Bomba atómica", por los rugidos del hielo al desplazarse, que sonaban como explosiones. Allí fue donde Hillary cayó en la grieta que estuvo a punto de poner fin a su escalada y a su vida.

Aquel momento de grave peligro era apenas un recuerdo cuando Hillary y Tenzing iniciaron el ascenso final. Una vez más, iban unidos por una cuerda. Tenzing tomó la delantera al principio, y más tarde Hillary ocupó su lugar. Avanzaron a lo largo de una cresta de pocos pies de ancho. La nieve blanda complicaba la marcha. Descorazonados por las dificultades, consideraron la posibilidad de regresar. Finalmente, Hillary se dijo: "¡Ni hablar! Esto es el Everest".

Más adelante la nieve era más dura y Hillary pudo tallar escalones en ella. Sin embargo, los escaladores tomaban todas las precauciones. A su derecha había algunas cornisas, o crestas retorcidas de nieve. Justo al otro lado había una caída de 8,000 pies. A su izquierda había un saliente rocoso. A duras penas los dos hombres, los únicos miembros del equipo que habían llegado tan lejos, continuaron el ascenso.

La zona de la muerte

Ambos hombres llevaban ocho capas de ropa y tres pares de guantes. Cada uno de ellos llevaba un tanque de oxígeno de 40 libras en la espalda. En las grandes altitudes el aire contiene menos oxígeno, pero los escaladores necesitan una *mayor concentración* de oxígeno para sobrevivir, especialmente a 25,000 pies de altitud, que es donde según algunos expertos comienza la "zona de la muerte".

Hillary golpeaba la nieve, preocupado por sus reservas de oxígeno. ¿Tendrían suficiente? Cada vez resultaba más difícil respirar, porque se estaba formando hielo en el interior de los tubos del oxígeno. Hillary y Tenzing tenían que limpiarlos constantemente para poder respirar y seguir subiendo. Nada podría detenerlos, o eso esperaban. Sin embargo, como Hillary declaró más adelante: "No sabíamos si era humanamente posible alcanzar la cima del Everest".

Los dos alpinistas llegaron a una pared rocosa de 40 pies de altura. Ya no tenían fuerzas para escalarla directamente. Hillary decidió subir entre la roca y una cornisa cercana con ayuda de sus crampones, que son unos pinchos en las botas. Cuando alcanzó la cima de la pared, Hillary ayudó a Tenzing a subir. Entonces siguieron tallando escalones en la nieve.

En la cumbre

Las horas pasaban. Los dos hombres avanzaban cada vez más despacio. Su conquista, según contó Hillary más tarde, se estaba convirtiendo en una "lucha encarnizada". De pronto, la cresta por la que estaban caminando se convirtió en un pico, ¡y llegaron a la cumbre del Everest!

Los dos hombres se abrazaron y se dieron la mano. Hillary tomó algunas fotografías. Tenzing enterró algunos caramelos y galletas en la nieve como ofrenda para los dioses que, según la creencia sherpa, viven en el Everest. Al cabo de 15 minutos los dos hombres abandonaron la cumbre y aquellas vistas majestuosas que ningún otro hombre había visto jamás. Habían llegado al techo del mundo.

Hillary tomó esta fotografía de Tenzing sosteniendo una bandera en la cumbre del Everest.

Desarrollar conceptos

¿Navegar en un barco

Las verdaderas
confesiones de
Charlotte Doyle
por Avi

**Las verdaderas
confesiones de
Charlotte Doyle**

Vocabulario

enredaron
experto
flechastes
jarcias
traicionero

Estándares

Lectura

- Unir y clarificar ideas principales
- Hacer aserciones razonables
- Determinar el significado a través del contexto

¿Qué se sentiría al estar a bordo de un barco de vela hacia 1830? En *Las verdaderas confesiones de Charlotte Doyle*, una muchacha descubre cómo es realmente la vida de un marinero.

En un bergantín, que es un barco de dos mástiles, un marinero **experto** tenía que trepar por los mástiles o las **jarcias** (las cuerdas que sujetan los mástiles y las velas) para soltar las velas, y así lograr que el viento empujara el barco. Era en sí un trabajo **traicionero.** En ocasiones, ocurrió que los marineros se **enredaron** en los **flechastes** e incluso a veces cayeron al mar. La percha más alta, donde se fija el extremo de la vela mayor, se llamaba percha de sobrejuanete. A veces estaba a 130 pies de altura. Cuando se desencadenaba una tormenta fuerte en alta mar, había que atar las velas para que no se rompieran. La vida de un marinero a bordo de un velero estaba llena de desafíos.

Percha de sobrejuanete

Jarcias

Flechastes

Palo mayor

Conozcamos al autor

Avi

Origen de su nombre: Su hermana gemela se lo puso cuando eran bebés.

Curiosidad: Avi tuvo bastantes problemas en la escuela porque escribía muy mal. Cree que ha tenido mucha suerte de haber llegado tan lejos.

Así perfeccionó su estilo: Avi y sus hijos jugaban a un juego: ellos le decían un tema (por ejemplo, un vaso de agua) y él tenía que inventarse una historia a partir de él.

Libros más destacados: *The Fighting Ground; Perloo the Bold; Beyond the Western Sea, tomos 1 y 2*

Conozcamos al ilustrador

Scott McKowen

Así era de niño: Los padres de Scott McKowen siempre llevaban papel y lápices para que estuviera callado en los restaurantes.

Así trabaja: McKowen trabaja con un tablero de grabado. Talla líneas blancas con una cuchilla afilada sobre un tablero negro, y después aplica los colores con unas pinturas especiales al óleo.

Internet

Para averiguar más acerca de Scott Mc Kowen y de Avi, visita Education Place. **www.eduplace.com/kids**

Las verdaderas confesiones de Charlotte Doyle

por Avi

Estrategia clave

Charlotte Doyle se enfrenta al reto más difícil de su vida cuando se incorpora a la tripulación del barco. Al leer, **revisa** si estás comprendiendo bien el texto y trata de **aclarar** las partes que no comprendas volviendo atrás y releyendo, o continuando con la lectura.

Lectura   Unir y clarificar ideas principales

Es el año 1832 y Charlotte Doyle, una muchacha de trece años, se ha embarcado en el *Seahawk*, un bergantín que ha zarpado de Inglaterra rumbo a los Estados Unidos. Una vez a bordo se da cuenta de que es la única pasajera, y además es la única muchacha en medio de una tripulación poco amable. Cuando queda un puesto libre en la tripulación, ella tiene la audacia de ofrecerse para trabajar en el barco. No puede ni imaginar que para demostrar su capacidad tendrá que trepar hasta lo más alto del palo mayor.

—Señorita Doyle —insistió—, ha dicho que subirá hasta lo alto de la percha de sobrejuanete. ¿Sabe usted que ésa es la vela más alta del palo mayor? Está a ciento treinta pies de altura. Sólo hay dos formas de alcanzarla: trepando por el mástil, o subiendo por los obenques con ayuda de los flechastes.

Asentí con la cabeza, como si hubiera entendido lo que me estaba diciendo. La verdad es que ni siquiera quería escuchar. Lo único que quería era superar la prueba de una vez.

—Otra cosa, señorita Doyle —continuó—, si se resbala y cae, con suerte caerá al mar y se ahogará enseguida. Ningún mortal podría rescatarla a tiempo. ¿Comprende?

Tragué saliva y asentí con la cabeza: —Sí.

—Porque si *no* tiene suerte, se estrellará contra la cubierta. Y entonces quedará lisiada o se matará al romperse el cuello. ¿Está segura de que quiere intentarlo?

—Sí —repetí, aunque con voz algo más baja.

—Le voy a decir una cosa —dijo con una mirada que parecía una mezcla de admiración y desprecio—: Zachariah tenía razón. Es usted la muchacha más decidida que he conocido.

Foley regresó poco después. —Hemos llegado a un acuerdo —anunció—. Nadie está a favor de que usted se incorpore al grupo, señorita. Por ser usted lo que es. En eso estamos todos de acuerdo. Pero si logra subir hasta lo alto de la percha de sobrejuanete y bajar de nuevo entera, y si después de eso aún quiere enrolarse, la aceptaremos como a uno más. Tendrá el mismo trato que cualquiera de nosotros, señorita Doyle. Ni más, ni menos.

Fisk me miró, esperando una respuesta.

—Comprendido —dije.

—De acuerdo entonces —dijo Foley—. El capitán está aún en su camarote y no creo que salga hasta las cinco. Puede intentarlo ahora.

—¿*Ahora?* —dije, y noté que me fallaban las fuerzas.

—Ahora o nunca.

De modo que los cuatro hombres me llevaron hasta la cubierta. Al llegar vi que el resto de la tripulación ya estaba allí.

Después de comprometerme a hacerlo, me sentía abrumada por mi atrevimiento. Los mástiles siempre me habían parecido altos, por supuesto, pero nunca tanto como en aquel momento. Cuando llegué a cubierta y miré hacia arriba, mi valor se vino abajo. El estómago me daba vueltas. Noté que las piernas me fallaban.

Qué importaba. Fisk me acompañó hasta el mástil como si me llevara a morir en la hoguera. Parecía tan angustiado como yo.

Para comprender bien lo que me había comprometido a hacer, hay que tener en cuenta que el palo mayor tenía una altura de ciento treinta pies desde cubierta. En realidad ese mástil estaba hecho de tres piezas enormes y redondeadas de madera, tres troncos de árbol, uno sobre otro. Además, en él iban sujetas las velas a cuatro alturas, cada una con un nombre diferente. En orden, de abajo hacia arriba, se llamaban vela mayor, gavia, juanete y sobrejuanete.

Mi tarea consistía en subir hasta lo más alto de la percha de sobrejuanete. Y bajar. Entera. Si lo lograba, tendría derecho a repetir la subida cincuenta veces al día.

Como si estuviera leyendo mi aterrorizada mente, Fisk me preguntó, muy serio:

—¿Cómo va a subir, señorita Doyle? ¿Por el mástil o por los flechastes?

Volví a mirar hacia arriba. Estaba claro que no podía subir directamente por el mástil. Los estayes y los obenques con los flechastes parecían más apropiados.

—Por los flechastes —respondí con un hilo de voz.

—Adelante.

Confieso que en aquel momento los nervios me traicionaron. Era incapaz de moverme. El corazón me latía muy deprisa, y miré a mi alrededor con desesperación. Los miembros de la tripulación estaban allí, parados en semicírculo, como si fueran la viva imagen del juicio final.

Fue Barlow quien gritó: —¡Que Dios la bendiga, señorita Doyle!

Y Ewing añadió: —Un consejo, señorita. Mire solamente las cuerdas. No mire hacia abajo. Ni hacia arriba.

Por primera vez tuve la sensación de que al menos algunos de ellos querían que lo lograra. Esto me dio ánimos.

Con pasos vacilantes y la respiración entrecortada, me acerqué a la borda y me detuve. Oía una vocecita dentro de mí que me decía: "¡No! ¡No!"

Pero en ese momento también oí a Dillingham, burlón: —No se va a atrever.

Levanté el brazo, me agarré a la vigota más baja y subí a la borda. Hasta allí ya había llegado antes. Avancé hacia la parte exterior hasta que quedé *dentro* de las jarcias e incluso me podía apoyar en ellas.

Volví a mirar a la tripulación, y debo decir que lo hice con cierto aire de superioridad. Estaban mirando hacia arriba con el rostro inexpresivo.

Recordé el consejo de Ewing, volví la mirada y la dirigí a las cuerdas que tenía delante de mí. Levanté el brazo cuanto pude por uno de los obenques centrales, me agarré de un flechaste y comencé a subir.

Los flechastes estaban a una distancia de unas dieciséis pulgadas uno de otro, una separación muy grande para mí. Tenía que izarme con brazos y piernas. Pero uno a uno fui avanzando como si estuviera subiendo por una enorme escalera.

Cuando llevaba unos diecisiete pies de subida me di cuenta de que había cometido un gran error. Las jarcias formaban grupos, y cada uno llegaba hasta un nivel diferente del mástil. Podía haber elegido uno que me llevara directamente hasta arriba, pero el que había escogido llegaba solamente hasta la punta del mástil pequeño.

Por un momento pensé en volver a cubierta y empezar de nuevo. Miré un instante hacia abajo. Todos estaban mirándome. Comprendí que si hacía cualquier movimiento hacia abajo, lo entenderían como una retirada. Tenía que continuar.

Y lo hice.

Continué por el interior de las largas velas de un color blanco grisáceo, como si estuviera subiendo entre nubes muertas.

Más allá de las velas estaba el mar, de un gris plateado, ondulándose sin cesar. Aunque las aguas parecían en calma, yo notaba claramente las oscilaciones y el balanceo que provocaban en el barco. De pronto me di cuenta de que si el viento soplaba, la subida sería mucho más dura, sobre todo cuando estuviera más arriba. Este simple pensamiento hizo que se me humedecieran las palmas de las manos.

Seguí subiendo hasta que llegué a la percha mayor. Desde allí eché otro vistazo al mar, y vi con sobresalto que parecía *mucho* más grande. Cuanto más mar veía, más mar había. En cambio, el *Seahawk* parecía más pequeño. Cuanto más lo miraba, *menos* barco había.

Miré hacia arriba. Para continuar tendría que pasar por encima del tope y llegar hasta el siguiente grupo de flechastes, y seguir subiendo como ya lo había hecho, ¡pero al doble de altura!

Pasé el brazo alrededor del mástil (incluso aquí arriba era demasiado grueso como para abarcarlo por entero), agarré uno de los estayes y di un paso. En ese momento el barco se balanceó. Parecía que el mundo entero daba vueltas y se inclinaba. El estómago me dio un vuelco. El corazón me latía muy deprisa. Mi cabeza parecía a punto de estallar. Conseguí cerrar los ojos. Estuve a punto de resbalar, pero logré agarrarme a una soga antes de que el barco se inclinara hacia el lado contrario. Me sentía aún peor. Con las pocas fuerzas que me quedaban me aferré a ella como si mi vida dependiera de ello. Me di cuenta de que lo que estaba intentando era una auténtica locura, algo grotesco y sin sentido. Era peor que una tontería: era una acción suicida, y jamás conseguiría bajar viva de allí.

Pero tenía que seguir subiendo. Era mi única opción.

Cuando el barco recobró la estabilidad, me agarré a la siguiente jarcia, primero con una mano, luego con la otra, y seguí subiendo. Me dirigía hacia la gavia, quince pies más arriba.

Manteniéndome lo más cerca posible de las jarcias, continué hacia arriba apretando las cuerdas con tanta fuerza que las manos se me agarrotaban. Incluso intentaba agarrarme a los flechastes con los dedos de los pies.

Por fin llegué a la percha de gavia, pero me di cuenta de que era imposible detenerme allí. El único lugar donde podía descansar era *tres* veces más arriba de la distancia que acababa de recorrer, en el tope, justo debajo de la percha de juanete.

Ya me dolían todos los músculos del cuerpo. Sentía la cabeza liviana y mi corazón parecía un yunque. Las manos me ardían y tenía las plantas de los pies en carne viva. Una vez más tuve que detenerme y apreté la cara contra las jarcias con los ojos cerrados. Entonces, a pesar de que me habían advertido que no lo hiciera, abrí los ojos y miré hacia abajo. El *Seahawk* parecía un juguete de madera. El mar parecía aún más grande.

Me obligué a mirar hacia arriba. ¡Cuánto camino quedaba por recorrer! No sé cómo logré ponerme de nuevo en marcha, pero a estas alturas la idea de retroceder me daba tanto miedo como la de seguir adelante. Lo único que sabía es que no podía quedarme donde estaba, y seguí adelante, flechaste a flechaste. Cada paso parecía durar una eternidad, pero por fin llegué al tope que se encontraba justo debajo de la percha de juanete.

Un marinero experto habría tardado dos minutos en llegar hasta allí. ¡Yo había necesitado treinta!

Aunque seguía notando las constantes oscilaciones del barco, tenía que descansar. Lo que en cubierta parecían leves movimientos, allí arriba parecían sacudidas salvajes por el viento traicionero.

Tragué saliva, traté de recomponerme, respiré hondo y miré a mi alrededor. Aunque parecía imposible, el mar era aún más grande. Y cuando miré hacia abajo, los rostros de la tripulación, todos mirando hacia arriba, parecían insectos pequeñitos.

Aún tenía que subir unos veinticinco pies. Una vez más, me agarré a la jarcia y seguí subiendo.

El último tramo de la subida fue una auténtica tortura. A cada paso que daba parecía que el barco se balanceaba más y más. Incluso cuando no me movía, volaba por el aire describiendo círculos amplios y descontrolados. El horizonte seguía moviéndose, oscilando arriba y abajo. Yo me sentía cada vez más mareada: tenía náuseas, estaba aterrorizada y a cada paso que daba estaba convencida de que iba a resbalar y sufrir una caída mortal. Me detuve varias veces, con la mirada fija en las jarcias, a sólo unas pulgadas de mi rostro, jadeando y rezando como nunca antes lo había hecho. Mi única esperanza era que, al estar más cerca del cielo, probablemente mis rezos se oirían mejor.

Pulgada a pulgada, seguí subiendo. ¡Media pulgada! ¡Un cuarto de pulgada! Y por fin, con los dedos temblorosos, logré tocar la percha de sobrejuanete. Había llegado hasta arriba.

Una vez allí, traté de descansar otra vez. Pero el movimiento del mástil, como la aguja de un metrónomo, se notaba mucho más que en ningún otro lugar: el *Seahawk* giraba, oscilaba, daba bandazos como si quisiera deshacerse de mí, como si fuera un perro sacudiéndose el lomo. Y cuando miré hacia abajo vi un mar que era la viva imagen de la infinitud, preparado para tragarme entera en un momento.

Tenía que bajar.

A pesar de lo dura que había sido la subida, comprobé horrorizada que bajar era aún más difícil. Cuando subía veía adónde iba. Al bajar tenía que ir a ciegas, tanteando con los pies. A veces intentaba mirar, pero cuando lo hacía, la visión del vacío que se abría debajo de mí me mareaba tanto que tenía que cerrar los ojos.

Cada paso a tientas era una pesadilla. La mayoría de las veces el pie sólo encontraba aire. Y entonces, como una burla, comenzó a soplar una suave brisa. Las velas empezaron a hincharse y sacudirse, adentro y afuera, ahogándome a veces. El balanceo del barco se hizo más violento, si ello era posible.

Yo seguí bajando. Llegué al juanete, y descansé unos momentos en su tope. Emprendí el tramo más largo, hacia la percha mayor. Allí fue donde me caí.

Estaba tanteando con el pie izquierdo, tratando de encontrar el siguiente flechaste. Cuando di con un punto de apoyo y empecé a dejarme caer sobre él, el pie se me resbaló sobre la superficie alquitranada y salió disparado hacia adelante. Todo ocurrió tan deprisa que me solté de la jarcia. Caí hacia atrás, pero de tal manera que mis piernas se enredaron en las cuerdas. Allí me quedé, colgando *boca abajo*.

Grité, traté de agarrarme de algo. Pero no pude. Me aferré desesperadamente a la nada, hasta que rocé con la mano un cabo que colgaba. Traté de agarrarlo, se me escapó, lo intenté de nuevo. Con todas mis fuerzas me incorporé y, abrazando los obenques, formé un auténtico nudo con mi cuerpo, el mástil y las jarcias. ¡Cuánto lloré! Todo mi cuerpo temblaba y se sacudía como si se fuera a romper.

Cuando logré volver a respirar con cierta normalidad, conseguí soltarme: primero un brazo, después las piernas. Estaba libre.

Seguí bajando. Cuando llegué a la percha mayor estaba completamente entumecida y empecé a llorar de nuevo. Las lágrimas me corrían por la cara.

Me dirigí a los obenques por los que había empezado, y conseguí recorrer la vela de más abajo.

Cuando salí de debajo de ella, la tripulación lanzó un fuerte "¡Hurra!"

¡Sentí cómo se me hinchaba el corazón de gozo!

Cuando ya estaba a punto de acabar, Barlow se adelantó, sonriente, con los brazos extendidos. —¡Salta! —gritó. Pero ya en este punto, decidida a hacerlo todo yo sola, negué con la cabeza. Efectivamente, al final logré bajar con mis propias piernas, que parecían de goma, y me dejé caer a cubierta.

En el mismo momento en que llegué a cubierta, la tripulación me dedicó otro "¡Hurra!". Con el corazón lleno de alegría conseguí ponerme en pie. Y entonces vi al capitán Jaggery, abriéndose paso entre los hombres hasta situarse delante de mí.

Reacción

Piensa en la selección

Las verdaderas
confesiones de
Charlotte Doyle
por Avi

1. ¿Por qué crees que ninguno de los miembros de la tripulación creía que Charlotte estuviera hablando en serio cuando decía que quería trabajar en el barco?

2. ¿Por qué Fisk advierte a Charlotte sobre los riesgos de subir al mástil? ¿Qué nos dice esto sobre la forma de ser de Fisk?

3. ¿Crees que subir a lo más alto del palo mayor es una buena forma de comprobar que Charlotte puede ser un buen miembro de la tripulación? ¿Por qué, o por qué no?

4. ¿Crees que la palabra que mejor define a Charlotte es *decidida, constante, aterrorizada* u otra palabra? Explica por qué.

5. Desde lo alto del mástil, el *Seahawk* parecía "un perro sacudiéndose el lomo". ¿Crees que ésta es una buena comparación? ¿Por qué?

6. Charlotte se siente aterrorizada porque se ha comprometido a realizar una prueba que no está segura de superar. Describe una situación en la que tú te hayas sentido así.

7. **Conectar/Comparar** Compara las razones de Charlotte para subir a lo alto del palo mayor con las razones de Jake y Danielle para escalar Mount Remington. ¿Cómo se manifiesta la valentía de ambas decisiones?

Describir

Escribe un párrafo descriptivo

Escribe un párrafo en el que se describan las sensaciones de alguien que se quedara colgado de lo más alto del sobrejuanete. Utiliza símiles para dar mayor realismo y dramatismo a esta tremenda experiencia.

Consejos

- Recuerda que en los símiles se emplea la palabra *como* para hacer comparaciones inesperadas.
- Organiza los detalles en orden espacial o en orden de importancia.
- Utiliza palabras descriptivas y precisas.

Lectura Analizar características de los personajes

Escritura Desarrollar el tema con detalles

Dibujar un diagrama

Trabaja con un compañero. Mide su altura, y después pídele que mida la tuya. Redondeen cada número al pie más próximo. Si el palo mayor al que subió Charlotte medía 130 pies de alto, ¿cuántas veces podrías colocar tu altura a lo largo del mástil? ¿Y tu compañero? Dibuja un diagrama para resolver el problema.

Hacer un debate

Forma un grupo con dos o tres compañeros de clase y debate con ellos sobre este tema: La subida de Charlotte a lo alto del sobrejuanete, ¿es una locura o un acto de valentía? Traten de llegar a una conclusión con la que todos estén de acuerdo.

Consejos

- Escucha lo que dicen los demás con atención y amabilidad. No dejes que tu atención se desvíe del tema.
- Aporta tus ideas cuando te llegue el turno. Da razones para respaldar tus opiniones.

Internet

Hacer una sopa de letras

En esta selección has aprendido mucho vocabulario relacionado con la navegación. Trata de encontrar estas palabras en una sopa de letras que puedes imprimir desde Education Place. **www.eduplace.com/kids**

Matemáticas **Problemas de proporción**
Escuchar/Hablar **Apoyar opiniones**

Destreza: Cómo tomar notas

Al leer...

❶ Busca las ideas principales. Escribe encabezados que expresen las ideas más importantes.

❷ Debajo de cada encabezado, anota las ideas secundarias. Las anotaciones deben ser breves.

❸ Subraya y define palabras clave en tus anotaciones.

Estándares

Lectura

• **Reseñas/notas/ resúmenes**

Solo contra el mar

La arriesgada aventura de Subaru Takahashi, la persona más joven que ha atravesado el océano Pacífico navegando... ¡solo!

Los rayos relampagueaban, los truenos retumbaban y llovía a cántaros. Se estaba desatando una tormenta de mediodía en alta mar, en pleno océano Pacífico. Los vientos eran cada vez más fuertes y las olas cada vez más grandes. Subaru Takahasi, un muchacho japonés nacido en Shirone, que entonces tenía catorce años, contemplaba la situación con los ojos muy abiertos. Muy pronto su embarcación, un barco de vela de 30 pies, se vería sacudida como un juguete.

De pronto el costado de su barco empezó a sufrir las embestidas de unas olas enormes. El agua se acumulaba en la cubierta, y Subaru tomó una cacerola. Con todas sus energías empezó a achicar el agua del océano. Afortunadamente para él, la ferocidad de la tormenta solamente duró unas horas. Subaru insiste en que en ningún momento llegó a preocuparse seriamente.

Algunas semanas antes, el 22 de julio de 1996, Subaru había emprendido un ambicioso viaje desde la bahía de Tokio, en Japón. Su familia, sus amigos y los periodistas lo habían animado. Pensaba atravesar navegando la mayor masa de agua del mundo, el imponente océano Pacífico, solo.

Calculó que podía recorrer las 6,000 millas que lo separaban de la bahía de San Francisco en siete semanas.

A bordo del *Advantage*, el velero que había alquilado a un dentista de Tokio, llevaba reservas de agua y comida para dos semanas. Tenía arroz, fideos y sopa. El barco también estaba equipado con los sistemas más modernos de radio y navegación.

Quienes conocían a Subaru desde niño no se sorprendieron al conocer su proyecto. A los nueve años había atravesado las diecinueve millas del estrecho de Sado, en el Mar de Japón, remando en una canoa. A los diez años había recibido la primera lección de navegación a bordo de un dingui, un bote pequeño. Y no se desanimó cuando una botavara lo golpeó en la cabeza y estuvo a punto de perder el conocimiento.

Subaru empezó a dar forma a su plan de atravesar el Pacífico después de conocer a un aventurero japonés que había dado la vuelta al mundo navegando en solitario y sin paradas. Seis meses después de este encuentro comenzó a entrenarse para su arriesgado viaje. Después de 200 horas de navegación con el *Advantage* en aguas abiertas, Subaru estaba preparado para zarpar.

◀ *Varias corrientes ayudaron a Subaru en su viaje a través del océano Pacífico. La corriente de Kuroshio, o corriente del Japón, tiene cerca de sesenta millas de ancho al pasar cerca de Japón. Más adelante se junta con aguas más frías y forma la corriente del Pacífico Norte.*

Cuando partió de Japón en julio, su madre dijo a los periodistas: "Creo que sus tremendas ganas de vivir lo traerán de vuelta, pase lo que pase". Los padres de Subaru también creían que, navegando, su hijo aprendería cosas que nunca le enseñarían en la escuela.

"Me sentí entusiasmado cuando perdí de vista la tierra y llegué a mar abierto", recuerda Subaru. "Tenía confianza en el triunfo". Al principio todo fue bien. De vez en cuando disfrutaba de la compañía de ballenas y delfines. Se mantenía en contacto con sus padres, en Japón, a través de la radio, y ellos informaban a los periodistas de los progresos de su hijo.

Para no aburrirse, Subaru intentó pescar. Justo cuando consiguió atrapar el único pez, un ave marina se lanzó sobre él y se tragó no sólo el pez, sino también el anzuelo. A pesar de los esfuerzos de

Subaru por salvarla, el ave murió. Entonces Subaru la izó a bordo, la cocinó y se la comió. Dice: "Tenía buen sabor".

El 11 de agosto tuvo un problema serio: uno de los motores se averió y provocó un fallo en su generador eléctrico. Esto hizo que a cinco semanas del final del viaje Subaru se quedara sin energía para las luces, la radio y el sistema automático de su barco. También dejó de funcionar el sistema GPS de navegación por satélite. Este sistema sirve para indicar la posición de un barco en el océano a través de señales emitidas desde satélites.

Afortunadamente tenía dos sistemas de reserva que aún funcionaban: un GPS manual y una radio de baterías. ¡Pero la radio falló al cabo de cinco días! Entonces Subaru perdió todo contacto con el mundo exterior. En su último mensaje indicaba que se encontraba a 2,790 millas al oeste de San Francisco.

Subaru se había quedado totalmente solo. Dice: "Empecé a preguntarme qué había hecho yo en la vida para merecer tanta mala suerte. Parecía que todo me salía mal".

Un día sin viento en que el barco se había quedado casi inmóvil, Subaru divisó un gran barco en el horizonte. Al verlo acercarse cada vez más, Subaru se dio cuenta de que iban a chocar. Movió los brazos desesperadamente. Por fin alguien que estaba a bordo del barco vio al joven marino y modificó el rumbo justo a tiempo para evitar el desastre.

Hacia finales de agosto en Japón había muchas personas que creían que Subaru se había perdido en el mar. Habían seguido los informes por radio hasta que éstos

Subaru Takahashi posa con la bandera japonesa poco después de convertirse en la persona más joven que ha atravesado en solitario el océano Pacífico. Abajo, Subaru hace el último control en su velero *Advantage* antes de zarpar de Tokio.

se interrumpieron bruscamente en medio del océano. Pero sus padres nunca perdieron la esperanza y viajaron a San Francisco en septiembre para esperar su llegada.

El 13 de septiembre Subaru pasó por debajo del puente Golden Gate y entró en la Bahía de San Francisco. Recuerda: "Dos días antes de llegar, estaba tan contento que no podía dejar de sonreír y era incapaz de dormirme". Enseguida fue recibido por sus padres y un grupo de periodistas que lo convirtieron al instante en un héroe: la persona más joven que ha cruzado en solitario el océano Pacífico.

Cuando pisó tierra firme afirmó: "Para mí esto es el comienzo, no el final". Se refería a otro objetivo: dar la vuelta al mundo navegando en solitario. Lo intentará en cuanto esté preparado.

115

✓ Escoger la mejor respuesta

Muchas pruebas consisten en escoger la mejor respuesta entre tres, cuatro o cinco posibilidades. ¿Cómo se escoge la mejor respuesta? Fíjate en este ejemplo. Es una pregunta tomada de *Las verdaderas confesiones de Charlotte Doyle*. La respuesta correcta es la que está marcada. Sigue los consejos para responder a este tipo de preguntas.

Consejos

- Lee atentamente las instrucciones para asegurarte de que sabes cómo tienes que marcar la respuesta.
- Lee la pregunta y todas las respuestas posibles.
- Vuelve a leer la selección si necesitas ayuda.
- Rellena completamente el círculo correspondiente a tu respuesta para que ésta pueda ser calificada.

Lee la pregunta. En la fila de las respuestas, rellena el círculo que corresponda a la mejor respuesta.

1   ¿Qué ocurrió justo antes de que Charlotte Doyle intentara subir hasta lo alto de la percha de sobrejuanete?

   A   Los marineros se ofrecieron a enseñarle a trabajar en el barco.

   B   Toda la tripulación la animó.

   C   El capitán salió de su camarote para hablar con ella.

   D   Ewing le dio algunos consejos para la escalada.

FILA DE RESPUESTAS 1   Ⓐ Ⓑ Ⓒ ●

Así es como un estudiante encontró la mejor respuesta.

Estoy buscando la respuesta que indique lo que ocurrió **justo antes** de que Charlotte Doyle intentara subir hasta lo alto de la percha de sobrejuanete. Vuelvo a leer el cuento y veo que Ewing dio unos consejos a Charlotte sobre cómo subir por las cuerdas.

Vuelvo a leer las posibles respuestas. Sé que **A, B** y **C** no son correctas porque en ellas no se menciona el consejo de Ewing. Ahora sé por qué **D** es la mejor respuesta.

Poesía

Un poema es un barco de madera
hecho con tus propias manos:
es frágil, es pequeño,
pero te puede llevar tan lejos
como quiera el viento.

Alberto Blanco

¿Qué es la poesía?

En los poemas se usan las palabras de modo que transmitan imágenes, sonidos y sentimientos. En algunos poemas puedes encontrar palabras que tienen un sonido parecido al de su significado, como *zumba;* o palabras que comienzan con el mismo sonido, como *luna lunera.* Algunos poemas riman, pero no todos ellos.

Los poemas pueden traerte recuerdos de experiencias de tu vida. Estás a punto de leer poemas sobre la familia y los amigos. ¡Y muy pronto escribirás tus propios poemas!

Contenido

Los amigos

La familia

Los amigos

Aquí encontrarás seis poemas que tratan de los altibajos de la amistad.
Al leer los poemas, piensa en cómo podrías comparar y contrastar dos de ellos.

Buenos *hot dogs*

Cincuenta centavos cada uno
Para comer nuestro lonche
Corríamos
Derecho desde la escuela
En vez de a casa
Dos cuadras
Después la tienda
Que olía a vapor
Tú pedías
Porque tenías el dinero
Dos *hot dogs* y dos refrescos para
    comer aquí
Los *hot dogs* con todo
Menos pepinos

Echa esos *hot dogs*
En sus panes y salpícalos
Con todas esas cosas buenas
Mostaza amarilla y cebollas
Y papas fritas amontonadas encima
Envueltos en papel de cera
Para llevarlos calientitos
En las manos
Monedas encima del mostrador
Siéntate
Buenos *hot dogs*
Comíamos
Rápido hasta que no quedaba nada
Menos sal y semillas de amapola
    hasta
Las puntitas quemadas
De las papas fritas
Comíamos
Tú canturreando
Y yo columpiando mis piernas

— *Sandra Cisneros*

121

Los amigos

La vida canta, el tiempo vuela,
la dicha florece temprano.
Vamos al circo y a la escuela.
Mis amigos me dan la mano.

Seré su espejo verdadero,
su sombra fresquita, su hermano.
Yo los ayudo, yo los quiero.
Mis amigos me dan la mano.

Juguemos al amor profundo.
La voz, leal, el ojo sano.
Vamos a visitar el mundo.
Mis amigos me dan la mano.

Vamos a todo lo que existe
—ronda de hoy, juego lejano—
sin quedar solo ni estar triste.
Mis amigos me dan la mano.

— *María Elena Walsh*

Dame la mano

Dame la mano y danzaremos;
dame la mano y me amarás.
Como una sola flor seremos,
como una flor y nada más...

El mismo verso cantaremos,
al mismo paso bailarás.
Como una espiga ondularemos,
como una espiga, y nada más.

Te llamas Rosa y yo Esperanza;
pero tu nombre olvidarás,
porque seremos una danza
en la colina, y nada más...

— *Gabriela Mistral*

¿En dónde tejemos la ronda?

¿En dónde tejemos la ronda?
¿La haremos a orillas del mar?
El mar danzará con mil olas
haciendo una trenza de azahar.

¿La haremos al pie de los montes?
El monte nos va a contestar.
¡Será cuál si todas quisiesen,
las piedras del mundo, cantar!

¿La haremos, mejor, en el bosque?
La voz y la voz a trenzar,
y cantos de niños y de aves
se irán en el viento a besar.

¡Haremos la ronda infinita!
¡La iremos al bosque a trenzar,
la haremos al pie de los montes
y en todas las playas del mar!

— *Gabriela Mistral*

Mis amigos

Mis amigos,
estrellas que cubren el cielo.
Ellos me escuchan
con sus manos en sus corazones.
Ellos me ayudan como si yo fuera
el diamante más precioso.
Ellos me entienden,
como yo entiendo
los consejos de mi madre.
Ellos me aconsejan fácilmente
como que una nube es blanca.

Mientras tanto mis no-amigos
me ignoran como a un perro y me critican
como a una flor marchita.

— *Claudia García Moreno*

Cultivo la rosa blanca

Cultivo una rosa blanca
en julio como en enero,
para el amigo sincero
que me da una mano franca.

Y para el cruel que me arranca
el corazón con que vivo,
cardo ni ortiga cultivo:
cultivo una rosa blanca.

— *José Martí*

La familia

A veces te puede sorprender una imagen de un poema. Al leer los siguientes seis poemas, escoge la imagen que más te gusta.

Moverse, saltar

Después de la cena, papá enrolla las alfombras
y las empuja contra la pared juntas con
los sofás, sillas y mesitas también.
En la sala las luces oscurecen
Papá toca música bailable
y mamá, se desliza, desliza hasta
dar vueltas. Ellos me dicen:
—¡Bailemos!
Y nosotros nos movemos, saltamos,
dejamos a nuestras caderas besarse con la música.

— *Lori Marie Carlson*

Mi madre

Mi madre es la luna
dormida en el cielo,
entre blancas nubes
y ángeles de sueño.

Mi madre es el agua
de azules reflejos
que pasa cantando
bajo el limonero.

Mi madre es la rosa
en manos del viento,
aroma de siglos,
sílaba de cuento.

Mi madre es el alba
sobre el jazminero.
Me nace en la frente
la flor de su beso.

— *Trigueros de León*

A mi primer nieto

La media luna es una cuna,
¿y quién la briza?
y el niño de la media luna,
¿qué sueños riza?

La media luna es una cuna,
¿y quién la mece?
y el niño de la media luna,
¿para qué crece?

La media luna es una cuna,
va a la luna nueva,
y al niño de la media luna.
¿Quién me lo lleva?

— *Miguel de Unamuno*

Como soy yo

Todos me miran y dicen:
los ojos son de su abuela,
la nariz y la sonrisa
son de su tía Manuela,

De su padre son los gestos,
de su madre la mirada,
y sin embargo en concreto,
es de su abuelo, clavada

Me choca mucho escucharles,
no sé cómo no me río,
si todo es de los demás,
yo me pregunto: ¿qué es mío?

Por el físico me juzgan,
y ninguno piensa igual,
pues el carácter que tengo
nunca lo adivinarán.

Y con esto ya termino,
pues no me quiero alargar,
el que quiera tener datos
que me venga a preguntar.

— *Almudena Herranz*

Paraíso terrenal

¡cómo me gusta
venir al mercado
con mi abuela!

oler la frescura
de la mañana
en el cilantro

perderme
entre los mangos
y las papayas

las flores
de calabaza
y las sandías

¡cuánto color
cuánto sabor
en cada rincón!

¡sí, la tierra
sigue siendo
un paraíso!

— *Francisco X. Alarcón*

Las llaves del universo

mi abuelito
Pancho
nos enseñó

a mis hermanos
mis hermanas
y a mí

las primeras
letras
en español

su sala
de estar fue
nuestro salón

"y éstas son
las meras llaves
del universo"

nos decía
apuntando
a las letras

del alfabeto
en el improvisado
pizarrón

— *Francisco X. Alarcón*

Poesía

Escribe tu propio poema

Escoge a alguien que conozcas bien. Podría ser un amigo o un miembro de tu familia. ¿Hay alguna historia o sentimiento que asocies con esa persona? Escribe un poema acerca de él o ella.

Consejos

- **Intenta comenzar tu poema de una manera sorprendente.**
- **Combina palabras que tengan el mismo sonido inicial (*hermosa hermana, amanecer amarillo*).**
- **Usa palabras que tengan un sonido parecido al de su significado (*crujiente, mugido*).**

Lee por tu cuenta

Mis primeras lecturas poéticas

***editado por Angelina Gatell* (Ediciones 29)**

Esta antología presenta el mundo de la poesía española de una manera histórica. Incluye poemas escritos por Unamuno y Machado.

The Tree Is Older Than You Are

***editado por Naomi Shihab Nye* (Simon & Schuster)**

Los versos bilingües que se encuentran aquí representan lo mejor de la poesía juvenil y contemporánea de México.

Pajaroflor

***editado por Sylvia Puentes de Oyenard* (Andrés Bello)**

Según la editora, esta antología, que incluye poetas de Latinoamérica y España, trata de "la sencillez de la música y el ritmo" y se dedica "al hermoso lenguaje de las imágenes que se esconden en un verso".

Ronda de astros

***por Gabriela Mistral* (Espasa-Calpe)**

En esta colección se presenta la obra juvenil de Mistral, quien ganó el premio Nobel en 1945.

Mi primer libro de poemas

***ilustrado por Luis de Horna* (Anaya)**

Esta antología sencillamente ilustrada está dividida en tres secciones: la primera presenta los poemas de Juan Ramón Jiménez, la segunda trata de la obra de Federico García Lorca y la última se enfoca en los versos de Rafael Alberti.

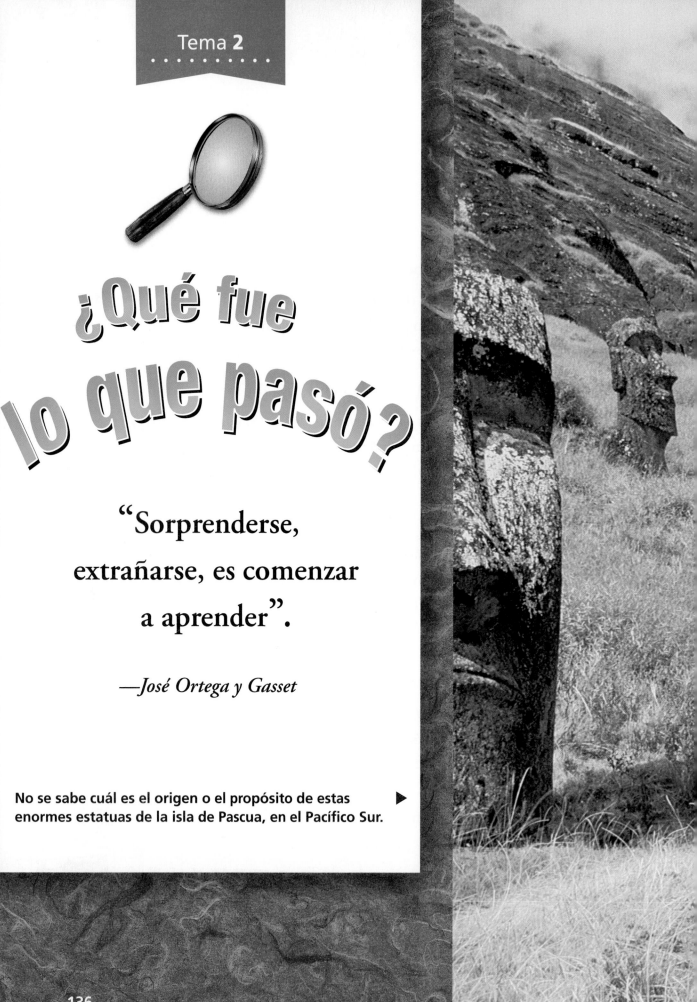

¿Qué fue lo que pasó?

"Sorprenderse, extrañarse, es comenzar a aprender".

—*José Ortega y Gasset*

No se sabe cuál es el origen o el propósito de estas enormes estatuas de la isla de Pascua, en el Pacífico Sur. ▶

¿Qué fue lo que pasó?

Contenido

Biblioteca del lector

- **Orson Welles y la guerra de los mundos**
- **El niño y los galgos**
- **Stonehenge: ¿Un misterio sin resolver?**

Libros del tema

La fábrica de nubes

por Jordi Sierra i Fabra
ilustrado por Viví Escrivá

Con los pies en el aire

por Agustín Fernández Paz
ilustrado por Miguelanxo Prado

El cuento interrumpido

por Pilar Mateos
ilustrado por Teo Puebla

Libros relacionados

Amelia Earhart: La primera dama del aire

por Jan Parr

AMELIA EARHART:
La primera dama del aire

por Jan Parr

El diario de Pedro

por Pam Conrad

(Scholastic)

Pedro, un niño que trabaja en la "Santa María", es elegido por Cristóbal Colón para anotar en un diario su viaje en 1492.

Expedición al Amazonas

por Ana María Shua

(Sudamericana/Houghton Mifflin)

Una niña intenta viajar hacia el centro de la Tierra.

La muchacha que se casó con la Luna

por Joseph Bruchac

La muchacha que se casó con la Luna

narrado por Joseph Bruchac y Gayle Ross

Los cazadores invisibles

por Harriet Rohmer

(Children's Book Press)

Este relato narra el encuentro entre una cultura indígena de Nicaragua y el mundo exterior.

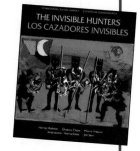

Las paredes hablan: Cuentan más historias

por Margy Burns Knight

(Tilbury House Publishers)

Además de barreras, las paredes sirven de memoria. Este libro es una introducción a las paredes de distintas culturas.

**Dinosaurios
fantasmas**

por J. Lynett Gillette

Una arruga en el tiempo

por Madeleine L'Engle

(Santillana)

Unos amigos deben
salvar la galaxia de unas
criaturas malvadas.

Dinosaurios y otros animales prehistóricos de la A a la Z

por Michael Benton

(Kingfisher)

Este libro incluye
información sobre
más de 200 animales
prehistóricos.

Tecnología

En Education Place

Añade tus informes de estos
libros o lee los informes de
otros estudiantes.

Education Place®

Visita www.eduplace.com/kids

Desarrollar conceptos

La primera en el aire

AMELIA EARHART:
La primera dama del aire
por Jan Parr

Amelia Earhart: La primera dama del aire

Vocabulario

aviación
carreteó
desaparición
diario
inspiración
lograr
pista de aterrizaje
relato

Estándares

Lectura

- Hacer aserciones razonables
- Determinar el significado a través del contexto

142

Amelia Earhart fue la mujer piloto más famosa de su época. Estableció muchos récords en la **aviación** y sirvió de **inspiración** a otros pilotos de todo el mundo. *Amelia Earhart: La primera dama del aire* es el **relato** de su último vuelo y las teorías sobre su **desaparición**.

Junio de 1928   Amelia fue la primera mujer que cruzó el océano Atlántico como pasajera de un avión, y escribió en un **diario** sus impresiones sobre aquel vuelo histórico.

Mayo de 1932 Un pastizal en Irlanda sirvió a Amelia de **pista de aterrizaje** al finalizar su vuelo en solitario a través del océano Atlántico.

Agosto de 1932 Había muy pocas cosas que Amelia no pudiera **lograr**. Voló desde Los Ángeles, en California, hasta Newark, en Nueva Jersey, y estableció el récord femenino de vuelo sin escalas de costa a costa de los Estados Unidos.

Enero de 1935 Amelia se convirtió en la primera persona en atravesar el océano Pacífico en solitario, al volar desde Honolulu, Hawai, hasta Oakland, California. Miles de personas la recibieron entusiasmadas cuando aterrizó y su avión **carreteó** hasta su destino final en Oakland.

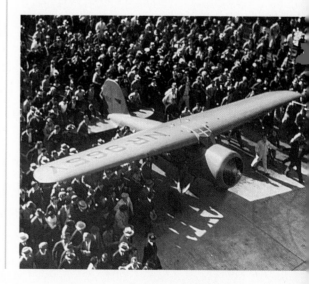

De niña, Jan Parr iba todas las semanas en bicicleta hasta el bibliobús, tomaba en préstamo tantos libros como podía y regresaba a casa para leer. Ahora, además de escribir, trabaja como editora de una revista en Internet. Le gusta mucho escribir sobre personas fuertes e independientes.

Cuando su editor le sugirió que escribiera sobre Amelia Earhart, aceptó encantada, ya que Amelia era una persona muy adelantada a su época y que siempre seguía lo que el corazón le decía.

Internet

Para saber más acerca de Jan Parr, visita Education Place.
www.eduplace.com/kids

AMELIA EARHART:
La primera dama del aire

por Jan Parr

En 1937, Amelia Earhart, una mujer piloto, quiso ser la primera en hacer un vuelo arriesgado con éxito. Al leer, piensa en todas las **preguntas** sobre el vuelo que te gustaría discutir con tus compañeros.

El último vuelo

En marzo de 1937, Amelia Earhart intentó por primera vez dar la vuelta al mundo en avión por el camino más largo: el ecuador. Con el apoyo moral y económico de su esposo George, consiguió iniciar el histórico vuelo. El plan era volar de este a oeste, partiendo de Oakland, California. El vuelo comenzó mal: su avión, un Lockheed Electra, se estrelló contra la pista en Hawai durante el despegue. Ni Amelia ni su ayudante de navegación, Fred Noonan, resultaron heridos. Dos meses más tarde, Amelia y Fred Noonan iniciaron un viaje de oeste a este, partiendo de Miami, Florida.

El avión de Amelia y Fred, un Lockheed Electra, carretea para el despegue en Miami, Florida.

Amelia y Fred se preparan para el vuelo.

146

Amelia se despide de su marido, George, al iniciar su vuelo alrededor del mundo.

Alrededor del mundo

Amelia y Fred Noonan salieron de Miami el día 1 de junio de 1937. Dejaron atrás la palanca telegráfica y la antena de comunicaciones que tenían que desplegar y recoger desde el avión. Sin ellas, pasarían horas sin establecer contacto con tierra. De todas formas, el telégrafo no les habría servido de mucho, ya que ni Noonan ni Amelia conocían el código Morse.

El primer día volaron hasta San Juan de Puerto Rico. Ya estaban en marcha, pero a Amelia cada vez le gustaban menos los vuelos tan largos. En *Last Flight* escribió sobre el apuro con que partieron de San Juan: "Siempre estábamos apurándonos al máximo en nuestro largo viaje, siempre tratando de llegar a alguna otra parte en vez de disfrutar del lugar donde nos encontrábamos".

Pero ciertamente siguió adelante: hacia el este, rumbo a África. Cuando se estaban aproximando a la costa occidental de África, en medio de una espesa neblina, Fred Noonan, que estaba sentado con los mapas en la parte trasera del avión, llegó a la conclusión de que estaban en un punto determinado y le envió una nota a Amelia, que estaba delante de él. En ella le decía cuándo debía girar hacia el sur para dirigirse a Dakar, la parada que habían planeado en África Occidental. Para que pudiera alcanzar la nota, la puso en una caña de pescar que habían improvisado (dentro del avión había demasiado ruido para hablar).

Ella leyó la nota, pero pensó que Noonan había cometido un error. Su instinto le decía que debían girar hacia el norte, y así lo hizo, yendo a parar a una población al norte de Dakar. Noonan estaba en lo cierto.

Luego siguieron su camino hacia Karachi, en India, al sur de Singapur, y más tarde hacia Darwin, Australia. En todos estos lugares descansaban, comían, se reabastecían de combustible y revisaban el avión. Durante todo el viaje, Amelia enviaba informes a George, quien los hacía llegar a los periodistas. Tenían seguidores en todos los Estados Unidos que leían en la prensa su relato de los hechos.

Aterrizaron en Lae, Nueva Guinea, el 29 de junio. Habían volado 22,000 millas (35,400 kilómetros) en un mes, haciendo treinta paradas en diecinueve países de cinco continentes. Estaban agotados. En Lae, Amelia y Fred durmieron un poco mientras otras personas revisaban el avión y reabastecían los depósitos de combustible. Debido al mal tiempo permanecieron allí tres días. Amelia escribió en su diario: "Me gustaría poder quedarme aquí tranquilamente una temporada y ver algo de esta tierra tan extraña". Pero sólo les quedaban 7,000 millas (11,300 kilómetros) de viaje.

Antes de despegar, Amelia hizo un paquete con algunos mapas, ropa y otras cosas que ya no necesitaban y lo envió a su casa. Quería que el avión fuera lo más liviano posible. También sacó del avión parte del equipo de supervivencia, porque le preocupaba mucho el exceso de peso.

Desde Lae hasta la isla Howland

El tiempo mejoró y el 2 de julio despegaron rumbo a la isla Howland, en el océano Pacífico. El Departamento del Interior de los Estados Unidos había construido allí una pista de aterrizaje para el Electra. Desde Howland tendrían que volar hacia Hawai, y desde allí hasta Oakland, California.

Éste era el tramo más peligroso del viaje. El espacio aéreo entre Lae y Howland no figuraba en ningún mapa, y Howland resultaría difícil de encontrar, incluso para el aviador más experimentado. Solamente tenía dos millas de largo y aproximadamente media milla de ancho (3.2 por 0.8 km). Fred era experto en orientarse con las estrellas, pero este método no serviría de nada si el cielo estaba cubierto de nubes. La guardia costera estadounidense les dio un barco llamado *Itasca*, que permanecería anclado junto a la isla Howland, para ayudarlos a llegar hasta ella. Lanzarían señales de humo negro y se comunicarían por radio con el Electra.

Estaba previsto que el viaje durara aproximadamente dieciocho horas.

Había operadores de radio apostados en la isla Howland y en el *Itasca*. Amelia había dicho que emplearía la frecuencia 3105 de radio y que se comunicaría con ellos cada media hora. Los tripulantes del *Itasca* tuvieron serias dificultades para oírla. Le pidieron que cambiara a una frecuencia superior, pero no recibieron respuesta. Al parecer, la aviadora no podía oírlos.

Le pidieron varias veces que siguiera en contacto unos segundos más para que ellos pudieran localizar el avión, pero Amelia desconectaba rápidamente cada vez.

A las 4:53 de la madrugada, un operador de radio del *Itasca* creyó oír a Amelia decir "parcialmente cubierto". Había mucho ruido estático en la línea. La aviadora dijo que silbaría al micrófono. Pidió que le dieran su posición, pero no se mantuvo el suficiente tiempo en contacto como para que ellos pudieran hacerlo. Dijo que estaba a 200 millas (320 km) de distancia.

La tripulación del *Itasca* se alarmó. Era evidente que había un problema con la radio del avión o con la forma en que Amelia la estaba utilizando. Intentaron repetidamente comunicarse con ella, pero no obtuvieron respuesta. Cuando por fin lo lograron, lo que oyeron no los tranquilizó en absoluto:

—Debemos estar encima de ustedes, pero no los vemos. Nos queda poco combustible —dijo—. No he podido comunicarme con ustedes por radio. Estamos volando a 1,000 pies. Sólo nos queda combustible para media hora.

Amelia y Fred hacen una parada para reabastecerse de combustible en Indonesia.

Amelia en la cabina de mando de su Lockheed Electra.

El *Itasca* comenzó a enviar señales de espeso humo negro. El cielo estaba despejado, y sin duda Amelia y Fred las verían si su avión estaba en la zona.

A las 8:47 a.m., la voz de Amelia se oyó con claridad, pero sonaba nerviosa y angustiada: —Estamos en la línea de posición uno cinco siete, guión, tres tres siete —dijo—. Vamos a repetir este mensaje a 6210 kilociclos. Esperen. A la escucha en 6210 kilociclos. Estamos volando de norte a sur.

El operador de radio del *Itasca* respondió inmediatamente pidiéndole que permaneciera en la frecuencia de 3105 kilociclos: —Continúe a 3105, no la recibimos a 6210 —dijo. Pero no volvieron a oírla, en ninguna frecuencia.

Aproximadamente una hora más tarde, cuando la tripulación del *Itasca* calculó que el Electra no tenía más combustible, una patrulla de rescate salió en su busca. Cerca de la isla Howland, y hacia el sur y el este, la atmósfera estaba despejada. Hacia el norte y el oeste había grandes nubes. El equipo de rescate pensó que el avión estaría por aquella zona, y que eso explicaría el que no hubieran visto las señales de humo. También explicaría por qué Noonan se había desviado tanto del itinerario previsto: las nubes no lo dejaron ver las estrellas ni el sol.

Poco después se inició la mayor operación de búsqueda en alta mar de toda la historia de la marina estadounidense. En los días siguientes un acorazado, cuatro destructores, un dragaminas, un hidroavión y varios aviones se sumaron a la búsqueda. Cubrieron 25,000 millas cuadradas (unos 65,000 kilómetros cuadrados) del océano Pacífico. Al principio los equipos de rescate tenían grandes esperanzas de hallar a los aviadores. Podían estar flotando en una balsa de goma, o quizá los había rescatado un pesquero japonés. Incluso era posible que el avión flotara, gracias a los tanques de combustible vacíos.

Tras muchos días de intenso esfuerzo, los equipos de rescate se dieron por vencidos.

¿Qué le ocurrió a Amelia Earhart?

Los equipos de rescate que buscaron en el Pacífico aseguraron que no había ni rastro de su avión. ¿O tal vez sí?

¿Acaso alguien, quizá el gobierno estadounidense o el japonés, sí sabía lo que les había ocurrido a Amelia y Fred Noonan?

La desaparición de Amelia Earhart, Fred Noonan y el Electra es uno de los mayores misterios del siglo XX. La versión oficial del gobierno de los Estados Unidos es que el avión se quedó sin combustible poco después de su última comunicación por radio con el *Itasca*, y que se estrelló en el mar y se hundió. Sin embargo, hay muchas personas que no creen esta versión. En primer lugar, un avión tan grande no se hunde en un momento. En segundo lugar, si se hubiera hundido, habría dejado rastros de aceite o de combustible en el agua. Nunca se encontró nada de esto, a pesar de la enorme superficie oceánica que se inspeccionó.

Muchos historiadores, expertos en aviación, periodistas e investigadores han intentado resolver este enigma. Hasta la fecha nadie sabe con seguridad qué sucedió. Éstas son algunas de las teorías.

¿Sobrevivieron al accidente?

En los días que siguieron a la última comunicación entre el *Itasca* y Amelia, varios radioaficionados dijeron que oyeron mensajes que, sin duda, provenían del Electra. Un trabajador de Pan Am en Wake Island, en el Pacífico, presentó un informe oficial afirmando que el día después del comienzo de la búsqueda había recibido el siguiente mensaje:

SOS... SOS... SOS... SOS... Noroeste, isla desconocida, longitud 17...Bastante afectados, pero la radio aún funciona... batería muy baja... No sabemos cuánto podremos resistir... Estamos bien, pero un poco mojados... Llamando [a] 3105 kilociclos... Llamen (se pierde la señal) KHAQQ [el código de identificación de Amelia]... El avión está encallado al noroeste de la isla Howland...

Amelia Earhart obtuvo la licencia internacional de piloto a la edad de 25 años, como lo indica este documento.

Los dos estamos bien. Tenemos un ala rota. Posición, 337... 58 minutos sobre el ecuador, isla L.A.T. 133 acres... Debe ser nueva.

Cuarenta años después del incidente, otro radioaficionado afirmó que había oído a Amelia decir que se habían estrellado y estaban flotando en el mar. En aquella época el radioaficionado tenía sólo 15 años y pensó que nadie le creería. Dijo que mientras la mujer hablaba, su voz se volvió angustiada y dijo que unos soldados japoneses estaban golpeando a Fred Noonan, y les pedía a gritos que no le hicieran nada a ella. Después, se perdió la señal.

¿Son creíbles estos testimonios? ¿Eran reales las transmisiones? Es posible que otros radioaficionados se hicieran pasar por Amelia para hacer una broma cruel. O tal vez eran transmisiones auténticas, pero alguien estaba interesado en que no salieran a la luz.

¿Eran espías?

Hay una teoría según la cual Amelia Earhart estaba espiando para el gobierno de los Estados Unidos. Algunas personas creen que el avión estaba especialmente equipado con cámaras para tomar fotografías en el Pacífico. En aquella época, el gobierno de los Estados Unidos creía que los japoneses se estaban preparando para entrar en guerra. (Los hechos ocurrieron poco antes de la Segunda Guerra Mundial.) El gobierno quería obtener pruebas de que los japoneses estaban construyendo bases militares en el Pacífico, cosa que no debían hacer.

Hay muchas incógnitas en el último vuelo de Amelia. ¿Por qué nunca se mantuvo en la misma frecuencia de radio el tiempo suficiente para que el *Itasca* pudiera determinar su posición? ¿Y por qué cambiaba constantemente de frecuencia? Hay tres posibles respuestas: en primer lugar, que tuviera poca experiencia en el manejo de la radio. En segundo lugar, que supiera que había aviones japoneses en la zona y no quería que la localizaran. Y en tercer lugar, que no quisiera que el *Itasca* la localizara, porque en realidad se había desviado de la ruta prevista a propósito y estaba espiando para el gobierno de los Estados Unidos.

Hay más preguntas sin respuesta. Por ejemplo, ¿por qué dejó en Miami algunos de sus aparatos de radio? ¿Por qué invirtió el sentido del viaje (de este a oeste, y no de oeste a este) en el último momento? Tuvo que atravesar muchas tormentas de primavera, aunque dijo que precisamente había cambiado el sentido del viaje para evitarlas. ¿Por qué el gobierno construyó una pista de aterrizaje especialmente para Amelia en la isla Howland?

En 1933, Amelia posó con el presidente Franklin Delano Roosevelt *(el primero a la derecha)*, su esposa Eleanor Roosevelt *(la primera a la izquierda)* y otros dos pilotos: James y Amy Mollison *(centro)*.

Amelia y un miembro del equipo inspeccionan los daños en el Lockheed Electra después de un despegue fallido en Hawai.

¿Y cómo se explica el enorme esfuerzo para tratar de rescatar a dos civiles? Otros pilotos no habían recibido tantas atenciones.

Al menos un investigador cree que después del despegue fallido en Honolulu, que causó daños en el Electra, el gobierno estadounidense le propuso que espiara para ellos. Cuando el avión estaba en tierra tras el choque, el equipo necesitaba dinero para repararlo y poder proseguir con el vuelo. Según esta teoría del espionaje, en lugar de reconstruir el avión lo que hicieron fue construir un nuevo Electra, mucho más rápido y potente, con cámaras instaladas en la panza. Se parecía lo suficientemente al avión original, por lo que el cambio no se notaba. El gobierno tenía contactos suficientes para realizar esta operación: al fin y al cabo, Amelia y George eran buenos amigos del presidente Roosevelt. Esta teoría sugiere que todos los cálculos sobre la posición del aparato podrían estar equivocados, porque quizás el nuevo avión era más rápido de lo que se pensaba. Esto explicaría por qué no se encontró rastro de Amelia y Fred en la zona de búsqueda: tal vez la habían dejado atrás.

Tanto si los pilotos eran espías como si no lo eran, los japoneses probablemente considerarían sospechoso cualquier avión que volara sobre su territorio. Si un avión se hubiera estrellado cerca, habrían investigado el incidente. Es muy posible que hubieran hecho prisioneros a Amelia y Fred. Los japoneses no permitieron a los equipos de rescate estadounidenses que entraran en sus aguas, ni en las islas que ellos controlaban, para buscar a Amelia y Fred.

¿Siguió Amelia con vida?

A comienzos de la década de 1960, el comandante de aviación estadounidense Joe Gervais viajó hasta Saipan, una isla situada a unas 2.660 millas (4,280 km) al norte de Howland. Saipan fue una importante base militar para los japoneses durante la guerra, y en ella había una prisión militar. Gervais oyó rumores de que Fred y Amelia fueron trasladados a Saipan, y habló con muchas personas para investigar sobre esta posibilidad. Poco más tarde, Fred Goerner, un periodista de la CBS, también viajó hasta la isla para entrevistar a algunos residentes que afirmaban haber visto a los dos aviadores.

Más de un centenar de personas que habían vivido en la isla durante este periodo, justo antes de la Segunda Guerra Mundial, dijeron lo mismo: estaban seguros de que se trataba de Amelia y Fred. Cuando Goerner enseñó a los isleños fotografías de varias mujeres, todos identificaron a Amelia como la mujer que habían visto.

Algunos afirman que Amelia murió de una enfermedad llamada disentería, y que Fred recibió un disparo de los japoneses tras un enfrentamiento con ellos. Otros dicen que los dos murieron ejecutados.

Se investigó mucho en la isla, y en una de las búsquedas se hallaron huesos de dos esqueletos. Sin embargo, cuando los huesos se analizaron se comprobó que no eran los restos de Fred y Amelia. Aparte del testimonio de los residentes de la isla, no se encontró evidencia importante que demostrara que Fred y Amelia estuvieron presos en Saipan. La pista, que parecía tan prometedora, quedó en la nada.

La familia de Amelia nunca perdió la esperanza de volver a verla con vida. Algunas personas pensaron que había sufrido un lavado de cerebro y era "Tokyo Rose", una mujer que leía informes propagandísticos en la radio para confundir a los militares estadounidenses durante la Segunda Guerra Mundial. George viajó hasta Japón para escucharla, y negó que la voz de aquella mujer fuera la de Amelia. Catorce meses después de su desaparición, George pidió que la declararan legalmente muerta y poco después se casó con otra mujer.

La madre y la hermana de Amelia confiaban en que ésta volviera a casa una vez terminada la guerra, pero sufrieron una amarga decepción. Amy creía que Amelia había dejado un patrimonio importante y tuvo una pelea con George por el testamento. No quería admitir que su hija no volvería y conservó la esperanza hasta su muerte, en 1967, a la edad de noventa y cinco años. Muriel, que también tenía esperanzas de volver a ver a su hermana, siguió viviendo en Massachusetts, donde daba clases en la universidad y escribió dos libros sobre Amelia. En 1997 tenía noventa y siete años. Muriel creía que Amelia fue "una tragedia del mar".

Algunos indicios sugieren que Amelia Earhart y Fred Noonan estuvieron presos en esta cárcel de la isla de Saipan.

Hace algunos años, un escritor que estudiaba documentos del gobierno sobre Amelia, encontró un telegrama. Venía de China y estaba dirigido a George Palmer Putnam, en una dirección de California. Estaba fechado el 28 de agosto de 1945, después de la liberación de un campamento de prisioneros en China. Decía: "Campamento liberado; todos bien. Muchísimo que contar. Un beso a mamá". No sabemos si realmente el telegrama era de Amelia.

Hay otra teoría, aunque pocas personas la creen: que Amelia sobrevivió a la guerra, salió del campamento de prisioneros y regresó a los Estados Unidos con un nombre diferente. Joe Gervais, que investigó el caso de una mujer muy misteriosa llamada Irene Bolam, defiende esta posibilidad con argumentos interesantes. La mujer vivía en una casa que era propiedad de Jacqueline Cochran, una buena amiga de Amelia. Esta mujer también era piloto y miembro de los clubes de aviación Ninety-Nines y Zonta International, a los que también había pertenecido Amelia. Cuando Gervais consultó los archivos de estas asociaciones vio que en ellos no figuraba ninguna Irene Bolam. Ella le explicó que había obtenido su licencia bajo un nombre diferente. Negó enérgicamente ser Amelia Earhart y presentó una demanda contra el escritor Joe Klaas para impedir que publicara un libro en el que contaba los descubrimientos de Gervais.

La búsqueda continúa

Tal vez nunca sepamos con seguridad qué les ocurrió a Amelia, a Fred y al Electra, pero la búsqueda del avión y de cualquier pista relacionada con ellos continúa. En 1997, un equipo de investigadores examinó una isla llamada Nikumaroro, al sureste de Howland. En 1940, esta misma isla se llamaba Gardner Island. En ella se han encontrado numerosos objetos, como un trozo de fuselaje de avión, pero no se sabe con certeza si éste perteneció al Electra.

Los investigadores hallaron estos objetos en la isla de Nikumaroro. El trozo grande de fuselaje en el centro es del mismo material que el del Electra. También se encontró la suela de un zapato de mujer (*arriba, a la izquierda*) que pudo pertenecer a Amelia.

Aunque aún no se ha confirmado nada, dos de los hallazgos realizados en Nikumaroro son particularmente interesantes: los restos de un zapato del mismo número que calzaba Amelia y un trozo de metal que fue analizado y resultó ser del mismo tipo utilizado en la construcción del Electra. El equipo que llevó a cabo la búsqueda en la isla, el International Group for Historic Aircraft Recovery, Grupo Internacional para el Rescate de Aviones Históricos, (TIGHAR), afirma que el gobierno estadounidense exploró la isla Nikumaroro en busca de indicios a comienzos de la década de 1940, pero no le dedicó mucho tiempo. El grupo TIGHAR cree que el avión de Fred y Amelia carreteó hasta un lugar más fresco, a la sombra de los árboles, y que allí quedó oculto a la vista de los aviones de búsqueda.

La isla de Nikumaroro, en el océano Pacífico

Los pilotos californianos Elgen y Marie Long, junto con un hombre llamado Roy Nesbit, creen que el Electra se quedó sin combustible y se precipitó al océano, unas 40 millas (64 km) al noroeste de la isla Howland. Al estudiar algunos documentos hallados en Lae, Nesbit descubrió que Amelia no despegó con el depósito lleno de combustible, y que sólo tenía suficiente para llegar hasta Howland en condiciones ideales. El matrimonio Long ha creado una fundación para la costosa

Se cree que ésta es la última fotografía de Amelia Earhart. Aparece posando con un hombre llamado Jacobs (*centro*) y con Fred Noonan, justo antes de despegar de Lae el 2 de julio de 1937.

búsqueda en el fondo marino. Sólo algunas piezas del avión seguirían intactas en la actualidad, pero el misterio quedaría resuelto.

La controversia en torno a la desaparición del avión ha interesado a muchas personas desde aquel día de 1937. Pero, ¿significó algo el último vuelo de Amelia Earhart? ¿Sirvió para favorecer la aviación, o a las mujeres aviadoras, como era su deseo? Sí. El vuelo de Amelia condujo a la adopción de nuevas normas de seguridad para los pilotos. En cuanto al futuro de la aviación, todo el mundo pudo comprobar que un avión era capaz de volar 22,000 millas (35,400 km) y más.

Por otra parte, Amelia demostró que algunas veces la vida consiste en arriesgarse, en demostrarse cosas a uno mismo. Demostró al mundo que las mujeres también son capaces de asumir riesgos. Y sobre todo sirvió de inspiración a las muchachas (y muchachos) de todo el mundo. Vivió su vida exactamente como quiso, sin dejarse influir por lo que pensaran los demás. En ciertos aspectos nunca dejó de ser la muchacha vestida de marrón que andaba siempre sola. Cuando algo le parecía mal lo decía claramente, y luchó por las cosas en las que creía. Fue uno de los espíritus verdaderamente independientes del siglo XX.

Es una pena que Amelia no viviera lo suficiente para ver el día en que tomar un avión resultara casi tan fácil como subir a un autobús, o aquél en que millones de muchachas pudieran mirar por la ventanilla de un avión y contemplar el cielo de la noche, que tanto le gustaba a Amelia, y soñar con las cosas que quizás algún día pudieran lograr.

AMELIA EARHART:
La primera dama del aire
por Jan Parr

Piensa en la selección

1. En la página 148 el autor dice que Amelia sacó algunos mapas y ropa del avión. Explica por qué esto es importante.

2. ¿Cuál de los lugares donde Amelia hizo paradas te gustaría más visitar? ¿Por qué?

3. Antes y durante el viaje, Amelia y Fred tomaron algunas decisiones que redujeron sus probabilidades de ser rescatados. ¿Cuáles fueron estas decisiones?

4. ¿Por qué crees que Amelia cerraba la comunicación antes de que los operadores de radio pudieran localizar su posición?

5. En esta selección se exponen varias teorías sobre la desaparición del Electra. ¿Con cuál de ellas estás más de acuerdo? Explica tus razones.

6. ¿Por qué crees que la búsqueda de Amelia Earhart se convirtió en "la mayor operación de rescate de la historia de la marina estadounidense"?

7. **Conectar/Comparar** ¿Por qué crees que *Amelia Earhart: La primera dama del aire* es una elección adecuada para este tema?

Narrar

Escribe una continuación

¿Qué crees que les sucedió a Amelia Earhart y Fred Noonan? Escribe una continuación (una manera de seguir el cuento) contando lo que les pudo ocurrir después de su desaparición.

Consejos

- Utiliza algunos de los detalles que aparecen en la selección para describir a Amelia, a Fred y el lugar donde se encuentran.
- La secuencia de los hechos debe incluir problema, desarrollo y solución.

Lectura Evidencias en las conclusiones del autor
Escritura Escribir narraciones

Matemáticas

Calcular medias

Vuelve a la página 148 para ver cuántas millas habían recorrido Amelia y Fred en un mes cuando aterrizaron en Nueva Guinea. Si ya habían hecho treinta paradas, ¿cuál es la distancia media que recorrían entre dos paradas? ¿Y entre dos países?

Extra ¿Cuántas millas más pensaban recorrer Amelia y Fred? ¿Qué fracción del total del viaje representaría esta última parte?

Vocabulario y expresión oral

Representar un diálogo

Con un compañero, busquen palabras de la selección que estén relacionadas con la comunicación por radio, el código de identificación de Amelia y las frecuencias a las que intentó comunicarse. Utilicen esas palabras para crear y representar un diálogo entre Amelia Earhart y un operador de radio del *Itasca*.

Internet

Publica una reseña

Escribe una reseña de *Amelia Earhart: La primera dama del aire.* ¿Qué es lo que más te gustó del cuento? ¿Y lo que no te gustó? Publica tu reseña en Education Place.

www.eduplace.com/kids

Destreza: Cómo hacer la reseña de un artículo

❶ En primer lugar, escribe el título del artículo.

❷ En la línea siguiente, escribe el **tema principal** del primer párrafo. Numéralo con un *I* en números romanos.

❸ Haz una lista de los **temas secundarios,** o sea, los hechos más importantes del primer párrafo, comenzando con la letra *A.*

❹ Si encuentras varios hechos similares dentro de un tema secundario, agrúpalos y escribe un **subtítulo** que los describa. Cada subtítulo debe contener al menos dos hechos.

❺ Repite los pasos 2 y 3 con cada párrafo del artículo. Vuelve a empezar con la numeración cuando empieces con un nuevo tema principal.

Estándares

Lectura

• **Reseñas/notas/ resúmenes**

BESSIE COLEMAN
La acróbata del aire

por Sylvia Whitman

◄ *El primer avión de Bessie Coleman, un Curtiss JN-4 llamado "Jenny".*

En 1922, miles de espectadores contemplaron entre exclamaciones de admiración las acrobacias del pequeño avión de Bessie Coleman por el cielo de Chicago. Después, hicieron cola para subir a él. Habían venido a este espectáculo aéreo porque volar era todavía una novedad; los hermanos Wright habían realizado su primer vuelo menos de veinte años atrás. Pero muchos de los espectadores también querían conocer a Coleman, la primera mujer afroamericana que consiguió una licencia de piloto.

Probablemente nadie valoró tanto los logros de Coleman aquel día como su madre. Susan Coleman, quien había sido esclava, crió a sus nueve hijos sola en Texas, después de que el padre de Bessie se marchara a Oklahoma. Casi todos los miembros de la familia se dedicaban a recoger algodón, pero Susan se dio cuenta de que Bessie tenía una habilidad especial para las matemáticas y le asignó la tarea de llevar las cuentas del negocio familiar.

Cuando Bessie decidió ir a la universidad, su madre le permitió quedarse con el dinero que ganaba lavando la ropa de otras personas. Pero Bessie solamente podía costearse un año de estudios. En 1917 se trasladó a Chicago, donde consiguió un empleo como manicurista en una peluquería. Allí decidió hacerse piloto.

Como era afroamericana, Coleman no encontraba a nadie en los Estados Unidos que le enseñara a pilotar aviones. Aprendió francés y con la ayuda de Robert Abbott, director del periódico *Chicago Defender*, viajó a Francia en barco para estudiar paracaidismo y vuelo acrobático. Tras obtener su licencia internacional de piloto en 1921, regresó a los Estados Unidos dispuesta a abrir una escuela para pilotos afroamericanos.

Como la mayoría de los pilotos de la época, ella era una acróbata del aire y recorría el país realizando espectáculos aéreos. (Los organizadores de estos "circos de vuelo" muchas veces alquilaban terrenos de cultivo para utilizarlos como pistas de aterrizaje, y los graneros servían de hangares para los aviones.) Coleman era de baja estatura y siempre se le veía muy elegante con su largo abrigo, gafas de aviador, casco y botas de cuero. Muchas personas la llamaban cariñosamente "Bessie la valiente". Tras conquistar al público blanco del norte, Coleman inspiró al público afroamericano del sur. Además daba clases en iglesias afroamericanas y centros comunitarios. Para conseguir dinero para su escuela, realizó también vuelos publicitarios (en los que se engancharon grandes letreros publicitarios a la cola del avión).

Esta mujer afroamericana y piloto impresionó tanto al público con sus hazañas que se ganó el sobrenombre de "Bessie la valiente".

▼

A pesar del encanto que tenían los primitivos aviones de tela y acero, volar en ellos era una actividad peligrosa. En 1923, Coleman consiguió comprar su propio avión, un Curtiss JN-4 de la Primera Guerra Mundial al que llamó Jenny. Cuando se dirigía a una exhibición en California, el motor se detuvo bruscamente y el avión se precipitó contra el suelo. "Bessie la valiente" se rompió tres costillas y una pierna. Desde la cama del hospital envió un telegrama a sus admiradores: "Díganles que volveré a volar en cuanto pueda caminar. Y mi confianza en la aviación y su [función]... en el destino de mi raza sigue intacta". Coleman sabía que se estaba jugando la vida, pero dijo que era su "deber" animar a los aviadores afroamericanos. Se negaba a realizar exhibiciones en lugares donde los espectadores afroamericanos no eran bien recibidos.

Bessie, junto a un automóvil Modelo T cerca de su avión.

▼

▲
*Las gafas de
aviación protegían
a los primeros
pilotos del viento y
de los rayos del sol.*

En 1926, Coleman participó en
una demostración de vuelo en
Jacksonville, Florida. Como allí
nadie estaba dispuesto a prestar o
alquilar un avión a un afroamericano,
Coleman le pidió a su mecánico, William
Wills, que fuera a Texas a buscar su
Jenny. En la mañana del 30 de abril,
Wills piloteaba el Jenny sobre el campo
mientras Coleman viajaba en la parte de
atrás, buscando lugares apropiados
para un salto en paracaídas. No llevaba
cinturón de seguridad porque tenía

que inclinarse por el borde de la cabina abierta para ver bien.
Repentinamente el avión se volteó y Coleman salió despedida en
una caída libre de dos mil pies que acabó con su vida. Wills
murió unos minutos más tarde, cuando el avión se estrelló.

Coleman nunca hizo realidad su sueño de crear una escuela
de aviación, pero después de su muerte se fundaron muchos
clubes de aviación llamados Bessie Coleman. Bessie Coleman
continúa motivando a muchas personas porque demostró que el
valor y la determinación pueden dar alas a los sueños.

▲

*La licencia de piloto
de Bessie Coleman.
Fue la primera mujer
afroamericana en
conseguirla.*

Cuento

Un cuento es una narración inventada por el autor. Usa la muestra de escritura para escribir tu propio cuento.

La muchacha que nunca creció

En un pequeño pueblo de Cape Cod vivía una joven de once años llamada Madeline. Su madre se llamaba Jackie.

Un día Madeline regresó de la escuela y le habló a su madre de una estudiante nueva que había llegado a la escuela: —Es pelirroja y tiene el cabello corto, mamá… ¡Y tiene muchas pecas!

—Cuando yo tenía once años también tenía una amiga pelirroja con el pelo corto —dijo su madre. A las dos les pareció gracioso.

Al día siguiente, cuando Madeline regresó a casa le dijo a su madre: —A mi nueva amiga le gusta saltar la cuerda, pero no cualquier cuerda. Sólo le gusta saltar con una cuerda amarilla, roja y negra.

—¡Lo mismo le ocurría a mi amiga! —dijo su madre.

Un buen cuento presenta enseguida a los **personajes** y **el ambiente**.

El **diálogo** hace que el cuento parezca más real.

Los **detalles** crean imágenes en la mente del lector.

Escritura Trama, ambiente y punto de vista
Detalles de la trama y los personajes

—¿Cómo se llamaba tu amiga, mamá? —preguntó Madeline.

Jackie pensó un momento. —Laura —dijo.

Madeline se echó a reír. —¿Laura? ¡Así se llama mi amiga también! —y pensó: "¡Qué extraño!"

Al día siguiente Madeline invitó a Laura a su casa. Cuando las dos chicas entraron en la cocina, Jackie la miró con los ojos muy abiertos. —Te pareces mucho a una amiga que tenía de pequeña que se llamaba Laura. —Las dos niñas se echaron a reír y subieron al piso de arriba a jugar.

Aproximadamente una semana más tarde, Madeline fue a visitar a su abuela. Su abuela le enseñó una fotografía de su madre con su amiga Laura cuando eran pequeñas. Aquella Laura se parecía mucho a su amiga Laura.

Al día siguiente, en la escuela, Madeline le enseñó a Laura la fotografía: —Esta Laura se parece mucho a ti.

—¡Qué extraño! Pero no soy yo —dijo Laura.

—Bueno —dijo Madeline. Pero estaba empezando a inquietarse.

> Un buen cuento a menudo tiene algo de **suspenso**.

Después de la escuela, Madeline decidió enseñar a su madre la fotografía que su abuela le había dado. Jackie dio un vistazo a la fotografía y salió de la casa corriendo. Corrió hacia la casa donde su amiga Laura había vivido años atrás. Nerviosa, llamó a la puerta. Nadie respondió. Llamó otra vez, y de nuevo no hubo respuesta. Miró por la ventana hacia el interior de la casa.

¡No podía creer lo que estaba viendo! Todo lo que había en la casa tenía exactamente el mismo aspecto que cuando jugaba allí con Laura, veinticinco años atrás. Vio la cuerda de saltar en una silla, en el mismo lugar donde Laura la ponía siempre. Decidió probar si podía abrir la puerta delantera. No estaba cerrada con llave. Muy despacio, entró en la casa.

Recorrió todas las habitaciones. No había nadie. Se estaba poniendo muy nerviosa. Rápidamente abrió la puerta principal y bajó los escalones a toda prisa. Al correr por el camino de entrada, Jackie se llevó una sorpresa al ver un carro que pasaba por allí. Adentro, en el asiento trasero, iba una chica pelirroja. Llevaba la cara apoyada contra la ventanilla, y parecía estar muy triste.

El carro desapareció detrás de una esquina, y Jackie no podía creer lo que estaba viendo.

Madeline no volvió a ver a su amiga Laura nunca más.

Un buen **final** es una buena forma de cerrar el cuento.

Conozcamos a la autora

Laura B.

Grado: sexto

Estado: Massachusetts

Pasatiempos: porrista, jugadora de fútbol

Qué quiere ser cuando sea mayor: actriz

Escritura **Concluir con un resumen**

Desarrollar conceptos

La muchacha que se
casó con la Luna
narrado por Joseph Bruchac y Gayle Ross

**La muchacha que se
casó con la Luna***

**Entre los alutiiq, la Luna
era representada con la
figura de un hombre.*

Vocabulario

aldeas
centelleantes
chimenea
territorio
 continental
fases
sala común
tepe

Estándares

Lectura

- Unir y clarificar
  ideas principales
- Hacer aserciones
  razonables
- Determinar el
  significado a
  través del
  contexto

Retrato de un pueblo

Muchas veces los pueblos emplean cuentos para intentar resolver los *misterios reales.* "La muchacha que se casó con la Luna" es el medio que una cultura encontró para explicar cómo surgieron las **fases** de la Luna. Los miembros de la cultura alutiiq (uno de los ocho pueblos nativos de Alaska) llevan miles de años contando este cuento. En la actualidad la comunidad alutiiq tiene 4000 personas aproximadamente, que viven en las quince **aldeas** rurales que hay en la zona, en cinco pueblos y en las principales ciudades de Alaska.

Una joven, vestida con el traje típico de los alutiiq. Lleva un tocado de cuentas y una parka tradicional: una túnica larga y sin capucha hecha de piel de pájaro y de armiño (un animal parecido a la comadreja).

Los alutiiq construían sus viviendas con **tepe** (una mezcla de tierra, pasto y raíces). En el interior había una **sala común** con una **chimenea**, y dormitorios y otras habitaciones para el aseo y para almacenar alimentos.

La isla Kodiak, donde actualmente viven unos 2500 alutiiq, está a treinta millas del **territorio continental** de Alaska. La mayoría de los indígenas ya no viven en casas de tepe; sus viviendas, sencillas y modernas, están junto a las playas de Alaska, de aguas azules y **centelleantes**.

Conozcamos al autor
JOSEPH BRUCHAC

Lugar de nacimiento: Saratoga Springs, Nueva York

Profesiones: Coleccionista de leyendas, poeta, editor, maestro, narrador de cuentos y autor de más de sesenta libros

Motivos por los que escribe: "En primer lugar, entretener… y en segundo, enseñar"

Hecho curioso: Una vez transformó una gasolinera en una editorial.

Libros más conocidos: Leyendas indígenas americanas y cuentos populares, especialmente las leyendas de sus antepasados, los abenaki: *Flying with the Eagle, Racing the Great Bear, Children of the Long House, The Great Ball Game, Dog People: Native Dog Stories* y *The Story of the Milky Way*

Conozcamos a la ilustradora
LISA DESIMINI

Lugar de nacimiento: Brooklyn, Nueva York

Deportes que practicaba cuando era más joven: Correr y jugar al softball

Ilustradores favoritos: Lane Smith, M. B. Goffstein y Kate Spohn

Pasatiempos: Yoga, cocinar, comer en restaurantes

Cómo ilustró este cuento: Usó la computadora para combinar sus pinturas, sus fotografías y algunos objetos que encontró en su casa, como una bufanda de piel, un guante de gamuza y su propio cabello.

Internet

Para saber más acerca de Joseph Bruchac y Lisa Desimini, visita Education Place. **www.eduplace.com/kids**

La muchacha que se casó con la Luna

narrado por Joseph Bruchac y Gayle Ross

¿Qué ocurre cuando dos primas se enamoran de la Luna, pero la Luna sólo puede casarse con una de ellas? Al leer, **resume** con tus propias palabras lo que sucede en el cuento.

Hace mucho tiempo, en una aldea de la isla de Kodiak llamada Chiniak, vivían dos primas. Como las demás muchachas de la aldea, sabían hacer muchas cosas. Sabían tejer bonitos sombreros y cestos de raíz de picea. Cultivaban arándanos y otras raíces, y recogían bayas maduras en otoño. Como a todas las muchachas de su aldea, sus padres y otras personas mayores siempre les demostraron mucho amor y comprensión. Tenían la libertad de hacer lo que quisieran, pero también las habían educado para que fueran fuertes y valientes. Cuando eran muy pequeñas las metieron en el agua salada y fría del mar muchas veces, pero nunca lloraron.

Llevaban una vida agradable en Chiniak. Por la mañana podían contemplar el amanecer con sus familiares, sentadas en el tejado de tepe de la gran casa familiar. Durante el día, si no estaban recogiendo alimentos de la tierra o del mar con su kayak, en el que cabían dos personas, estaban sentadas en la gran sala común junto a la chimenea. Otras veces tomaban baños de vapor, que producían al derramar agua sobre piedras calientes, en una de las pequeñas habitaciones al lado de la sala común. Cualquier cosa que las dos primas hacían, lo hacían juntas.

Estas dos muchachas habían llegado a la edad de elegir un esposo. A las dos les acababan de hacer el tatuaje en la barbilla que indicaba que eran ya mujeres en edad de casarse. Ambas eran fuertes y bonitas, y tan amables que cualquier hombre joven estaría dispuesto a casarse con ellas. Pero ninguno de los hombres de

Chiniak, ni de ninguna de las otras aldeas de la isla o del territorio continental cercano, despertaba el interés de estas primas.

Cuando llegaba la noche y terminaban con su trabajo del día, las dos muchachas bajaban a la playa para jugar juntas en la arena y contemplar cómo salía la Luna sobre las aguas. Cuando comenzaba a asomar, volteaban su kayak y se sentaban, con la espalda apoyada en él, a admirar la belleza de la Luna. Pasaban todo el tiempo mirando el cielo de la noche. Fuera invierno o verano, siempre se les podía encontrar allí, en la playa.

Una noche una de las muchachas dijo: —Me he enamorado de la Luna.

—Yo también me he enamorado de la Luna —dijo la otra joven—. Si alguna vez baja a la tierra, le diré que quiero ser su esposa.

Sus padres se preocuparon al saber que querían casarse con la Luna. Pero nadie les dijo que dejaran de ir a la playa por la noche.

Una noche, mientras contemplaban la Luna, la vieron desaparecer detrás de unas espesas nubes.

—¿Por qué tiene que esconder su rostro tan pronto? —protestó una de las primas.

—Sí, ojalá se dejara ver de nuevo. Me gustaría que viniera y eligiera a una de nosotras como esposa.

De pronto oyeron unos pasos sobre la grava de la playa, y la voz de un hombre joven.

—Han dicho que me aman —dijo la voz—. He venido a casarme con ustedes.

Las dos muchachas se pusieron en pie de un salto. Delante de ellas había un hombre alto y apuesto, con el rostro cubierto por una hermosa máscara muy brillante, y se dieron cuenta de que era la Luna.

—Sí —dijeron las jóvenes—, nos casaremos contigo.

—Mi trabajo es muy duro —dijo la Luna— y solamente puedo tomar una esposa. Elegiré a la más paciente de ustedes.

—Siempre hemos hecho todo juntas —dijeron las muchachas—. Llévanos a las dos.

—Entonces, cierren los ojos y no los abran hasta que yo se lo pida —dijo la Luna.

Las jóvenes cerraron los ojos y esperaron. La Luna se inclinó y las tomó por los largos cabellos, elevándose con ellas por el aire. Las dos primas sintieron que sus pies se separaban del suelo y que el viento silbaba alrededor de ellas. Mantuvieron los ojos cerrados, como él había dicho, pero después de largo rato una de las muchachas se impacientó.

—Tengo que ver adónde vamos —pensó—. Voy a abrir un ojo nada más, sólo un poquito.

Pero en el mismo momento en que abrió el ojo comenzó a caer, hasta que llegó de nuevo a la playa, sola. Sus largos cabellos habían desaparecido y su prima se había ido de su lado para siempre.

Pero la otra muchacha no abrió los ojos. Los mantuvo cerrados toda la noche mientras la Luna atravesaba el cielo. Cuando por fin le dijo que los abriera descubrió que estaba en la casa de la Luna, al otro lado del cielo.

Al principio estaba muy contenta de ser la esposa de la Luna.

—Puedes ir donde quieras —le dijo su esposo—. Lo único que no puedes hacer es mirar detrás de la manta, ni entrar en mi almacén.

La esposa de la Luna aceptó. Haría lo que su esposo le decía. Emprendió su nueva vida en la tierra que hay al otro lado del cielo, pero no siempre le resultaba fácil. Algunas veces su esposo pasaba mucho tiempo con ella. Otras veces pasaba toda la noche afuera y al regresar se quedaba todo el día durmiendo. Ella nunca sabía cuándo su esposo iba a marcharse, ni cuánto tiempo tardaría en regresar. No tardó en aburrirse.

—¿Por qué siempre me dejas sola? —preguntó a su esposo—. ¿Por qué vas y vienes de manera tan extraña?

—Es por mi trabajo —respondió la Luna—. Por eso no puedo estar siempre contigo.

177

—¿Puedo ir contigo cuando vayas a trabajar?

—No —contestó la Luna—. Mi trabajo es demasiado duro.
Tienes que quedarte en casa y alegrarte cuando esté contigo.

La esposa de la Luna escuchó sus palabras, pero no era feliz.
Aquella noche, cuando su esposo se marchó, comenzó a recorrer la
tierra del otro lado del cielo. Caminó y caminó, hasta que llegó a un
lugar donde había muchos senderos, y comenzó a seguir uno de
ellos. Al final del sendero había una persona acostada boca abajo.

—¿Qué estás haciendo? —le preguntó. Pero la persona no le
contestó ni la miró.

Siguió otros senderos, y siempre encontraba lo mismo al final:
una persona acostada boca abajo. Cuando preguntaba a las personas
qué estaban haciendo, no recibía respuesta alguna. Llegó un
momento en que no pudo soportarlo más. Tomó otro sendero y
cuando llegó al final y encontró a otra persona boca abajo, comenzó
a moverla con el pie.

—Respóndeme —dijo—. Respóndeme, respóndeme. ¿Qué
estás haciendo?

Finalmente la persona se volteó y la miró. La muchacha se dio
cuenta de que sólo tenía un ojo brillante en medio del rostro.

—Estoy trabajando —dijo la persona—. No me molestes.

Cuando la esposa de la Luna regresó a casa, su marido no había
vuelto. Se sentó a esperar, pero seguía aburrida. Miró a su alrededor
y vio el almacén, con la puerta cubierta con una manta oscura.

179

—No pasará nada si doy un pequeño vistazo —dijo—. La Luna es mi esposo, y yo debería tener derecho a ir donde quiera dentro de nuestra casa.

Se dirigió a la puerta y retiró la manta. En el almacén estaban las luces que su esposo se ponía cuando cruzaba el cielo. Estaban el cuarto creciente, el cuarto menguante y todas las demás fases de la Luna. La única que faltaba era la luna llena, que es la que llevaba puesta su esposo cuando salió de casa por la noche. Las luces eran tan hermosas que la esposa de la Luna no se pudo resistir.

—Tengo que probarme una —dijo—, para saber qué siente mi esposo cuando las lleva puestas por el cielo.

Se inclinó y tomó una que estaba casi llena, y se la colocó sobre el rostro. Al instante quedó fuertemente pegada. Intentó quitársela, pero no consiguió que se moviera. Lloró y lloró, pero sus esfuerzos resultaron inútiles. Entonces oyó los pasos de su esposo que se acercaba por el cielo.

La muchacha corrió a la cama y se cubrió la cabeza con una manta.

—¿Qué sucede? —preguntó la Luna.

—Me duele la cara —dijo su esposa—. No me encuentro bien. Déjame sola.

Pero la Luna comenzó a sospechar. Fue a su almacén y vio que faltaba una de las luces. Volvió a la cama y retiró las mantas que cubrían a su esposa.

—Esposo —dijo ella—, me aburría cuando no estabas. Me probé este trozo de luna y ahora no me lo puedo quitar.

La Luna se echó a reír. Entre risas, con mucho cuidado, le quitó el trozo de luna del rostro.

—¿Qué más has hecho hoy? —le preguntó la Luna, aún riéndose.

Su esposa le habló de los muchos senderos que había seguido, y le contó que al final de ellos había personas acostadas boca abajo y con ojos centelleantes: un solo ojo brillante en la cabeza de cada persona.

—Esas personas son las estrellas —dijo la Luna—. No conviene molestarlas mientras trabajan. Veo que tú también necesitas un trabajo, esposa. Ya que has demostrado que eres capaz de llevar la luna, puedes ayudarme. Desde ahora, yo llevaré los trozos de luna de cada ciclo hasta la luna llena, y después los llevarás tú hasta la luna nueva. Así, los dos tendremos tiempo de descansar y ninguno de nosotros se aburrirá.

Y así sucede desde entonces. El hombre de la luna lleva los trozos de luz desde que empieza a crecer hasta la luna llena, y la mujer los lleva desde la luna llena hasta la luna nueva. Y de esta manera comparten la tarea de llevar la luz por el cielo de la noche.

La muchacha que se
casó con la Luna
narrado por Joseph Bruchac y Gayle Ross

Piensa en la selección

1. ¿Por qué crees que los padres de las muchachas se preocupan cuando se enteran de que quieren casarse con la Luna?

2. ¿Crees que la prueba de paciencia a la que la Luna sometió a las muchachas sirvió para preparar a su futura esposa para el matrimonio?

3. ¿Crees que la esposa de la Luna actuó bien o mal al hacer lo que su esposo le había prohibido? ¿Por qué?

4. Al final, ¿cómo demuestra la Luna que le preocupa la felicidad de su esposa?

5. Las dos primas se enamoran de un elemento de la naturaleza. ¿Qué elemento de la naturaleza te atrae especialmente? Di qué es lo que más te gusta de ese elemento.

6. ¿Por qué crees que se creó este cuento?

7. **Conectar/Comparar** Tanto Amelia Earhart como la esposa de la Luna corren riesgos. Explica qué riesgos corren. Compara las razones de una y otra mujer para correr estos riesgos.

Explicar

Escribe una nota de disculpas

La esposa de la Luna no tiene idea de que está molestando a las estrellas cuando habla con las personas acostadas en el suelo. Escribe una nota de disculpas que ella podría dejar en los senderos para que las estrellas la leyeran al terminar su trabajo.

Consejos

- Empieza la nota con un encabezado en el que se indique a quién va dirigida.
- Trata de transmitir sinceridad con un lenguaje cortés.

Hallar claves culturales

¿Qué información aporta el cuento sobre la cultura de los alutiiq de la isla Kodiak? Haz una lista de ocupaciones, alimentos y mitos. Consulta también la sección "Retrato de un pueblo", en las páginas 168 a 169.

Extra **Haz otra lista en la que se indique la relación entre cada uno de los aspectos culturales y la naturaleza.**

Volver a contar un cuento tradicional

"La muchacha que se casó con la Luna" es un cuento en el que se explica cómo surgió un fenómeno de la naturaleza. Lee otro cuento parecido y cuéntalo a un grupo de compañeros, para comprobar si pueden deducir qué fenómeno natural se intenta explicar. A continuación, pídeles que resuman la explicación.

Consejos

- **Habla despacio y claro, y trata de darle expresión a tu voz para que la historia sea más interesante.**
- **Repite las partes que tus compañeros no comprendan bien.**

Internet

Envía un correo electrónico

La próxima vez que haya luna llena, envía un mensaje a un amigo. Cuéntale la leyenda de la muchacha que se casó con la Luna, y di quién "lleva la luna" esa noche.

Escuchar/Hablar **Presentaciones narrativas**
Escritura **Presentar el formato correcto de documento**

Destreza: Cómo leer un poema

He aquí algunos consejos:

❶ El final de un verso no siempre indica el final de la oración. Sigue leyendo hasta completar la idea.

❷ A menudo los poetas utilizan lenguaje figurativo para crear imágenes intensas. Al leer, hazte una imagen mental de las comparaciones que hace el poeta.

❸ La primera vez que leas un poema, disfruta de su ritmo y sonido. Luego, vuelve a leerlo y piensa en lo que está diciendo el poeta.

Estándares

Lectura

• **Significado y tono en la poesía**

Imágenes de la luna

Los poetas describen la luna de diferentes maneras. Carlos Murciano dice que la luna puede ser "cabezoncilla" y "semimojada". Juana de Ibarbourou escribe que la luna es una "medalla dorada". Algunos de los siguientes poemas describen las varias fases de la luna, como la fase "redonda" y la media luna. ¿Cómo describirías tú la luna?

Luna lunera

Luna lunera,
cascabelera,
rodando sola
sin compañera.

Luna lunilla,
cabezoncilla,
toda la noche
brilla que brilla.

Luna lunada,
semimojada,
por el arroyo
nada que nada.

Luna luneta,
corniveleta,
jugando al toro
por la glorieta.

—— *Carlos Murciano*

Doraba la luna el río...

Doraba la luna el río
—¡fresco de la madrugada!—.
Por el mar venían olas
teñidas de luz de alba.

El campo débil y triste
se iba alumbrando. Quedaba
el canto roto de un grillo,
la queja oscura del agua.

Huía el viento a su gruta
y el horror a su cabaña,
y en el verde de los pinos
se iban abriendo las alas.

Las estrellas se morían,
se rosaba la montaña.
Allá, en el pozo del huerto,
la golondrina cantaba.

—— *Juan Ramón Jiménez*

185

Luna fina

¡Ay, luna nueva, fresquita
Como una hilacha del día
Que en el cielo azul y claro
La tarde dejó perdida!

¡Ay, luna recién llegada
Que en el fondo del aljibe
Pareces una pestaña
Caída en el agua triste!

Voy a pedirte una gracia…
(Dicen que es bueno pedirla
Cuando la luna es así,
Delgada y recién nacida.)

Ampárame con tu embrujo
Esta pálida sonrisa
Que después de tanto tiempo
Vuelve a prestarme la dicha.

Haz que ella crezca contigo
y que me alumbre la cara,
Como tú, cuando semejas
Una medalla dorada.

Luna fina de septiembre
Sobre el mar y sobre el campo:
Sé cordial a mi dulzura
Como lo fuiste a mi llanto.

—— *Juana de Ibarbourou*

Media luna

La luna va por el agua.
¿Cómo está el cielo tranquilo?
Va segando lentamente
el temblor viejo del río
mientras que una rana joven
la toma por espejito.

—— *Federico García Lorca*

Baño de luna

Ayer la luna redonda
vino a bañarse en el río.
¡Cómo temblaba en el agua!
Tenía frío
y cuando quise abrigarla
se me escapó entre los dedos.
¡Pobre lunita redonda!
Tenía miedo.

—— *Julia González*

Prepárate para leer

Desarrollar conceptos

El trabajo de los científicos

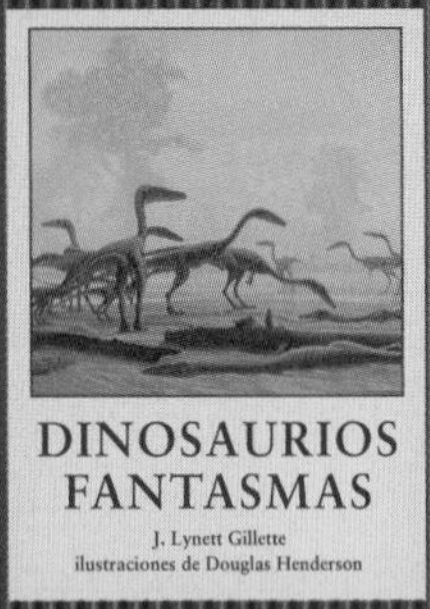
DINOSAURIOS
FANTASMAS
J. Lynett Gillette
ilustraciones de Douglas Henderson

Dinosaurios fantasmas

Vocabulario

erosión
especímenes
excavación
fósiles
geólogos
hipótesis
paleontólogos
pruebas
se extinguieron
teoría

Estándares

Lectura

- Unir y clarificar ideas principales
- Determinar el significado a través del contexto

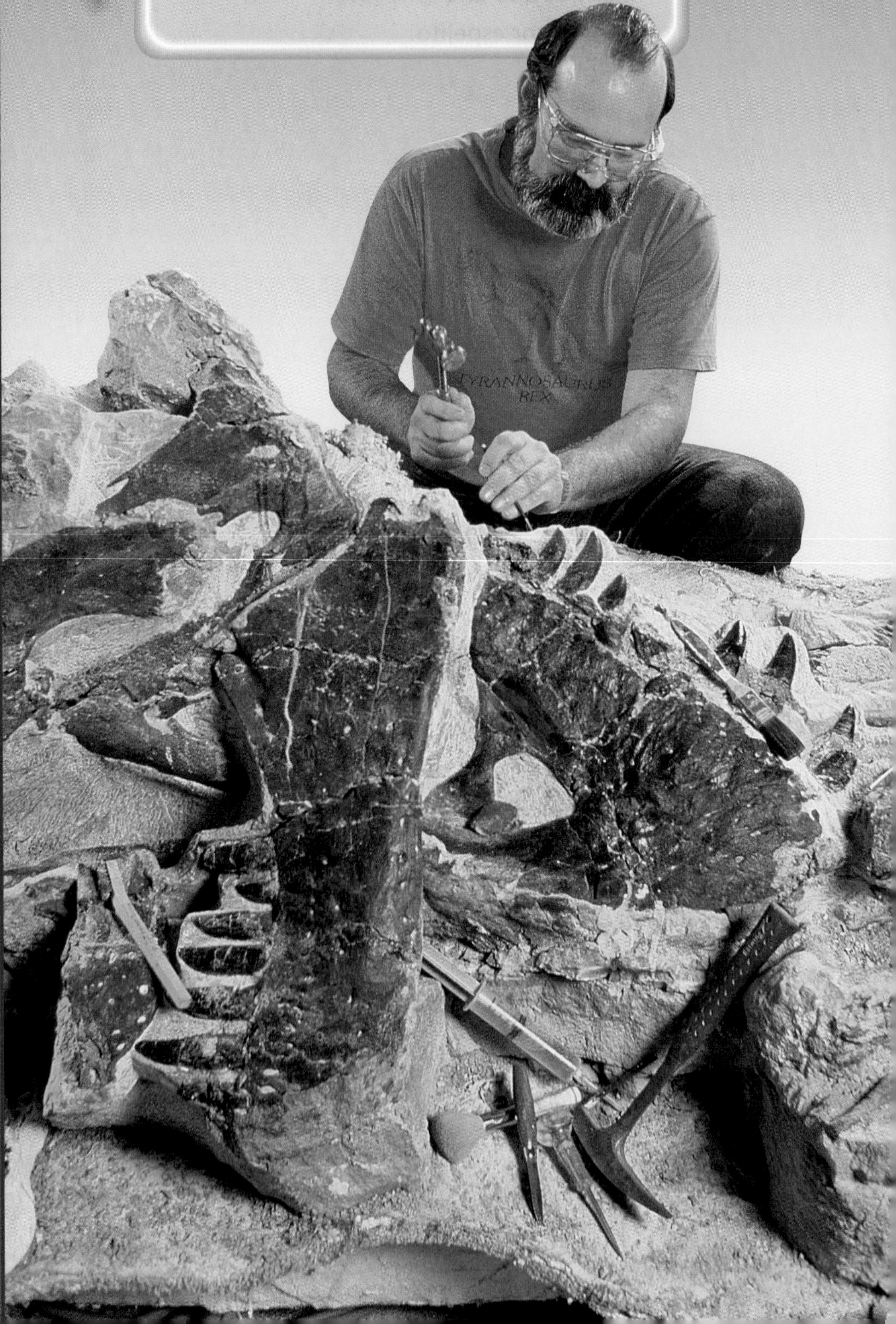
TYRANNOSAURUS
REX

Los **paleontólogos** son científicos que estudian la vida prehistórica. Estos especialistas muchas veces trabajan con fósiles de especies que **se extinguieron**, como los dinosaurios. Forman equipos y reúnen **especímenes** completos o partes sueltas de dinosaurios. Confían en que estos especímenes los ayuden a demostrar o descartar una **teoría**.

En *Dinosaurios fantasmas* los científicos investigan un asombroso descubrimiento realizado en Ghost Ranch (Rancho fantasma), en Nuevo México. En este libro se explica cómo ellos examinan distintas **hipótesis**, o sugerencias científicas, basándose en las **pruebas** que hallaron allí.

◀ Entre las herramientas de los paleontólogos se encuentran los martillos, cepillos y cinceles.

▲ Aquí vemos científicos trabajando en una gran **excavación**. Están anotando cuidadosamente la colocación de los huesos antes de llevárselos para estudiarlos con más detenimiento.

▲ Algunas veces los fósiles quedan al descubierto debido a la **erosión** causada por el viento o la lluvia. Otras veces los descubren los **geólogos**, que son los científicos que estudian la tierra.

◀ Una científica examina **fósiles** de caparazones de tortuga de una antigüedad calculada en 65 millones de años.

DINOSAURIOS FANTASMAS

J. Lynett Gillette
ilustraciones de Douglas Henderson

Estrategia clave

Una vez murieron cientos de dinosaurios en una zona pequeña
de Nuevo México. Al leer sobre lo que pudo suceder, **revisa**
si comprendes bien. **Aclara** las partes difíciles leyéndolas de
nuevo o continuando con la lectura.

En Nuevo México hay un lugar llamado Ghost Ranch (Rancho fantasma). Se dice que este nombre se debe a que todas las noches, en la oscuridad, los fósiles salen de la tierra para jugar.

En realidad nadie ha visto que esto suceda, naturalmente. Pero si *realmente* existieran los fantasmas de los dinosaurios, las colinas verdes y rojas de este hermoso rancho estarían llenas de ellos. Cientos de dinosaurios *Coelophysis* murieron juntos aquí, con los cuellos, colas y patas entrelazados. Los científicos llevan varios años tratando de hallar la respuesta a esta pregunta: ¿Por qué murieron tantos dinosaurios pequeños en Ghost Ranch?

Para comenzar a responder a esta pregunta, tenemos que retroceder en el tiempo hasta el verano de 1947, cuando un científico hizo un hallazgo espectacular.

Un gran hallazgo de pequeños dinosaurios

Edwin Colbert escuchaba atentamente lo que su ayudante de campo le contaba con gran entusiasmo: ¡Había huesos, muchos huesos pequeños en la ladera de un cañón cercano!

Ned Colbert era miembro del equipo de paleontólogos (científicos que estudian la vida prehistórica) del American Museum of Natural History (Museo Americano de Historia Natural) de la ciudad de Nueva York. Tenía previsto pasar el verano de 1947 recogiendo fósiles en Arizona. De camino hacia Arizona, Colbert se detuvo a echar un vistazo a Ghost Ranch, al norte de Albuquerque, Nuevo México. Sabía que allí otros paleontólogos habían hallado fósiles anteriormente.

Las colinas rojas y verdes de Ghost Ranch

Edwin Colbert, a la izquierda, *con su equipo de campo del American Museum of Natural History, en Ghost Ranch*

Algunos de los fósiles fueron hallados por un profesor llamado Charles Camp. La mayoría de los huesos que Camp descubrió pertenecían a animales que vivieron durante el período triásico de la historia de la tierra, que empezó hace 245 millones de años y terminó hace 208 millones de años. Camp anotó cuidadosamente en su diario de campo todos los fósiles que encontró. (Camp mencionó en este mismo diario su fantasía de los fósiles que salían a bailar durante la noche.)

Ninguno de los fósiles de Camp había aparecido en los cañones de Ghost Ranch, pero Ned Colbert no descartaba los cañones. Cuando alguien le preguntaba su secreto para hallar fósiles, respondía: "Los fósiles están donde se les encuentra, y se les encuentra en los lugares más inesperados". Decidió investigar lo que decía su ayudante.

Colbert y sus dos ayudantes siguieron un rastro de huesos colina arriba. Cuando el rastro acabó, los hombres excavaron en la colina y empezaron a aparecer esqueletos de dinosaurios. El equipo había hallado ejemplares de *Coelophysis,* un dinosaurio carnívoro del tamaño aproximado de un perro.

Colbert no fue el primero en encontrar este pequeño dinosaurio. Ya en 1880, otro miembro de un equipo de paleontólogos, Edward D. Cope, contrató a un buscador de fósiles para que buscara huesos en la zona norte de Nuevo México. Este buscador, que viajaba con un burro de pie firme, descubrió trozos de espinas dorsales, un hueso de cadera, un hueso de hombro y el hueso de una pata de un reptil pequeño.

Cope dijo que estos huesos tan frágiles pertenecían a una nueva especie de dinosaurio pequeño. Lo llamó *Coelophysis,* que significa "forma hueca", porque los huesos eran huecos. El descubrimiento no tuvo mucha publicidad. Cope se dedicó a otros proyectos y durante casi setenta años casi nadie se preocupó por aquel pequeño dinosaurio.

Pero en el verano de 1947, el equipo de Colbert empezó a encontrar docenas y docenas de esqueletos de *Coelophysis,* enterrados en rocas de 225 millones de años de antigüedad que pertenecen al final del período triásico. Había tantos esqueletos que Colbert tuvo que enviar un telegrama al American Museum pidiendo más ayuda para la excavación.

Fue un hallazgo extraordinario. Conocemos a la mayoría de los dinosaurios a través de unos pocos especímenes. Hasta ese momento, los dos dinosaurios pequeños mejor conocidos eran dos esqueletos de *Compsognathus,* del tamaño de una gallina. Pocos días después, el diario *The New York Times* anunciaba el descubrimiento del *Coelophysis* en su primera página. Un fotógrafo de la revista *Life* visitó el lugar. El *Coelophysis* se convirtió en el dinosaurio pequeño mejor conocido entre los descubiertos hasta la fecha.

Pero, ¿por qué había tantos dinosaurios enterrados en un mismo lugar? Colbert no estaba seguro. Con permiso de Ghost Ranch, cortó bloques de roca con los huesos aún adentro para estudiarlos en Nueva York.

Como los dinosaurios estaban tan juntos unos de otros, los bloques tenían que ser muy grandes para no dañar ningún esqueleto. Cada bloque pesaba una tonelada, o más. Algunos bloques se enviaron a otros museos y universidades de los Estados Unidos para examinarlos, y otros paleontólogos se incorporaron al estudio del *Coelophysis.*

El equipo de Colbert excava para desenterrar más y más huesos.

Estudios de huesos

A lo largo de los cincuenta años siguientes se pudo conocer mucho mejor al *Coelophysis*. Los paleontólogos descubrieron que aquel animal había sido carnívoro, es decir, se alimentaba de carne. Tenía los dientes afilados por los bordes, como un cuchillo de carnicero: ideales para cortar. Las patas delanteras, cortas y con garras afiladas, lo ayudaban a sujetar a sus presas, pero la mayor parte del trabajo lo hacían el cuello, largo y flexible, y las fuertes mandíbulas.

Eran animales vivaces, ágiles y de movimientos rápidos. Los huesos de sus patas, largos y delgados, les permitían correr erguidos, como lo hace hoy en día el pájaro secretario de África. Y como las aves, los *Coelophysis* tenían huesos frágiles y finos. Si alguno de los técnicos que estudiaban los huesos del *Coelophysis* estornudaba, pequeños fragmentos de hueso salían disparados por los aires. Adentro de los huesos de las patas anteriores y posteriores había una cavidad amplia llamada cavidad medular, donde se formaban los glóbulos rojos. Los animales muy activos necesitan muchos glóbulos rojos para transportar el oxígeno.

Los científicos creen que los *Coelophysis* probablemente vivían en grandes grupos familiares, quizás en manadas. Sabemos que los individuos más jóvenes permanecían con los adultos durante varios años, porque en Ghost Ranch se

Un esqueleto casi completo de Coelophysis.
En su estómago hay huesos de un Coelophysis *joven.*

hallaron fósiles de todas las edades, excepto embriones en huevos e individuos recién nacidos. Probablemente comían otros reptiles, como fitosaurios jóvenes, que eran parecidos a los caimanes, y peces, cangrejos de río, almejas y en algunos casos incluso a otros individuos de su misma especie. Dos esqueletos de *Coelophysis* tienen aún la última comida en el estómago: huesos pequeños de otro *Coelophysis* joven. Aún hoy día algunos reptiles conservan esta práctica de canibalismo.

A diferencia de muchos otros reptiles del triásico, los dinosaurios *Coelophysis* no tenían ningún tipo de coraza ni armadura que los protegiera de los depredadores, pero su velocidad y su agilidad eran una ventaja considerable ante el ataque de un fitosaurio hambriento con coraza protectora. Los grandes ojos probablemente también ayudaban al *Coelophysis* a encontrar a sus presas, incluso en la luz débil del amanecer y el anochecer, que eran los momentos del día en que los reptiles más lentos dormían la siesta.

¿Qué ocurrió aquí?

Después de estudiar los huesos de *Coelophysis* para averiguar qué aspecto tenían estos dinosaurios cuando estaban vivos, los científicos se fijaron en cómo estaban colocados los huesos en el terreno. La forma en que estaban distribuidos podría aportar alguna pista sobre el misterio de lo que les ocurrió a todos estos dinosaurios. ¿Cómo murieron, y por qué?

Muchos esqueletos casi completos se hallaron con todos los huesos aún unidos. Estos esqueletos estaban acostados de lado, con la cabeza, la cola, las patas traseras y delanteras más o menos al mismo nivel. Cuando murieron, la fuerte musculatura del cuello de estos dinosaurios se tensó, curvando el cuello y la cabeza hacia atrás, hacia la cola.

En otros casos, algunos esqueletos estaban incompletos y los huesos estaban separados. Los cuellos no aparecían unidos a los cuerpos, las colas no estaban unidas a las caderas, las costillas no estaban en contacto con la espina dorsal. Estos huesos no presentaban fracturas extrañas ni marcas de dientes, lo cual indica que los esqueletos no fueron diseminados por otros animales.

Todos los esqueletos (los que están casi completos, acostados de lado, y los de huesos separados) estaban cerca. En algunos casos, unos esqueletos estaban encima de otros. Junto a estos animales se descubrieron restos de otras especies: algunos peces, fitosaurios, pequeños cocodrilos y un lagarto muy pequeño. El lugar donde todos estos animales estaban enterrados tiene unos treinta pies de largo y al menos treinta pies de ancho. Alrededor de los huesos hay rocas rojas formadas por el barro que llevaba hace mucho tiempo un río que ya no existe.

Al observar detenidamente los esqueletos, los paleontólogos descubrieron que ninguno de los huesos de los dinosaurios ni los de los otros animales tenían

grietas, como habría ocurrido si se hubieran secado durante mucho tiempo al sol. Después de estudiar este hecho y otros indicios, los científicos propusieron varias explicaciones posibles al hallazgo de tantos esqueletos de *Coelophysis* en Ghost Ranch. Podemos probar estas hipótesis, o sugerencias científicas, comparándolas con las pruebas que se pueden observar en los huesos y las rocas que los rodean.

¿Atrapados en el barro?

Un *Coelophysis* se acerca a la orilla del río para alimentarse de los peces que chapotean en un charco de agua. Las patas del dinosaurio se hunden profundamente en la tierra oscura y pegajosa. Otros dinosaurios se acercan, también atraídos por los peces que se agitan en el agua, pero todos ellos quedan atrapados en aquel lugar traicionero. Por muchos esfuerzos que hacen por liberarse, jóvenes y adultos quedan atrapados.

Antes ocurrieron escenas como ésta en los pozos de alquitrán de La Brea, en California. Miles de animales quedaban atrapados en los charcos pegajosos de brea oscura durante los períodos glaciales. ¿Ocurrió algo semejante en Ghost Ranch?

Probablemente no. Si los dinosaurios hubieran quedado atrapados en el fango, sus patas traseras, más pesadas, se habrían hundido más profundamente que las patas delanteras y las cabezas. Además, los cuerpos estarían erguidos. (Esto es lo que los científicos creen que le ocurrió a un dinosaurio del triásico que vivió en Europa, llamado *Plateosaurus*, que murió tras quedar atrapado en el fango.) Dado que se hallaron muchos *Coelophysis* acostados de lado, es poco probable que murieran así.

¿La violencia de un volcán?

Los pequeños dinosaurios se ven sorprendidos por la erupción de un volcán al reunirse junto a un río para comer. No pueden respirar debido a las nubes calientes de cenizas y gases sulfurosos que los envuelven rápidamente. Tratan de escapar, pero caen al suelo, aterrorizados. Enseguida quedan enterrados por las capas de fango que se deslizan por el valle del río y las cenizas que caen del cielo.

Muchas de las grandes catástrofes de la tierra se debieron a erupciones volcánicas. Cuando Monte St. Helens, en el estado de Washington, entró en erupción en 1980, los animales que no pudieron correr o enterrarse en el suelo murieron a causa del calor, las cenizas y los gases venenosos.

¿Encaja esto con lo que se halló en Ghost Ranch? Los geólogos que han comenzado a estudiar las rocas donde se encuentran los esqueletos de *Coelophysis* no lo consideran probable. Si hubiera algún rastro de cenizas volcánicas, al observar las rocas en el microscopio se habrían visto pequeñas burbujas de sílice aplastadas. La sílice es un mineral que estaría en los ardientes pedazos de ceniza que salían disparados hacia el cielo. Pero aún no se ha encontrado rastro alguno de burbujas de sílice aplastadas en las rocas.

¿Asteroides del espacio sideral?

El sol no brilla tanto como de costumbre, porque la tierra está cubierta de altas nubes grises. Los animales que normalmente sirven de alimento a los dinosaurios *Coelophysis* cada vez resultan más difíciles de encontrar. Los dinosaurios están muy delgados; sus escamas están opacas. Las colas, que normalmente llevan erguidas, están por el suelo. Débiles y exhaustos, los dinosaurios caen uno por uno, y no vuelven a levantarse.

Los científicos Walter y Luis Álvarez, de la Universidad de California, han propuesto una hipótesis que explicaría por qué los dinosaurios se extinguieron hace 65 millones de años. Estos expertos creen posible que un asteroide del espacio sideral, fuera de órbita, cayó violentamente sobre la tierra. El choque levantó grandes nubes de polvo que impidieron el paso de la luz del sol y enfriaron la tierra. El cambio de temperatura hizo que muchos animales y plantas no pudieran sobrevivir. Muchas especies, que necesitaban temperaturas cálidas, murieron.

No todos los paleontólogos aceptan este argumento de la extinción de los dinosaurios, pero es una teoría interesante. Se han encontrado pequeñas cantidades de iridio, un elemento poco común, en varias rocas de 65 millones de años. Muchas veces los asteroides tienen más iridio que las rocas de la tierra, por lo que es posible que un asteroide trajera este elemento a nuestro planeta. ¿Es posible que hace 225 millones de años un asteroide causara cambios en el clima, y que esto matara a los *Coelophysis*?

Los hechos de Ghost Ranch no parecen respaldar esta posibilidad. Los dinosaurios no están repartidos por una zona más o menos amplia, como habría ocurrido si hubieran muerto de hambre uno por uno. Y hasta ahora nadie ha encontrado cantidades poco usuales de iridio en las rocas. La extinción debido a los efectos de los asteroides no parece coincidir con lo que sabemos sobre los *Coelophysis*.

¿Aguas envenenadas?

Un grupo de *Coelophysis* se reúne junto a una charca alimentada por un arroyo, en las inmediaciones del río. Balanceándose sobre sus pequeñas patas delanteras, se inclinan y beben, sin darse cuenta de que el agua está envenenada. Poco después, uno por uno, caen al suelo y mueren. Al día siguiente llegan otros *Coelophysis* y se repite la misma situación.

¿Se ha encontrado algún veneno en los huesos o las rocas que rodean el "cementerio" de dinosaurios de Ghost Ranch? Si los dinosaurios murieron de esta manera, quizás puedan hallarse restos del veneno, incluso millones de años después.

Los geólogos han examinado las rocas y efectivamente encontraron un veneno, arsénico, en las rocas y en los huesos. Pero esta teoría tiene dos problemas.

En primer lugar, no tenemos forma de saber exactamente *cuándo* entró el arsénico en los huesos y en las rocas. El hecho de que haya arsénico en los huesos no significa que lo hubiera cuando los dinosaurios murieron. El arsénico pudo filtrarse en ellos a través de las aguas subterráneas muchos años después.

Y hay otra idea que tener en cuenta: junto con los dinosaurios se encontraron fitosaurios y peces. ¿Habrían sobrevivido estos animales en un charco envenenado? Si el veneno mató a los dinosaurios, probablemente el agua resultaría venenosa para otros animales, especialmente para los que tenían que vivir *dentro* del agua. Por este motivo, tampoco parece que el arsénico encaje con nuestros datos.

¿Una tremenda inundación?

Un grupo de dinosaurios *Coelophysis* duerme en su zona de descanso, lejos de la ribera, bajo grandes árboles perennes. Hace varios días que llueve. Esa noche las aguas crecidas rebasan el cauce del río y se precipitan valle abajo. Varios grupos de *Coelophysis* de distintas zonas se despiertan y comienzan a correr, pero el agua es demasiado rápida y los alcanza. Mueren ahogados por la inundación. Algunos dinosaurios que corren valle arriba, en lugar de valle abajo, se salvan.

Poco después las nubes se disipan y las aguas vuelven a su cauce. Abajo, en el valle, se acumulan los cuerpos de cientos de dinosaurios junto con algunos fitosaurios, peces y otros reptiles. Están amontonados, unos encima de otros, cuello contra cola.

Las lluvias no han terminado aún. Comienza otra tormenta tropical, y el río se desborda de nuevo. Nuevas oleadas de barro y agua llegan al viejo cauce y cubren los cuerpos de los dinosaurios antes de que lleguen otros depredadores.

Las posturas enmarañadas y el buen estado de los esqueletos (sin grietas causadas por el sol ni marcas de dientes de depredadores) bien pudieron ser causadas por una inundación. Después de que los dinosaurios se ahogaron, tal vez fueron arrastrados por las aguas y el barro y quedaron enterrados rápidamente.

Pero si esto es cierto, ¿qué explicación podemos dar a los esqueletos que se encontraron acostados de lado, con el cuello girado hacia la cola? Esto solamente sucede cuando un animal muerto, como una vaca en un prado, permanece sin que nadie lo mueva el tiempo suficiente como para que sus músculos y ligamentos se contraigan. ¿Por qué estos dinosaurios estaban colocados de forma diferente a la de los demás? La posibilidad de una inundación tampoco aporta las suficientes respuestas.

¿Escasez de agua?

El sol lleva varios días brillando con fuerza y en el cielo no hay una sola nube. Las charcas, los arroyos y los lagos se están secando. Las plantas están muriendo. Los animales herbívoros (los que se alimentan de plantas) están hambrientos. Los cangrejos se hunden cada vez más en el fango a la espera de días más húmedos. Los peces quedan atrapados por centenares en charcos pequeñísimos. Los *Coelophysis* se reúnen para atrapar los peces indefensos, pero más que comida, los dinosaurios necesitan agua.

Cada vez hay más peces atrapados en los charcos, y cada vez acuden más *Coelophysis* de todas las edades a comer. Pero esta situación no continúa por mucho tiempo. Los dinosaurios están débiles, hambrientos y sedientos, y no hay suficiente comida ni bebida para todos. Varios cientos mueren arremolinados alrededor del último charco.

Cuando los paleontólogos se fijaron en las rocas que rodeaban los huesos de los dinosaurios, encontraron algunas grietas de barro, lo cual sugiere que algunos animales murieron sobre una superficie de barro seco. Los esqueletos con el cuello curvado tenían la misma postura que cualquier animal que se seca bajo el sol después de muerto.

La mayoría de los restos de peces se encontraban debajo de los dinosaurios, como si hubieran atraído a los pequeños cazadores hasta el lugar. Y los científicos encontraron muchos ejemplares de cangrejos enterrados en el barro.

Pero la hipótesis de una sequía no aporta una explicación suficiente. Ya sabemos que los huesos de los dinosaurios no estaban agrietados, como sucedería si hubieran estado mucho tiempo expuestos al sol. ¿Y si solamente pasaron bajo el sol un período corto, tal vez unos días?

Tal vez debamos combinar dos hipótesis: una sequía y una inundación.

Poca agua y después demasiada

Muchos dinosaurios pequeños mueren al final de una sequía en que la tierra está agrietada y no hay ni una gota de agua. Un día, los *Coelophysis* que siguen vivos descubren algunos peces enfermizos nadando de un lado a otro dentro de un charco, al fondo del cauce del río. Otros peces muertos ya se han hundido en el fango. De pronto estalla una tormenta que pone fin a la sequía y una oleada de agua y barro espeso rebasa el lecho del río y se precipita valle abajo. Los

Coelophysis y otros depredadores quedan atrapados por la inundación y se ahogan.

Cuando las aguas se secan, dejan detrás a los dinosaurios que habían muerto días atrás por la sequía y a los dinosaurios que acaban de morir. Algunos están amontonados y otros están solos, extendidos sobre el barro. Los que están dentro de los charcos comienzan a separarse. Los que están fuera empiezan a secarse y encogerse. Pronto hay nuevas lluvias que traen más barro. Los dinosaurios quedan completamente enterrados en pocos días, y así permanecen durante varios millones de años. No salen a la luz hasta que la erosión en el cañón quita su cubierta de rocas en 1947.

Ésta es la hipótesis que mejor explica lo que les ocurrió a los *Coelophysis* aquellos días fatídicos, hace más de doscientos millones de años. No podemos afirmar con certeza que ésta es la respuesta correcta, pero es la explicación que mejor encaja con los datos que Ned Colbert y otros científicos han descubierto hasta la fecha.

¿Podrían aparecer nuevos datos para obtener una explicación totalmente nueva? Naturalmente, ya que el lugar aún se está estudiando. Los científicos siempre están dispuestos a cambiar de idea para adaptarse a los nuevos datos. Cualquiera que tenga la paciencia necesaria para estudiar los fósiles y las rocas de Ghost Ranch, y la suerte de encontrarlos "en los lugares más inesperados", puede hacer nuevos descubrimientos.

Conozcamos a la autora
J. LYNETT GILLETE

Aficiones desde niña: Mirar las estrellas y leer ciencia-ficción

Cómo empezó: Comenzó a estudiar los fósiles cuando trabajaba en un museo.

Vida profesional: Como conservadora del nuevo museo de paleontología de Ghost Ranch, Lynett Gillette dirige el museo, coordina las visitas escolares y busca fósiles.

Consejo: Todos deberían seguir creciendo y aprendiendo durante toda la vida, y profundizar en lo que más les interese hasta el final.

Conozcamos al ilustrador
DOUGLAS HENDERSON

Primer libro sobre dinosaurios que recuerda: *So Long Ago,* un viejo libro para niños con ilustraciones sobre las épocas remotas de la tierra

Cómo empezó: Comenzó su vida profesional como paisajista, y de vez en cuando introducía algún dinosaurio en sus obras. Más tarde empezó a dibujar dinosaurios para ilustrar libros infantiles.

Otros libros que ha ilustrado: *How Dinosaurs Came to Be, Living with Dinosaurs* y *Dinosaur Tree,* del que también es autor

Para saber más acerca de J. Lynett Gillette y Douglas Henderson, visita Education Place.

www.eduplace.com/kids

Piensa en la selección

1. ¿Cómo los estudios sobre los *Coelophysis* de Ghost Ranch continuaron el trabajo de otros científicos? Explícalo.

2. ¿Qué cualidades crees que deben tener los buenos paleontólogos? ¿Por qué?

3. ¿Por qué crees que los científicos tenían que averiguar cómo eran los dinosaurios antes de intentar descubrir cómo murieron?

4. Los científicos evalúan sus teorías comparándolas con las pruebas disponibles. ¿Por qué? ¿Alguna vez has comprobado tú una teoría comparándola con pruebas? Explícalo.

5. ¿Por qué la autora comienza muchas de las secciones sobre cómo murieron los *Coelophysis* con una pregunta?

6. La autora dice: "Los científicos siempre están dispuestos a cambiar de idea para adaptarse a los nuevos datos". Respalda esta afirmación con alguna prueba.

7. **Conectar/Comparar** ¿En qué se parece el misterio de la muerte de los *Coelophysis* al misterio de Amelia Earhart? ¿En qué se diferencia?

Informar

Escribe un folleto

Con un compañero, escribe un folleto para un viaje a Ghost Ranch. Informa a los visitantes sobre el lugar y su historia. Explica también algunas ideas sobre cómo murieron los *Coelophysis*.

Consejos

- Para hacer el folleto, dobla una hoja de papel en tres partes. Decide qué vas a escribir en cada parte. Haz una lista con los hechos más importantes sobre Ghost Ranch.
- Incluye dibujos interesantes.

Hacer una tabla de pruebas

Con un compañero, haz una tabla para mostrar la forma en que las pruebas relacionadas con los fósiles y las rocas han llevado a los científicos a respaldar o rechazar diversas teorías sobre la muerte de este grupo de *Coelophysis*. Rotula las columnas *Teoría, Pruebas a favor y Pruebas en contra*. Luego, haz una fila para cada teoría. A continuación, rellena las columnas con la información correspondiente.

Crea un dinosaurio

Vuelve a mirar las ilustraciones de dinosaurios de *Dinosaurios fantasmas* y la descripción de las páginas 194 a 195. Después, en grupos pequeños, hagan modelos en arcilla de *Coelophysis* y expónganlos.

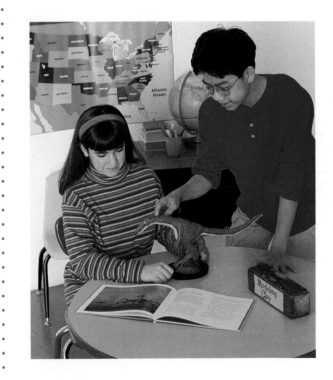

Completa un crucigrama en Internet

En esta selección has aprendido mucho vocabulario sobre los dinosaurios y la paleontología. Pon a prueba tus conocimientos sobre estas palabras haciendo el crucigrama que se puede imprimir desde Education Place.

www.eduplace.com/kids

Conexión con las carreras

Destreza: Cómo clasificar información

Al leer...

1. **Toma notas.** Cuando llegues a un dato o una idea, piensa a qué **categoría** o grupo de datos o ideas parecidas pertenece. Escribe un **encabezado** para cada categoría.

2. Si tienes una categoría muy grande, divídela en dos o más **categorías menores**. Escribe los detalles o los hechos que pertenecen a esa categoría.

Después de leer...

Revisa tus notas. Identifica la categoría a la que pertenece cada dato para **recordarlo**.

Estándares

Lectura

- Reseñas/notas/resúmenes

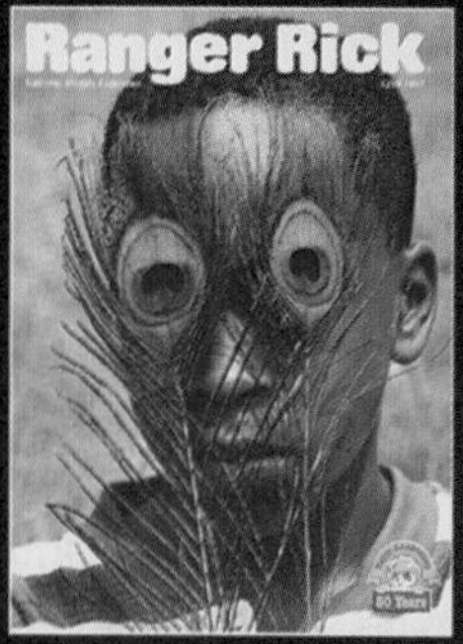

Doctor Dinosaurio

por Carolyn Duckworth

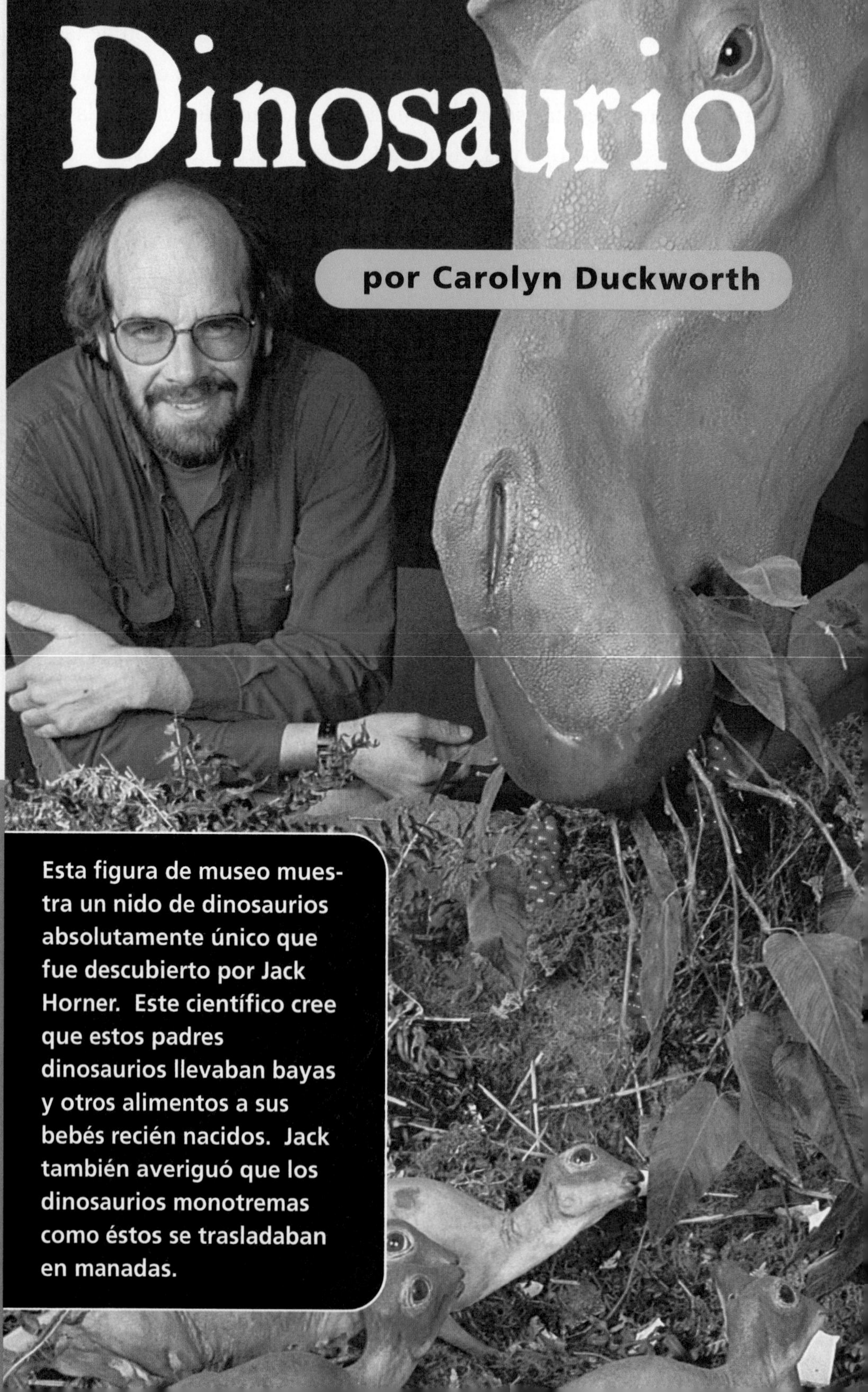

Esta figura de museo muestra un nido de dinosaurios absolutamente único que fue descubierto por Jack Horner. Este científico cree que estos padres dinosaurios llevaban bayas y otros alimentos a sus bebés recién nacidos. Jack también averiguó que los dinosaurios monotremas como éstos se trasladaban en manadas.

Jack Horner descubrió su primer fósil de dinosaurio cerca de su casa, en Montana, cuando tenía ocho años. Desde aquel día nunca ha dejado de buscarlos. En la década de los 70 volvía todos los veranos a Montana para buscar fósiles con su amigo Bob Makela.

Todo por una lata de café

En aquella época solamente se había encontrado un grupo de huevos de dinosaurio e individuos jóvenes, y el hallazgo se había hecho en Asia. Nadie tenía idea de dónde se podían encontrar más. Jack pensó que podría haber fósiles de dinosaurios jóvenes en una zona de Montana. En el verano de 1978 fue a buscarlos con Bob, pero no tuvieron mucha suerte.

Pero al final del verano los dos excavadores fueron a una tienda de una pequeña ciudad de Montana. El tendero les enseñó una lata de café llena de huesos fósiles y les preguntó qué eran. Los huesos eran de cuatro tipos distintos de dinosaurios monotremas. Y eran tan pequeños que Jack comprendió que tenían que ser de *bebés* dinosaurio.

¡Qué descubrimiento! Jack y Bob se entusiasmaron. Consiguieron permiso para excavar en el lugar donde el tendero había encontrado los huesos. Jack también consiguió que la Universidad de Princeton les pagara por el trabajo. De pronto, afirma, ya

no eran simplemente dos tipos que buscaban fósiles. ¡Eran una expedición científica!

Cuando Jack excavó en el lugar donde habían aparecido los huesos de bebés dinosaurio, descubrió un trozo grande y redondo de piedra verde. Jack y Bob excavaron a su alrededor y la levantaron, como si fuera una palada gigante de helado de piedra verde.

Los dos excavadores llevaron esta palada a su "laboratorio" (el patio de la casa de Bob) y la depositaron en su "equipo de laboratorio" (varias mallas mosquiteras). A continuación, quitaron la suciedad con su "instrumental técnico" (una manguera de jardín). Enseguida empezaron a ver algo extraño. ¡La piedra verde albergaba el primer nido de dinosaurio jamás descubierto!

¿Son los dinosaurios como lagartos?

En los seis años siguientes, Jack y Bob buscaron más nidos de dinosaurios. Hacía calor y era una

Cuando está trabajando en una excavación de dinosaurios en Montana, Jack duerme en un tipi. ¿Por qué? Las excavaciones están lejos de las ciudades, y estas tiendas resisten incluso el clima más duro. En los lugares por donde vagaron los dinosaurios en otras épocas, hay muchas veces tormentas violentas y fuertes vientos.

tarea dura y complicada. Para encontrar trozos pequeños de cascarón no podían caminar solamente. Tenían que gatear por las rocas, y muchas veces se hacían cortes en las manos y en las rodillas. Los excavadores encontraron huevos y nidos de dos tipos distintos de dinosaurio.

Los nidos hicieron pensar seriamente a Jack. Todos los libros que había leído decían que los dinosaurios probablemente eran como lagartos, que ponen los huevos y los abandonan. Pero en uno de los nidos que encontró, los cascarones estaban rotos en trozos pequeños. Jack se preguntó por qué. ¿Acaso los bebés los habían pisoteado?

A continuación, Jack estudió los huesos de los bebés dinosaurio. Las articulaciones parecían débiles, por lo que pensó que los bebés no podían haberse puesto de pie ni haber caminado con facilidad. Esta prueba y otros datos le hicieron pensar que estos bebés dinosaurio habían permanecido en el nido durante bastante tiempo.

Los bebés también tenían los dientes desgastados. Jack pensó que esto demostraba que los bebés habían comido. Pero ¿cómo conseguían el alimento si eran demasiado débiles como para salir del nido? Jack pensó que seguramente los padres los alimentaban. Llamó a este tipo de dinosaurios *Maiasaura*, que significa "lagarto buena madre".

¿Una madre no tan buena?

En la actualidad no todos los expertos están de acuerdo con las ideas de Jack sobre los nidos. Algunos científicos dicen que algunas aves que hacen sus nidos en el suelo, como los pollos, tienen las articulaciones de las patas débiles, pero son capaces de correr tan pronto como salen del cascarón.

Otros científicos mencionan otro tipo de bebé dinosaurio que se encontró aún dentro del huevo. Este dinosaurio tenía ya desgastados los dientes. Los científicos se preguntan si los bebés *Maiasaura* también se frotaban los dientes de arriba contra los de abajo antes de salir del cascarón. En este caso, el hecho de que tuvieran los dientes desgastados no significaba que hubieran comido.

Jack sigue pensando que tiene razón. Pero comprende que distintas personas pueden estudiar los mismos fósiles y llegar a diferentes conclusiones sobre estos animales. Esto lleva a otras preguntas, y al fin y al cabo de eso se trata la ciencia.

Al descubrir los nidos de éstos y otros dinosaurios, Jack ha mostrado dónde hay que buscar fósiles de dinosaurios jóvenes. Y cada nuevo descubrimiento de un dinosaurio joven ayudará a los científicos a hallar más claves y elaborar nuevas teorías. Así, incluso si las ideas de Jack sobre el *Maiasaura* resultan equivocadas, al menos habrá abierto el camino hacia la verdad.

Los científicos creen que hace ochenta millones de años un bebé *Maiasaura* rompió el cascarón y salió de él.

213

✅ Llenar los espacios en blanco

En algunas pruebas se pide al estudiante que complete una oración. Podrás elegir la respuesta correcta entre tres, cuatro o cinco posibilidades. ¿Cómo se elige la respuesta más adecuada? Fíjate en esta prueba de muestra sobre *Dinosaurios fantasmas: El misterio del Coelophysis*. La respuesta correcta está indicada. Sigue los consejos para responder a preguntas de este tipo.

Consejos

- Lee las instrucciones atentamente. Asegúrate de que sabes cómo marcar las respuestas.
- Lee la pregunta y todas las respuestas posibles.
- Prueba todas las respuestas posibles para completar la frase. Pregúntate qué respuesta es mejor.
- Consulta el cuento si necesitas ayuda o si quieres comprobar tu respuesta.
- Rellena completamente el círculo correspondiente a tu respuesta para que ésta pueda ser calificada.

Lee la frase. Llena el círculo de la fila de respuestas correspondiente a la respuesta que mejor completa la frase.

1 Los fósiles son importantes para los paleontólogos porque estos restos...

   A pueden exhibirse en un museo de Ghost Ranch.

   B aportan claves sobre hechos que ocurrieron en el pasado.

   C contienen restos de contaminación ambiental.

   D demuestran que las historias de fantasmas sobre dinosaurios son ciertas.

FILA DE RESPUESTAS 1 Ⓐ ● Ⓒ Ⓓ

Así es cómo una estudiante encontró la mejor respuesta.

> Pruebo todas las respuestas posibles. Veo que **A** y **D** no son correctas porque estas razones no son importantes para los científicos. La respuesta **C** podría ser correcta, pero **B** tiene más sentido, porque sé que los paleontólogos estudian lo que sucedió en el pasado. Ahora veo por qué **B** es la mejor respuesta.

> Si tengo tiempo, volveré a consultar el cuento para comprobar mi respuesta. Veo que los paleontólogos creen que los fósiles aportan datos que los ayudan a determinar por qué murieron estos dinosaurios.

216

Teatro

¿Por qué el público ama el teatro? Al ver a los actores actuar en el escenario, el público se identifica con los sentimientos de los actores. En una obra seria, un personaje que ha sufrido la muerte de algún ser querido o cualquier otra tragedia puede conmovernos profundamente. Una comedia, en cambio, nos ayuda a encontrar humor en nuestra vida cotidiana y a reírnos de nuestros defectos y desgracias. A través del diálogo y la acción, el teatro le da vida a la experiencia humana. Los espectadores juntos observan y sienten el drama en desarrollo.

Estás a punto de leer dos tipos de obras de teatro muy diferentes. La primera es una obra tradicional con personajes tomados de la vida real. La otra es una obra fantástica que experimenta con la forma tradicional.

Contenido

El diario de Ana Frank es un drama histórico basado en un diario real. Trata sobre un tema serio y tiene una estructura convencional.

Durante la Segunda Guerra Mundial (1939–1945) los judíos de toda Europa huyeron de sus hogares para escapar de la invasión nazi. Muchos judíos fueron enviados a campos de concentración, mientras miles se escondían. En 1942, siete judíos entraron en el ático de un depósito abandonado en Amsterdam: el Sr. y la Sra. Frank, sus hijas Margot y Ana, el Sr. y la Sra. Van Daan y su hijo Peter. Miep Gies y el Sr. Kraler, su jefe, trabajaban en una oficina debajo y les llevaban todos los días comida y noticias a las familias.

El diario de Ana Frank

por Frances Goodrich y Albert Hackett

Personajes:

Ana Frank	13 años de edad
Peter Van Daan	16 años de edad
El Sr. Frank	El padre de Ana

Época: 1942

Escenario: El ático de un depósito abandonado en Amsterdam. Cuando la escena comienza, el Sr. Frank acaba de explicar las reglas de la casa y las dos familias se están conociendo.

Ana: ¿Cómo se llama tu gato?

Peter: Mouschi.

Ana: ¡Mouschi, Mouschi, Mouschi! *(Ella alza al gato y se aleja con él. Se dirige a Peter.)* Amo a los gatos. Yo tengo uno. Una gatita preciosa. Pero ellos me hicieron dejarla. Dejé un poco de comida y una nota para mis vecinos, para que la cuiden. La voy a extrañar muchísimo. ¿Qué es tu gato: macho o hembra?

Peter: Es un macho. Y no le gustan los extraños. *(Le quita el gato y lo pone nuevamente en su canasta.)*

Ana *(Sin inmutarse)*: Entonces dejaré de ser una extraña, ¿no crees? ¿Está castrado?

Peter *(Asustado)*: ¿Ah?

Ana: ¿Has hecho castrar a tu gato?

Peter: No.

Ana: Entonces deberías mandarlo a castrar para mantenerlo lejos de…, tú sabes, las peleas. ¿En cuál escuela estudiabas?

Peter: En la Escuela Secundaria Judía.

Ana: ¡Pero si allí es donde Margot y yo vamos! Nunca te he visto por allí.

Peter: Yo sí te he visto, algunas veces…

Ana: ¿En serio?

Peter: …en el patio de la escuela. Tú estabas siempre rodeada de niños. *(Él saca un cortaplumas de su bolsillo.)*

Ana: ¿Por qué nunca te juntaste con nosotros?

Peter: Soy una especie de lobo solitario. *(Comienza a arrancar de su ropa su Estrella de David.)*

Ana: ¿Qué estás haciendo?

Peter: Estoy quitándomela.

Ana: No puedes hacer eso. Ellos te arrestarán si sales sin tu estrella. *(Él lanza su cuchillo sobre la mesa.)*

Peter: ¿Y quién va a salir?

Ana: ¡Claro! ¡Tienes razón! Claro que no las necesitamos más. *(Ella toma el cuchillo de la mesa y comienza a quitarse la estrella.)* Me pregunto ¿qué pensarán nuestros amigos cuando no aparezcamos hoy?

Peter: Yo no tenía cita con ninguno.

Ana: ¡Ay, yo sí! Me iba a encontrar con Jopie para ir a jugar ping-pong a su casa. ¿Conoces a Jopie de Waal?

Peter: No.

Ana: Jopie es mi mejor amiga. ¿Qué pensará cuando telefonee y no reciba respuesta?… Probablemente irá hasta la casa… Me pregunto qué pensará… dejamos todo como si de repente nos hubieran llamado de urgencia… los platos del desayuno en el fregadero… las camas sin hacer… *(mientras ella* *se quita la estrella, queda marcada claramente en su ropa la forma y el color de la estrella.)* ¡Mira! ¡Está todavía ahí! *(Peter va hacia la estufa con su estrella.)* ¿Qué vas a hacer con la tuya?

Peter: Quemarla.

Ana *(Ella va a tirar su estrella a la estufa, pero no puede.)* Es gracioso, pero no puedo tirar la mía. No sé por qué.

Peter: ¿No puedes tirarla…? ¿Algo con lo que ellos te marcaron…? ¿Algo que te hicieron llevar puesto para así poder escupirte?

Ana: Ya sé, ya sé. Pero, al fin y al cabo es la Estrella de David, ¿no? *(En la habitación a la derecha, Margot y el Sr. Frank están acostados, descansando. El Sr. Frank comienza a salir de la habitación sin hacer ruido.)*

Peter: Tal vez sea diferente para una niña. *(El Sr. Frank entra en la habitación principal.)*

Sr. Frank: Discúlpame, Peter. Ahora, veamos. Debemos encontrar una cama para tu gato. *(Se dirige hacia el armario.)* Me alegro de que hayas traído a tu gato. Ana extraña mucho a su gatita. *(Dándole una pequeña palangana usada.)* Ahí está. ¿Estará cómodo allí?

Peter *(Recogiendo sus cosas)*: Gracias.

Sr. Frank *(Abriendo la puerta de la habitación, a la izquierda)*: Y éste es tu dormitorio. Pero te lo advierto, Peter, no puedes crecer más. Ni siquiera una pulgada, de lo contrario tendrás que sacar tus pies por el tragaluz para poder dormir. ¿Tienes hambre?

Peter: No.

Sr. Frank: Tenemos un poco de pan y mantequilla.

Peter: No, gracias.

Sr. Frank: Entonces puedes dejarlo para el almuerzo. Y esta noche tendremos una cena verdadera… nuestra primera cena juntos.

Peter: Gracias, gracias. *(Entra en su dormitorio. Durante la escena siguiente, él arregla sus pertenencias en su nuevo dormitorio.)*

Sr. Frank: Peter es un buen chico.

Ana: Es bien tímido, ¿no crees?

Sr. Frank: Te caerá bien, lo sé.

Ana: Eso espero, ya que es probablemente el único chico que veré en muchos meses. *(El Sr. Frank se sienta y se quita los zapatos.)*

Sr. Frank: Anneke, hay una caja allí. ¿La puedes abrir? *(Él señala un envase de cartón en el sillón. Ana lo trae hasta la mesa del centro. Abajo, en la calle, se oyen niños jugando.)*

Ana *(Al abrir la caja)*: ¿Sabes qué voy a pensar sobre este lugar? Me lo voy a tomar como una casa de huéspedes. Una casa de huéspedes de verano muy particular, como la que… *(Se detiene en la mitad de la frase mientras saca unas fotografías de la caja.)* ¡Padre, mis estrellas de cine! ¡Me estaba preguntando dónde estarían! Las estaba buscando esta mañana… ¡y la Reina Wilhelmina! ¡Qué maravilloso!

Sr. Frank: Hay algo más. Sigue. Busca más. *(Él va hasta el fregadero y echa leche de un termo en un vaso.)*

Ana *(Sacando un libro encuadernado en cartón)*: ¡Un diario! *(Abraza a su padre.)* Nunca tuve un diario. Y siempre estaba deseando tener uno. *(Ella mira alrededor de la habitación.)* Lápiz, lápiz, lápiz. *(Comienza a bajar las escaleras.)* Voy a la oficina de abajo para conseguir un lápiz.

Sr. Frank: ¡Ana! ¡No! *(Él se le adelanta y la detiene tomándola del brazo.)*

Ana *(Asustada)*: Pero si ahora no hay nadie en el edificio.

Sr. Frank: No importa. No quiero que pases nunca al otro lado de esa puerta.

Ana *(Muy seria)*: ¿Nunca? ¿Aun de noche, cuando todos se han ido? ¿Y los domingos? ¿No puedo ir abajo a escuchar la radio?

Sr. Frank: Nunca. Lo siento, Anneke. No es seguro. No debes atravesar nunca esa puerta. *(Por primera vez Ana se da cuenta del verdadero significado de "esconderse".)*

Ana: Ya veo.

Sr. Frank: Va a ser difícil, lo sé. Pero siempre recuerda esto: no existen paredes, cerrojos o cerraduras que alguien pueda poner en tu mente. Miep nos traerá libros. Vamos a leer poesía, historia, mitología. *(Le da el vaso de leche.)* Aquí está tu leche. *(Apoya su mano en el hombro de ella y se sientan juntos en el sillón.)* Entre nosotros, siendo realistas, el hecho de estar aquí tiene ciertas ventajas para ti, Ana. Por ejemplo, ¿recuerdas la batalla campal que tuviste con tu madre por el asunto de las botas de lluvia? ¿Cuando dijiste que primero muerta que ponerte esas botas? ¿Y recuerdas que todo terminó en que tuviste que ponértelas? Ahora bien, como ves, mientras estés aquí no tendrás

que ponerte las botas de lluvia. ¿No te parece bien? Tampoco tendrás que usar el abrigo que heredaste de Margot. ¡Y el piano! No tendrás que tocar el piano nunca más. ¡Te digo que la vas a pasar muy bien aquí! *(El pánico de Ana ha desaparecido. Peter sale de su cuarto con un platito en la mano. Lleva a su gato en brazos.)*

Peter: Yo… yo… yo pensaba que sería mejor conseguir un poco de agua para Mouschi antes de que…

Sr. Frank: Por supuesto. *(Mientras él se acerca al fregadero, el carillón marca las ocho. Camina de puntillas hacia la ventana de atrás y mira hacia la calle, abajo. Da la vuelta hacia Peter y le indica con gestos que es demasiado tarde ya. Peter comienza a regresar hacia su habitación. Mientras camina, hace crujir una tabla del piso. Los tres quedan congelados de miedo por un minuto. Cuando comienza a caminar otra vez, Ana camina de puntillas hacia él y vierte un poco de leche de su vaso en el platito para el gato. Peter se pone en cuclillas, dejando la leche en el piso frente al gato. El Sr. Frank le da su pluma fuente a Ana y luego se mete en la habitación de la derecha. Ana observa al gato por un segundo, luego se dirige a la mesa del centro y abre su diario.)*

En la habitación de la derecha, el Sr. Frank se ha incorporado rápido con el sonido del carillón. Entra y se sienta en el sofá al lado de ella y apoya su manos en sus hombros, reconfortándola.

Arriba, el Sr. y la Sra. Van Daan han colgado su ropa en el armario y están sentados en la cama de hierro. La Sra. Van Daan está recostada y parece agotada. El Sr. Van Daan la abanica con un periódico.

Ana comienza a escribir en su diario. Las luces se van apagando. Cae el telón. En la oscuridad, se oye la voz de Ana, débil al principio, y luego más potente.

Voz de Ana: Supongo que debería estar describiendo qué se siente al estar escondiéndose. Pero ni yo misma lo sé todavía. Lo único que sé es que no es agradable no poder salir al exterior, nunca respirar aire fresco, nunca correr, gritar, saltar. Es el silencio de la noche lo que más me asusta. Cada vez que oigo un crujido en la casa o pasos afuera, en la calle, estoy segura de que vienen por nosotros. Durante el día no está tan mal. Por lo menos sabemos que Miep y el Sr. Kraler están allí, en la oficina, debajo de nosotros. Los llamamos nuestros protectores. Le he preguntado a mi padre qué podría

ocurrirles si los nazis descubren que nos están escondiendo. Pim dijo que
ellos correrían nuestra misma suerte… ¡Figúrate! Ellos lo saben, y aún así,
cada vez que vienen están contentos y de buen humor, como si nada en el
mundo pudiera preocuparlos… Viernes, veintiuno de agosto de mil novecien-
tos cuarenta y dos. Hoy voy a contarles nuestras novedades. Mi madre está
insoportable. Ella insiste en tratarme como un bebé, lo cual detesto. Por lo
demás, todo está mejorando. El clima está… *(La voz de Ana pierde intensidad
y la escena termina.)*

Ahora que ya has leído una obra de teatro seria, aquí tienes algo más liviano. Una ratonera mejor presenta personajes fuera de lo común en una situación ridícula. ¡Prepárate para reír!

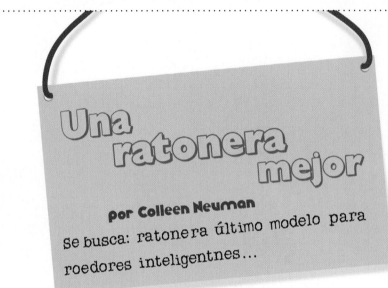

Una ratonera mejor

por Colleen Neuman

Se busca: ratonera último modelo para roedores inteligentnes...

Personajes:

Ratón	Cuatro esquinas	Seguro 1	Más larga
Mujer	Metal	Seguro 2	Más alta
Hombre	Barra	Más ancha	

Época: Presente.

Escenario: Hay dos sillas en escena; una en el extremo izquierdo y otra en el centro.

Al subir el telón: Todos los actores están sentados en fila en el piso del escenario de cara al público. El ratón está agazapado al final de la fila, a la derecha. La mujer está sentada en la silla del extremo izquierdo. El hombre está sentado en la silla del centro. Todos están sentados manteniendo la misma posición hasta que les llegue el turno de entrar en acción. Cada actor lleva puesto un cartel con el nombre de su personaje, excepto el hombre y la mujer. Los carteles están doblados y pegados con cinta adhesiva, de modo que el público no puede leerlos.

Ratón: Había una vez un ratón *(Despega y abre su cartel, mostrando "Ratón" al público.)* y una mujer *(La mujer se pone de pie y pasa al frente; el ratón se mueve a la derecha.)* que les tenía miedo a los ratones.

Mujer: *(Mirando al ratón):* ¡Ay, aaayyy! ¡Un ratón! ¡Un ratón! ¡Socorro, auxilio! *(Salta sobre la silla.)* ¡Aaah, aaah!

Hombre *(Se levanta y va hacia la mujer.):* ¿Qué ocurre, querida mía?

Mujer *(Ocultando su rostro con las manos):* ¡Un ratón! ¡Vi a un ratón!

Hombre *(Atraviesa el escenario, buscando atentamente al ratón.):* Pero si aquí estás. *(Se quita el sombrero con un ademán muy cortés.)* Buenos días tenga usted.

Ratón *(Quitándose el sombrero):* Buenos días, señor.

Hombre: Todo parece apuntar que usted es un ratón.

Ratón: Efectivamente, lo soy. ¿Y usted es…?

Hombre: Yo soy el Señor Don Richard Esquith Tercero. Soy el dueño de esta casa.

Ratón: Su morada es encantadora, por cierto.

Hombre: Muy amable de su parte.

Mujer: ¡Aaah!

Hombre: Ah, ¿pero dónde están mis modales? Ésta es la Señora Doña Dorothea Esquith Tercera, mi querida esposa.

Mujer (*Llamándolo con el dedo y mascullando entre dientes*): Richard, querido…

Hombre (*Volviéndose hacia la mujer*) ¿Sí, querida?

Mujer (*Fría y pausadamente*): ¡Estás-hablando-con-el-ratón!

Hombre: Por cierto, nos estábamos presentando…

Mujer (*Gritando*): ¡Mátalo!

Hombre: Ah, claro, por supuesto. En eso estaba pensando. Déjame ver… (*Busca en sus bolsillos*) Honda, hacha, MTV, música de rap… No, parece que no tengo nada letal conmigo.

Mujer (*Furiosa*): ¡Pon una ratonera!

Hombre: ¡Una ratonera! (*Se golpea la frente con la mano.*) ¡Por supuesto, una ratonera! ¡Una ratonera, obviamente! (*Busca en sus bolsillos.*) Parece que no tengo una ratonera conmigo. Entonces tendré que construir una.

Ratón (*Suspirando profundamente*): ¡Ya empezamos!

Hombre: Una ratonera es un rectángulo, entonces necesito cuatro esquinas. (*Las Esquinas abren sus carteles. El hombre las ve.*) Ah, aquí están. Pónganse aquí, por favor. Así, perfecto… (*El hombre las tiende en el piso, en la posición en que las esquinas estarán. Luego coloca sus piernas y brazos en ángulos rectos para formar esquinas.*) Aquí, aquí, aquí y aquí. Una ratonera también tiene una barra de metal. (*Barra y Metal abren sus carteles.*) Sí, ustedes dos también. Vengan aquí. (*El hombre los coloca en el centro de la trampa, inclinándolos hacia delante con los brazos extendidos. Luego, haciendo un gran esfuerzo, los coloca en posición erguida.*) Y también necesito un seguro (*Seguro 1 y Seguro 2 abren sus carteles.*) para asegurar la barra. ¡Sí, ustedes dos! ¡Vengan aquí! ¡Rápido! (*Ellos van corriendo, alzan los brazos y toman la barra de metal. Entonces el hombre los suelta.*) Y, por supuesto, ninguna ratonera estaría completa sin un buen pedazo del mejor queso Cheddar. (*Saca el queso de su bolsillo.*)

Ratón y Trampa: ¡Mmm, mmm!

Hombre: …queso. (*Pone el queso en el medio de la trampa.*) Ah, ya estamos, querida mía. Todo listo. Ya puedes bajar.

Mujer: No hasta que ese roedor repugnante esté muerto.

Hombre: Bueno, he construido una muy buena trampa que, sin duda alguna, hará su trabajo en algún momento de la noche.

Mujer *(Aliviada)*: Así lo espero, querido. Estaré deseando que ocurra.

Hombre: Buenas noches. Hasta mañana.

Mujer: Buenas noches. *(El hombre se queda parado al lado de la silla de la mujer. Apoyan sus cabezas una contra la otra, y se toman de la mano con los ojos cerrados, como si estuvieran durmiendo.)*

Ratón: Ésa fue la primera noche.

Más alta *(Alzando el reloj despertador por encima de su cabeza y dándole una buena sacudida.)*: ¡Riiinng, riiinng!

Hombre: Buenos días, tesoro mío.

Mujer: Buenos días, mi príncipe.

Hombre *(Ofreciendo su mano)*: Permíteme que te ayude a bajar.

Mujer: Muy amable de tu parte. *(Ve al ratón y grita.)* ¡Aaah, aaah!

Hombre: ¿Es ése el mismo roedor repugnante?

Mujer *(Tapándose los ojos y señalando al ratón)*: ¡No soporto siquiera mirarlo!

Hombre *(Volteando hacia el centro)*: Supongo que la trampa no funcionó.

Ratón y Trampa *(Negando con la cabeza y al unísono)*: La trampa no funcionó.

Ratón: No es que no sea una excelente ratonera. Es una ratonera muy buena. Es sólo que la encuentro un poco pequeña para mí.

Hombre: ¡Claro! *(Se golpea la frente con la mano.)* ¿Cómo no lo vi antes? Debe ser más ancha, *(Más ancha abre su cartel.)* más larga *(Más larga abre su cartel.)* y más alta. *(Más alta abre su cartel.)* Sí, sí. Todos ustedes, vengan aquí, aquí y aquí. (Más ancha se tiende al final de la trampa, Más larga se tiende al frente y Más alta se para en la silla del centro.) ¡Y la barra de metal debe tener dientes! *(La barra de metal mira al público, mostrando los dientes.)* Ahora sí, mucho mejor. *(Se vuelve hacia la mujer.)*

Mujer: Bien hecho, querido.

Hombre: Esta noche será la gran noche, mi ángel. Pierde cuidado.

Mujer y Hombre: Felices sueños. *(Toman posición de dormir nuevamente.)*

Ratón: Y ésa fue la segunda noche.

Más alta *(Alzando y sacudiendo el reloj)*: ¡Riiinng, riiinng!

Hombre: Buenos días, petunia.

Mujer: Buenos días, pimpollo. *(Ve al ratón y grita.)* ¡Aaah, iiih!

Hombre *(Girando hacia el centro de la escena)*: Entonces, una vez más, ¿no funcionó la trampa?

Ratón y trampa: La trampa no funcionó.

Ratón *(Con total naturalidad)*: Es el ruido, ya sabes.

Hombre: ¿El ruido? Pero si no hay ningún ruido. Aquí está tan silencioso como una tumba.

Ratón: Ése es el problema: a los ratones nos gustan las trampas ruidosas.

Hombre: ¡Por supuesto! *(Se golpea la frente.)* ¡Ruido! ¡Debí pensar en el ruido! *(Dirigiéndose a la trampa)* Pues bien, adelante. Hagan un poco de ruido.

Esquinas: Ñiiik, ñiiik.

Hombre *(Al público)*: ¿Ñiiik, ñiiik? *(A la Barra de Metal)* ¿Y tú?

Barra de Metal: Doiiinng, doiiinng.

Hombre *(A los Seguros)*: ¿Y ustedes?

Seguros: Pumba, pumba.

Hombre *(A Más ancha, Más larga y Más alta)*: ¿Y ustedes?

Más ancha, Más larga y Más alta *(Al unísono)*: ¡Ugh!

Hombre *(Preocupado)*: Hummm. Otra vez. *(Señala a cada uno por turnos.)*

Esquinas: Ñiiik, ñiiik.

Barra de Metal: Doiiinng, doiiinng.

Seguros: Pumba, pumba.

Más ancha, Más larga y Más alta: ¡Ugh!

Hombre *(Satisfecho)*: Hummm, no está mal. Otra vez. *(Él dirige. Los actores de la trampa hacen sus ruidos incluso con más ritmo esta vez y parecen satisfechos consigo mismos.)*

Trampa: Ñiiik ñiiik, doiiinng doiiinng, pumba pumba, ¡ugh! Ñiiik ñiiik, doiiinng doiiinng, pumba pumba, ¡ugh! Ñiiik ñiiik, doiiinng doiiinng, pumba pumba, ¡ugh! *(El hombre deja de dirigir. La trampa sigue con el "ruido" hasta el final de la escena, pero no demasiado fuerte, de modo que los actores no tienen que gritar.)*

Hombre: Muy bien. Quédense así hasta mañana. *(A la mujer)* Buenas noches, querida.

Mujer: ¿Cómo dormiremos con todo este ruido?

Hombre: Probablemente no muy bien. Buenas noches. *(Toman posiciones para dormir otra vez.)*

Ratón: Y ésa fue la tercera noche.

Más alta *(Alzando y sacudiendo el reloj.)*: ¡Riiinng, riiinng!

Hombre: Buenos días, mi bombón.

Mujer *(Enfadada)*: ¿Qué?

Hombre *(En voz más alta)*: Dije: Buenos días, mi bombón.

Mujer *(Chilla cuando ve al ratón)*: ¡Iiiiiggh!

Hombre *(Volteando hacia el centro)*: No me digas. ¿La trampa no funcionó?

Trampa y Ratón: La trampa no funcionó.

Ratón: Pues, ya ves, no se mueve. Y una trampa que no se mueve siempre resulta decepcionante.

Hombre: Bueno, estás de suerte. El movimiento es mi especialidad. Déjame ver... (*Va hacia cada actor de la trampa y lo "inicia" en el movimiento: Los pies se mueven adelante y atrás, la cabeza cabecea, los brazos hacen un círculo, etc. Todo ocurre mientras improvisa. Los movimientos deben ser lo suficientemente simples como para que los actores los puedan continuar haciendo hasta el final de la escena.*) Este brazo puede hacer esto. Esta pierna puede curvarse hacia atrás. Así, muy bien. (*Se para al lado de la mujer.*) ¡Ya está! ¿No es perfecta? ¿Quién puede resistirse a una trampa como ésta? Buenas noches, mi caramelito.

Mujer (*Cansada*): Sí, claro, lo que te parezca. (*Toman posiciones de dormir otra vez.*)

Ratón: Y ésa fue la cuarta noche.

Más alta (*Alzando y sacudiendo el reloj*): ¡Riiinng, riiinng!

Hombre: Buenos días, pastillita de menta.

Mujer: Y bien, ¿funcionó? (*El hombre mira al centro, el Ratón saluda con la mano.*)

Hombre: La trampa no funcionó. (*La trampa se detiene por unos instantes para decir la línea siguiente junto al Ratón.*)

Trampa y Ratón: La trampa no funcionó.

Ratón: ¿Podría hacer una última sugerencia?

Hombre: Lo apreciaría enormemente.

Mujer: ¿Vas a seguir escuchando a ese roedor miserable? Cada vez que lo haces, las cosas empeoran.

Hombre: Tal como yo veo las cosas, ¿quién mejor que un ratón para dar consejos sobre una ratonera? Además, si yo no lo hubiera escuchado no habría construido esta trampa adorable. (*Al Ratón*) Entonces, ¿decía usted?

Ratón: A pesar de que ésta es una ratonera fantástica, una maravillosa ratonera, sería perfecta si sonara más fuerte.

Hombre: ¿Más fuerte?

Ratón: Más fuerte y más rápida.

Hombre: Más fuerte... (*Gira una perilla: tal vez la nariz o la oreja de uno de los actores de la trampa. La trampa suena más fuerte.*) ...y más rápida. (*Acciona una palanca: tal vez un brazo o una pierna de algún actor. La trampa comienza*

a moverse muy rápido. Los actores ahora tienen que gritar para ser oídos.)
Buenas noches, arvejilla.

Mujer: ¡Como si alguien pudiera dormir parado en una silla y en medio de toda esta bulla! *(Ellos se duermen. La mujer se da vueltas en la cama una y otra vez.)*

Ratón: Y ésa fue la quinta noche. *(La trampa funciona frenéticamente por unos instantes más, y luego explota, dejando una pila de cuerpos desparramados.)*

Trampa: ¡Buuumm! *(Los actores permanecen acostados y quietos en el piso después de la explosión. No deben estar sobre el queso.)*

Más alta *(Alzando y sacudiendo el reloj):* ¡Riiinng, riiinng!

Hombre: Buenos días, mi bizcochito.

Mujer *(Con irritación):* ¡Éste no es ningún día bueno, la noche no fue nada buena y yo no soy tu bizcochito! *(Bramando)* ¿Funcionó?

Hombre *(Revisa y luego exclama):* ¡Explotó! ¿No más trampa?

Trampa y Ratón: No más trampa.

Hombre: ¡Ay, mi trampa hermosa, inteligente, maravillosa! ¡Destruida!

Mujer: ¡Eres un idiota! Cinco días y cinco noches parada en esta silla. *(Se baja de la silla.)* Estoy cansada y hambrienta y con los nervios destruidos, ¡y tú te preocupas por tu ratonera ridícula! ¡No lo soporto más! Me voy a la casa de mi hermana a comer, dormir y tomar una baño caliente… ¡no necesariamente en ese orden! *(Sale dando taconazos.)*

Hombre: Pues bien, si ella se va, *(al Ratón)* supongo que puedes quedarte.

Ratón: Vaya, gracias.

Hombre: Y supongo que no necesitaré más la trampa.

Ratón: Muy amable de su parte. Ésa fue una trampa maravillosa, la mejor que haya visto jamás. *(Levanta el queso.)* ¿Tendría usted algunas galletas, por casualidad? *(Camina hacia el centro.)*

Hombre *(Va hacia el centro)*: Pues, sí, creo que tengo. *(Saca galletas y un platito de su bolsillo y pone las galletas en el plato.)*

Ratón *(Al público, mientras toma una rebanada de queso del paquete)*: Como ven, mientras ellos construían una ratonera mejor, no se dieron cuenta que estaban tratando con… *(abre el segundo cartel)* un ratón un poco mejor *(en el segundo cartel se lee "Ratón un poco mejor")* …quien no estaba hambriento… *(Toma una galleta y le pone queso encima.)* hasta ahora. *(Muerde el queso. Cae el telón rápidamente.)*

Personajes: 14 o más niños o niñas. Podrías, por ejemplo, tener cualquier cantidad de actores para representar Más alta, Más larga y Más ancha, para aumentar el tamaño de la ratonera. Mientras más actores se añadan, más grande y elaborada será la ratonera y más fuerte será la explosión.

Duración: 10 minutos.

Disfraces: Los actores que forman la ratonera sólo necesitan un cartel, y podrían vestir camisetas y pantalones del mismo color. El Ratón lleva puesta una gorra de béisbol gris, a la cual se le han engrapado orejas de papel o cartón gris y también tiene un cartel. La mujer viste sombrero, falda larga, estola y joyas. El hombre viste sombrero, saco y corbata.

Utilería: Los carteles de cartón que cuelgan de los cuellos de los actores deben decir: Ratón, Esquina *(cuatro de ellos)*, Metal, Barra, Seguro *(dos de ellos)*, Más larga, Más alta, Más ancha. Los carteles están doblados en mitades y pegados con cinta adhesiva para que el público no los pueda ver hasta que llegue el momento apropiado en que son despegados y abiertos. Las palabras "un poco mejor" están escritas en una hoja de papel separada, doblada y pegada justo debajo del cartel que dice "Ratón". Cuando se indica, el segundo cartel es despegado y abierto para mostrar un nuevo mensaje: "Ratón un poco mejor". El hombre tiene un paquete de queso rebanado en un bolsillo, un paquete pequeño de galletas y un plato pequeño en el otro bolsillo. Más alta sostiene un antiguo reloj despertador.

Escenario: Hay dos sillas en escena, una en el extremo izquierdo y la otra en el centro.

Luces: No hay efectos especiales.

Sonido: Más alta sostiene el reloj despertador y hace "riiinng" en diferentes momentos durante la obra.

Crear

Escribe tu propia escena

Escribe el guión de una escena o de una obra breve. Puede ser una comedia o un drama serio. Los elementos de acción de tu cuento (algunos personajes, trama y ambiente simples) pueden ser tradicionales o poco convencionales, reales o imaginarios.

Consejos

- Comienza por pensar en un ambiente para tu escena. ¿Dónde y cuándo tomará lugar tu escena?

- Para ayudarte a crear un diálogo creíble, intenta decir las líneas de tus personajes mientras las escribes.

- Utiliza notas o comentarios para decirles a lo actores cómo moverse, hablar y utilizar objetos de utilería.

Lectura   Trama, ambiente y punto de vista
Usar técnicas narrativas

Lectura individual

La historia de un hombrecillo de papel

por Fernando Alonso, adaptado por José Cañas (Everest)
Adaptación teatral de la historia de una niña cuyos papás
están tan ocupados que no tienen tiempo para prestarle
atención ni a ella ni al interesante amigo que crea
recortando una figura de un trozo de periódico.

You're On: Seven Plays in English and Spanish

por Lorie Marie Carlson (HarperCollins)
Esta colección presenta una variada selección de obras
de teatro escritas por autores latinoamericanos famosos.

¡Aplauso!

editado por Joe Rosenberg (Piñata)
Una colección bilingüe de obras de teatro
escritas por autores latinos.

Abriendo caminos

Los raíles nos llevan al futuro.

Somos un tren.

No es posible regresar al ayer.

No es posible salir de la vía.

de "No es posible" por Gloria Fuertes

Abriendo caminos

Contenido

La vista desde
el sábado
por E.L. Konigsburg

Biblioteca del lector

- **La fotografía familiar**
- **Amigo**
- **Llegar hasta el final**
- **El jugador en equipo**

Libros del tema

Las desventuras de Juana Calamidad
por Paco Climent
ilustrado por Ángel Esteban

Cajas de cartón
por Francisco Jiménez

Libros relacionados

Si te gusta…

Donde crecen los helechos rojos
por Wilson Rawls

Entonces lee…

Trueno
por William H. Armstrong
(Everest)
En este libro, el autor relata cómo un incidente cambió para siempre las vidas de los personajes.

Shiloh
por Phyllis Reynolds Naylor
(Fondo de Cultura Económica)
Un niño adopta a un perro que le complica la vida y la experienca le hace aprender la importancia de decir la verdad.

Si te gusta…

El último verano con Maizon
por Jacqueline Woodson

Entonces lee…

Cuentos para chicos y grandes
por Hilda Perera
(Lectorum)
Esta antología incluye varios cuentos escritos por la famosa autora hispana.

La gata que se fue para el cielo
por Elizabeth Coatsworth
(Norma)
Un gatito y un artista japonés hacen un milagro.

Si te gusta...

El reto

por Gary Soto

Entonces lee...

Cruzando el Pacífico

por Gary Soto

(Fondo de Cultura Económica)

Ésta es la historia de dos niños mexicano-americanos que van a Japón en un programa de intercambio.

Béisbol en abril

por Gary Soto

(Fondo de Cultura Económica)

Esta serie de cuentos presenta las experiencias de algunos jóvenes.

Si te gusta...

La vista desde el sábado

por E. L. Konigsburg

Entonces lee...

Lloro por la tierra

por Mildred D. Taylor (Norma)

Una familia afroamericana lucha por mantenerse unida durante la Depresión de la década de 1930 en Mississippi.

La señora de la caja de cartón

por Ann McGovern

(Turtle Books)

Este libro transmite el mensaje de que frente a grandes problemas, cualquier esfuerzo es importante.

Tecnología

Visita **www.eduplace.com/kids**

Education Place®

Desarrollar conceptos

Donde crecen los helechos rojos

Vocabulario

bajos
determinación
mercancías
provisiones
urgencia

Estándares

Lectura

- Hacer aserciones razonables
- Determinar el significado a través del contexto

La Gran Depresión

1929–1942

Donde crecen los helechos rojos trata de un niño que creció en un valle de las montañas Ozark durante la Gran Depresión. Sigue leyendo para aprender más sobre esta época difícil de la historia de nuestra nación.

Unos desempleados ponen carteles en su carro para expresar sus deseos de trabajar.

En la década de 1930, los Estados Unidos se encontraban en medio de la Gran Depresión, una época en la que muchos negocios fracasaron y había muchas personas desempleadas. Los precios eran **bajos** porque se fabricaban menos productos y la gente no tenía dinero para comprarlos. Muchas personas trabajaban con **determinación** para ahorrar y poder comprar **provisiones** como ropa, comida y otras **mercancías** básicas. El gobierno federal consideró que se trataba de una situación de **urgencia** y puso en práctica una serie de nuevas medidas para tratar de aliviar las dificultades. La Gran Depresión no terminó definitivamente hasta después de que los Estados Unidos entraran en la Segunda Guerra Mundial.

Un niño pescando, Oklahoma

Mujer desempleada vendiendo manzanas, ciudad de Nueva York, 1929

Almacén, Moundville, Alabama

Donde crecen los helechos rojos
por Wilson Rawls

Billy Colman quiere conseguir un par de perros a toda costa. ¿Funcionará su plan para conseguirlos? Al leer la selección, haz una pausa de vez en cuando para tratar de **predecir** lo que va a pasar a continuación.

Un valle en las montañas Ozark es un lugar excelente para perros, y Billy Colman deseaba tener perros más que ninguna otra cosa en el mundo. Y no sólo un perro, sino dos. Un día cayó en sus manos una revista con un anuncio de cachorros de sabueso a veinticinco dólares cada uno. Pero era la época de la Gran Depresión. Billy no tenía cincuenta dólares para pagar dos cachorros, y sus padres tampoco. Por eso decidió trabajar duro y ahorrar el dinero. Una lata vieja de polvo de hornear le sirvió de alcancía, y empezó con sólo veintitrés centavos. Billy estaba dispuesto a conseguir sus perros a toda costa.

Trabajé muchísimo durante todo el verano. En el arroyo que serpenteaba entre nuestros campos pesqué cangrejos a mano. Atrapé pececillos con una red que hice yo mismo con un trozo viejo de mosquitera, usando como cebo un poco de pan de maíz amarillo de la cocina de mi madre, y luego los vendí a los pescadores junto con algunas verduras frescas y unas mazorcas asadas. Me raspé las manos y los pies en los zarzales hasta tenerlos en carne viva, arañados por las espinas. Recorrí las colinas en busca de arándanos. Mi abuelo me pagaba diez centavos por cada balde de frutas silvestres.

Una vez mi abuelo me preguntó qué hacía con el dinero que ganaba. Le dije que estaba ahorrando para comprar perros de caza. Le pregunté si me haría el favor de encargarlos cuando tuviera suficiente dinero ahorrado. Me dijo que lo haría. Le pedí que no le dijera nada a mi padre y me prometió guardar el secreto. Estoy seguro de que mi abuelo no estaba prestando mucha atención a mis planes.

Aquel invierno cacé más animales que nunca con las tres pequeñas trampas que tenía. Mi abuelo vendía las pieles a los compradores que acudían a su almacén durante la temporada de caza. Los precios eran bajos: quince centavos por una piel grande de zarigüeya, veinticinco por una buena piel de zorrillo.

Poco a poco las monedas de cinco y diez centavos se iban acumulando. La vieja lata de polvos de hornear K. C. pesaba cada vez más. Yo la pesaba en la palma de la mano. Con un popote medía la distancia entre el borde y las monedas. A medida que pasaban los meses, el popote se hacía cada vez más corto.

El verano siguiente seguí haciendo lo mismo.

—¿Me compra unos cangrejos, o unos peces? A lo mejor quiere unas verduras frescas o unas mazorcas asadas.

Los pescadores eran estupendos, como suelen ser los verdaderos deportistas. Parecía que notaban la urgencia de mi voz y siempre compraban mis mercancías. Sin embargo, muchas veces me encontraba las verduras que les había vendido abandonadas en el campo.

Nunca tenía precios fijos. Lo que me ofrecieran me parecía bien.

Pasó un año. Yo había cumplido los doce, y ya había superado la mitad de la lata. Tenía veintisiete dólares y cuarenta y seis centavos. Me sentí lleno de optimismo y trabajé aún más.

Transcurrió otro largo año y por fin llegó el gran día. El gran esfuerzo y mi espera habían terminado. Lo había conseguido: ¡cincuenta dólares! Conté las monedas una y otra vez, llorando de la emoción.

Volví a guardar la lata en el oscuro alero del granero, y me pareció que brillaba con una blancura radiante que nunca antes había visto. Quizá todo era obra de mi imaginación. No lo sé.

Acostado de espaldas sobre el heno blando, con las manos cruzadas detrás de la cabeza, cerré los ojos y dejé que mi mente recorriera aquellos dos largos años. Pensé en los pescadores, en los zarzales, en los arándanos. Pensé en la oración que había rezado cuando le pedí a Dios que me ayudara a conseguir dos cachorros. Estaba seguro de que Él me había ayudado, porque me había dado el ánimo, el valor y la determinación necesarios para lograrlo.

Al día siguiente, temprano, con la lata bien guardada en el fondo del bolsillo de mi overol, salí corriendo hacia el almacén. Por el camino iba silbando y cantando. Me sentía tan grande como la montaña más alta de Ozark.

Cuando llegué a mi destino vi que había dos carros atados a la valla. Sabía que unos agricultores estaban en el almacén, y esperé hasta que se marcharon. Cuando entré vi a mi abuelo detrás del mostrador. Con cierto esfuerzo logré sacar la lata del bolsillo, la vacié delante de él y alcé la cabeza para mirarlo.

Mi abuelo se quedó mudo. Trató de decir algo, pero no conseguía articular palabra. Me miró, miró el montón de monedas. Por último, con voz mucho más fuerte de lo normal, preguntó: —¿De dónde has sacado todo esto?

—Te lo dije, abuelo —dije—. He estado ahorrando para poder comprarme dos cachorros de sabueso, y ya lo he conseguido. Dijiste que los encargarías. He reunido el dinero y ahora quiero que los encargues.

Mi abuelo me miró por encima de sus lentes, y volvió a mirar el dinero.

—¿Cuánto tiempo llevas ahorrando? —preguntó.

—Mucho tiempo, abuelo —contesté.

—¿Cuánto tiempo? —preguntó.

Le contesté: —Dos años.

Abrió la boca y dijo en voz muy alta: —¡Dos años!

Asentí con la cabeza.

Me sentía incómodo por la forma en que mi abuelo me miraba. Me sentía nerviosísimo. Él seguía mirándome a mí y al dinero. Vio el trozo de papel

amarillento, descolorido, que asomaba entre las monedas. Lo agarró y preguntó:
—¿Qué es esto?

Le dije que era el anuncio, y que en él estaba la dirección donde había que encargar los perros.

Lo leyó, lo volteó y miró el reverso.

Vi que el asombro desaparecía de sus ojos y que recuperaba la mirada de mi viejo y querido abuelo. Me sentí mucho mejor.

Dejó caer el papel sobre las monedas, se volteó, tomó un viejo plumero y empezó a limpiar por donde no había polvo. Seguía mirándome por el rabillo del ojo mientras caminaba despacio al otro lado del almacén, limpiando por todas partes.

Dejó el plumero, salió de atrás del mostrador y se acercó a mí. Me acarició la cabeza con su mano amiga, vieja y encallecida, y cambió de conversación:
—Hijo, tienes que cortarte el pelo.

Le dije que no me importaba. No me gustaba llevar el pelo corto; me molestaban las moscas y los mosquitos.

Me miró los pies descalzos y preguntó: —¿Por qué tienes los pies tan llenos de cortes y arañazos?

Le dije que era muy duro recoger moras descalzo.

Asintió con la cabeza.

Era demasiado para mi abuelo. Se volteó y se alejó. Vi que se quitaba los lentes y que sacaba el viejo pañuelo rojo. Oí que se sonaba la nariz: la vieja excusa. Permaneció unos instantes de espaldas a mí. Cuando se volteó nuevamente, me di cuenta de que tenía los ojos húmedos.

Con voz temblorosa, dijo: —Muy bien, hijo, es tu dinero. Has trabajado para conseguirlo, y has trabajado mucho. Lo has ganado honradamente, y quieres unos perros. Los conseguiremos.

Se acercó y volvió a tomar el anuncio. Preguntó: —¿También tiene dos años?
Asentí.

—Bien —dijo—, lo primero que tenemos que hacer es escribir a esta dirección. Es posible que ni siquiera exista ya este negocio de Kentucky. En dos años pueden pasar muchas cosas.

Al ver mi preocupación, dijo: —Ahora márchate a casa. Voy a escribir al criadero de perros y ya te avisaré cuando me contesten. Si no podemos conseguir los perros allí, los encontraremos en otra parte. Y creo que, por el momento, sería mejor que no le dijeras nada de esto a tu padre. Sé que quiere comprar esa mula colorada del viejo Potter.

Le dije que no le diría nada, y me di vuelta para marcharme.

Cuando llegué a la puerta, mi abuelo dijo en voz alta: —Hace mucho que no comes ningún caramelo, ¿verdad?

Asentí con la cabeza.

—¿Cuánto tiempo? —preguntó.

—Mucho —contesté.

—Tendremos que hacer algo para arreglarlo —dijo.

Volvió a meterse atrás del mostrador y tomó una bolsa. Me di cuenta de que no era una de las de cinco centavos, sino de las de veinticinco centavos.

Mis ojos no se apartaban de la mano de mi abuelo. La metió una y otra vez en el mostrador de las golosinas: barras de menta, caramelos y pastillas de goma, dulce de marrubio. La bolsa se hacía cada vez más grande, y lo mismo les ocurría a mis ojos.

Me dio la bolsa: —Toma. Ya me pagarás cuando caces el primer mapache grande con esos perros.

Le dije que lo haría.

De camino a casa, con un caramelo de goma en un lado de la boca y un trozo de dulce de marrubio en el otro, iba dando saltos y tratando de silbar y cantar al mismo tiempo, pero las golosinas no me dejaban. Tenía el mejor abuelo del mundo, y yo era el chico más feliz sobre la tierra.

Quería compartir mi alegría con mis hermanas, pero decidí no decir nada sobre los cachorros.

Al llegar a casa vacié la bolsa de golosinas sobre la cama. Seis manitos se lanzaron sobre ellas. Me sentí bien pagado con las miradas de cariño y adoración que vi en los grandes ojos azules de mis tres hermanitas.

Día tras día iba corriendo al almacén, pero mi abuelo negaba con la cabeza. Por fin un lunes al llegar noté que algo había cambiado. Estaba de buen humor, hablando y riendo con media docena de granjeros. Cada vez que me miraba sonreía y me guiñaba el ojo. Creí que los granjeros no se marcharían nunca, pero por fin el almacén quedó vacío.

Mi abuelo me dijo que había llegado la carta. El criadero de perros seguía existiendo, y tenían perros para la venta. Me contó que había hecho esperar al carro del correo hasta que tuvo el pedido terminado. Además, parecía que al negocio de los perros no le iba bien. Los precios habían bajado cinco dólares. Me dio un billete de diez dólares.

—Todavía hay un problema —dijo—. Los perros no pueden viajar en el carro del correo, de modo que los llevarán hasta el almacén de Tahlequah, pero nos traerán aquí el aviso, porque los encargué a tu nombre. Di las gracias a mi abuelo de todo corazón y le pregunté cuánto tiempo tardaría el aviso en llegar.

—No lo sé, pero no debería tardar más de un par de semanas —contestó. Le pregunté cómo iba a traer a mis perros desde Tahlequah.

—Siempre hay alguien que tiene que viajar hasta allá —dijo—, y cualquiera podría llevarte en su carro.

Aquella noche interrumpí el silencio de la cena con esta pregunta a mi padre: —¿A qué distancia está Kentucky?

Fue como si hubiera hecho estallar una bomba. Por un momento el silencio fue absoluto, y luego mi hermana mayor dejó escapar una risita. Las dos pequeñas me miraron fijamente.

Con una risa un poco desganada, mi padre dijo: —Pues no lo sé, pero es un buen trayecto. ¿Por qué lo preguntas? ¿Estás pensando en darte una escapadita a Kentucky?

—No —contesté—. Es por curiosidad.

Mi hermana pequeña rió y preguntó: —¿Me llevas contigo?

Le lancé una mirada furiosa.

Mamá intervino en la conversación: —Lo que me gustaría saber es por qué quieres saber eso. ¿La distancia a Kentucky? No sé qué se te ha metido últimamente en la cabeza. Vas por todas partes como si estuvieras perdido, y estás perdiendo peso. Estás más delgado que un fideo, y fíjate qué pelo tienes. El domingo pasado estuvieron cortando el pelo a muchos chicos donde Tom Rolland, pero tú, nada: tuviste que ir a rondar por el río y el bosque.

Le dije a Mamá que iría a cortarme el pelo a la primera ocasión. Que había oído a unos hombres hablar de Kentucky en el almacén, y me gustaría saber a qué distancia estaría. Con gran alivio comprobé que daban la conversación por terminada.

Los días pasaron despacio. Transcurrió una semana sin noticias de mis perros. Me asaltaron algunas ideas horribles. Tal vez se habían perdido; el tren se habría accidentado; alguien habría robado mi dinero; o quizás el cartero había extraviado mi pedido. Por fin, al acabar la segunda semana, llegó el aviso.

Mi abuelo me dijo que había hablado con Jim Hodges aquel día. Pensaba ir a la ciudad una semana más tarde, y yo podría ir con él para recoger a mis perros. Una vez más, di las gracias a mi abuelo.

Me dirigí a mi casa. Mientras caminaba sumido en mis pensamientos, decidí que había llegado el momento de contárselo todo a mi padre. Tenía toda la intención de decírselo aquella misma noche. Lo intenté varias veces, pero fui incapaz. No le tenía miedo, porque nunca me golpeaba. Siempre había sido amable y cariñoso, pero por alguna razón, no sé por qué, no fui capaz de decírselo.

Aquella noche, bien acurrucado entre los blandos pliegues de mi colchón de pluma, me puse a pensar. Llevaba tanto tiempo esperando a mis perros, y tenía tantas ganas de verlos y abrazarlos, que no quería esperar una semana entera.

En un instante me decidí. Con mucho cuidado de no hacer ruido me levanté y me vestí. Me deslicé en la cocina y tomé una de las valiosas bolsas de harina de mi madre. Dentro puse seis huevos, un trozo de pan de maíz que había sobrado, un poco de sal y algunas cerillas. Después fui a la despensa y corté un trozo de cerdo salado. Del granero tomé un costal de yute y metí la bolsa de harina dentro de él. Luego enrollé el costal y me lo guardé en el peto del overol.

Estaba en camino. Iba a buscar a mis perros.

Tahlequah era un pequeño poblado rural de unos ochocientos habitantes. Por carretera estaba a unas treinta y dos millas de distancia, pero en línea recta quedaba a sólo veinte millas. Me puse en marcha a campo traviesa, caminando en línea recta entre las colinas.

Aunque nunca en mi vida había ido a Tahlequah, sabía en qué dirección tenía que avanzar. Tahlequah y las vías del tren estaban al otro lado del río.

Tenía las vías del ferrocarril de Frisco a mi derecha, y el río Illinois a mi izquierda. Tahlequah no estaba muy lejos de donde las vías cruzaban el río. Sabía que si avanzaba hacia la derecha encontraría las vías, y que si avanzaba hacia la izquierda podría guiarme por el río.

Esa noche crucé el río en un lugar próximo a Dripping Springs. Al salir del lecho del río subí por una ladera escarpada y me encontré en la llanura. Avancé con paso rápido. Tenía el aliento de un ciervo, los músculos de un muchacho de campo, el corazón lleno de amor canino y una fuerte determinación. No me daban miedo la oscuridad ni las montañas, porque había crecido en ellas.

Milla tras milla seguí adelante, avanzando. Vi algunos débiles rayos de luz grisácea que aparecían por el este. Sabía que pronto amanecería. Iba descalzo y los pies me dolían por las rocas cortantes y la maleza. Me detuve junto a un arroyo de montaña, me refresqué los pies en el agua, descansé un momento y seguí caminando.

Después de abandonar el arroyo, mi marcha se hizo mucho más lenta. Se me estaban entumeciendo los músculos de las piernas. Sentí punzadas de hambre royéndome el estómago y decidí que cuando llegara al siguiente arroyo me detendría a comer. Me di cuenta de que había olvidado traer una lata para hervir los huevos.

Me detuve y encendí una pequeña hoguera. Corté una buena tajada de cerdo salado, la asé e hice con ella un sándwich metiéndola entre dos trozos de pan de maíz frío. Apagué la hoguera y me puse de nuevo en camino. Comí mientras caminaba. Me sentía mucho mejor.

Llegué a Tahlequah desde el noreste. Escondí mi bolsa de harina y mis provisiones en un lugar de las afueras, y me quedé con el costal de yute. Me dirigí al centro de la población.

Tahlequah y sus habitantes me daban miedo. Nunca había estado en un pueblo tan grande, y nunca había visto tanta gente. Había una tienda detrás de otra, algunas incluso de dos pisos. Había un lugar para los carros donde se veían uno encima de otro; y yuntas, calesas y caballos.

Dos muchachas que tendrían aproximadamente mi edad se pararon, me miraron y se echaron a reír. Sentí que me hervía la sangre, pero lo comprendí. Después de todo, yo tenía tres hermanas. No pueden evitarlo porque son mujeres. Seguí mi camino.

Vi a un hombre corpulento que subía por la calle. Llevaba una estrella reluciente en el chaleco, tan grande como un balde. Vi el revólver largo y negro que llevaba en la cintura y me quedé congelado. Había oído hablar de sheriffs y jefes de policía, pero nunca había visto uno. Las historias que se contaban sobre ellos en las montañas hablaban de lo rápidos que eran con sus armas, y de todos los hombres que habían matado.

A medida que se acercaba, más asustado estaba yo. Sabía que había llegado mi hora. Me pareció un milagro que pasara de largo, dedicándome apenas una mirada. Con un suspiro de alivio seguí caminando y admirando las maravillas del mundo.

Llegué a una gran vidriera y me detuve a mirar. Allí estaba la visión más maravillosa que había contemplado en toda mi vida. Había absolutamente de todo: overoles, sacos, piezas de tejidos extraordinarios, arneses nuevos, colleras, bridas; y de repente abrí los ojos como platos.

Vi otra cosa. El sol estaba en el lugar adecuado, y la superficie de la vidriera era un espejo perfecto. Vi mi reflejo de cuerpo entero por primera vez en mi vida.

Me di cuenta de que tenía un aspecto un poco extraño. Mi pelo pajizo se veía largo y descuidado, y estaba desordenado como si fuera pelusa de maíz al viento. Intenté alisarlo con las manos. Conseguí arreglarlo un poco, pero no mucho. Lo que necesitaba era una buena peinada, y no tenía peine.

Mi overol estaba remendado y descolorido, pero limpio. Los bordes de la camisa se me habían salido de su sitio. Los puse en su lugar con cuidado.

Me miré los pies desnudos e hice una mueca. Se veían tan marrones como hojas muertas de sicómoro. Los arañazos, recientes y rojos, parecían una tela de araña sobre la piel oscura. Pensé: "Ya no tendré que recoger más moras, y estos arañazos pronto desaparecerán".

Levanté un brazo, tensando los músculos y esperando ver cómo se marcaban a través de mi delgada camisa azul. Saqué la lengua. La tenía colorada como una cereza, y yo sabía que ese color era signo de buena salud.

Tras hacerme algunas muecas, me llevé los pulgares a las orejas y empecé a hacer monerías. De pronto aparecieron dos mujeres mayores, se detuvieron y me miraron fijamente. Yo les devolví la mirada. Ellas se voltearon, y mientras se alejaban oí que una de ellas le decía algo a la otra. No escuché bien todas las palabras, pero sí una en particular: "salvaje". Como ya he dicho, no pueden evitarlo: son mujeres.

Me di vuelta para marcharme, pero mis ojos volvieron a detenerse en los overoles y las piezas de tela. Pensé en mi madre, en mi padre, en mis hermanas. Era una buena ocasión de compensarlos por mi comportamiento, ya que me había marchado de casa sin decírselo a nadie.

Entré en la tienda. Compré un par de overoles para papá. Le dije al tendero qué tan altas eran mi madre y mis hermanas, y compré varios metros de tela. También compré un paquete grande de golosinas.

El tendero me miró los pies descalzos y dijo: —Tengo buenos zapatos.

Le dije que no necesitaba zapatos.

Me preguntó si eso era todo.

Asentí.

Calculó cuánto le tenía que pagar, le entregué mis diez dólares y él me dio el cambio.

Empacó mis compras y me ayudó a guardarlas en el costal. Me lo cargué en el hombro y salí de la tienda.

Una vez en la calle, me dirigí a un hombre anciano con aspecto amigable y le pregunté adónde estaba el depósito. Me dijo que bajara hasta la última calle y cruzara a la derecha, que siguiera caminando sin desviarme y lo encontraría. Le di las gracias y me puse en marcha.

Dejé atrás el centro del pueblo y llegué a una calle larga que atravesaba la zona residencial. Nunca había visto tantas casas tan bonitas, cada una de un color diferente. Todas tenían adelante una franja de pasto limpio y bien cuidado, como si fueran alfombras verdes. Vi a un hombre que empujaba una especie de segadora. Me detuve a mirar las cuchillas, que giraban a toda velocidad. Se quedó mirándome boquiabierto, y yo seguí mi camino.

Se oían muchas voces y risas más adelante. No quería perderme lo que estaba sucediendo, y apuré el paso. Vi de dónde venía el ruido. Había más niños de los que jamás había visto, jugando alrededor de un gran edificio de ladrillo rojo. Pensé que allí viviría algún hombre rico y estaba dando una fiesta para sus hijos. Me acerqué al borde del patio de recreo y me detuve a mirar.

Los chicos y chicas parecían de mi edad, y había tantos que parecían moscas revoloteando alrededor de un panal de miel. Se movían por todas partes, corriendo y saltando. Había subibajas y columpios repletos de niños. Todos reían y se divertían.

Apoyado en el edificio había un gran tubo azul que salía del suelo. A pocos pies de la parte de arriba formaba una curva. Parecía que el tubo entraba en el edificio. Algunos chicos se metían en él por su boca oscura, gateando. Conté nueve chicos. Uno de ellos se paró a unos seis pies de la abertura, con un palo en la mano.

Los miré con los ojos abiertos como platos, tratando de comprender qué estaban haciendo. De pronto me llevé una sorpresa. De aquel tubo salió un chico. Voló por los aires y cayó de pie. El chico del palo hizo una marca en el suelo en el lugar donde su compañero había aterrizado. A continuación salieron los nueve, uno detrás de otro. Cada vez que uno de ellos aterrizaba, el chico del palo hacía una nueva marca en el suelo.

Se agruparon, mirando las marcas. Hablaban en voz muy alta, señalando las marcas y discutiendo. Después borraron todas las marcas y eligieron a otro chico para que se encargara de hacer las marcas. Los demás volvieron a meterse en el tubo.

Comprendí en qué consistía el juego. Después de subir hasta arriba del tobogán, los chicos se volteaban y se sentaban. Por turnos, bajaban a toda velocidad con las piernas extendidas. El que llegaba más lejos era el ganador. Pensé que sería estupendo poder deslizarme, aunque fuera sólo una vez.

Un chico me estaba mirando, parado en la esquina, y se acercó. Me miró de arriba abajo y preguntó: —¿Asistes a esta escuela?

—¿Escuela? —contesté.

—Claro. Escuela. ¿Qué creías que era? —dijo.

—Ah. No, no asisto a esta escuela.

—¿Vas a Jefferson?

—No, tampoco voy a esa.

—¿Es que no vas a ninguna escuela?

—Claro que sí.

—¿Adónde?

—En mi casa.

—¿Vas a la escuela en tu casa?

Asentí con la cabeza.

—¿En qué grado estás?

Contesté que no estaba en ningún grado.

Sorprendido, dijo:

—Vas a la escuela en tu casa, y no sabes en qué grado estás. ¿Quién te enseña?

—Mi madre.

—¿Y qué te enseña?

—Me enseña a leer, a escribir, aritmética... y estoy seguro de que hago todo esto igual de bien que tú —dije.

—¿No tienes zapatos? —preguntó.

—Claro que tengo zapatos —contesté.

—¿Por qué no los llevas puestos?

—No me los pongo hasta que empieza a hacer frío.

Se echó a reír y me preguntó dónde vivía.

—Ahí, en las colinas —dije.

—Vaya, así que eres un montañés.

Y corrió a reunirse con sus compañeros. Vi cómo me señalaba con el dedo y hablaba con otros chicos. Se acercaron a mí, gritando: "¡Campesino, montañés!"

Justo antes de que llegaran donde yo estaba, una campana empezó a sonar. Los chicos se dieron vuelta y se acercaron corriendo al edificio, donde formaron dos largas hileras. Desfilando como soldaditos de plomo, entraron en la escuela y desaparecieron.

El patio se quedó en silencio. No había nadie más conmigo, y me sentí solo y triste.

Oí un ruido a mi derecha. No tuve que darme vuelta para reconocer de qué se trataba. Alguien estaba usando un azadón. Habría reconocido ese sonido incluso en medio de una noche oscura. Era una anciana de cabellos blancos que estaba trabajando en un cantero.

Volví a mirar el largo tubo azul y pensé: "No hay nadie por aquí. A lo mejor puedo deslizarme, aunque sólo sea una vez".

Me acerqué y miré hacia arriba, por el hueco oscuro. Daba miedo, pero pensé en todos los otros chicos que había visto trepar por él. Vi la última marca en el suelo y pensé: "Seguro que puedo llegar más lejos".

Dejé mi costal en el suelo y comencé a trepar. A medida que avanzaba, el tubo se hacía más oscuro y daba más miedo. Justo cuando llegué arriba, mis pies resbalaron, y me deslicé hacia abajo a toda velocidad. Mientras me deslizaba intenté agarrarme de algo, pero no había dónde hacerlo.

Estoy seguro de que por ese tubo se han deslizado grandes campeones, y sin duda se habrá batido más de un récord mundial, pero si alguien hubiera estado allí cuando llegué afuera, estoy seguro de que el récord que marqué seguiría en pie aún hoy, en todo su esplendor.

Salí igual que como había entrado: con los pies hacia delante, y boca abajo. Tenía las piernas extendidas como cañas de frijoles. Agitando los brazos en el aire, salí disparado hacia arriba. Pareció que me quedaba suspendido en el aire cuando llegué a lo más alto. Vi el suelo compacto y duro abajo, a lo lejos.

Cuando empecé a caer, cerré los ojos con fuerza y apreté los dientes. No me sirvió de mucho. Aterricé con un sonido como de salpicadura. Sentí cómo el aire se me escapaba con fuerza entre los dientes. Traté de gritar, pero no me quedaba aliento para emitir sonido alguno.

Tras rebotar un par de veces, por fin me detuve en el suelo. Me quedé unos segundos inmóvil, con las piernas extendidas, y después, despacio, me puse de rodillas.

Oí que alguien se reía con ganas y miré a mi alrededor. Era la anciana de cabellos blancos, con el azadón en la mano. Pegó un grito y me preguntó si me había gustado. Sin contestar, recogí mi costal de yute y me marché. Cuando ya había avanzado bastante, miré atrás. La anciana estaba sentada, balanceándose adelante y atrás, muerta de risa.

No podía comprender a esta gente de ciudad. Cuando no estaban mirando fijamente a alguien, se estaban riendo de él.

Al llegar al depósito me fallaron los nervios. Me daba miedo entrar. No sabía de qué tenía miedo, pero lo tenía.

Antes de entrar me asomé por una ventana. El jefe de estación estaba en su oficina, mirando unos papeles. Llevaba una especie de gorra abierta por arriba. Parecía un hombre amable, pero aun así no me sentía capaz de reunir el valor necesario para entrar.

Agucé el oído para ver si oía llanto de cachorros, pero no oí nada. Un pájaro empezó a piar. Era un canario amarillo que estaba en una jaula. El jefe de estación se acercó a él y le dio agua. Pensé: "Alguien que se porta bien con los pájaros no puede ser malo con un chico".

Con todo mi valor me dirigí a la entrada y pasé por delante de la oficina. Me miró un momento y volvió a concentrarse en los papeles. Di una vuelta alrededor del depósito y de nuevo volví a pasar por delante de la oficina. Por el rabillo del ojo vi que el jefe de estación me estaba mirando, sonriente. Abrió la puerta y salió al andén. Me detuve y me apoyé en la pared del edificio.

Bostezando y estirando los brazos, dijo: —¡Qué calor hace hoy! Parece que no va a llover nunca.

Miré al cielo y dije: —Sí, señor. Hace calor y no vendría mal que lloviera. Hace falta mucha agua donde yo vivo.

Me preguntó dónde vivía.

Se lo dije: —Río arriba, allá lejos.

—¿Sabes? —dijo—, tengo aquí unos cachorros para un chico que vive río arriba. Se llama Billy Colman. Conozco a su padre, pero nunca he visto al chico. Me imaginaba que vendría hoy a buscarlos.

Al oír esto, mi corazón dio un salto y se me puso en la garganta. Me parecía que se me iba a salir y se iba a caer al andén. Miré hacia arriba y traté de decirle quién era, pero no podía. Cuando por fin conseguí articular palabra, el sonido que salió de mi garganta sonaba como el chirrido de la polea de nuestro pozo cuando mamá saca el balde de agua.

Vi un guiño en los ojos del jefe de estación. Se acercó a mí y me puso una mano en el hombro. Con voz amable dijo: —De modo que tú eres Billy Colman. ¿Cómo está tu papá?

Le dije que papá estaba bien y le di el recibo que mi abuelo me había dado.

—Son unos cachorros muy bonitos, ya lo creo —dijo—. Tendrás que dar la vuelta y entrar por la puerta de carga.

Estoy seguro de que mis pies no tocaron el suelo mientras volaba hasta el otro lado del edificio. El hombre abrió el cerrojo y entré, buscando a mis perros. Lo único que vi eran cajas, barriles, viejos baúles y algunos rollos de alambre de púas.

El amable jefe de estación se acercó a una de las cajas.

—¿Los quieres con caja y todo? —preguntó.

Le dije que no quería la caja. Lo único que quería eran los perros.

—¿Cómo vas a llevártelos? —preguntó—. Creo que son demasiado chicos para seguirte.

Saqué mi costal de yute.

Me miró, y miró el costal. Ahogó una risita y dijo: —Supongo que los perros se pueden llevar como cualquier otra cosa, pero tendremos que hacer un par de agujeros para que puedan sacar la cabeza, no vaya a ser que se ahoguen.

Con un martillo de uña, empezó a abrir la tapa de la caja. Mientras salían los clavos y los tablones se astillaban, oí unos lloriqueos de cachorro. No me acerqué. Me quedé parado, esperando.

Después de lo que me parecieron varias horas, la caja quedó abierta. El hombre metió la mano, sacó los cachorros y los puso en el suelo.

—Bueno, aquí están —dijo—. ¿Qué te parecen?

No contesté. No podía. Lo único que podía hacer era mirarlos.

Parecía que la luz los cegaba y cerraban los ojos todo el tiempo. Uno de ellos se sentó sobre sus pequeños cuartos traseros y comenzó a gemir. El otro se movía torpemente y lloriqueaba.

Yo deseaba con todas mis fuerzas acercarme y tomarlos. Varias veces intenté mover los pies, pero parecían estar clavados al suelo. Sabía que los cachorritos eran míos, sólo míos, pero no me podía mover. Mi corazón empezó a brincar como un saltamontes. Traté de tragar saliva, pero no pude. Mi garganta no funcionaba.

Uno de los cachorritos se acercó a mí. Contuve la respiración. Se acercó más, hasta que sentí una patita que arañaba mi pie. El otro cachorrito lo siguió. Una lengua cálida de cachorro me acarició el pie lastimado.

Oí al jefe de estación que decía: —Ya te conocen.

CONOZCAMOS AL AUTOR

Dónde creció: En la misma granja que describe en sus cuentos. Cuando tenía quince años, su familia se trasladó a Tahlequah, en Oklahoma, la ciudad donde Billy Colman recogió sus perros.

Quién le enseñó a leer: Su abuela

Libro favorito cuando era pequeño: *La llamada de la selva,* de Jack London

Trabajo: Antes de dedicarse a escribir a tiempo completo, Wilson trabajó en la construcción de autopistas, represas y astilleros.

Consejo: "No esperes para empezar a escribir. Nadie es demasiado joven para empezar".

WILSON RAWLS

CONOZCAMOS AL ILUSTRADOR

Dónde nació: La Habana, Cuba

Edad a la que llegó a los EE UU: Doce años

Pasatiempo favorito: Perseguir a sus hijos (tiene cuatro)

Técnica favorita de dibujo: Con lápices pastel

Por qué se hizo ilustrador:
Es un buen trabajo estable para un artista.

Consejo: "Trata de hacer realidad tus sueños y aprende bien tu oficio".

JOEL SPECTOR

Internet

Para saber más acerca de Wilson Rawls y Joel Spector, visita Education Place. **www.eduplace.com/kids**

Reacción

Piensa en la selección

1. De las cosas que Billy hizo para ganar dinero, ¿cuáles te parecieron más interesantes o sorprendentes? ¿Por qué?

2. Cita algunos ejemplos de cómo el abuelo de Billy lo ayudó a conseguir los cachorros. ¿Qué conclusiones puedes sacar sobre su abuelo?

3. ¿En qué habría resultado diferente el viaje de Billy si hubiera esperado una semana para que alguien lo llevara a la ciudad?

4. Piensa en la gente de Tahlequah. ¿Por qué crees que se comportaban de esa manera con Billy?

5. ¿Qué pistas hicieron que Billy pensara que el jefe de estación no era una mala persona?

6. Billy trabajó durante mucho tiempo para conseguir algo, pero cuando lo consiguió no era capaz de acercarse. ¿Te ha ocurrido alguna vez algo parecido? Da ejemplos de tu propia vida.

7. **Conectar/Comparar** ¿Qué demuestran las experiencias de Billy en este cuento sobre las dificultades de crecer?

Donde crecen los helechos rojos
por Wilson Rawls

Informar

Escribe un párrafo dando consejos

Billy trabajó mucho y ahorró dinero para conseguir algo que deseaba con todas sus fuerzas. Escribe un párrafo dando consejos a otros jóvenes sobre cómo ganar y ahorrar dinero para poder comprar o hacer algo que deseen.

Consejos

- Empieza por enumerar varias formas de ganar dinero y de ahorrar.
- Escribe una frase que resuma el contenido de tu párrafo. Después, utiliza la lista que acabas de hacer para aportar detalles y otra información.

Lectura Unir y clarificar ideas principales
Escritura Escribir composiciones expositivas

Hacer una tabla para comparar y contrastar

Haz una tabla para comparar y contrastar las similitudes y diferencias entre Tahlequah y el campo, donde Billy vivía. Describe las diferencias en la forma de vestir y hablar, la educación de las personas, la aplicación de las leyes, la forma de gastar el dinero y cualquier otra cosa que se te ocurra.

	Campo	Tahlequah
Entorno	Colinas, río, bosque	Ciudad
Educación	En casa	Escuela
Gente		

Comparar una ilustración y una fotografía

En la página 256 hay una ilustración que muestra a Billy mirando la vidriera de un almacén. Vuelve a leer la parte de la selección donde se describe esta escena. Compara esta ilustración con la fotografía del almacén de "La Gran Depresión (1929–1942)" en la página 245. ¿Crees que la ilustración muestra claramente lo que Billy vio? Explica por qué.

Envía un correo electrónico

¿Qué te ha gustado de *Donde crecen los helechos rojos*? ¿Hay algo que no te haya gustado? Envía un correo electrónico a un amigo contándole algo sobre este cuento.

Destreza: Cómo dar un vistazo y buscar información

Dar un vistazo para hallar la información más importante

1. **Hojea** el título, los encabezados y la introducción. Lee el primer párrafo y el último.

2. Lee la primera frase de los párrafos restantes. **Fíjate en las palabras clave** de cada párrafo.

Dar un vistazo para encontrar la información rápidamente

Echa un rápido vistazo al artículo pensando en un tema o una palabra clave determinada.

Estándares

Lectura

• **Usar medios de información**

Este cuento trata de una niña y un perro. También trata sobre el crecimiento y el aprendizaje, y sobre ayudar a un desconocido.

Amor canino

Un cachorro de golden retriever llamado Fanny llegó a la vida de Leanne y Robert en otoño. Es entonces cuando Leanne, una chica de nueve años, y su familia se unen a un programa de cría de cachorros patrocinado por la Fundación de perros guía para ciegos, un grupo que se dedica a entrenar perros para que ayuden a las personas ciegas.

Los entrenamientos oficiales de los perros guía no empiezan hasta que tienen unos catorce meses, y por eso la fundación necesita familias voluntarias para que cuiden de ellos hasta que llegue el momento de empezar con los entrenamientos.

Por este motivo cuando Leanne y su familia recibieron en su hogar a Fanny, que entonces tenía tres meses, sabían que tendrían que decirle adiós en un año aproximadamente. Fanny crecía y maduraba día a día, pero entre más días pasaban, más se acercaba el momento de devolverla a la fundación. Cuando completara el período de entrenamiento la entregarían a un dueño ciego.

Crecer

Invierno Cinco meses después, Fanny ha crecido mucho. "Además, es más tranquila y ya no muerde las cosas", explica Leanne. "Es porque ya tiene casi todos los dientes". Es un gran alivio, como saben todos los que han criado un cachorro. Tener un cachorrito nuevo es divertido, pero también tiene cosas no tan divertidas como cables de teléfono mordisqueados y muchos destrozos en la casa. Criar un cachorro requiere paciencia y mucho trabajo.

Ahora que Fanny es mayor, Leanne y su familia dedican más tiempo a enseñarla a ser obediente. Un entrenador de la Fundación de perros guía visita a la familia una vez cada cuatro semanas para ayudarlos. Y Fanny también sale más últimamente. Como los perros guía van prácticamente a todas partes con sus dueños ciegos, Leanne y su familia tienen que acostumbrar a Fanny a estar en distintos lugares: almacenes, restaurantes e incluso centros comerciales. Fanny lleva siempre un chaleco amarillo para que los dueños de las tiendas sepan que pertenece al programa de perros guía.

"A la gente le encanta acariciarla y muchas veces preguntan de qué raza es", dice Leanne. "Mis amigos dicen que tengo mucha suerte de tener un perro al que puedo llevar a muchos sitios diferentes. Yo pienso igual".

Fanny aprende a esperar pacientemente debajo de la mesa mientras Leanne y sus amigos disfrutan de una comida. ▶

Erin Cleary, una entrenadora de cachorros, enseña a Leanne ▼ *y a Fanny a usar la correa.*

269

La despedida

Otoño Fanny ha pasado aproximadamente un año con Leanne. Juntas han aprendido y compartido muchas cosas, e incluso se han visto en un aprieto por culpa de un par de sándwiches de crema de cacahuate y mermelada que fueron a parar debajo de la mesa. Fanny ha seguido trabajando con una entrenadora y ha progresado mucho. También ha pasado unas importantes pruebas sanitarias necesarias para llegar a ser perro guía. Ha llegado el momento de que Fanny regrese a la Fundación de perros guía para el entrenamiento.

Un día luminoso de septiembre, Leanne y su madre recogen las cosas de Fanny y la llevan a la Fundación de perros guía. Allí todos dan las gracias a la familia Roberts por haber ayudado a criar a Fanny, y reciben a la perra en el programa de entrenamiento.

Es un momento triste, pero también es un momento de esperanza. "Estoy segura de que Fanny será feliz ayudando a alguien", dice Leanne. Leanne y su familia confían en conocer algún día al nuevo dueño de Fanny. Esperan poder ver algún día el resultado de su trabajo, su paciencia y su cariño. Ése será un día muy feliz.

Una representante de la Fundación de perros guía recibe a Leanne y Fanny.

Erin enseña a Leanne a dar a Fanny la orden de sentarse.

270

Una nueva vida

Fanny está preparada para empezar su nueva vida en el programa de entrenamiento para ser perro guía. Ahora vive en una residencia canina con casi 100 perros más que también siguen el programa de entrenamiento. Aquí Fanny aprende a hacer todo tipo de cosas, como detenerse ante un cruce. Si progresa bien en esta primera fase del entrenamiento, se le buscará un dueño ciego. Después, los dos juntos seguirán trabajando en la fundación hasta que terminen el entrenamiento.

Puede suceder que Fanny no progrese lo suficiente como para trabajar con una persona ciega. En este caso, la fundación ofrecerá a la familia de Leanne la posibilidad de recuperarla. Si la familia Roberts decide no quedarse con Fanny, la entregarán a otra persona. La fundación tiene una lista de espera de gente interesada en recibir a los perros que no aprueban el programa.

¿Quieres criar un cachorro?

Muchos grupos están interesados en encontrar voluntarios para criar cachorros en cualquier lugar de los Estados Unidos. Las familias interesadas tienen que reunir una serie de condiciones. Éstas son algunas de las condiciones exigidas por la Fundación de perros guía para ciegos:

- La familia tiene que estar dispuesta a dedicar un rato cada día al cuidado y la formación del cachorro.

- La familia tiene que pagar por una dieta especial para la alimentación del cachorro durante el año. El costo es de unos 30 dólares al mes.

- La familia tiene que estar dispuesta a llevar al cachorro a distintos lugares públicos para que se acostumbre a las personas y a los sitios nuevos.

Descripción

Una descripción es un cuadro hecho con palabras que ayuda al lector a compartir la experiencia del escritor. Usa este texto, escrito por un estudiante, como modelo para escribir tu propia descripción.

Hockey: Así es el hielo

El **título** de una descripción debe llamar la atención del lector.

Los buenos escritores usan un **lenguaje literal** en las descripciones.

Los **símiles** y las **metáforas** enriquecen el texto.

El cielo está oscuro cuando amanece en una fría mañana de invierno. Las ventanas de la cocina están empañadas y yo estoy tiritando. Empiezo a vestirme mientras las ventanas comienzan a gotear por efecto de la calefacción, y poco a poco la habitación y yo vamos entrando en calor.

Mi ropa de nylon es fría, pegajosa y suave al mismo tiempo. No me gusta nada sentirla en contacto con mi piel. A continuación me pongo las medias de hockey. Son muy calientes y me abrigan las piernas. Este enorme protector para el pecho, que parece una armadura, pesa tanto como si fuera de ladrillo y me empuja hacia abajo. A medida que me pongo más partes del equipo me siento más y más inmovilizado. No me gusta nada todo esto. Casi no me puedo mover. Ahora estoy sudando, y es hora de salir a la pista.

Como en todas las pistas de hockey, hace muchísimo frío y formamos nubes de vapor con nuestro aliento al respirar. Casi parece que lo podemos atrapar y romper en cubitos de hielo. Al pisar el hielo inmaculado me doy cuenta de la rapidez de los patines. Las cuchillas están tan afiladas que cortan el hielo cuando me deslizo sobre la superficie intacta. Me encanta verlo cuando aún no ha pasado nadie por encima, y durante unos minutos oigo el susurro de mis patines como si me estuvieran hablando, y se siente como si ese fuera el único sonido del mundo. Me deslizo como el viento y el aire frío me golpea la cara; es como si me estuviera moviendo a 100 millas por hora: la sensación de velocidad se acentúa porque todo está inmóvil a mi alrededor.

Escritura Entusiasmar al lector/establecer propósito

272

Tengo bien agarrado el palo de hockey, como si fuera un viejo amigo, con el cual me siento a gusto. El palo está gastado y algunos trozos de madera están astillados, pero es cómodo. Me da la seguridad que necesito cuando se acerca el entrenador. Vuelvo bruscamente a la realidad: ya está dando órdenes. Por mucho que me esfuerzo, nunca está contento.

—Estás arrastrando los talones —grita—. ¡Vamos, muévete! —ladra de nuevo.

Sólo está contento cuando repito lo mismo 97 veces seguidas y tengo la cara empapada de sudor.

El casco está ardiendo, como un horno a 450 grados. Ha llegado el momento de las carreras cortas; paro y empiezo, paro y empiezo, cruces y control por los extremos, una y otra vez. ¿Cuándo se terminará?

Menos mal que ha terminado. El hielo está picado; parece como el mar durante una buena tormenta. Por todas partes hay grietas y trozos sueltos. No hay ni un pedazo de superficie intacta. He dejado mi marca; mis cuchillas rayaron la superficie cuando estaba lisa, tracé unos bucles que son mi firma. Los montones de nieve que dejaron mis paradas interminables son la prueba de mi trabajo durante esta hora. Ya ha terminado, y ahora vendrán los Zamboni al hielo y dentro de diez minutos no quedará ni rastro de mi paso por allí.

Conozcamos al autor

Billy D.
Grado: sexto
Estado: New Jersey
Pasatiempos: jugar hockey y béisbol
Qué quiere ser cuando sea mayor:
jugador de hockey, jugador de béisbol o narrador deportivo

El último verano
con Maizon
por Jacqueline Woodson

El último verano con Maizon

Vocabulario

aliviar
anterior
entrada
expresan
fantaseando

Estándares

Lectura

- Hacer aserciones razonables
- Determinar el significado a través del contexto

La vida en la ciudad

¡**C**ómo es la vida en un vecindario de una gran ciudad? En *El último verano con Maizon* una joven recuerda los buenos momentos que pasó con una amiga que se ha mudado fuera de su vecindario en Brooklyn.

▲ En verano la gente de la ciudad puede pasar el rato en la **entrada** o portal de su edificio. Aquí los vecinos **expresan** su amistad hablando, bromeando y contando cuentos.

En verano puede hacer mucho calor en la ciudad. Jugar en una fuente es una buena manera de **aliviar** el calor.

En el metro de la ciudad de Nueva York, estos amigos están **fantaseando** sobre lo que podrían hacer en un campamento de verano.

Sigue leyendo para descubrir cómo dos grandes amigas aprecian las experiencias que vivieron el verano **anterior.**

Jacqueline Woodson

Cuando estaba en quinto grado era directora de la revista de su escuela. En séptimo grado su maestra la animó a escribir en serio. "No sé escribir sobre temas fáciles o agradables", dice, "porque así no se cambia el mundo. Y lo que yo quiero hacer es cambiar el mundo, lector a lector". A través de sus cuentos, Woodson comparte con sus lectores "la idea de estar a gusto con uno mismo". Entre otros libros, Woodson también ha escrito *Maizon at Blue Hill*, la continuación de *El último verano con Maizon*.

Eric Velasquez

Los padres de Eric Velasquez tenían la costumbre de comprar materiales de dibujo y pintura y dejarlos por la casa para que él los usara. Cuando Velasquez tuvo edad de ir a la universidad, la facultad de arte resultó ser la opción más natural para un hombre joven a quien le encantaba dibujar y pintar. Aún hoy, cuando lee un cuento se imagina a los personajes y empieza inmediatamente a hacer bocetos. Para ilustrar *El último verano con Maizon* fue a Harlem y tomó fotografías de personas y del metro para usarlas en sus ilustraciones.

Internet

Para saber más acerca de Jacqueline Woodson y Eric Velasquez, visita Education Place. **www.eduplace.com/kids**

El último verano con Maizon

por Jacqueline Woodson

Estrategia clave

La vida ya no será igual para Margaret ahora que Maizon, su mejor amiga, se marcha. Al leer, **evalúa** si la autora consigue expresar con claridad lo mucho que Margaret extraña a Maizon.

Margaret Tory y Maizon, su mejor amiga, lo hacen todo juntas. Incluso viven en la misma cuadra en Brooklyn, en Nueva York. Pero el verano en que cumplen once años las cosas cambian. El padre de Margaret muere, y Maizon consigue una beca para estudiar en un internado de Connecticut. Ahora Margaret tiene que enfrentarse a la partida de su amiga.

—Ojalá no te marcharas —dijo Margaret, conteniendo las lágrimas. Había dicho lo mismo por lo menos un millón de veces. Estaban sentadas en el tren M, cruzando el puente de Williamsburg, y Margaret se estremeció cuando el tren pasó por encima del agua. El viaje habría sido más fácil en el tren L, pero el tren L no cruza el puente y Maizon quería cruzarlo una vez más antes de marcharse.

Maizon estaba a su lado, tamborileando con los dedos en la ventana, nerviosa. —Yo tampoco quiero irme —dijo con voz ausente.

Margaret miró a su madre y a la abuela de su amiga. La abuela estaba mirando por la ventana. Parecía vieja y fuera de lugar en el tren.

—Maizon —dijo Margaret, volviéndose hacia ella.

—¿Mmm? —dijo Maizon, con el ceño fruncido. Estaba absorta contemplando el agua, que se erizaba y danzaba por debajo de ellas.

—Aunque te he escrito esas dos cartas, no hace falta que me contestes dos veces si no tienes mucho tiempo. —Margaret se miró los dedos. Había empezado a morderse la piel de alrededor de las uñas, y ahora la tenía enrojecida y desgarrada.

—Te escribiré —prometió Maizon.

—Maizon...

—¡Qué, Margaret!

Margaret dio un salto y miró a Maizon. Había una preocupación en sus ojos que nunca antes había visto.

—Olvídalo —dijo.

La señora Tory se acercó. —Vamos a bajarnos en un par de paradas.

Permanecieron en silencio el resto del camino. En Delancey Street cambiaron a otro tren y media hora después estaban en Penn Station.

—Supongo que ahora tendremos que llamarnos para ponernos de acuerdo en la ropa que nos vamos a poner —dijo Maizon mientras esperaban el tren. Margaret pensó que la voz le había sonado forzada y falsa, como cuando un adulto trata de hacer sonreír a un niño.

—Supongo —dijo Margaret. El revisor anunció el tren de Maizon.

—Parece que me tengo que ir —dijo Maizon en voz baja, y Margaret notó que se le hacía un nudo en la garganta.

—Te escribiré, Margaret, te lo prometo. Gracias por dejar que me quede con el trofeo de salto de cuerda doble, aunque sea de segunda posición. —Se abrazaron largamente. Maizon sorbió con fuerza por la nariz. —Tengo miedo, Margaret —susurró.

Margaret no sabía qué decir. —No debes tenerlo.

—Adiós, señora Tory.

La madre de Margaret se inclinó y abrazó a Maizon. —Sé buena —dijo mientras Maizon y su abuela se acercaban al tren.

—Mamá —dijo Margaret, mientras Maizon y su abuela desaparecían en el túnel.

—¿Qué, cariño?

—¿Qué diferencia hay entre una amiga del alma y una vieja amiga?

—Supongo... —su madre se quedó pensativa un momento—. Supongo que una vieja amiga es una amiga que tuviste alguna vez, y una amiga del alma alguien que siempre será tu amiga.

—Entonces quizás Maizon ya no es mi amiga del alma.

—No seas tonta, Margaret. ¿Qué va a ser si no? Algunas personas casi no pueden distinguirlas a ustedes una de otra. Siento como si hubiera perdido a una hija.

—Quizás... No lo sé... A lo mejor ahora somos viejas amigas. A lo mejor éste ha sido nuestro último verano como amigas del alma. Tengo la sensación de que ahora algo va a cambiar, y nunca volverá a ser como antes.

Los tacones de la señora Tory resonaron por la terminal. Se detuvo a comprar unas fichas para el metro y miró a Margaret. —¿Igual que cuando murió papá? —preguntó, con gesto preocupado.

Margaret tragó saliva. —No, mamá. Simplemente me siento vacía en lugar de triste —dijo.

Su madre le apretó la mano mientras esperaban el tren. Cuando llegó se sentaron junto a la ventana.

La señora Tory siguió apretando la mano de Margaret. —A veces se tarda en sentir el dolor de la pérdida.

—Tengo la sensación de que a veces Maizon me impedía hacer algunas cosas, pero ahora ya no está. Ahora ya no tengo... —Margaret reflexionó un momento, pero no encontró las palabras adecuadas— no tengo ninguna excusa para no hacer las cosas.

Cuando el tren salió del túnel, el sol del atardecer estaba anaranjado brillante. Margaret lo contempló unos instantes. Volvió a mirarse las manos y descubrió una cutícula que aún no se había mordido.

Margaret se apretó el lápiz contra los labios y miró por la ventana del aula. El patio de la escuela se veía desolado y vacío. Pero todo tenía ese mismo aire desde que Maizon se fue. Sobre todo porque había pasado una semana entera sin una carta suya siquiera. Margaret suspiró y mordisqueó la goma.

—Margaret, ¿estás haciendo tu tarea?

Margaret se sobresaltó y miró a la señora Peazle. Maizon tenía razón: la señora Peazle era la maestra más gruñona de la escuela. Margaret se preguntó por qué la habían elegido como maestra de la mejor clase. Si los estudiantes eran tan listos, lo mínimo que la escuela podía hacer para premiarlos era asignarles un maestro simpático.

—Estoy pensando en lo que voy a escribir, señora Peazle.

—Estoy segura de que no vas a encontrar ninguna redacción sobre las vacaciones de verano afuera de esa ventana. ¿O acaso es ahí donde las has pasado?

Todos soltaron una risita y Margaret bajó la mirada, avergonzada. —No, señora.

—Me alegra oírlo —continuó la señora Peazle, mirando a Margaret por encima de sus lentes de abuelita—. Y estoy segura de que dentro de diez minutos estarás en condiciones de leer tu redacción delante de toda la clase para demostrarnos que no estabas sólo fantaseando, ¿verdad?

—Espero que sí, señora —murmuró Margaret. Miró a su alrededor. Parecía que todos los estudiantes de la clase 6-1 se conocían del año anterior. El primer día, muchos chicos le preguntaban por Maizon, pero después nadie se acercaba a hablarle. Las cosas habían cambiado desde la partida de Maizon. Sin ella ya no era tan divertido sentarse en la entrada del edificio con la señora Dell, Hattie y Li'l Jay. A lo mejor podía escribir sobre eso. No, pensó Margaret mirando la hoja en blanco que tenía delante. Había demasiado que contar. No terminaría a tiempo y la señora Peazle la regañaría y la haría sentir que era demasiado tonta para estar en la clase 6-1. Margaret mordisqueó la goma y volvió a mirar por la ventana. Tenía que haber algo sobre lo cual escribir, rápidamente.

—¡Margaret Tory! —advirtió la señora Peazle—. ¿Voy a tener que cambiarte de lugar?

—Señora, sólo estaba...

—Creo que voy a tener que alejarte de esa ventana a menos que me demuestres que eres capaz de trabajar sin distraerte.

—Sí puedo, señora Peazle. Me ayuda a escribir.

—Entonces supongo que estarás lista para leer tu redacción dentro de... —la señora Peazle miró el reloj—, siete minutos.

Margaret comenzó a escribir a toda prisa. Cuando la señora Peazle la llamó, caminó al frente del aula con la hoja de papel entre las manos temblorosas. Con gesto nervioso se estiró el borde del vestido marrón que Maizon y ella habían elegido para ir a la escuela, y trató de no ver los veintiséis pares de ojos que sabía clavados en ella.

"El verano pasado fue el peor verano de mi vida. Primero, mi padre murió, y después mi mejor amiga se marchó a un internado privado. Yo no he ido a ningún otro sitio, sólo a Manhattan, pero no fue un viaje divertido porque fue para acompañar a Maizon al tren. Espero que el próximo verano sea mucho mejor".

Terminó de leer y volvió en silencio a su mesa, tratando de no mirar por la ventana. Dirigió la mirada hacia la página a medio escribir. Margaret sabía que era capaz de escribir mucho mejor, pero la señora Peazle la había hecho apurarse. "De todas formas", pensó, "esto *fue* lo que me pasó este verano".

—Me gustaría hablar contigo después de la clase, Margaret.

—Sí, señora —dijo Margaret con voz débil—. *Esto es el fin*, pensó. Una semana en la mejor clase y se acabó. Maizon era lo suficientemente lista como para ir a una escuela mejor y yo ni siquiera puedo con esta clase. Margaret suspiró y trató de no mirar por la ventana en lo que quedaba del día.

Cuando a las tres sonó la campana, permaneció incómoda en su asiento mientras la señora Peazle acompañaba al resto de la clase al patio. Margaret oyó los gritos y las risas de sus compañeros al salir.

El salón vacío estaba en silencio. Miró a su alrededor. Muchas de las mesas tenían palabras grabadas. Le recordaron los nombres que Maizon y ella habían grabado en el alquitrán el verano anterior. Casi se habían borrado, y apenas se podían leer.

La señora Peazle entró y se sentó junto a Margaret. —Margaret —dijo despacio, y se detuvo un momento para quitarse los lentes y frotarse los ojos con gesto cansado—. Siento mucho lo de tu padre...

—Gracias, ya todo está bien —contestó, nerviosa.

—No todo, Margaret —siguió la señora Peazle—. Todo esto está afectando tu trabajo en la escuela.

—Puedo hacerlo mejor, señora Peazle, ¡de verdad! —protestó Margaret, mirándola angustiada. Estaba sorprendida de sí misma y de su desesperación por quedarse en la clase de la señora Peazle.

—Ya sé que puedes, Margaret. Por eso te voy a pedir que hagas una cosa. Esta noche quiero que hagas una tarea...

Margaret iba a decir que ninguno de sus compañeros tenía tareas para hacer en casa, pero decidió callarse.

—Quiero que escribas sobre este verano que pasó —siguió la señora Peazle—. Quiero que busques las palabras que mejor expresan tus sentimientos sobre la partida de tu amiga Maizon. O sobre la muerte de tu padre. Puedes escribir lo que quieras: un poema, un ensayo o un cuento. Hazlo tan largo o tan corto como quieras, pero quiero que expreses bien lo que has sentido este verano. ¿Me has entendido?

—Sí, señora —Margaret miró a la señora Peazle—. He entendido.

La señora Peazle sonrió. Margaret pensó que sin las gafas no parecía tan antipática.

—Muy bien, entonces espero verte mañana temprano con algo estupendo para leer en clase.

Margaret se deslizó del asiento y caminó hacia la puerta.

—Llevas un vestido muy bonito, Margaret —dijo la señora Peazle.

Margaret se dio vuelta e iba a decir que Maizon llevaba puesto uno igual en Connecticut, pero cambió de idea. De todas formas, ¿qué sabía la señora Peazle sobre amigas del alma que eran casi primas?

—Gracias, señora —contestó, y salió de la clase como escapando. De pronto se le ocurrió una idea estupenda.

A la mañana siguiente, la señora Peazle golpeó su escritorio con la regla para pedir silencio.

—Margaret —dijo cuando todos se callaron—. ¿Quieres leernos algo hoy?

Margaret asintió con la cabeza y la señora Peazle le indicó que se acercara.

—Esto —dijo Margaret, dándole una hoja de un cuaderno. Había tardado mucho en terminar la tarea.

La señora Peazle lo miró y se lo devolvió.

—Adelante, te escuchamos —dijo, sonriendo.

Margaret miró a sus compañeros y sintió que el estómago se le subía a la garganta. Tragó saliva y contó hasta diez. Aunque el día estaba fresco, se dio cuenta de que estaba sudando. No recordaba cuándo había sido la última vez que había sentido tanto miedo.

—La pluma se me escapa de la mano —empezó a leer.

—No se oye nada —dijo alguien.

—La pluma se me escapa de la mano... —repitió Margaret. Al fondo del aula, alguien lanzó un suspiro exagerado. Todos ahogaron una risita. Margaret no les hizo caso y siguió leyendo:

...y se niega a escribir lo que siento.
Yo quisiera que mi padre regresara
y que el verano empezara de nuevo.

Pero todo se acabó: las fuentes,
las hojas verdes en los árboles,
y tú también te has marchado
a recorrer tu camino de cenizas.

Ojalá todo volviera a ser como antes,
y al regresar hoy a casa estuvieras esperándome.
Tú me escucharías, y yo te contaría, y me entenderías,
y todo dejaría de asustarme.

Mamá ha dejado de reír.
Ahora llora y trabaja, día tras día,
ya no sonríen sus labios ni sus ojos,
se le ha escapado la alegría.
Todo el cariño que le doy
no basta para aliviar su pena,
y comprendo que ya no es tan fuerte como solía.

La vida nos oculta sus proyectos
y nadie sabe lo que le espera al día siguiente.
La suerte cambia de color en un segundo
y los sueños se deshacen de repente.

Yo quisiera saber dónde estás ahora.
Te busco en sueños, a veces te encuentro.
Pero sé que las cosas que imagino
muchas veces no son como las veo por dentro.

Entonces dudo, y me pregunto
si habrás encontrado un hogar en otra parte,
y escribo estos versos con la pena
de saber que nunca volveré a abrazarte.

El tiempo no puede borrar tu recuerdo
y tampoco devolverte a nuestro hogar.
El verano formaba parte de mi vida
y no sirve de nada mirar atrás.

Todos la miraban fijamente, en silencio. Margaret bajó la cabeza y volvió a su asiento.

—Margaret, haz el favor de dejar tu tarea en mi mesa —dijo la señora Peazle, con una discreta sonrisa en los labios.

—Sí, señora —contestó Margaret. ¿Por qué nadie decía nada?

—Ahora abran todos el libro de historia en la página doscientos setenta y cinco. Vamos a continuar con la lección sobre la Guerra Civil.

Margaret se preguntó qué reacción había esperado de la clase. ¿Un aplauso? En aquel momento extrañaba a Maizon más que nunca. *Ella habría sabido cómo me siento* —se dijo Margaret—. Y si no, habría fingido que lo sabía.

Margaret dio un vistazo por la ventana. El día parecía fresco y tranquilo. *—Me habría dicho que es una sensación que sólo sienten los poetas, y que Nikki Giovanni se siente así todo el tiempo.* Cuando se volteó, había un trozo de papel en su mesa.

"Me ha gustado tu poema, Margaret", decía la nota. No estaba firmada.

Margaret miró a su alrededor pero nadie tenía aspecto de ser quien le había enviado la nota. Sonrió para sus adentros y guardó el trozo de papel en su cuaderno.

Por fin sonó la campana que anunciaba el fin de la clase. Todos los estudiantes salieron deprisa, empujando a Margaret hacia la mesa de la señora Peazle.

—¿Has visto la nota que te he mandado? —susurró la señora Peazle. Margaret asintió y se marchó a casa como flotando por el aire.

La señora Dell, Hattie y Li'l Jay estaban sentados en la entrada cuando llegó a casa. —Si no hiciera tanto frío —dijo, abriéndose un hueco junto a las anchas caderas de Hattie—, sería como en los viejos tiempos.

—Además, falta Maizon —dijo Hattie, mirando a su madre.

—Calla, Hattie —dijo la señora Dell. Se estremeció y apretó a Li'l Jay contra su cuerpo. De pronto Margaret pensó que se veía vieja.

—Es por estos días tan fríos que estamos teniendo —dijo la señora Dell—. El frío envejece. Hace parecer a la gente mayor de lo que es.

Margaret sonrió y dijo: —Leer el pensamiento de los demás es peor que escuchar conversaciones a escondidas.

—Pues imagínate ser hija suya durante diecinueve años —dijo Hattie.

—Hattie —dijo Margaret, acercándose para sentir su calor—, ¿por qué nunca te gustó Maizon?

—Nadie ha dicho que no me gustara.

—No hace falta decirlo —intervino la señora Dell.

—Es que siempre parecía estar por encima de los demás. O eso es lo que ella pensaba.

—Pero es que lo estaba, Hattie. Era la persona más inteligente de la Escuela Pública 102. Imagínate ser la persona más inteligente.

—Pero no tenía sentido común, Margaret. Y cuando Dios le da a alguien tanta inteligencia, lo más probable es que se quede corto en otra cosa.

—¿Como qué?

La señora Dell se inclinó sobre la cabeza de Li'l Jay y susurró con fuerza: —Decir la verdad, por ejemplo.

Ella y Hattie se echaron a reír, pero Margaret no le veía la gracia. No era propio de ninguna de ellas hablar mal de nadie.

—Ella siempre dice la verdad... —dijo Margaret con voz débil.

La señora Dell y Hattie se miraron.

—¿Qué tal está la escuela? —preguntó Hattie con demasiado entusiasmo.

—Aburrida —dijo Margaret. Decidió dejar para otro momento pensar en lo que acababa de oír.

—Ésa es la única palabra que conoces desde que Maizon se marchó. Tiene que haber algo que no te resulte tan aburrido —dijo la señora Dell.

—Desde luego no es la escuela. Leí un poema delante de los tontos de mi clase y la única persona a quien le ha gustado es a la señora Peazle. —Suspiró y apoyó la barbilla en la mano.

—Es lo que suele ocurrir con la poesía —dijo la señora Dell. O le gusta a todo el mundo o no le gusta a nadie, pero lo normal es que no llegues a saberlo, porque nadie dice una palabra. A la gente le da miedo ofenderte o, lo que es aún peor, hacerte sentir bien.

Margaret miró a la señora Dell, luego a Hattie y de nuevo a la señora Dell.

—¿Cómo es que saben tanto de poesía?

—No eres la primera niña negra que quiere ser poeta.

—Y puedes apostar el vestido que llevas a que tampoco serás la última —concluyó Hattie.

—Hattie, ¿tú has intentado escribir poesía?

—Todavía lo intento. Sigo inventando poemas en mi cabeza, pero nunca los escribo. El papel sólo sirve para ponerse amarillo y para ocupar sitio. Por eso los guardo aquí —dijo, señalándose la cabeza.

—Los poemas no pueden existir en la cabeza. Se olvidarían —dijo Margaret, dudando.

—Los poemas no existen, señorita sabelotodo. ¡Los poemas viven! Y es precisamente en la cabeza donde nacen, ¿no?

Margaret asintió y Hattie continuó. —Pues mis poesías han decidido quedarse a vivir en ella.

—Entonces, recítame una. —Margaret cruzó los brazos sobre el pecho como tantas veces había visto hacer a la señora Dell.

—Algunos poemas no son para recitarlos, sabelotodo.

—Vamos, Hattie —interrumpió la señora Dell—, eso deja que lo decida Margaret.

—Muy bien, muy bien. —La voz de Hattie se volvió un susurro. —*Vuela alto, gorrión de Manhattan / pero no te alejes tanto de tu nido / vuelve a casa, no pierdas tus raíces / y deja que el aire se llene con tus trinos.*

Se quedaron en silencio. La señora Dell meció a Li'l Jay para que se durmiera en sus brazos. Hattie miraba muy seria el edificio que tenía delante, y Margaret pensó en que el poema de Hattie le había recordado a Maizon. ¿Qué estaría haciendo en este momento, ahora que casi había anochecido? ¿Tendría ya otra amiga del alma?

—Quizás —dijo después de un largo rato—, quizás no sea cierto que a la clase no le gustó mi poema. A lo mejor era como el tuyo, Hattie. A lo mejor hay que sentarse tranquilamente a pensar en todo lo que te sugiere después de oírlo. Hay que dejarlo... ¡hay que dejarlo reposar!

—Tienes que sentirlo, Margaret —dijo Hattie suavemente, pasándole el brazo por los hombros.

—Claro. Como yo sentí mi poema al escribirlo, o como tú sentiste el tuyo cuando le encontraste un lugar en tu cabeza.

—Margaret —dijo la señora Dell—, te estás volviendo demasiado inteligente para nosotras.

Margaret se recostó en Hattie y escuchó los sonidos apagados de la construcción. Muy pronto terminarían el edificio de la calle Palmetto. Cerró los ojos y le vinieron a la cabeza imágenes del verano pasado. Se vio a sí misma corriendo por la calle Madison del brazo de Maizon. Iban riéndose. Entonces la imagen se transformó en otra. Maizon y ella estaban sentadas junto al árbol, viendo a Li'l Jay dar sus primeros pasos. Tropezó y cayó en los brazos de Maizon. Parecía que todo eso había ocurrido mucho tiempo atrás.

Cuando abrió los ojos de nuevo, la luna estaba asomando por detrás de una nube. Casi no se veía a esa hora del atardecer. El cielo se había vuelto de un azul invernal y los faroles parpadeaban. Margaret bostezó y sintió que todo el cansancio del día se le juntaba en la cabeza.

—Parece que tu madre está trabajando hasta tarde otra vez. Dios la bendiga. No ha parado de trabajar desde que murió tu padre.

—Está tomando clases de dibujo. Quiere ser arquitecta. Tal vez ganará mucho dinero.

—Los arquitectos no ganan mucho —dijo Hattie—. Y de todas formas, tú no debieras preocuparte por problemas de dinero.

—Tienes un don —dijo la señora Dell—. Todos los de tu familia lo tienen. Tú con la escritura, tu madre con el dibujo, y acuérdate de todo lo que tu padre hacía con la madera. Ese hombre era increíble.

—¿Qué va a ser Li'l Jay cuando crezca?

La señora Dell se levantó y apretó la mejilla de Li'l Jay contra la suya.

—El tiempo lo dirá, Margaret. Ahora entra en casa y haz las tareas mientras te preparo algo de cena. Hace demasiado frío aquí afuera.

Margaret se levantó y la siguió a su apartamento.

—¿Has tenido noticias de Maizon? —preguntó Hattie.

Margaret negó con la cabeza. Daría cualquier cosa por verla aparecer por la esquina.

—Le he escrito dos cartas pero no me ha contestado. A lo mejor sabe que ya no somos amigas del alma —suspiró Margaret. Tenía razón al pensar que Maizon y ella ya no eran amigas como antes, ahora eran viejas amigas—. De todas formas, me gustaría saber cómo le va —dijo, desviando la mirada para que Hattie no viera que tenía los ojos llenos de lágrimas.

—A todos nos gustaría, cariño —dijo Hattie, tomando a Margaret de la mano—. A todos.

Reacción

Piensa en la selección

El último verano con Maizon
por Jacqueline Woodson

1. Da ejemplos de las maneras en que Margaret y Maizon piensan mantenerse en contacto. ¿Qué información te dan estos planes sobre la amistad que hay entre ellas?

2. ¿Por qué piensa Margaret que ahora Maizon y ella son "viejas amigas"?

3. ¿Qué detalles de la selección hicieron pensar a la señora Peazle que Margaret estaba fantaseando?

4. ¿Crees que la señora Peazle actuó bien al darle a Margaret una tarea para hacer en casa? ¿Por qué?

5. De las palabras siguientes, ¿cuál crees que describe mejor la experiencia de Margaret: *desolada, distraída, vacía*? ¿Se te ocurre otra palabra que la describa mejor? ¿Por qué?

6. La señora Dell dijo a Margaret que todos los miembros de su familia tenían un don. De las cosas que tú sabes hacer, ¿cuáles se pueden considerar como un don?

7. **Conectar/Comparar** Compara la lectura del poema de Margaret ante su clase y la reacción de sus compañeros con la experiencia de Billy con los habitantes de Tahlequah en *Donde crecen los helechos rojos*. ¿En qué se parecen y en qué se diferencian las dos situaciones?

Crear

Escribir un guión para una escena

Escribe un guión de cine basándote en este cuento. Elige una escena del cuento y vuelve a escribirla en forma de guión cinematográfico.

Consejos

- Recuerda que debes escribir el nombre de cada personaje al comienzo de cada línea del diálogo.

- Escribe entre paréntesis las explicaciones e instrucciones sobre cómo deben moverse y hablar los actores, y haz referencia a los accesorios necesarios.

Lectura Hacer aserciones razonables
Escritura Escribir narraciones

Arte

Hacer un collage

Es posible que al leer un poema, se formen ciertas imágenes en tu mente. Haz un collage del poema de Margaret "La pluma se me escapa de la mano". Recorta fotografías de revistas y añade palabras o expresiones del poema a las imágenes seleccionadas.

Escuchar y hablar

Escuchar poesía

Trabaja con un compañero. Lean el poema de Margaret por turnos. A continuación, contesten las siguientes, preguntas. ¿Hay palabras que riman en el poema? El ritmo, ¿es regular y constante, o es un ritmo irregular, como cuando se habla?

Consejos

- ¿Cuál es el tema del poema?
- ¿Cómo es el lenguaje utilizado? ¿Es directo? ¿Emotivo? ¿Tiene colorido?
- ¿Qué tono utiliza el hablante? ¿Informal? ¿Serio? ¿Amistoso? ¿Agitado?

Internet

Publica una reseña

Escribe una reseña de *El último verano con Maizon*. Publícala en Education Place.

www.eduplace.com/kids

Lectura Significado y tono en la poesía

Destreza: Cómo leer una entrevista

Antes de leer...

① **Lee** el título y la introducción.

② **Identifica** las preguntas y las respuestas.

③ **Da un vistazo a** las preguntas para comprender cuáles son los temas de que tratará la entrevista.

Al leer...

① **Pregúntate:** "¿Qué aprendo acerca de la persona que se está entrevistando?"

② **Vuelve a leer** las respuestas que no entiendas.

Una autora, dos culturas

por Antonio Piñera

Lee esta entrevista con la autora Esmeralda Santiago. Después, sigue leyendo para descubrir su prosa evocadora.

Queridos lectores: Esmeralda Santiago es una autora famosa que ha escrito y editado libros con temas variados, como el de ser adolescente y el tener que adaptarse a una cultura nueva. Nació en Puerto Rico y llegó con su familia a Brooklyn, Nueva York, cuando tenía trece años. Además de ser escritora, ha trabajado como actriz, bailarina y cineasta.

ANTONIO PIÑERA: ¿Cuándo decidió que quería ser escritora?

ESMERALDA SANTIAGO: Decidí convertirme en escritora cuando me hice adulta. Siempre llevé diarios y me gustaba mucho escribir, pero nunca me consideré una escritora hasta que comencé a escribir ensayos acerca de mi vida y la de mis hijos. Luego de que se publicara mi primer libro, pensé: "Hum. ¡En verdad, esto me gusta! Creo que quiero ser escritora".

AP: ¿Resulta divertido ser escritora?

ES: Ser escritora es lo más divertido que jamás pude imaginar. Y, créeme, ¡he tenido más de cuarenta trabajos diferentes! Es verdaderamente maravilloso poder trabajar desde mi hogar. Cada vez que se publica uno de mis nuevos libros, hago viajes promocionales muy largos, en los cuales visito distintas ciudades de los Estados Unidos y de otros países.

AP: ¿Leía mucho cuando niña?

ES: Siempre me gustó leer. De niña en Puerto Rico, leía principalmente los periódicos, ya que no teníamos una biblioteca cerca y no teníamos libros; mi familia no tenía dinero suficiente para comprar libros. Mi papá traía revistas, tal como *Selecciones*, de su trabajo. ¡Yo leía cualquier cosa que cayera en mis manos!

AP: ¿Acerca de qué temas escribe?

ES: Yo escribo novelas y escribo memorias. Las memorias son todas acerca de mi vida y mis experiencias, tanto en Puerto Rico como en los Estados Unidos. Las memorias tratan especialmente de los asuntos, las preocupaciones y las dificultades de estar en los Estados Unidos cuando vienes de otra cultura en la cual hablas otro idioma.

AP: ¿Qué le resulta más fácil, hablar o escribir acerca de su vida?

ES: Creo que es más fácil hablar, ya que cuando estás hablando acerca de tu vida no tienes que organizarla. Cuando te sientas a escribir algo, tienes que escoger entre lo que es importante y lo que no; también debes tomar decisiones acerca del idioma. Yo soy bilingüe, así es que tengo que decidir si voy a escribir en inglés o en español.

AP: ¿Existe algún lugar especial en donde prefiere escribir?

ES: Mi lugar preferido para escribir es mi oficina, ya que ahí tengo mi computadora, mis cuadernos, mis diccionarios y mis plumas fuente. (Me gusta escribir con pluma fuente.) Es un lugar muy acogedor.

Para Esmeralda Santiago, su vida ha sido un proceso continuo de aprendizaje y toma de decisiones.

AP: **¿Qué consejo les daría a los escritores jóvenes?**

ES: El único consejo que puedo dar, tanto a los escritores jóvenes como a los mayores, es que lean buenos libros. Deben leer lo más posible, tantos libros, cuentos cortos y poemas como puedan acomodar en sus cerebros, porque eso mejorará su escritura.

AP: **¿Qué consejo les daría a los chicos que llegaron hace poco a los Estados Unidos?**

ES: Si vienes de un lugar en el cual no se habla inglés, sino otro idioma, tu trabajo principal es el de aprender inglés. Eso no quiere decir que olvidarás tu idioma. Idealmente, debes conservar ambos idiomas, ya que necesitarás tu primer idioma cuando regreses a visitar a tus familiares. Me parece que aprender inglés es una obligación para contigo mismo y tu futuro.

AP: **¿Qué libros pueden ayudar a un joven lector a entender los cambios enormes que ocurren cuando uno se muda de un país a otro y de una cultura a otra?**

ES: Existen ahora muchos libros que pueden ayudar a los estudiantes jóvenes. Hay muchísimos libros de autores latinos que escriben en inglés acerca de esta experiencia, los cuales también se encuentran en español, entre ellos Sandra Cisneros, Gary Soto, Nicholasa Mohr y Pam Muñoz-Ryan.

AP: **¿Qué la ayudó cuando era niña a adaptarse a la vida en los Estados Unidos?**

ES: Creo que la adaptación es un proceso continuo de aprendizaje y de toma de decisiones. Creo que tienes una gran ventaja si vienes de otra cultura, ya que tienes dos conjuntos de conductas de las cuales puedes escoger. Eres una persona mucho más creativa y centrada si puedes mirar a ambas culturas y tomar lo mejor de ellas. Esto te hace una persona única.

Esmeralda Santiago, en su oficina

Me miraron diferente

de *Cuando era puertorriqueña*

por Esmeralda Santiago

Todos los días después de las clases yo iba a la biblioteca pública y sacaba cuantos libros infantiles me permitieran. Me había convencido de que, si los niños americanos aprendían su idioma por medio de libros, yo lo podía hacer también, aunque estuviera empezando tarde. Estudié las ilustraciones y aprendí las palabras para mi nueva vida en los Estados Unidos: *A* era para *Apple*, *B* para *Bear* y *C* para *Cabbage*. Según crecía mi vocabulario, empecé a leer libros de capítulos. Mami me compró un diccionario inglés/inglés, para que, cuando buscara una palabra que no entendía, aprendiera otras.

Para el cuarto mes en Brooklyn, podía leer y escribir en inglés mucho mejor de lo que podía hablar y, en los exámenes, sorprendí a los maestros cuando saqué buenas notas en gramática, historia y estudios sociales. Durante la *asémbli* de enero, el Mister Grant le dio un certificado a cada estudiante que recibió notas altas en cada clase. Mi nombre fue llamado tres veces. Los otros estudiantes del octavo grado me miraron diferente. Todavía estaba en el 8-23, pero ellos sabían, y yo sabía, que no pertenecía en esa clase.

Desarrollar conceptos

¡Atención, por favor!

El reto
por Gary Soto

El reto

¿Qué cosas has hecho para que alguien **notara** tu presencia? En "El reto" vas a leer un cuento sobre un muchacho que intenta **llamar la atención** de la muchacha nueva de la clase.

En esta ocasión, como en muchas otras, un muchacho **animó** a otro a lucirse ante los demás. Puede resultar **incómodo** hacer acrobacias solo, pero en compañía de su amigo este muchacho se sintió más a gusto.

¿Te ha resultado difícil alguna vez empezar una **conversación** con alguien? Al hacer malabarismos con una pelota de básquetbol, un muchacho puede hacer que otro muchacho se fije en él.

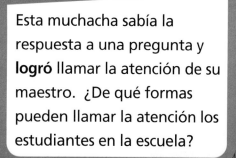

Esta muchacha sabía la respuesta a una pregunta y **logró** llamar la atención de su maestro. ¿De qué formas pueden llamar la atención los estudiantes en la escuela?

Conozcamos al autor

Gary Soto

Gary Soto creció en una comunidad de mexicanos y estadounidenses en Fresno, California. Su familia se dedicaba a cosechar uvas y naranjas y a trabajar en fábricas. Soto explica: "Creo que no tenía ninguna aspiración literaria cuando era niño. No teníamos libros… y creo que mi afán por escribir poesía surgió por pura casualidad". Cuando cayó en sus manos un libro de poesía, ya en la universidad, fue cuando empezó a tratar de escribir. Entre los numerosos libros de Gary Soto figuran *Béisbol en abril y otras historias*, *Neighborhood Odes* y *Off and Running*.

Conozcamos al ilustrador

David Diaz

"Un día me di cuenta de que todo lo que me rodeaba, todo lo que había en mi habitación (la silla, la puerta, la ventana), había nacido a partir de un dibujo", recuerda David Diaz. Construir rascacielos y puentes con palillos de paleta se convirtió pronto en una de las tareas favoritas de Diaz. Ahora que es adulto aún le gusta divertirse con el arte, y para ello prueba diferentes formas de hacer cuadros. Éste es su consejo para los jóvenes artistas: "Experimenten. Busquen algo que los entusiasme. Quizás crean que quieren ser ilustradores pero tal vez acaben siendo fotógrafos o diseñadores de páginas web".

Internet

Para descubrir más acerca de Gary Soto y David Diaz, visita Education Place. **www.eduplace.com/kids**

El reto

por Gary Soto
selección ilustrada por David Diaz

Estrategia clave

Con sus alardes, José logra llamar la atención de Estela, la chica nueva, pero no de la forma que él esperaba. Al leer, piensa en las **preguntas** del cuento que te gustaría comentar con tus compañeros.

JOSE LLEVABA TRES semanas enteras tratando de llamar la atención de Estela, la chica nueva de su escuela secundaria. "Es bonita", se dijo cuando la vio por primera vez en la cafetería, desempacando su almuerzo: dos sándwiches, papas fritas, un trozo de pastel envuelto en papel encerado y un envase de jugo de frutas que sacó de una bolsa de papel marrón.

—¡Qué buen diente tiene, cuate!

Al volver de la escuela a casa, paseó por los callejones de su ciudad, Fresno, pateando las latas que encontraba a su paso. Estaba perdido en un sueño, tratando de pensar cómo lograr que Estela notara su presencia. Pensó en tropezar delante de ella al salir de clase de matemáticas, pero ya había intentado eso mismo con una chava de sexto grado y lo único que consiguió fue romperse los pantalones y hacerse un raspón en la rodilla que le impidió jugar el campeonato de fútbol. Y la chavita se limitó a pasar por encima de él cuando estaba tirado en el suelo, rojo de vergüenza por el rechazo.

Pensó en acercarse a Estela y decirle, al mejor estilo James Bond: —Me llamo Camacho. José Camacho, a su servicio. Se imaginó que ella contestaría "¡A poco!", y se alejarían juntos hablando en clave.

Incluso intentó hacer sus tareas. Estela estaba en su clase de historia y por eso él sabía que la chica era tan brillante como la luz de una linterna en plena cara. Cuando estudiaron la historia de Egipto, José sorprendió a la maestra, la señora Flores, al conseguir veinte respuestas correctas de veinte en una prueba, y dieciocho de veinte cuando la maestra le repitió el examen ese mismo día porque creía que había hecho trampa.

—Señora Flores, he estudiado mucho, ¡de veras! Pregúntele a mi madre si quiere —protestó, ofendido. Porque era cierto que había estudiado, tanto que su madre le había preguntado: —¿Qué mosca te picó?

—Voy a empezar a estudiar —le había respondido él.

Su madre le compró una lámpara porque no quería que se dañara los ojos. Incluso le preparó una taza de chocolate caliente y miró a su hijo mientras aprendía cosas sobre el dios egipcio Osiris, papiros y momias. Las momias la asustaron tanto que preparó otra taza de chocolate caliente para tranquilizarse.

Pero cuando la maestra les entregó los exámenes corregidos y José presumió: "Otra A más", Estela no se volteó para preguntar "¿quién es ese chico tan inteligente?". Se limitó a guardar su prueba en la mochila y salir de la clase, mientras José se quedaba en el salón para repetir la prueba.

Un fin de semana se cayó de la bicicleta cuando subía los bordes de la acera con los ojos cerrados. Salió volando por encima del manubrio y vio estrellas fugaces cuando se golpeó contra el asfalto. Le salía sangre de la nariz, como si fueran dos ríos gemelos. Volvió a subirse a la bicicleta y pedaleó hasta casa con la camisa, sucia de sangre, bien apretada contra la nariz. Se miró la cara en el espejo y vio que se había hecho un arañazo en el mentón, y le gustó. Pensó que a lo mejor Estela sentiría lástima por él. Seguramente exclamaría en clase de historia: "¡Ay! ¿Qué te pasó?", y él contestaría cualquier tontería sobre una pelea con tres chicos.

Pero Estela no fue a clase el lunes después de su accidente, ni tampoco el martes. Cuando volvió a aparecer, el miércoles, el mentón casi se le había curado.

José pensó en otra forma de conocerla mejor. Había visto que de su mochila asomaba el mango de una raqueta, mugriento y sucio por el sudor. Chasqueó los dedos y se dijo: —Ráquetbol. La retaré a un partido.

Se acercó a ella durante el almuerzo. Estaba leyendo algo en el libro de ciencias y mordisqueando su segundo sándwich, bien grande y con varias capas de carne, queso y tomate rojo como la sangre. —Hola —dijo José, sentándose al otro lado de la mesa—. ¿Te gusta esta escuela?

Estela tragó lo que estaba comiendo, se aclaró la garganta y bebió leche del envase hasta que se acabó, y dijo: —No está mal, pero no funciona el agua caliente en las duchas de las chicas.

—En las nuestras tampoco —contestó, y siguió hablando para que la conversación no terminara tan pronto—. ¿De dónde eres?

—De San Diego —respondió la chica. Dio un gran mordisco a su sándwich, lo que dejó a José asombrado y le recordó a su padre, que era carpintero y comía más que nadie, o al menos eso creía José.

José, deseoso de seguir platicando, respiró hondo y dijo: —Veo que juegas ráquetbol. ¿Jugamos un partido?

—¿Juegas bien? —preguntó Estela abiertamente. Tomó una rodaja de tomate que se había escapado de su sándwich.

—Bastante bien —dijo sin pensar, cayendo en una mentira—. He ganado un par de torneos.

La miró tragarse la rodaja de tomate. Se limpió la boca y dijo: —Muy bien. ¿Qué te parece el viernes, después de la escuela?

—El viernes es mañana —dijo José.

—Claro. Hoy es jueves y mañana es viernes —aplastó el envase de leche vacío con el puño, cerró de golpe el libro de ciencias, hizo una bola con el envase y la bolsa del almuerzo y la lanzó al cesto de la basura—. ¿Cómo te llamas?

—Camacho. José Camacho.

—Yo me llamo Estela. Mis amigos me llaman Chispa.

—¿Chispa?

—Sí, Chispa. Nos vemos en las canchas a las cuatro menos cuarto. —Se levantó y empezó a caminar hacia la biblioteca.

Después de la escuela José tomó su bicicleta y pedaleó hasta la casa de su tío Freddie. Su tío tenía dieciséis años, sólo tres más que José. José se sentía incómodo cuando alguien, normalmente una chica, preguntaba "¿quién es ese monumento?", y él tenía que responder: "Mi tío".

—Freddie —gritó José, frenando bruscamente en la entrada de la casa.

Freddie estaba en el garaje levantando pesas. Llevaba ropa para ejercicios y la camiseta se le salía por debajo de la sudadera. Levantó 180 libras, las dejó caer y dijo: —¿Qué onda?

—Freddie, tienes que prestarme tu raqueta de ráquetbol —dijo José.

Freddie se secó la cara con la manga de la sudadera. —No sabía que supieras jugar.

—No sé. Pero tengo un partido mañana.

—¿Y cómo vas a jugar si no sabes?

José había estado dándole vueltas a esto por el camino. Le había dicho a Estela que había ganado varios torneos.

—Aprenderé —dijo.

—¿En un día?

—Es contra una muchacha.

—Chale, probablemente te dará una paliza y te dejará veintiuno a nada.

—Ni en sueños.

Pero José estaba preocupadísimo: ¿Y si las cosas salían así? ¿Y si Estela le daba una paliza soberana? Recordó cómo había aplastado el envase de leche de un puñetazo. Recordó los sándwiches que se había embutido en el almuerzo. Con todo, nunca se había encontrado con ninguna chica que fuera mejor que él en ningún deporte, excepto Dolores Ramírez, que jugaba béisbol como los mejores.

Tío Freddie descolgó la raqueta de la pared del garaje y le explicó a José cómo agarrarla. Le dijo que el juego era parecido al handball y se jugaba contra el techo y las paredes de la cancha. —Pase lo que pase, no mires atrás. La bola viene muy rápido y te podría sacar un ojo.

—Entendido —dijo José vagamente, inspeccionando la raqueta. Le gustaba la sensación de golpear las cuerdas tensas contra la palma de la mano.

Freddie volvió a sus pesas y José volvió en bicicleta a su casa, balanceando la raqueta mientras pedaleaba.

Por la noche, después de cenar, José salió y preguntó a su padre: —Papá, ¿alguna vez te ha ganado una chava en algo?

Su padre estaba sin camisa regando el pasto. Su barriga pálida colgaba un poco sobre su cinturón, como una pelota desinflada.

—Platicando nomás. En esto son capaces de dejar por los suelos a cualquier hombre en un momento.

—No, digo haciendo deporte.

Su padre se quedó pensando un momento y dijo: —No, creo que no.

El tono de voz de su padre no animó a José. Tomó la raqueta y una pelota de tenis y empezó a practicar contra la pared del garaje. La pelota salió corriendo como un ratón. José fue a buscarla y volvió a probar. Todas las veces la golpeaba demasiado fuerte o demasiado despacio, y no conseguía darle ritmo a su juego.

—Es difícil —se dijo. Pero recordó que estaba jugando con una pelota de tenis, no de ráquetbol. Supuso que jugaría mejor con la pelota adecuada.

Al día siguiente, la escuela resultó tan aburrida como de costumbre. Tomó un examen de historia y volvió a sacar el resultado habitual: doce de veinte. La señora Flores se quedó satisfecha.

—Ahorita nos vemos —dijo Estela, echándose la mochila sobre un hombro y estrujando con una mano el examen de historia.

—Muy bien, Estela —dijo.

—Chispa —lo corrigió ella.

—Eso. Chispa. A las cuatro menos cuarto.

José empezaba a preguntarse si realmente la chica le gustaba. Ahora le parecía brusca, y no tan guapa. Empezaba a parecerse a Dolores Ramírez, "la bateadora imbatible". ¡Chale!

Al acabar la escuela José caminó despacio hacia las canchas al aire libre. No había nadie: sólo unos cuantos gorriones que picoteaban un viejo envoltorio de hamburguesa.

José empezó a lanzar la pelota de tenis contra la pared. Era un lío. La pelota golpeaba contra la pared central y rebotaba en la pared lateral. Pasó casi todo el rato corriendo detrás de la pelota y maldiciendo el momento en que se le ocurrió decir que había ganado torneos.

Estela llegó y saludó a José con un movimiento de mentón y un "qué onda". Llevaba ropa blanca de ejercicios y unos lentes protectores colgados del cuello como un collar, y un par de muñequeras. Abrió una lata de pelotas e hizo rodar una hasta la palma de la mano, y la apretó tan duro que el músculo de su antebrazo se hinchó.

Entonces lanzó la pelota contra la pared con tanta fuerza que el eco le hizo doler los oídos a José, y el chico se dio cuenta de que estaba en un apuro. Se sentía tan blando como un pescado muerto.

Estela golpeó la pelota varias veces. Cuando se dio cuenta de que José estaba allí parado sin más, con la raqueta en una mano y una pelota de tenis mordisqueada por algún perro en la otra, le preguntó: —¿No vas a practicar?

—He dejado las pelotas en casa —dijo.

—Toma una de las mías —dijo ella, señalando la lata con la raqueta.

José tomó una pelota, la apretó en la mano y la botó una vez. Estaba decidido a dejar a Estela boquiabierta. La botó de nuevo, la golpeó con todas sus fuerzas, y la pelota se salió de la cancha.

—¡Chale! —dijo—. Voy a buscarla, Chispa.

Encontró la pelota en el arroyo, cubierta de lodo que él limpió con sus pantalones. Cuando volvió a la cancha Estela se había sacado los pantalones para deporte y se estaba poniendo un par de rodilleras. José se dio cuenta de que las piernas de la chica eran más gruesas que las suyas, y palpitaban como la grupa de un pura sangre.

—¿Estás listo? —preguntó, ajustándose los lentes—. Tengo que irme a las cinco.

—Casi —dijo él. Se sacó la camisa, pero enseguida se la volvió a poner al darse cuenta de lo escuálido que se veía su torso. —Sí, estoy listo. Adelante.

Estela lo midió con la vista y dijo: —No, empieza tú.

José decidió aceptar la oferta. Supuso que iba a necesitar toda la ayuda posible. Hizo rebotar la pelota e intentó dos saques.

—Me toca —dijo ella, tomando la pelota con la raqueta y caminando muy decidida al punto de saque. José quería preguntar por qué, pero guardó silencio. —Después de todo —pensó—, he ganado varios torneos.

—Empate a cero —dijo Estela, e hizo el saque. La pelota rebotó en la pared frontal y en las laterales. José agitó su raqueta a lo loco y falló por una distancia de al menos un pie. Entonces corrió detrás de la pelota, que había rodado hasta fuera de la cancha y se había detenido en el pasto. Regresó donde se encontraba Estela y dijo: —Muy bien, Estela.

—Chispa.

—Eso, Chispa.

Estela gritó: —Uno a cero. —Armó el saque de nuevo y lanzó la pelota directamente a los pies de José. El chico agitó la raqueta pero se golpeó la rótula con ella. El dolor lo sacudió como una descarga eléctrica y lo hizo doblarse. Se agarró la rodilla e hizo una mueca de dolor. Estela fue a recoger la pelota.

—¿Puedes seguir? —preguntó.

José asintió y se paró.

—Dos a cero —dijo, haciendo rebotar de nuevo la pelota y lanzándola contra la pared frontal, más despacio. Esta vez José agitó la raqueta antes de que la pelota llegara hasta ella. Volvió a agitarla violentamente, como un huracán. La pelota pasó despacio junto a él, y tuvo que volver a correr para atraparla.

—Tres a cero, supongo —dijo José, con voz débil.

—Eso es. —Estela lanzó la pelota al aire y le pegó con la raqueta. Cuando la vio acercarse, José intentó golpearla con fuerza. La raqueta se le resbaló de los dedos y salió volando de la cancha.

—Híjole —dijo. La raqueta había quedado enganchada arriba de la alambrada que rodeaba las canchas. Por un momento José pensó en hacer caer la raqueta y marcharse corriendo a casa, pero tenía que aguantar, y de todas formas su mochila estaba en la cancha.

—Cuatro a cero —anunció Estela cuando vio a José que volvía corriendo a la cancha, con el pecho agitado. Sacó de nuevo y José, cerrando los ojos, hizo un esfuerzo por entrar en el juego. La pelota dio en la pared y durante tres segundos tuvieron una bola en juego. Pero entonces Estela se adelantó e hizo un remate con un tiro bajo de esquina.

—Cinco a cero —dijo—. Está refrescando. Voy a volver a ponerme los pantalones.

Se puso los pantalones y se quitó las muñequeras. José pensó en pedírselas, porque con tanto esfuerzo estaba sudando a chorros, pero su orgullo lo hizo guardar silencio.

Estela sacó de nuevo, una y otra vez hasta que el puntaje era diecisiete a cero. José estaba exhausto de tanto correr. Deseaba con todas sus fuerzas que el partido terminara. Deseaba ganar aunque sólo fuera un punto. Se quitó la camiseta y dijo:
—Órale, qué bien juegas.

Estela sacó de nuevo, más despacio esta vez, y José logró devolver la pelota a la pared frontal. Estela no fue hacia ella, aunque estaba a sólo un par de pies de la bola. —Buen golpe —mintió—. Tú sacas.

José sacó y, encorvándose con la raqueta en equilibrio, avanzó de costado hacia la izquierda, esperando que la bola rebotara en la pared central, pero lo que ocurrió fue que oyó un ruido atronador y saltó como un resorte. La pelota lo había golpeado en la espalda, y sentía un aguijoneo espantoso. Salió corriendo de la cancha y se lanzó sobre el pasto, entre muecas de dolor. Tardó dos minutos en recuperarse, el tiempo suficiente para que Estela tomara un buen trago de la botella de agua que llevaba en la bolsa deportiva. Por fin masculló entre dientes: —Buen tiro, Chispa.

—Lo siento —dijo Estela—. Entraste en mi campo. Saca otra vez.

José sacó y se alejó de la trayectoria de la pelota, protegiéndose la cara con la raqueta. Ella respondió con un tiro bajo y limpio, y una vez más acudió al punto de saque anunciando: —Saque.

Tío Freddie tenía razón. Había perdido veintiuno a cero. Tras un apretón de manos de Estela, que estuvo a punto de triturarle los huesos, y una palmadita en la espalda lastimada, volvió cojeando a casa de su tío, sintiéndose abatido. Sólo tres semanas atrás tenía la esperanza de gustarle a Estela, a Chispa. Ahora deseaba que no volviera a acercarse a él.

Tío Freddie estaba en el garaje levantando pesas. Sin saludarlo, José colgó la raqueta en su lugar. El tío Freddie dejó caer las pesas, se incorporó y le preguntó: —¿Cómo te fue?

José no se sintió con fuerzas para mentir. Se levantó la camiseta y enseñó a su tío la gran marca roja que le había causado la pelota en la espalda.
—Es bravísima.

—Pudo haber sido en la cara —dijo Freddie, secándose el sudor y volviendo a tumbarse en el banco—. Ni modo.

José se sentó sobre un montón de periódicos viejos, con las manos en el regazo. Cuando su tío acabó con sus ejercicios, José se levantó despacio y retiró las pesas hasta que quedaron sesenta libras. Había llegado su turno de levantar pesas. Necesitaba fuerzas para recomponer su corazón roto y para la remota posibilidad de que Chispa volviera, deseosa de vencerlo nuevamente.

Reacción

Piensa en la selección

El reto
por Gary Soto

1. Da ejemplos de las cosas que José hizo para tratar de llamar la atención de Estela. ¿Cuál crees que habría sido una forma mejor?

2. ¿Por qué crees que José pensaba en presentarse como James Bond? ¿Por qué crees que Estela se presentó con el apodo "Chispa"?

3. ¿Por qué crees que José exageró al hablar de su experiencia como jugador de ráquetbol? ¿Sobre qué exagerarías tú si quisieras impresionar a alguien?

4. ¿Qué indicios sugieren que Estela probablemente sabía que José no había jugado ráquetbol nunca?

5. ¿Crees que Estela volverá a proponerle a José otro partido de ráquetbol? Busca claves en el cuento que respalden tu respuesta.

6. ¿Crees que el ambiente es importante en "El reto"? ¿Por qué?

7. Conectar/Comparar Compara cómo se sintió José jugando ráquetbol con la forma en que Margaret se sintió al leer su poema delante de toda la clase en *El último verano con Maizon*.

Describir

Escribe el guión de un relato deportivo

Escribe el guión de un programa de deportes en el que un comentarista narre el partido entre José y Estela.

Extra Incluye una breve entrevista a cada jugador después del partido.

Consejos

- Al escribir el guión, trata de imaginar que estás relatando las jugadas ante un micrófono.
- Incluye detalles que ayuden a tus lectores a imaginar a los jugadores en acción.

Salud

Identificar una dieta sana

Haz una lista de todo lo que Estela come el día que José habla con ella en la cafetería. Compara su almuerzo con la dieta sugerida en la pirámide alimenticia de tu libro de ciencias. ¿Qué tendría que comer Estela en el desayuno y en la cena para tener una dieta sana?

Extra Escribe todos los componentes de tu menú escolar de los últimos dos días. ¿Cómo se compara el menú con la pirámide alimenticia? ¿Y con el almuerzo de Estela?

Escuchar y hablar

Mantener una discusión

Con algunos compañeros, formen un grupo pequeño y discutan sobre este tema: ¿Qué aprendió José gracias a esta experiencia? ¿Cómo sabemos que ha aprendido algo?

Consejos

- **Mantengan el tema de la discusión.**
- **Hablen con claridad y escuchen con atención. Hagan preguntas si tienen alguna duda.**
- **Sean educados y no se interrumpan unos a otros. Respeten las opiniones de los demás.**
- **Todos deben participar activamente en la discusión.**

Internet

Envía una postal electrónica

Si quieres contarle a un amigo lo que has leído en este tema, envíale una postal electrónica. Encontrarás una en Education Place.

www.eduplace.com/kids

Escritura Usar textos electrónicos
Escuchar/Hablar Enfatizar puntos sobresalientes

Destreza: Cómo leer un artículo persuasivo

Al leer...

Identifica las opiniones del autor. **Busca** datos que las respalden.

Después de leer...

1 **Evalúa** el mensaje del autor. Pregúntate con qué puntos estás de acuerdo, y si hay algo con lo que no estás de acuerdo.

2 **Piensa críticamente** en el artículo. ¿Te parece que los argumentos del autor son efectivos? ¿Por qué, o por qué no?

Estándares

Lectura

• **Evidencia en las conclusiones del autor**

Cómo tener ESPÍRITU DEPORTIVO

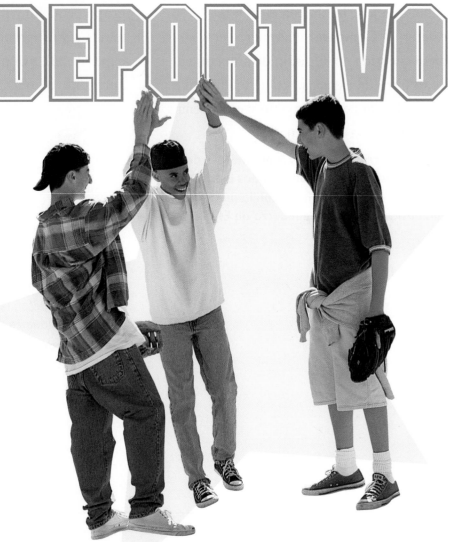

Las personas que se comportan con espíritu deportivo hacen la vida más agradable a todos los que los rodean, y también a sí mismos. "El último en llegar arriba es tonto", gritó Brenden a su hermano desde el tercer escalón. Los dos chicos se echaron a correr escaleras arriba. Conor estaba a punto de adelantar a Brenden cuando su hermano estiró la pierna y lo hizo caer. Brenden llegó hasta arriba y se proclamó vencedor. ¿Realmente había ganado? Por supuesto que no. Había hecho trampa. Pensó que si él no podía ganar, prefería que no ganara nadie. Actuó sin espíritu deportivo.

Brenden no es el único que demuestra falta de espíritu deportivo. Algunas veces los deportistas profesionales tampoco saben comportarse con espíritu deportivo. Probablemente esto se debe a que el deporte profesional es mucho más que un juego. Es un *negocio*. Consiste en ganar partidos para ganar dinero. Mientras los jugadores sigan sumando puntos y siguiendo las reglas básicas del juego, permanecen en primera plana.

El espíritu deportivo
importa

Básquetbol, béisbol, fútbol, tenis... todos los deportes son juegos. El objetivo es jugar. Y todo el mundo sabe que lo más importante de cualquier juego es que resulte divertido.

Cuando todos siguen las reglas y juegan limpio, el juego resulta divertido. Jugar con alguien que no tiene espíritu deportivo no es divertido para nadie.

El doctor Darrell Burnett ha realizado un estudio sobre los chicos y el deporte. Es psicólogo clínico y deportivo en Laguna Niguel, California. Dice que practicar un deporte puede cambiar considerablemente la vida de una persona. Dice que quienes continúan practicando deportes tienen más probabilidades de terminar bien la escuela y menos probabilidades de meterse en problemas.

"Practicar deportes también trae otros beneficios", dice el doctor Burnett. "Proporciona una poderosa sensación de integración".

Es el uniforme, la sensación de formar parte de un equipo, el trabajo en conjunto para conseguir un objetivo común. "Además, cuando se practican deportes cada persona puede ver cómo va creciendo, cómo va mejorando y progresando", afirma. "Esto ayuda a las personas a sentirse bien".

El doctor Burnett ha descubierto que la principal razón por la que los chicos dejan de practicar deportes es que dejan de encontrarlo divertido. Se puede trabajar duro para jugar cada vez mejor y seguir divirtiéndose, pero todo deja de ser divertido cuando los entrenadores, los padres o los compañeros de equipo empiezan a exigir "triunfos a cualquier precio" o no tratan bien a los jugadores menos buenos.

Comportarse con espíritu deportivo no sólo resulta más agradable para todo el mundo: también es mejor para el jugador. Cuando un jugador con espíritu deportivo gana, sabe que ha ganado limpiamente y que no ha hecho daño a nadie para lograrlo.

317

¿Qué es el espíritu deportivo?

Ya sabemos que un jugador con espíritu deportivo obedece las reglas. Sara, una estudiante de sexto grado que juega al tenis y al básquetbol, dice que: "También es muy importante saber perder. No me gusta nada perder, pero cuando pierdo me gusta hacerlo con elegancia". Dice que ha visto a algunas personas arrojar la raqueta cuando pierden, y también "refregar la victoria por las narices de los perdedores" cuando ganan. Ella define "saber perder" como dar un apretón de manos a su rival y "comportarse con amabilidad aunque se haya perdido. Así es como me gusta que se comporten conmigo cuando gano".

En esto consiste el espíritu deportivo. A continuación se indican otras maneras de ser un buen deportista:

★ Anima a tus compañeros de equipo y ayúdalos a jugar cada vez mejor.

★ No participes en conversaciones destructivas.

★ Juega limpio.

★ No recurras a trucos sucios para ganar.

★ Esfuérzate por coordinarte con tus compañeros.

★ No busques discusiones.

★ Aprende a ganar y a perder con elegancia.

★ No presumas después de una victoria.

★ Felicita al equipo rival.

★ Recuerda que cada jugador es una persona con sentimientos.

Algunos equipos terminan los partidos chocando los cinco o con un apretón de manos. Desafortunadamente, otros equipos no lo hacen debido a las peleas que han tenido. El doctor Burnett cree que es importante dedicar un momento a dar las gracias al otro equipo. "Después de todo, si el otro equipo no hubiera estado ahí no hubiera habido partido. Si no hubieran jugado lo mejor posible, no hubiera habido desafío".

318

¿Tienes espíritu deportivo? ¡Demuéstralo!

1 El árbitro te declara *out*, y tú sabes que estabas tocando la segunda base cuando Jason te tocó con la pelota. ¿Cómo reaccionarías?

a. Discutes con el árbitro.

b. Dices educadamente lo que opinas: "Estoy seguro de que estaba quieto".

c. No haces nada.

2 Tu equipo acaba de dar una paliza a los Muskrats. ¿Qué dices?

a. ¡De malas, perdedores!

b. Me alegro de que hayamos ganado.

c. ¡Qué buen partido!

3 Sabes que eres el mejor jugador de tu equipo de básquetbol, y por eso…

a. …recuerdas a todo el mundo cuánto te necesitan.

b. …acaparas la pelota siempre que puedes, pero dejas alguna oportunidad a un par de jugadores de vez en cuando.

c. …compartes la pelota y animas a tus compañeros de equipo para que mejore el juego de todo el equipo.

4 Estás jugando vóleibol. Una de tus compañeras grita: "¡Mía!", pero pierde la pelota y por eso pierden el tanto. ¿Cómo reaccionas?

a. La llamas idiota y le echas la culpa de haber perdido el juego.

b. Le lanzas una mirada feroz, pero te callas lo que piensas.

c. Le dices que eso le puede suceder a cualquiera.

5 Tú eres la jugadora que perdió la pelota en la pregunta anterior. ¿Qué haces?

a. Echas la culpa a "la idiota del otro equipo que no golpeó bien la pelota".

b. Te sientes avergonzada y no dices nada.

c. Te disculpas ante tu equipo al final del partido.

6 Te toca batear y alguien te está distrayendo desde la línea lateral, diciendo "¡Eh! Que no eres capaz de darle ni a una pared". ¿Cómo reaccionas?

a. Le gritas algo.

b. Te distraes y bateas de cualquier manera.

c. Conservas la calma y tratas de concentrarte.

¿CÓMO TE FUE?

¿Mayoría de C? ¡Felicidades! Tienes gran espíritu deportivo y eso ayuda a tu equipo.

¿Mayoría de B? Tienes espíritu deportivo, pero deberías perfeccionarlo un poquito.

¿Mayoría de A? Estás descalificado en el concurso para designar al jugador con mayor espíritu deportivo.

Desarrollar conceptos

La patrulla de tortugas

La vista desde
el sábado
por E.L. Konigsburg

**La vista desde
el sábado**

Vocabulario

acomodándose
autorizados
rondar
voluntarios
yendo y viniendo

Estándares

Lectura

- Unir y clarificar ideas principales

Ciencias

- Organismos en ecosistemas

Los personajes de *La vista desde el sábado* pasan mucho tiempo observando a las tortugas bobas. Descubre por qué la vida de estas tortugas es tan interesante.

Una vez fuera del cascarón, los bebés de tortuga boba vivirán en el Mar de los Sargazos, a unas cincuenta millas de la costa este de Florida. Las tortugas pasan cierto tiempo **acomodándose** a su nuevo entorno. Más tarde pasan muchos años **yendo y viniendo** por el océano Atlántico. Sólo las hembras regresan a las playas donde nacieron para poner sus huevos.

Para seguir los movimientos de las tortugas, los investigadores fijan transmisores vía satélite al caparazón de algunos ejemplares adultos de tortuga boba. Los transmisores indicarán su posición durante la mayor parte de su vida.

Las patrullas de tortugas, integradas por **voluntarios autorizados,** también estudian los nidos de tortuga boba. Los fotógrafos pueden **rondar** por las inmediaciones, pero tratan de no interferir. Nadie más puede acercarse a los frágiles nidos.

Dos tortugas con transmisores satélites son puestas en libertad en una playa.

Los investigadores observan un nido de tortuga boba.

La luz de la linterna de un investigador atrae a las crías recién nacidas. Las tortugas se dirigen al agua con normalidad cuando se apaga la luz.

Un investigador deja en libertad a varias tortugas bobas recién salidas del cascarón.

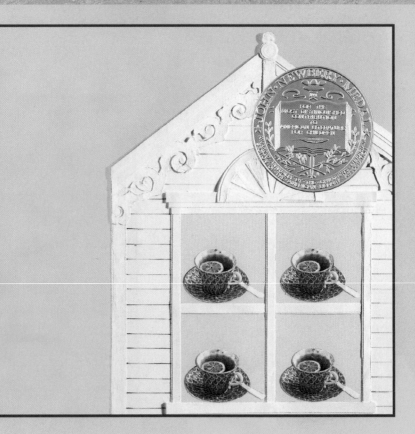

La vista desde el sábado

por E.L. Konigsburg

Nadia descubre que hay cierta relación entre la vida de las tortugas marinas y su propia vida. Al leer, **revisa** tu comprensión. Si encuentras un fragmento que no comprendes, vuelve a leerlo o continúa leyendo para **aclararlo.**

Lectura Unir y clarificar ideas principales

Nadia, Ethan y Noah, compañeros de clase en la escuela, tienen algo en común: el abuelo de Nadia, Izzy, se ha casado con la abuela de Ethan, Margaret. Noah fue padrino en la boda. Nadia se ha quedado con su padre en Florida después del divorcio de sus padres, y se siente incómoda a causa de Margaret.

Margaret estaba a cargo de quince voluntarios autorizados. Esto significaba que si ella no podía hacer la patrulla de tortugas, uno de ellos la haría en su lugar. Los voluntarios autorizados podían trasladar nidos, o desenterrarlos después de que las crías hubieran salido del cascarón, pero ella tenía que supervisar su trabajo. Los quince voluntarios autorizados de Margaret, más algunos amigos y otras personas interesadas, acudieron para ver desenterrar el nido. Cuando otros paseantes los vieron rondar en la playa en torno al nido, también se sumaron. El público estaba entusiasmado. Expresaron su admiración con varios ooohs y aaahs, y al menos una vez cada tres minutos alguien decía, de una u otra forma, que la naturaleza era maravillosa. Cuatro personas dijeron que les parecía fascinante. Ethan no exclamó oooh ni aaah, y tampoco dijo que le parecía fascinante. Observó con una paciencia digna de un camarógrafo de *National Geographic*. Mi padre también se unió al resto de los presentes y dijo "fascinante" dos veces. Rondar se había convertido en su pasatiempo favorito.

Las patrullas de tortugas observan muy de cerca todos los nidos de su trecho de playa, y saben cuándo las crías están a punto de nacer. Algunas veces tienen la suerte de estar allí cuando los bebés están saliendo. Esto es lo que se conoce como *eclosionar*. Cuando las tortugas se abren paso entre la arena y comienzan a avanzar hacia el mar, parecen un montón de juguetes de cuerda que hubieran escapado de una juguetería. Observar el nacimiento de las tortuguitas es más interesante que desenterrar el nido después de que han salido del cascarón, que en realidad se hace únicamente para contabilizar la nidada y asegurarse de que todos los animalitos hayan salido de la arena. Tiempo atrás yo también había lanzado exclamaciones de admiración al ver desenterrar los nidos, pero aquella noche me pareció tan emocionante como contemplar un semáforo al cambiar de color.

Como una madre orgullosa, Margaret contemplaba al abuelo Izzy mientras éste desenterraba el nido. Introdujo una mano enfundada en un guante de goma dentro del nido, hasta la axila, y sacó:

96 cascarones vacíos
4 huevos enteros sin eclosionar
1 cría muerta
3 tortugas muertas a medio salir del cascarón
1 tortuga viva a medio salir del cascarón
2 crías vivas

Margaret tomó notas, contó de nuevo y dijo por fin que las cuentas cuadraban.

El abuelo dejó a las dos tortugas vivas en la arena. Nosotros nos colocamos en dos filas, una a cada lado de las tortugas, y las miramos avanzar hasta el agua.

Las tortugas casi siempre salen del cascarón por la noche, y después de hacerlo caminan hacia la luz. Normalmente avanzan hacia la luz que ven en el horizonte, en el océano, pero si hay un hotel o un edificio alto en la costa con las luces encendidas, las tortugas se dirigen hacia la brillante luz de la civilización y no consiguen llegar al mar. Como no encuentran comida, mueren. Las tortugas son animales que no se pueden domesticar. Sus cerebros son muy limitados.

Cuando las dos crías llegaron al agua, todos los que estábamos contemplando el desfile aplaudimos, y mi padre dijo "fascinante" por tercera vez.

De vuelta al nido, Margaret examinó la tortuga viva que estaba a medio salir del cascarón. Anunció que pensaba quedarse con ella. Tomó la decisión como si ella misma fuera el juez, el jurado y el abogado de la defensa.

Papá preguntó qué le ocurriría a la tortuguita, y Margaret explicó: "Tardará unos días en estirarse. Le buscaremos un lugar seguro, fresco y oscuro en la despensa, y la dejaremos libre al atardecer, cuando esté lista.

Papá podría habérmelo preguntado a mí. Saqué una A en la prueba sobre las tortugas de Florida.

Cuando los bebés tortuga salen del cascarón, que es redondo y del tamaño aproximado de una pelota de golf, están encogidos en forma de bola para caber dentro de los huevos. Una vez fuera del cascarón, pasan tres días en el agujero de la arena, estirándose. Algunas veces mueren antes de salir completamente del cascarón. Éstas son las que se llaman crías muertas a medio salir del cascarón. En los informes se cuentan junto con los huevos que no eclosionan y los huevos vacíos, y se botan. Una persona autorizada debe decidir si las crías vivas a medio salir del cascarón están más vivas que muertas. Si se decide que tienen posibilidades de sobrevivir, hay que cuidarlas bien. Se recogen del nido y se llevan a

casa, y se protegen hasta que se estiran, y después se dejan libres en la arena.

—Nunca las llevamos al agua —explica Margaret—. Tienen que recorrer ellas mismas el camino por la arena de la playa donde nacieron. Creemos que hay algo que se fija en su cerebro que vuelve a manifestarse veinticinco años después, porque regresan a la playa donde nacieron para poner sus huevos.

Mientras Margaret explicaba esto, pensé en mi madre y en su regreso a Nueva York. Su cumpleaños es el 12 de septiembre, y me pregunté si su necesidad de volver a pasar el otoño en Nueva York tendría algo que ver con algún interruptor que se le hubiera encendido cuando salió.

De vuelta en casa, el abuelo llevó el balde con la cría viva a la despensa y todos nos sentamos a tomar leche con galletas. Bubbe habría comido ruggelach casero. Margaret ni siquiera sabía qué era el ruggelach hasta que el abuelo Izzy la llevó a una tienda kosher para gourmets y se los enseñó. Ya conocía los bagels porque últimamente se ven mucho, incluso en los lugares donde antes ni siquiera habían oído hablar de ellos.

A Margaret le gustó el ruggelach, pero me di cuenta de que no tenía ninguna intención de aprender a hacerlo. El abuelo Izzy, a quien le gustaba el ruggelach y el bobka como al que más, había terminado conformándose con pasteles y galletas comprados. Le pregunté a Ethan si conocía el ruggelach. Dijo que no.

Antes de que nos marcháramos, el abuelo Izzy dijo que sería buena idea que papá me trajera lo suficientemente temprano como para poder hacer la ronda de las tortugas por la mañana con él, Ethan y Margaret.

Entonces Margaret dijo: —Allen, ¿por qué no vienes tú también? El ejercicio te vendrá bien para el pie.

Papá se había roto el pie el día de la boda, y aún no se le había curado. Margaret creía que la recuperación iba lenta a causa de su mala actitud mental. Para mi sorpresa, papá aceptó.

—¿Y qué vamos a hacer con Ginger? —pregunté.

—No hay problema —dijo el abuelo Izzy—. La mantendremos con correa como hacíamos antes.

Empecé a decir que últimamente Ginger no podía soportar la correa, pero una vez más noté que papá me miraba de una forma especial y no dije nada. De modo que la segunda parte de la costumbre de las tortugas surgió a partir de una mirada de papá y una frase que nunca dije.

Papá y yo pensábamos salir temprano del apartamento, reunirnos con

Margaret, el abuelo y Ethan en la playa y dar el paseo. Después, papá volvería a casa del abuelo, se pondría el traje y se marcharía a trabajar. Si le daba tiempo, desayunaría con nosotros. Si no, los cuatro desayunaríamos sin él. Normalmente veíamos un poco de televisión en las mañanas antes de ir a nadar.

El abuelo y Ethan se enfrascaron en un concurso para ver cuántas piscinas lograban hacer. Yo no participé. Nadé un poco, salí del agua, me senté junto al borde y me puse a leer mientras el abuelo enseñaba a Ethan a bucear. Quería enseñarme a mí también, pero yo no quise.

Una tarde fuimos al cine. Hacía un calor sofocante y el sol brillaba con fuerza. En el cine se estaba fresco y a oscuras, y después volvimos a salir al sol resplandeciente y cálido. Tuve la impresión de haber cortado la tarde en tercios, como un sándwich. Ethan, que normalmente era bastante callado, hablaba sin parar sobre los ángulos de la cámara y la música de fondo, y dijo que la actuación del protagonista había sido "sutil". Era la primera vez en mi vida que oía a un chico decir la palabra "sutil".

Papá tenía boletos para *El fantasma de la Ópera*. Era el mismo espectáculo de Broadway, pero a cargo de la compañía de gira. Como no sabía que Ethan iba a estar de visita, había comprado sólo cuatro. En cuanto supo que Ethan también estaba, empezó a llamar a la taquilla para tratar de comprar otro boleto, pero estaban agotados. Se ofreció amablemente a quedarse sin boleto, pero el abuelo Izzy y Margaret no quisieron ni oír hablar del asunto. Margaret dijo que se quedaría en casa, y el abuelo Izzy dijo que si ella no iba, él tampoco iría.

Yo esperaba que Ethan se comportara como es debido y dijera que se quedaría en casa, pero no lo hizo. Claro, Ethan normalmente no decía nada. Incluso cuando convenía decir algo, Ethan se quedaba callado. Pero cuando se habló de quién iba a quedarse sin boleto, se quedó especialmente callado, lo cual era un sutil indicio de que tenía muchísimas ganas de ir. En el último momento el problema se resolvió: uno de los clientes de papá mencionó que le sobraba un boleto, y papá se lo compró enseguida.

Nos reunimos en el teatro. Ethan había insistido en quedarse en el asiento separado, y dijo que estaría perfectamente. El asiento separado estaba tres filas por delante de los nuestros y más centrado, pero no creo que Ethan lo supiera cuando lo dijo. Creo que quería estar solo o, quizás debería decir, sin nosotros. Durante el intermedio Ethan compró uno de los programas de recuerdo de diez dólares, y al terminar el espectáculo le dio las gracias a mi padre por lo menos diez veces por conseguirle el boleto.

Papá estaba contento con la forma en que había resultado la tarde. Después del espectáculo fuimos a un restaurante para tomar una copa de helado. Ethan no dejaba de hojear el programa de diez dólares que se había comprado. Sin duda su mente estaba todavía en el teatro, porque cuando la mesera le preguntó qué iba a tomar, contestó: —Debe haber más escotillones en ese escenario que en un espectáculo de magia.

Mi padre tarareaba una canción mientras le daba un vistazo al menú, y justo después de que hiciéramos nuestro pedido soltó la bomba.

Le preguntó a Margaret si lo podía incluir en su permiso. Le gustaría poder sustituirla a ella o al abuelo Izzy. Su apartamento no estaba lejos de una playa, y se transferiría al permiso de alguien de su zona cuando yo me marchara al norte. Y después quería seguir un curso de entrenamiento para llegar a ser supervisor de patrulla. Su objetivo era obtener su propia licencia.

—De tal palo, tal astilla —dijo, dando palmaditas en el hombro al abuelo Izzy.

Margaret dijo: —Lo pondremos todo en marcha mañana.

Sin duda estaba muy orgullosa de sus tortugas bobas. Ellas le habían conseguido a mi abuelo, y ahora le conseguían a mi papá.

Me daba igual. Yo tenía a Ginger. Me gustaban más los animales peludos y con cierta inteligencia. Ginger había crecido fuerte y lustrosa con tantos paseos por las tortugas. Estaba más cariñosa que nunca. Por ejemplo, cuando regresamos al apartamento después de *El fantasma de la Ópera* me saludó como si fuera su mejor amiga.

Yo estaba dispuesta a compartir la mejor amistad del mundo, pero sólo Ginger estaba haciendo uso de ella.

El día después de que papá dejara caer la bomba, él, Ethan, Margaret y el abuelo recorrieron la playa juntos. Eran un buen cuarteto de tres generaciones. Ginger y yo nos quedamos rezagadas, pero yo no hice ningún esfuerzo por alcanzarlos. Incluso empecé a caminar más despacio y pegada a la orilla, para poder dar patadas a las olas que rompían. Ginger y yo cada vez estábamos más lejos de los otros. Vi que Ethan se detenía para esperarnos. No nos llamó, y yo hice como si no lo hubiera visto. Ethan esperó hasta que Ginger y yo estuvimos a medio camino entre el abuelo, papá y Margaret (hasta que estuvimos más o menos cerca) y después me puse a caminar aún más lentamente. Papá se paró y le dijo a Ethan (no a mí) que se diera prisa. Ethan nos miró a Ginger y a mí, después miró al abuelo y a Margaret, esperó un par de segundos y se puso a caminar a buen paso hasta que los alcanzó.

El martes por la noche estuvimos viendo cómo salían las crías de un nido. Era uno de los suyos. Quiero decir que era uno de los nidos que Margaret había trasladado. Este nido también tenía ciento siete huevos, como el que vimos la primera noche que salimos a hacer la ronda de las tortugas, pero esta vez salieron todas las ciento siete tortugas. —El cien por ciento —exclamó el abuelo, y abrazó a Margaret. Después felicitó a papá y a Ethan. Ginger y yo nos quedamos un poco apartadas porque Ginger tenía que estar bien sujeta para que no se pusiera a perseguir a las tortuguitas. A mí no me abrazó ni me felicitó.

Volvimos todos al apartamento del abuelo, y papá insistió en llevarnos a todos a la heladería para celebrarlo. Margaret se comió un Buster Parfait de maní entero, sin mencionar ni una vez el colesterol ni las calorías.

Estaba sentada junto a la piscina, leyendo. Después de la ronda de las tortugas, Margaret fue a cumplir con sus tareas de voluntariado en el club de jardinería, y el abuelo Izzy fue a cumplir las suyas en la biblioteca pública. Ethan y yo debíamos ir al apartamento y empezar a almorzar. Ethan terminó de nadar y salió del agua. Se sentó del lado más profundo, con los pies dentro del agua. Me senté a su lado y también metí los pies en el agua. Me di cuenta de que llevaba la llave en un cordón elástico alrededor del tobillo, y también me di cuenta de que tenía un llavero que parecía un molar gigante. Como soy hija de una higienista dental, me interesó su llavero y le pregunté de dónde lo había sacado.

—Me lo dio tu madre —dijo.

No estaba preparada para esa respuesta. —¿Mi madre? —pregunté con una voz que resultaba demasiado fuerte incluso para estar al aire libre.

—Pues sí. Tu madre trabaja para el doctor Gershom, ¿no?

—Sí, eso es.

—Me hizo una limpieza dental —dijo.

No hay peor sensación en este mundo que darse cuenta de que alguien sabe algo de ti, que lo ha sabido todo el verano, y se ha guardado el secreto. Ni siquiera decirles a otras personas algo sobre ti es tan malo como saber algo sobre ti y no decirte que lo sabe. Lo único que puedes hacer es preguntarte en qué estaba pensando todo el tiempo cada vez que hablaba o paseaba contigo por la playa, hacía unos largos en la piscina o jugaba con tu perra Ginger. Me sentí como si me hubiera estado espiando. Como si me hubiera estado acechando.

El corazón me bombeaba galones de sangre a la cara. Noté cómo me latían las venas en el cuello. Controlé mi voz para que no me temblara. Dije: —Deberías habérmelo dicho. Deberías habérmelo dicho hace mucho. Es cuestión de buena educación.

Ethan dijo: —No sabía que tuviera importancia.

Contuve la respiración e hice una pregunta intermedia: —¿Tu madre también conoce al doctor Gershom?

—Ya te lo dije. Es el dentista de la familia. La abuela Draper es parte de nuestra familia. Antes de que ella se trasladara a Florida, también era su dentista.

—No me hables en ese tono, Ethan Potter.

—¿Qué tono?

—Ese tono de paciencia y tolerancia, como si estuviera haciendo preguntas tontas. No son preguntas tontas. Tengo que saber qué es lo que sabes y yo no.

—No sé qué es lo que no sabes, así que ¿cómo voy a saber lo que yo sé y tú no?

—Eso sí que es una pregunta tonta. Verdaderamente es una pregunta estúpida.

—A mí no me parece.

—Pues dime lo que sabías sobre mi madre, sobre mí y sobre mi padre, antes de que nos conociéramos.

—Muy bien. Te diré lo que sabía sobre ti si tú me dices lo que sabías sobre mí.

—Muy bien. Empieza tú.

—Cuando tu madre dijo que se iba a divorciar y que quería volver a Nueva York, donde se había criado, mi abuela organizó las cosas con el doctor Gershom.

—¿Que Margaret organizó qué cosas?

—La entrevista de trabajo.

—¿La entrevista de trabajo de mi madre con el doctor Gershom?

—Yo creía que estábamos hablando precisamente de eso, del empleo de tu madre con el doctor Gershom.

—Estamos hablando de lo que tú sabes y yo no.

—Estoy tratando de contártelo. Tu madre le dijo a Izzy y a la abuela

Draper que quería ir a vivir al estado de Nueva York, y la abuela le consiguió una entrevista con el doctor Gershom.

Yo me había quedado en Florida con papá mientras mamá se iba al norte a buscar un empleo y una casa. Nadie, ni papá, ni mamá, ni el abuelo Izzy... nadie me había dicho que Margaret le había conseguido la entrevista de trabajo a mamá con el doctor Gershom. Margaret podía habérmelo dicho. Los otros debieron hacerlo. Al parecer, nadie pensaba que a mí me importara adónde iba a vivir. Nadie pensaba que para mí era importante saber si iba a pasarme la vida en Nueva York o en Florida, o yendo y viniendo de un lugar a otro.

Tenía la garganta seca. Tomé una gran bocanada de aire de piscina, saturado de cloro, y pregunté:
—¿Hay algo más que sepas de mí y yo no?

Ethan se encogió de hombros. —Sólo que Noah fue el padrino de la boda de la abuela e Izzy.

—Eso lo sabe todo el mundo. Te lo voy a preguntar por última vez. ¿Qué sabes de mí sin que yo sepa que lo sabes?

—No mucho. Sólo que Noah nunca mencionó lo buena gente que son Izzy y tu padre.

—Eso es lo que no sabes. Te estoy preguntando lo que sí sabes.

El latido del cuello estaba a punto de desgarrarme la piel.

—Sé que en este momento estás bastante enojada, y creo que ahora te toca decirme lo que sabías de mí.

—Nada.

—¿Mi abuela no te dijo nada sobre mí?

—Exacto. No dijo nada de ti. Ni siquiera me dijo que fueras a venir, aunque tuvo muchas ocasiones de hacerlo.

Entonces Ethan hizo una extraña pregunta: —¿Te contó algo de Luke?

—¿Qué Luke?

—Mi hermano Lucas, al que llamamos Luke. ¿Te ha contado algo sobre él?

—Nada de nada.

Ethan sonrió, más para sus adentros que para mí. —Vaya —dijo—, los Potter somos unos artistas guardando silencio.

—Tu abuela es una Draper.

—¿Lo ves? —dijo con una mueca—. Me viene de las dos ramas de la familia.

No volví a dirigirle la palabra en lo que quedaba del día, y cuando salió de la piscina para volver al apartamento y almorzar, no fui con él. Pensé que le vendría bien saber lo que se siente al recibir silencio, y no sólo al darlo.

Estaba claro que había sido Margaret quien había hecho posible que mi madre dejara a mi padre. Margaret Diamondstein, antes Draper, había ayudado a mi madre a trasladarse a Nueva York. Se dedicaba a trasladar tortugas de un nido a otro. Había sacado al abuelo Izzy de Century Village. Y ahora estaba ayudando a mi padre a obtener la licencia. En la próxima temporada de tortugas, estaría ayudándolo a trasladarse a la playa. Margaret Diamondstein, antes Draper, era una entrometida.

No quería que Margaret se metiera en mi vida. No quería tener nada más que ver con ella. Esto significaba no más paseos por la playa. Esto significaba que se acabaron la piscina y los desayunos. Esto significaba que se acabaron las rondas de tortugas.

Nunca más volvería a hacer una ronda de tortugas. Jamás.

Dejaría de ir, y no le diría por qué.

Jamás.

Aún estaba junto a la piscina cuando papá vino a buscarme. Volví al apartamento mientras todos bajaron a la playa a ver cómo seguía un nido. Después de ducharme y vestirme fui a mirar por el balcón, con cuidado de quedarme bien pegada a la pared para que no me pudieran ver. Ginger lloriqueó para decirme que quería bajar, pero me pareció que por lo menos mi perra debería quedarse conmigo y estar de mi parte.

Quería irme de la casa de mi padre. Quería irme a casa, al otoño.

Aquella noche, en el camino de vuelta, le pregunté a mi padre si sabía que Margaret había arreglado la entrevista de trabajo de mamá.

—Sí.

—Me parece que podías habérmelo dicho.

—No me pareció importante.

—¿Por qué todo el mundo cree que sabe lo que es importante para mí? Esto era importante. Esto *es* importante. ¿Te parece bien saberlo tú, y que Ethan lo sepa, y yo no?

Lo único que dijo fue: —No sabía que Ethan lo supiera.

Esperaba que dijera algo más, que se disculpara, o simplemente que me dijera que yo tenía razón, pero no lo hizo. Como Ethan, mi padre es un gran aficionado al silencio. Mamá siempre decía: "Tu padre no sabe comunicarse". Se lo oí decir más de una vez. A veces más de una vez por día. Me alegré de haber decidido no volver a las rondas de tortugas y no comunicarle mi decisión a nadie.

A la mañana siguiente, cuando papá llamó a mi puerta yo estaba aún sin vestir, me dijo a través de la puerta: —Date prisa. Vamos a llegar tarde.

Yo no dije nada. Abrió la puerta un poco y dijo: —¿Nadia? Nadia, ¿te sientes bien?

—No pienso ir —dije.

—¿Qué pasa? ¿No te sientes bien?

—No me pasa nada. He decidido quedarme aquí.

—¿Por qué?

—No tiene importancia.

Papá se quedó en la puerta, esperando que le diera una explicación, pero yo no dije nada. Quería que el silencio lo hiciera sentirse tan mal como me había hecho sentir a mí. Dudó, entró en mi habitación y se sentó en el borde de la cama. Se quedó allí sin decir nada. Yo luché contra el silencio hasta que no pude soportarlo ni un segundo más, y dije: —¿Sabías que el curso pasado hice un trabajo sobre tortugas en la escuela?

—Sí. Ya lo sabía.

—No parecía que te interesaran mucho las tortugas cuando hice el trabajo.

—Supongo que tenía otras cosas en la cabeza.

Las sienes me palpitaban tan fuerte que me costó oír lo que decía. —Pues empezaron a interesarte en cuanto Margaret te invitó.

—En parte fue eso, y en parte también que ahora tengo tiempo.

—El tiempo que te corresponde pasar conmigo según el plan de visitas —dije. Papá dejó escapar un largo suspiro y pareció tan avergonzado que estuve a punto de callarme lo que iba a decir, pero al final lo dije: —He decidido que el tiempo que nos corresponde estar juntos según el plan de visitas no lo voy a pasar haciendo rondas de tortugas con Margaret y su nieto. Ni hoy, ni mañana, ni nunca. Si quieres hacer rondas de tortugas, adelante. Puedes conseguir la licencia sin mí. Lo único que necesitas son tortugas, y a Margaret.

No sólo había roto mi silencio, sino que casi estaba gritando.

Papá miró el reloj. Si hay algo que no puedo soportar es que la gente mire el reloj mientras está hablando conmigo. Es como decirme que el tiempo que pasa haciendo cualquier otra cosa es más importante que el tiempo que pasa hablando conmigo.

—Tengo una cita en la oficina dentro de una hora. —Volvió a mirar el reloj.

—Estoy segura de que será una cita importante —dije.

—Pues sí, es importante —contestó.

Papá estaba tan preocupado por el tiempo que ni siquiera se dio cuenta del sarcasmo de mi voz.

—Voy a llamar a Margaret para decirle que no vamos a ir.

—Vete tú si quieres —dije—. Vete, corre. No quiero que te pierdas una ronda de tortugas por mi culpa. A lo mejor luego tienes problemas para conseguir la licencia.

—No puedo llegar hasta allí y volver a tiempo para mi cita.

—¿Estás tratando de decirme que por mí no has podido ir a la ronda de tortugas?

—No, no. Bueno, sí —contestó, confuso—. Lo que quiero decir es que sí, esta conversación me ha impedido ir a una ronda de tortugas, pero no, eso no es lo que te quiero decir. Sabes que si no hubiera sido porque tú no querías ir, yo sí habría ido.

Volvió a mirar su reloj. —Voy a llamar a Margaret. Después tendremos tiempo de desayunar y de charlar sobre esto. —Caminó hacia la puerta, se volteó y dijo: —No voy a decirle por qué no vas.

—Díselo. Me da lo mismo. Lo sabe todo sobre mí. Díselo —dije—. Y no cuentes conmigo para el desayuno. No quiero desayunar.

Le di la espalda y me puse a mirar la almohada.

El teléfono sonó a media mañana. Dejé que funcionara el contestador. Era Margaret, diciendo que iría a buscarme si yo la llamaba. No lo hice. Preferí llevar a Ginger a dar un paseo alrededor del campo de golf. Cuando volvimos vi que había un mensaje en el contestador. Lo escuché. Era el abuelo Izzy pidiéndome que lo llamara. Borré el mensaje. Me quedé sentada junto a la piscina un rato, leyendo, y volví al apartamento para almorzar, y fue entonces cuando comí el cereal de desayuno que mi padre me había dejado en el mostrador de la cocina. Llamó mientras estaba comiendo. Tampoco contesté el teléfono.

Después del almuerzo llevé a Ginger a dar otro paseo y llamé a las líneas aéreas para preguntar cuánto costaría cambiar la fecha de mi vuelo para irme antes a casa. Treinta y cinco dólares. Vi tres programas en la televisión. Eran espantosos. El teléfono sonó dos veces. Era mi padre otra vez, preocupado porque yo no respondía. Después llamó Margaret de nuevo, diciendo que esperaba que fuéramos porque había otro nido a punto de eclosionar.

Borré todos los mensajes.

No contestar el teléfono, pero oír lo que decía la gente al otro lado, era un poco como espiar. Me gustó.

Papá entró en el apartamento. Parecía estar irritado y cansado, y me recordó al hombre tenso y nervioso que me había recogido en el aeropuerto.

—¿Dónde estabas? —preguntó—. Te he llamado cada veinte minutos.

—Ya me he dado cuenta —contesté. Cuando me preguntó por qué no le había respondido, dije que no me había parecido que fuera importante.

—Mañana me voy a tomar el día libre —dijo.

—¿Qué vas a hacer? ¿Rondar?

—¿Qué quieres decir?

—Nada. —*Nada* es una respuesta grosera, pero algunas veces no hay nada que funcione, y a veces no hay nada más que funcione.

—Había pensado que podíamos ir a Disney World. Siempre te ha gustado Epcot.

—¿Y qué hago con Ginger? —pregunté.

—Voy a preguntar qué tipo de alojamiento tienen para perros...

En ese momento sonó el teléfono. Papá lo contestó. Por su forma de hablar me di cuenta de que estaba hablando con el abuelo Izzy, que le estaba preguntando si pensaba ir a la ronda de tortugas de la noche. Cuando colgó, papá me preguntó si me gustaría invitar a Ethan a ir con nosotros a Disney World. No podía creer que me estuviera haciendo esa pregunta. Me quedé mirándolo fijamente.

—Bueno —dijo—, como le gustó tanto *El fantasma de la Ópera,* pensé que a lo mejor le gustaría... —Seguí mirándolo fijamente sin decir nada. Carraspeó—. Si no te gusta la idea de invitar a Ethan, ¿te gustaría invitar a alguno de tus amigos de donde vivíamos antes?

Casi me estaba rogando que invitara a alguien. Si no había tortugas, mi padre no sabía qué hacer conmigo.

Aunque Disney World estaba a sólo dos horas en carro de su apartamento, papá había decidido que sería más divertido pasar la noche en alguno de los hoteles de Disney. Llamó para hacer las reservas y fuimos a nuestra habitación a preparar el equipaje con las cosas necesarias para pasar la noche.

Aquella noche una tormenta del nordeste azotó la costa. Los vientos soplaban a treinta y cinco millas por hora, con rachas de hasta cincuenta. El nivel del mar estaba crecido, y eso significaba que los tramos de autopistas y carreteras secundarias que se encontraban más bajos estarían cerrados. Es decir, que las carreteras interestatales que normalmente estaban llenas de carros que avanzaban pegados unos a otros estarían igualmente llenas, pero los carros no avanzarían. Antes de irnos a la cama papá sugirió que saliéramos a última hora de la mañana, y no a primera, para evitar el tráfico de la hora pico.

El teléfono sonó a medianoche. Papá me avisó y me dijo que agarrara el otro teléfono. Era el abuelo Izzy.

—Es una emergencia —dijo con voz suplicante—. Los vientos van a arrastrar a las crías hasta la playa. Tenemos que llevárnoslas mañana temprano antes de que amanezca. Antes de que los pájaros se las coman. Margaret y yo creemos que deberías venir ahora para que podamos empezar pronto. El tráfico estará imposible por la mañana.

El abuelo parecía tan sincero, tan preocupado por las tortugas, tan convencido de que iríamos al rescate, que era evidente que papá no le había dicho que yo no pensaba volver a las rondas de tortugas. Esperé a ver cómo le iba a decir que no podía. Hizo lo mejor que podía hacer: se quedó callado.

El abuelo dijo: —Nadia, ¿estás ahí? ¿Estás escuchando, cariño?

—Estoy aquí, abuelo...

—Ya sabes lo que pasará si no recogemos las crías. ¿No puedes venir?

—Papá y yo teníamos planes...

—¿Qué planes, cariño? No querrás que el viento saque a las tortuguitas del mar y se mueran, ¿verdad? Son bebés, Nadia. Necesitan ayuda.

—Papá y yo íbamos a ir a Epcot...

—¿Por qué quieres ir a ver la versión del mundo del señor Walter Disney cuando puedes ver la versión auténtica, la de la Madre Naturaleza? —Tuve que sonreír. El abuelo Izzy siempre se refería a Disney World llamándolo *la versión del mundo del señor Walter Disney*. Después dijo: —Margaret y yo necesitamos que nos ayudes, Nadia. Y las tortugas también. A veces ocurre que una especie tiene que ayudar a otra a instalarse.

—El abuelo se estaba disculpando por no haberme hablado de la intromisión de Margaret. Yo no sabía qué decir.

Por fin, papá habló: —Dejemos que la Madre Naturaleza se ocupe de las tortugas. Pueden cuidarse solas.

Pero yo sabía que no podían. Dije: —Abuelo, voy a hablar con papá. Ahora te llamo.

Después de colgar, fui a la sala. Papá estaba en pijama. A rayas. Nunca antes había visto a mi padre sentado en la sala, con un pijama a rayas. Dijo: —No te preocupes por las tortugas, Nadia.

Le expliqué: —Las tortugas estarán muy a la vista, fuera de su lugar, desprotegidas en la playa. Los pájaros se las comerán.

—No se las pueden comer a todas.

—Las que no se coman los pájaros se perderán.

—Pero entonces subirá la marea y arrastrará las algas y a las tortugas
—sonrió de nuevo—. Lo que la marea saca del mar, se lo vuelve a llevar poco
después. Esto no es algo filosófico, Nadia. Es un hecho.

—Se perderán en el mar.

—¿Perderse en el mar? Pero si el mar es su casa...

—Se perderán en el mar —repetí.

—Nadia —dijo papá—, ¿cómo puede suceder eso?

—Tienes que comprender a las tortugas para entender cómo pasan
las cosas.

—Pues yo creo que no las comprendo.

—Le dije al abuelo que hablaría contigo.

Mi padre se sentó en el sofá. Parecía totalmente fuera de lugar con el
pijama a rayas. Asintió con la cabeza, despacio, pensativo, y supe que me
iba a escuchar con atención, y supe que se lo podría explicar todo.

—Todo empieza —dije— en el momento en que las crías, nada más salir
del cascarón, se abren paso en la arena y se dirigen a la luz del horizonte.
Cuando llegan al agua empiezan a nadar con todas sus fuerzas. No comen.
Simplemente nadan y nadan, hasta que llegan al Mar de los Sargazos. Luego se
detienen, y es entonces cuando la Madre Naturaleza les desconecta el interruptor de nadar y nadar y les enciende el de comer y crecer. Se pasan entre cinco y
diez años en el Mar de los Sargazos, alimentándose de pequeños animales
marinos que viven enredados entre los sargazos.
Esta noche, cuando el viento lleve
las algas a la playa, habrá muchas

tortugas pequeñas enredadas en las algas a las que ellas llaman su casa.

Hice una pausa en mi relato. Miré atentamente a mi padre, y él me miró atentamente a mí. —¿Me sigues? —pregunté. Mi padre asintió, y yo continué—. Aquí viene lo trágico. Aunque la marea vuelva a llevárselas al mar, no lograrán volver a su casa porque una vez que se les ha parado el interruptor de nadar, nunca más se les vuelve a encender. Las tortugas no tienen un generador de emergencia ni un interruptor de seguridad para volverlo a encender. Así que ahí están, otra vez a la orilla del mar, pero esta vez no tienen el mecanismo que las lleva a nadar hacia el este. Y por eso se van a perder en el mar. Querrán alimentarse. Tendrán hambre, pero no están en el lugar adecuado para comer, y no sabrán cómo llegar hasta él porque no son capaces de dar la vuelta a su reloj interno. No encontrarán su casa. No encontrarán comida. Pasarán hambre, se quedarán debilitadas y se las comerán.

Mi padre no miró ni una vez el reloj. Ni el de pulsera ni el de mesa, junto al sofá. Su interruptor de escuchar y aprender se había encendido, y su propio reloj interno estaba haciendo tic-tac. Lo observé, sentado en el sofá gris pálido de la sala, vestido con su pijama azul a rayas. La tormenta de nuestras vidas privadas lo había atrapado y lo había sacado de su lugar. A mí también. A mí también me habían tomado de un sitio y me habían dejado en otro. Yo también estaba desorientada. Los dos necesitábamos ayuda para empezar una nueva vida.

—Cuando el abuelo dice que tenemos que recoger las tortugas, se refiere a que tenemos que reunirlas y llevárnoslas en baldes. Después tenemos que llevarlas a Marineland. Cuando el mar se serene, las llevarán a cincuenta millas de la costa, al Mar de los Sargazos.

Papá sonrió: —Necesitan que alguien les dé un empujón.

Ginger se frotó contra mis piernas. Yo le acaricié el lomo. —Sí, eso es.

No dijimos una palabra más y volvimos cada cual a su habitación. Nos vestimos. Cuando llegamos corriendo al carro estaba lloviendo a cántaros, y el viento soplaba tan fuerte que los paraguas no servían de nada. Sujeté la puerta trasera para que Ginger entrara, y saltó adentro. Papá y yo nos mojamos bastante sólo en el trayecto hasta el carro, y Ginger se sentó en el asiento trasero, jadeando y oliendo a lo que era, una perra mojada.

La lluvia caía con fuerza sobre el carro, y los limpiaparabrisas danzaban de derecha a izquierda sin llegar a limpiar por completo el parabrisas. Había muy pocos carros en la carretera. No adelantamos a ninguno, no sólo porque habría sido peligroso, sino también porque las luces traseras nos servían de guía. Los carros que venían en sentido contrario salpicaban toda la capota. Papá agarraba el volante con fuerza.

Estas tormentas del nordeste descargan chaparrones que cubren varias millas, con breves intervalos. En uno de los momentos en que se calmó el temporal, papá se echó ligeramente hacia atrás y preguntó: —¿Qué hacen las tortugas cuando acaba su estancia de cinco o diez años en el Mar de los Sargazos?

—Van a las Azores y durante unos años se alimentan de partículas que encuentran en el fondo marino.

—¿Y después?

—Después, crecen. Cuando tienen unos veinticinco años se aparean. Las hembras vienen a la playa, a la misma playa donde nacieron, y ponen sus huevos. Inmediatamente después vuelven al mar y no vuelven a salir hasta dos o tres años

después, listas para poner huevos otra vez. Los machos nunca vuelven a la playa.

Papá dijo: —Te has olvidado de algo, Nadia. Tienen diez años cuando salen del Mar de los Sargazos, y veinticinco cuando se aparean y ponen huevos. ¿Qué ocurre durante los quince años que hay entre el momento de marcharse de las Azores y el de aparearse?

Me di cuenta de golpe y me eché a reír. Empezaba otro chaparrón y papá se concentró tanto en manejar que no estaba segura de que estuviera esperando que le contestara.

—¿Qué pasa? —preguntó.

—Otro interruptor —dije.

Apartó los ojos de la carretera el tiempo suficiente para decir: —Dime, ¿qué hacen?

—En los años que hay entre el momento de marcharse de su segunda casa y el de volver a las playas donde nacieron, se la pasan yendo y viniendo. Año tras año, recorren el Atlántico de un lado a otro, nadando hacia el norte en verano y hacia el sur en invierno. ¿Ya lo sabías?

—No estaba seguro, pero tenía mis sospechas.

Tuve que sonreír. —¿Y tenías sospechas sobre mí?

—Durante cierto tiempo las tuve —dijo. Y apartó los ojos de la carretera el tiempo suficiente para devolverme la sonrisa—. Pero ahora no.

—Claro —dije—. Yo voy a hacer lo mismo, pero al contrario. Iré al norte en invierno, y al sur en verano.

—Sí —dijo—. Y habrá veces en que tú o yo necesitemos un empujón entre viaje y viaje.

—Sí —contesté—, habrá veces.

Conozcamos a la autora
E.L. Konigsburg

Significado de E. L.: Elaine Lobl

Su primer empleo: Contadora en una empresa de venta de carne

Comida favorita: Chocolate

Inspiración para sus libros: Sus estudiantes de la escuela y sus propios hijos

Sobre los buenos cuentos: "[Intento] que la narración sea como un helado con vetas de chocolate. Se va lamiendo la vainilla, pero de vez en cuando se llega a algo más oscuro, más profundo y de sabor más fuerte".

Un libro famoso escrito por ella: *From the Mixed-Up Files of Mrs. Basil E. Frankweiler*

Conozcamos al ilustrador
Kevin Beilfuss

Cuándo y dónde nació: El 10 de marzo de 1963 en LaGrange, Illinois

Libros infantiles favoritos: *The Chronicles of Narnia,* por C.S. Lewis

Deportes favoritos: Sóftbol y esquí

Cómo hace sus ilustraciones: "Es como dirigir una obra de teatro", dice Beilfuss. Pide a sus modelos que representen la escena, y él las vuelve a crear con pinturas al óleo o acrílicas.

Internet

Para más información interesante acerca de E. L. Konigsburg y Kevin Beilfuss, visita Education Place.

www.eduplace.com/kids

Piensa en la selección

1. ¿Por qué se disgusta Nadia cuando su padre dice que quiere conseguir la licencia para supervisar una patrulla de tortugas? Busca una frase del cuento que sirva de apoyo para tu respuesta.

2. ¿Qué te dicen de Nadia y Ethan los comentarios de ella y el comportamiento de él durante y después de la presentación de *El fantasma de la Ópera?*

3. Si estuvieras en el lugar de Nadia, ¿te quedarías en casa el día antes de un viaje emocionante, sin contestar el teléfono? ¿Por qué?

4. Busca información en el cuento que demuestre que la siguiente afirmación es falsa: No tiene sentido que Nadia y su padre cambien de planes para ir a ayudar a las tortugas.

5. El padre de Nadia se compara a sí mismo y a su hija con las tortugas, y dice: "Habrá veces en que tú o yo necesitemos un empujón entre viaje y viaje". ¿Por qué lo dice?

6. Nadia está interesada en ayudar a los bebés tortuga a sobrevivir, y quizás sea bióloga cuando crezca. ¿Hay algo que te interese particularmente a ti y que pueda llegar a ser tu profesión?

7. Conectar/Comparar Compara los sentimientos de Nadia sobre la separación de sus padres con los sentimientos de Margaret al perder a su padre en *El último verano con Maizon.* ¿En qué se parecen y en qué se diferencian sus sentimientos?

La vista desde
el sábado
por E.L. Konigsburg

Escribe un boletín de noticias

Se ha desencadenado una fuerte tormenta en la costa de Florida. Se necesitan voluntarios inmediatamente para que ayuden a salvar a los bebés tortuga. Escribe un boletín informativo sobre la situación. Explica por qué las tortugas están en peligro, qué es lo que hay que hacer y adónde deben dirigirse las personas dispuestas a ayudar.

Consejos

- Recuerda que un boletín de noticias debe responder a las siguientes preguntas sobre la situación: ¿quién?, ¿qué?, ¿cuándo?, ¿dónde?, ¿por qué? y ¿cómo?
- Elige bien las palabras para alentar a la gente a ayudar.

Lectura — Analizar características de los personajes

Escritura — Desarrollar el tema con detalles

Haz una gráfica circular

Haz una gráfica circular donde se represente la información del comienzo de la selección. Si había cien huevos en total, ¿qué porcentaje hubo de tortugas vivas? ¿Qué porcentaje se quedó sin abrir? ¿Qué porcentaje corresponde a crías vivas a medio salir del cascarón? ¿Y a crías muertas a medio salir del cascarón?

96 cascarones vacíos

4 huevos enteros sin eclosionar

1 cría muerta

3 tortugas muertas a medio salir del cascarón.

1 tortuga viva a medio salir del cascarón.

2 crías vivas

Informe sobre la migración de las tortugas

Vuelve a leer la parte de la selección en la que Nadia habla a su padre de las migraciones de las tortugas. Después, combina tu información con la de un compañero y juntos den un informe oral sobre cada zona de migración de las tortugas.

Extra Dibuja un mapa con los lugares adonde van las tortugas bobas a lo largo de su vida. Complétalo con notas sobre dónde migran las tortugas y otros hechos importantes.

Completa un crucigrama en la red

Al leer *La vista desde el sábado* has aprendido muchas cosas sobre las tortugas bobas. Pon a prueba tus conocimientos haciendo el crucigrama que se puede imprimir desde Education Place. **www.eduplace.com/kids**

Lectura — Calcular porcentajes
Escritura — Organismos en ecosistemas

Destreza: Cómo leer un artículo de ciencias

Antes de leer...

❶ **Da un vistazo** a todas las páginas. Fíjate en los encabezados, las fotografías y los pies de foto para hacerte una idea de lo que vas a leer.

❷ **Predice** lo que vas a aprender para que tu lectura tenga un objetivo claro.

Al leer...

❶ **Identifica** las ideas principales y las ideas secundarias.

❷ **Busca** palabras que indiquen causa y efecto, o que marquen la secuencia de los hechos.

❸ Si hay algo que no entiendes bien, hazte preguntas. **Vuelve a leer** las partes necesarias para hallar las respuestas

Estándares

Ciencias

• **Funciones de los organismos**

• **Recursos del ecosistema**

Criar mariposas en casa

Por Deborah Churchman

Los habitantes del pueblo de Barra del Colorado, en Costa Rica, tenían un gran problema. Durante muchos años los hombres se habían ganado la vida pescando, pero últimamente los peces habían empezado a desaparecer debido a la contaminación y a la pesca excesiva. Cada vez les resultaba más difícil pescar lo suficiente como para dar de comer a sus familias y vender algo para conseguir dinero. ¿Qué podían hacer?

El pueblo está junto a un hermoso bosque tropical. Los habitantes del pueblo podían haber cortado los árboles y a continuación vender la madera y cultivar las tierras. Habrían conseguido dinero, pero también habrían destruido el bosque.

A una científica llamada Brent Davies se le ocurrió otra forma de utilizar el bosque sin destruirlo. Los habitantes del pueblo podían criar *mariposas* y venderlas.

En el bosque junto a Barra del Colorado revoloteaban muchas mariposas de colores. No resultaría difícil capturar algunas y utilizarlas para criar muchas más.

Brent sabía que los mariposarios de los zoológicos de todo el mundo estarían dispuestos a pagar por mariposas criadas en fincas. Si los habitantes del pueblo podían ganar dinero vendiéndolas, tendrían un buen motivo para proteger el bosque tropical, que es el hogar de las mariposas. Después de todo, sin el bosque no habría mariposas silvestres que atrapar. Y sin un suministro constante de mariposas silvestres, la finca no podría salir adelante.

Brent Davies y sus amigos contemplan el nuevo letrero (arriba). En español y en inglés, dice que allí se crían insectos como las mariposas de la página de al lado.

En un espacio cerrado (derecha), los visitantes pueden ver la plantas cultivadas para alimentar a las hambrientas orugas.

Brent quería enseñar a los habitantes del pueblo a criar mariposas para la venta. Y sabía quién podía colaborar: ¡Los chicos de la escuela! Si los adultos veían que los chicos ganaban dinero con las mariposas, tal vez decidieran montar su propia finca... y proteger el bosque.

Una finca en la escuela

Las mariposas se alimentan del néctar de ciertas flores, y ponen sus huevos en otras plantas. Cuando los huevos se rompen, de ellos salen orugas que se comen esas plantas. Comen y crecen, y crecen y comen. Cuando han crecido suficiente, las orugas se convierten en crisálidas, y éstas son las que compran los mariposarios.

Brent sabía que los habitantes del pueblo podían encontrar crisálidas en el bosque para venderlas. Pero si lograban que las mariposas pusieran los huevos en un lugar determinado, podían *criar* orugas y conseguir muchas más crisálidas. Incluso podían dejar en libertad algunas de las mariposas que criaran, para garantizar que siempre hubiera suficientes ejemplares en el bosque.

¿Por dónde empezar? Brent pensó que, para atraer a las mariposas, los habitantes del pueblo necesitarían un jardín lleno de flores con néctar. También necesitarían un lugar cerrado lleno de plantas para que las orugas se alimentaran. Habló con los directores de la escuela y juntos eligieron un lugar adecuado en el patio de la escuela.

Traslado de dos puñados de orugas hambrientas de mariposa búho (izquierda) a una caja de alimentación. Estas orugas comerán y crecerán. Cuando se conviertan en crisálidas, se guardarán en cajas (círculo) y se enviarán a los mariposarios.

Limpiar y plantar

Lo primero que tenían que hacer era limpiar bien el patio. Los chicos se pusieron manos a la obra y llenaron más de 100 bolsas de basura. Algunas personas se detenían a admirar su trabajo.

Después todos colaboraron para remover la tierra, de manera que las plantas pudieran crecer. Al hacerlo aparecieron muchos gusanos, que atrajeron a grandes cantidades de gallinas. Los chicos organizaron "patrullas de pollos" para espantar a los animales: ¡El jardín de mariposas necesitaba esos gusanos!

A continuación plantaron flores para atraer a las mariposas. Además del jardín de mariposas, construyeron el recinto cerrado para criar a las orugas. Después plantaron allí las especies más adecuadas.

Criar mariposas

Las mariposas del bosque volaron al jardín para alimentarse de las flores. Brent enseñó a los niños a capturar a las mariposas y llevarlas al recinto cerrado. Allí, las mariposas ponían huevos diminutos en las plantas especiales.

Brent también enseñó a los niños a encontrar orugas y huevos. (Algunos huevos son del tamaño del punto que hay al final de esta oración.)

Los chicos aprendieron a levantar las hojas de las plantas y buscar huevos. Los ponían, junto con las orugas que encontraban, en cajas especiales de alimentación. Así se aseguraban de que los insectos tuvieran suficiente alimento.

En las cajas, las orugas engordaban comiendo las hojas. Después se transformaban en crisálidas. Los niños recogían las crisálidas como si estuvieran recolectando su cosecha. Dejaban que algunas de las crisálidas se convirtieran en mariposas y las devolvían al bosque, pero vendían el resto.

Actualmente la finca vende aproximadamente 250 crisálidas al mes. El dinero que ganan va a parar a la escuela, para comprar material y equipos escolares. Lo primero que los chicos compraron fue un ventilador de techo para no pasar tanto calor en el salón.

Lo mejor es que algunos adultos del pueblo han empezado a hacer lo mismo que los chicos: construir fincas para las mariposas. Han aprendido de los niños cómo usar el bosque sin dañarlo.

Mientras tanto, en casa...

La gente del Parque de vida silvestre animal de San Diego ayudó a crear la finca de mariposas de Costa Rica. Después se les ocurrió otra idea loca: ¿Por qué no hacer lo mismo donde ellos vivían, en California?

Preguntaron a los chicos de la escuela elemental San Pasqual Union si querían participar. Todos estuvieron de acuerdo en hacer lo mismo que los habitantes de Barra del Colorado.

Los chicos y los adultos crearon un jardín de mariposas y un área cerrada. Una parte del dinero que ganan sirve para pagar algunas cosas especiales para la escuela, como material para la clase de ciencias.

Los estudiantes de California han empezado a escribir a los estudiantes de Costa Rica para intercambiar información sobre sus negocios de mariposas. Los dos grupos de chicos están encantados con lo que están haciendo por la naturaleza.

Algunos chicos, como Charlie Hanscom, de San Pasqual, en California, también están criando mariposas.

Escribir una reacción personal

Algunas pruebas consisten en elegir un tema entre dos posibilidades y escribir una reacción personal sobre él. Aquí tienes un ejemplo.

Escribe uno o dos párrafos sobre uno de los siguientes temas:

a. En el tema *Abriendo caminos,* algunos de los personajes cometen errores al tratar de hacer amigos. ¿Qué consejo darías a alguien que quisiera hacer amigos? Responde basándote en tu propia experiencia.

b. En *El último verano con Maizon,* Margaret encuentra que hablar con Hattie la ayuda. Cuando tú tienes que resolver un problema o tomar una decisión, ¿con quién te gusta hablar? ¿Cómo te ayuda esa persona? Da un ejemplo.

Ahora lee una buena respuesta al tema B escrita por un estudiante, y fíjate en las características que hacen de ella una buena reacción.

Cuando tengo un problema me gusta hablar con Gary, mi hermano mayor. Si tengo alguna idea sobre cómo resolver el problema, él me dice si es una buena idea o no.

Por ejemplo, cuando cambié de escuela este año, me daba miedo hacer las pruebas para entrar en el equipo de básquetbol. No conocía a nadie del equipo y pensé que no sería lo suficientemente bueno porque no soy muy alto. Me gusta muchísimo jugar al básquetbol, pero le dije a mi hermano que estaba pensando en probar con otro deporte. Gary dijo que él se había sentido igual cuando estaba en sexto grado. Me presentó al entrenador de básquetbol y hasta me dejó practicar con sus amigos en el gimnasio después de la escuela. Ahora tengo más confianza en mi forma de jugar.

La reacción está bien centrada en el tema.

La reacción está bien organizada.

Los detalles apoyan la respuesta.

Hay pocos errores de gramática, ortografía, uso de mayúsculas y puntuación.

Escritura **Desarrollar el tema con detalles**
Revisar; mejorar la organización

Culturas antiguas

¿Dónde están?

¿Adónde se han marchado
los aztecas?
¿Dónde están?

Encontramos sus huellas
a veces.
En hueso. En piedra.

¿Pero dónde tamborilean reunidos?
¿Adónde cantan su canción?

¿Adónde se han marchado
los aztecas?
¿Dónde están?

por Tony Johnston

Tumba de Tutankamón, antiguo rey egipcio ▶

355

Culturas antiguas

Contenido

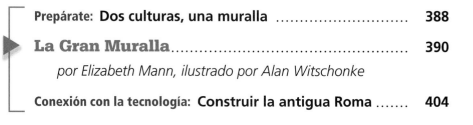

Biblioteca del lector

- **Un pasado valeroso**
- **Las pirámides de Giza**
- **El Bagdad antiguo: Una ciudad en la encrucijada del comercio**

Libros del tema

Mao Tiang *Pelos Tiesos*

  *por Monserrat del Amo
  ilustrado por Fátima García*

El abrazo del Nilo

  *por Montserrat del Amo
  ilustrado por Marina Seoane*

La antigua China

  *por Robert Nicholson y
  Claire Watts*

Libros relacionados

Si te gusta…

El templo perdido de los aztecas
por Shelley Tanaka

El templo perdido
de los aztecas
por Shelley Tanaka
ilustraciones de Greg Ruhl

Entonces lee…

La montaña del alimento

por Harriet Rohmer

(Children's Book Press)

En esta leyenda azteca, una hormiga gigante ayuda al dios Quetzalcóatl a llevar maíz a las primeras personas de la tierra.

Popol Vuj: Libro sagrado de los mayas

por Víctor Montejo (Groundwood Books)

El Popol Vuj, uno de los primeros documentos mayas que sobrevivió a la conquista española, describe la creación del universo maya y de los humanos.

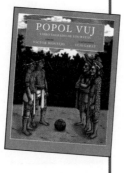

Si te gusta…

La Gran Muralla
por Elizabeth Mann

La Gran Muralla
por Elizabeth Mann

Entonces lee…

La leyenda de la cometa

por Jian Hong Chen

(Corimbo)

Un abuelo le cuenta a su nieto la historia de por qué los chinos hacían papalotes.

El ruiseñor de la China

por Hans Christian Andersen

(Didaco)

Un emperador sordo no quiere pájaros cantores en su palacio, pero cuando el ruiseñor tiene que marcharse, su hija se pone muy enferma.

Los reinos de Ghana, Malí y Songhay

por Patricia y Fredrick McKissack

Los reinos de Ghana, Malí y Songhay
por Patricia y Frederick McKissack

El diario secreto del príncipe Tutankhamón

por Philip Ardagh

(Grijalbo-Mondadori)

Los símbolos del antiguo Egipto ayudan a describir la vida de los egipcios durante la época de Tutankhamón.

El periódico de Grecia

por Anton Powell, Philip Steele (B)

Se presenta información sobre la historia de la antigua Grecia en formato de periódico.

Tecnología

En Education Place

Añade tus informes de estos libros o lee los informes de otros estudiantes.

Education Place®

Visita **www.eduplace.com/kids**

El templo perdido
de los aztecas
por Shelley Tanaka
ilustraciones de Greg Ruhl

**El templo perdido
de los aztecas**

Vocabulario

adornos
carreteras elevadas
conquistados
excavación
imperio
intrincadas
metrópolis
territorio continental

Estándares

Lectura

- Unir y clarificar ideas principales
- Evidencia en las conclusiones del autor
- Persuasión y propaganda
- Determinar el significado a través del contexto

Excavar una ciudad AZTECA

Los aztecas fueron un pueblo indígena americano que fundó la antigua ciudad de Tenochtitlán, en México, a mediados del siglo XIV. *El templo perdido de los aztecas* habla de esta ciudad escondida, de la que se descubrió una parte durante una **excavación** que se hizo en 1978 en lo que es hoy Ciudad de México.

Fotografía de la excavación de 1978 en Ciudad de México

Año 1325 d. C.
Los aztecas fundan la ciudad de Tenochtitlán

Año 1519 d. C.
Llegada a México de la expedición de Cortés

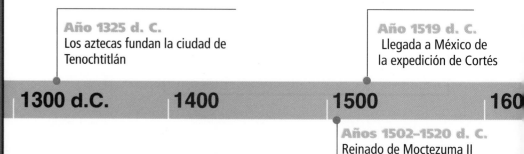

1300 d.C.　　1400　　　　　1500　　　160

Años 1502–1520 d. C.
Reinado de Moctezuma II

Los aztecas adoraban a muchos dioses. Esta máscara de oro y jade representaba a la diosa de los arroyos, ríos, lagos y mares.

Durante el reinado de Moctezuma II (1502–1520), Tenochtitlán era la capital del **imperio** azteca. Tenochtitlán era una hermosa **metrópolis** construida sobre una isla en el lago Texcoco. Existían largas **carreteras elevadas** sobre el agua que unían la ciudad con el **territorio continental**, y en su centro se alzaba el Templo Mayor. El imperio azteca nació gracias al comercio, y más tarde se expandió cuando otros grupos vecinos fueron **conquistados** por sus guerreros.

Cuando se descubrió Tenochtitlán, se hallaron numerosos objetos, desde vasijas de arcilla hasta máscaras de jade y turquesa que los aztecas usaban durante sus festividades. También se encontraron **intrincadas** joyas de oro, plata y platino. Estas joyas eran **adornos** exclusivos de las personas de rango más alto, como el soberano y sus nobles.

Mosaico en forma de disco, hecho con turquesa y trozos de concha, del período 900–1521 d. C.

Un adorno que se usaba como símbolo de posición social, en oro y jade.

Año 1978 d. de C.
Los obreros descubren la piedra de la antigua diosa de la Luna en Ciudad de México; comienza la excavación del Templo Mayor de los aztecas.

1700   1800   1900   2000

El templo perdido de los aztecas

por Shelley Tanaka
ilustraciones de Greg Ruhl

Estrategia clave

En 1519, los españoles llegaron a Tenochtitlán, la capital del imperio azteca. Al leer, **evalúa** la forma en que el autor retrata a Moctezuma, el emperador de los aztecas, y a Cortés, el líder de los españoles.

Lectura Evidencia en las conclusiones del autor

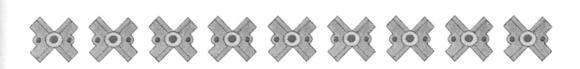

PRÓLOGO
21 de febrero de 1978

El Zócalo aún estaba oscuro. Los tranvías que cruzaban la esquina opuesta de la plaza mayor de Ciudad de México aún no estaban llenos de empleados y obreros camino a sus trabajos. Entre la catedral y el palacio presidencial, los obreros estaban excavando zanjas para el tendido eléctrico, deseosos de adelantarse al calor agobiante y la contaminación que envolverían la ciudad al mediodía.

De pronto dieron con algo duro. Era una piedra plana y redonda cubierta de tallas intrincadas y misteriosas.

Un equipo de expertos fue a examinarla. Descubrieron que aquel disco gigante, que medía casi diez pies (tres metros) de diámetro, representaba a Coyolxauhqui, la antigua diosa de la Luna. Los especialistas continuaron excavando y descubrieron que la piedra se encontraba al comienzo de unos escalones enterrados. Debajo de una manzana de tiendas y de un edificio de estacionamiento, en el centro de Ciudad de México, habían descubierto el Templo Mayor de los aztecas, la piedra angular del que una vez fue el imperio más poderoso de Norteamérica.

El profesor Eduardo Matos Moctezuma comprendió la importancia de la excavación. Se dio cuenta de que estaba presenciando el descubrimiento de su vida. Como egresado de la Escuela Nacional de Antropología de México tenía amplia experiencia en excavaciones de yacimientos aztecas, pero su interés iba más allá de lo profesional.

El profesor Eduardo Matos Moctezuma

L as figuras grabadas en la gran piedra redonda representan a Coyolxauhqui, la diosa azteca de la Luna (*arriba*). Un arqueólogo anota cuidadosamente los descubrimientos realizados en el sitio de la excavación en Ciudad de México (*izquierda*).

A través de los antepasados de su madre, su árbol genealógico conducía directamente a uno de los gobernantes más famosos y trágicos de la historia. Mucho antes de que los europeos llegaran a Norteamérica, en el lugar donde se encuentra hoy Ciudad de México había otra metrópolis muy diferente. Se llamaba Tenochtitlán, y era la capital del imperio azteca.

Hace quinientos años, Tenochtitlán era una ciudad de 250,000 habitantes. Estaba construida sobre una isla en medio de un lago de resplandecientes aguas azules. La ciudad estaba atravesada por una red de canales que entrecruzaban manzanas de impecables edificios blancos y exuberantes jardines verdes. Había largas carreteras elevadas que conectaban la ciudad con el territorio continental y en la distancia se alzaban, imponentes, varias montañas de cumbres nevadas.

Los primeros europeos que vieron Tenochtitlán encontraron la ciudad tan hermosa que creyeron que se trataba de una ciudad encantada.

El Templo Mayor estaba en el corazón de esta ciudad extraordinaria. Tenía nueve pisos de altura y daba a una enorme plaza rodeada de santuarios y palacios. Aquí era donde los aztecas adoraban a sus dioses, donde sus enemigos conquistados traían ofrendas y tributos y donde el gobernante azteca, Moctezuma, recibía a sus huéspedes importantes.

Un fatídico día de 1519, un grupo de extraños visitantes llegó a Tenochtitlán. Los aztecas nunca habían visto a nadie así. Tenían la piel extrañamente blanca, el rostro cubierto de vello, y llevaban vestimentas de metal de la cabeza a los pies. Iban acompañados de bestias extrañas de ojos desorbitados y llevaban armas pesadas y ruidosas que brillaban con el sol.

¿Eran amigos o enemigos? ¿Convenía destruirlos o tratarlos como a invitados?

Moctezuma decidió recibir a los extraños. Después de todo, ¿qué podía temer su poderosa nación de guerreros dentro de las murallas de su gran ciudad?

El Templo Mayor

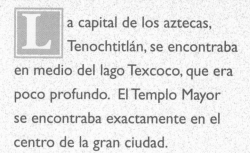

La capital de los aztecas, Tenochtitlán, se encontraba en medio del lago Texcoco, que era poco profundo. El Templo Mayor se encontraba exactamente en el centro de la gran ciudad.

LLEGAN LOS EXTRANJEROS
Abril de 1519

Los barcos venían del este. Aparecieron sin más en el horizonte un buen día, como caídos del cielo. Eran más grandes que cualquier otro barco que hubieran visto hasta ese momento, y se acercaban flotando a la costa como pequeñas montañas.

Cuando los mensajeros de Moctezuma vieron los barcos se apuraron a regresar a Tenochtitlán.

—Han llegado unos hombres extraños a las playas del gran mar —dijeron a su señor—. Tienen la piel muy clara, llevan barbas largas y el cabello sólo les llega hasta las orejas. Van sentados en enormes venados que los llevan adonde ellos quieren ir.

Moctezuma escuchó las noticias en silencio mientras pensaba a toda velocidad.

—¡Ha aparecido Quetzalcóatl! —pensó—. ¡Ha vuelto para reclamar su trono!

Estaba sucediendo exactamente lo que la vieja profecía anunciaba. Según la leyenda, mucho tiempo atrás Quetzalcóatl, el gran dios del aprendizaje y la creación, se había embarcado hacia el este en una balsa de serpientes, rumbo a una tierra misteriosa al otro lado del océano, pero prometió que regresaría. Éste era precisamente el año en que la profecía anunciaba su vuelta.

Moctezuma sabía que ciertos indicios señalaban que las relaciones con los dioses no iban bien, y que su pueblo estaba a punto de vivir un cambio decisivo. Dos años atrás, durante la noche, una gran lengua de fuego había atravesado el firmamento, como una lanza que traspasara el corazón de los cielos.

EL DOZENO LIBRO
Tracta de como los españoles conquistaron ala ciudad de Mexico.

Una ilustración de un libro español de la época muestra la expedición de Cortés al llegar a la costa, cerca de la actual ciudad mexicana de Veracruz.

Al amanecer, el sol destruyó el fuego, pero a la noche siguiente reapareció. Y lo mismo sucedió noche tras noche durante casi un año, y cada vez los hombres y mujeres contemplaban el fenómeno horrorizados, preguntándose si el sol, la fuente de toda la vida, seguiría destruyendo el fuego. ¿Qué sucedería si un día el sol dejaba de salir?

Había otros indicios de muerte y destrucción. Los templos ardían. El gran lago que rodeaba Tenochtitlán se arremolinaba y burbujeaba como si estuviera hirviendo de ira. Los gemidos de las mujeres resonaban en la noche.

Moctezuma estaba muy asustado y confundido ante estos acontecimientos tan anormales. Probablemente los dioses miraban con desaprobación al imperio más rico y más poderoso de la tierra.

Y ahora parecía que uno de los dioses había regresado. Había llegado Quetzalcóatl.

¿QUIÉNES ERAN LOS AZTECAS?

A la llegada de Cortés, en 1519, los aztecas dominaban un gran imperio en lo que hoy es México (*abajo y en el recuadro*). Este pueblo procedía de un territorio situado más al norte llamado Aztlán, y llegaron a las playas del lago Texcoco en el siglo XIV, pero las personas que habitaban el lugar no les permitieron que se instalaran allí. Por ese motivo fundaron su ciudad en medio del lago, sobre unas rocas que afloraban en una zona pantanosa.

(Según la leyenda, los sacerdotes aztecas tuvieron una visión de un águila posada en un cactus que devoraba una serpiente (*abajo, a la derecha*), y construyeron su capital en el lugar donde vieron al águila. Hoy en día la bandera mexicana muestra un águila sobre un cactus). Los aztecas desarrollaron una importante actividad comercial con las personas que vivían alrededor del lago y se enriquecieron. Más adelante se expandieron y crearon un imperio al derrotar a sus vecinos en la guerra.

Tenochtitlán

EL AÑO AZTECA

El calendario azteca se representaba como un disco (*arriba*), ya que los aztecas consideraban que el tiempo era como una rueda que giraba sin fin. Cada día tenía un nombre (lluvia, cocodrilo, conejo, etcétera) y un número del 1 al 13. Cada 13 días comenzaba un nuevo mes. El año azteca constaba de 20 meses, es decir, tenía sólo 260 días. Los aztecas también tenían un calendario de 365 días que utilizaban para llevar la cuenta de sus numerosas ceremonias religiosas. Cada 52 años, el comienzo del año de 260 días coincidía con el comienzo del año de 365 días. Esto significaba que empezaba un nuevo "siglo" o ciclo, un suceso muy importante en el mundo azteca. Por coincidencia, el año en que Cortés llegó a sus tierras era el año en que, según las profecías, debía regresar Quetzalcóatl.

Julio de 1519

Moctezuma hizo llamar a sus jefes y les dijo: —Nuestro señor Quetzalcoatl por fin ha llegado. Apúrense a recibirlo. Díganle que su siervo Moctezuma los envía a ustedes para darle la bienvenida de regreso a su trono, y llévenle estos regalos.

Los mensajeros de Moctezuma viajaron hasta la costa. Pusieron los regalos en canoas y remaron hasta donde flotaban los enormes barcos, a cierta distancia de la orilla. Los extranjeros de piel pálida desplegaron una escalera y los mensajeros treparon a bordo. Los llevaron a presencia del líder, a quien los extraños llamaban Cortés. No cabía duda de que se trataba del propio Quetzalcoatl.

Los mensajeros besaron la cubierta bajo los pies de Cortés. —Te traemos estos regalos de tu siervo Moctezuma —le dijeron—. Está cuidando tu reino y manteniéndolo a salvo hasta tu regreso. A continuación cubrieron de adornos a Cortés, poniéndole una máscara de serpiente hecha de turquesa y un tocado de brillantes plumas de quetzal de color azul verdoso.

Entre los valiosísimos regalos que Moctezuma envió a Cortés, estaba este dije de una serpiente de dos cabezas. Se llevaba colgado de una cadena alrededor del cuello. La serpiente simbolizaba al dios Quetzalcóatl.

Le cubrieron el cuello, brazos y piernas con bandas de oro y jade. Pusieron a sus pies una capa de piel de ocelote y sandalias de resplandeciente obsidiana negra, junto con otros regalos: lanzas y bastones en forma de cabeza de serpiente con incrustaciones de jade verde, máscaras, escudos y pesados abanicos de oro y turquesa.

Cortés miró todo lo que le habían entregado. Preguntó: —¿Son éstos sus regalos de bienvenida? ¿Esto es todo?

—Sí, señor —respondieron los mensajeros—, esto es todo.

Cortés ordenó a sus hombres que encadenaran a los mensajeros por el cuello y los tobillos, y mandó disparar un enorme cañón. Los mensajeros jamás habían visto nada parecido. Aterrorizados, se desmayaron y cayeron sobre cubierta.

Los extranjeros los reanimaron.

¿QUIÉN ERA CORTÉS?

Hernán Cortés era un terrateniente español que vivía en la isla de Cuba, que había sido visitada por Cristóbal Colón en 1492 y posteriormente ocupada por los españoles. Como muchos de los hombres que se habían embarcado hacia el Nuevo Mundo, Cortés soñaba con reunir una gran fortuna. Con el respaldo oficial del gobernador de Cuba y algo de su propio dinero, Cortés organizó una expedición. El gobernador le retiró el apoyo oficial, pero Cortés siguió adelante con sus planes y se lanzó a su arriesgada aventura.

—He oído hablar del pueblo de ustedes —dijo Cortés—. Dicen que un guerrero azteca puede vencer a veinte hombres. Quiero comprobar qué tan fuertes son ustedes. Les dio unos escudos de cuero y unas espadas de hierro.

—Mañana, al amanecer, lucharán y sabremos la verdad.

—Pero eso no es lo que desea Moctezuma, nuestro señor y tu siervo —respondieron los mensajeros—. Nos ha dicho únicamente que te demos la bienvenida y te entreguemos sus regalos.

—Harán lo que yo les diga —dijo Cortés—. Mañana por la mañana, después del almuerzo, se prepararán para el combate.

A continuación los dejó libres. Los mensajeros de Moctezuma regresaron a sus botes y se alejaron remando tan deprisa como pudieron. Algunos incluso remaron con las manos. Cuando llegaron a tierra no se detuvieron ni siquiera a recuperar el aliento: corrieron a Tenochtitlán a relatar los horribles acontecimientos a Moctezuma.

¿QUIÉN ERA MOCTEZUMA?

Moctezuma era el noveno emperador azteca o *tlatoani*, palabra azteca que significaba "orador". Era el segundo gobernante llamado Moctezuma. Fue coronado emperador en 1502, tras ser elegido por los otros nobles, de acuerdo con la tradición azteca. Moctezuma era un poco mayor que Cortés: tenía treinta y ocho años, y el español, treinta y tres.

Describieron los extraños manjares dulces que habían comido y el cañón que había desatado un tremendo estallido, como un trueno ensordecedor.

—Sale una bola de piedra lanzando chispas y una lluvia de fuego. Desprende un humo que huele a barro podrido. Cuando la bola de piedra cae sobre un árbol, el tronco se deshace en astillas como si hubiera explotado desde dentro.

—Llevan la cabeza y el cuerpo cubiertos de metal. Tienen espadas de metal, arcos de metal, escudos y lanzas de metal. Andan a lomo de venado, y esto los hace tan altos como el techo de una casa.

Cuando Moctezuma oyó todo esto no fue capaz de comer ni de conciliar el sueño.

Unos meses más tarde, contra la opinión de sus jefes, Moctezuma recibió a Cortés y a su ejército como amigos. Al año siguiente los españoles saquearon la ciudad y atacaron a los aztecas durante una festividad. Tras batirse en retirada, los españoles huyeron. Moctezuma murió durante la lucha. La viruela, una enfermedad traída por los europeos, mató a miles de habitantes de Tenochtitlán. En mayo de 1521, Cortés volvió a atacar Tenochtitlán y se proclamó victorioso, tras dejar la ciudad reducida a ruinas.

CONOZCAMOS A LA AUTORA
SHELLEY TANAKA

Shelley Tanaka creció en Toronto, Canadá, y cursó estudios universitarios en Canadá y en Alemania. Es autora de la serie "I Was There", a la que pertenecen *The Buried City of Pompeii, Discovering the Iceman, On Board the Titanic y Secrets of the Mummies*. Lleva más de veinte años trabajando como editora de libros para jóvenes y niños. Actualmente vive con su familia en el campo, en la provincia canadiense de Ontario.

CONOZCAMOS AL ILUSTRADOR
GREG RUHL

Greg Ruhl también es canadiense. Se graduó del Ontario College of Art y lleva casi veinte años trabajando por su propia cuenta como ilustrador en Canadá. Anteriormente colaboró con Shelley Tanaka en el libro *The Buried City of Pompeii*.

Internet

Para saber más acerca de Shelley Tanaka y Greg Ruhl, visita Education Place

www.eduplace.com/kids

Piensa en la selección

El templo perdido de los aztecas
por Shelley Tanaka
ilustraciones de Greg Ruhl

1. Los obreros que estaban trabajando en las zanjas para el tendido eléctrico comunicaron inmediatamente a los arqueólogos que habían encontrado una piedra tallada. ¿Por qué crees que lo hicieron?

2. ¿Crees que Moctezuma actuó bien cuando decidió tratar a los forasteros como amigos? ¿Por qué?

3. ¿Qué revela sobre la forma de ser de Cortés el modo en que éste trató a los mensajeros aztecas?

4. ¿Cuál te parece que fue el descubrimiento más emocionante de todos los que hicieron los arqueólogos al excavar el Templo Mayor? ¿Por qué?

5. El imperio azteca era una de las civilizaciones más avanzadas y poderosas de su época. ¿Qué detalles de la selección respaldan esta afirmación?

6. ¿Crees que es importante conservar cuidadosamente los objetos de ciudades antiguas como Tenochtitlán? ¿Por qué?

7. Conectar/Comparar ¿Qué has descubierto sobre la cultura azteca al leer *El templo perdido de los aztecas*?

Expresar

Escribe una carta

Escribe una carta a un amigo describiendo a los mensajeros que acudieron a recibir a Cortés. Describe también los regalos que le llevaron.

Consejos

- **Fíjate en las ilustraciones para describir a los mensajeros.**
- **Incluye detalles específicos en tu descripción.**
- **No olvides poner la fecha, el saludo y la despedida en la carta.**

Matemáticas

Calcula tu edad azteca

Vuelve a leer la parte de la selección en la que se explica el año azteca, en la página 371. Después, con un compañero, calculen cada uno la edad del otro según el calendario azteca de 260 días. Hagan un cuadro en el que figure la edad de todos los estudiantes de la clase según el calendario azteca de 260 días y según nuestro calendario de 365 días.

Extra Calcula cuántos ciclos o "siglos" aztecas han transcurrido desde la llegada de Cortés a Tenochtitlán.

	Edad según el calendario de 260 días	Edad según el calendario de 365 días
Pedro		
Sara		
Lucía		
Jorge		

Escuchar y hablar

Representar una escena

En un grupo pequeño, representen la escena en la que los mensajeros aztecas llegan al barco de Cortés, o la escena en la que los mensajeros cuentan a Moctezuma su encuentro con Cortés.

Consejos

- Utilicen detalles de la selección para dar mayor realismo a los diálogos.
- Hablen claro y hagan gestos para animar la representación.

Internet

Publica una reseña

¿Qué te pareció *El templo perdido de los aztecas*? ¿Se lo recomendarías a otros lectores? Para publicar tu reseña, visita Education Place. **www.eduplace.com/kids**

Escuchar/Hablar **Presentaciones narrativas**
Matemáticas **Resolver problemas de proporciones**

Destreza: Cómo ajustar tu velocidad de lectura

Antes de leer...

Determina el **objetivo** de la lectura. Por ejemplo, ¿estás estudiando para una prueba? ¿Estás leyendo por diversión? Tu objetivo determinará la velocidad de lectura adecuada.

Al leer...

- Ten en cuenta el objetivo de la lectura.

- Haz pausas de vez en cuando para **revisar** que comprendes bien. Hazte **preguntas** sobre la lectura. Si no comprendes bien lo que estás leyendo, reduce la velocidad. Si el texto es fácil de comprender, lee más rápido.

- Recuerda que normalmente los textos de no ficción deben leerse más despacio que los de ficción.

Estándares

Estudios sociales

- **Arte egipcio/ arquitectura**

RECUPERAR TESOROS REALES

Pieza a pieza, los buceadores están recuperando partes del palacio perdido de Cleopatra.

Es un cuento lleno de romance, astucia, tragedias y sobre todo, de poder en manos femeninas. Y como si esto fuera poco, todo ocurrió realmente. La historia verdadera de la vida de Cleopatra, una hermosa joven que a los 17 años se convirtió en la poderosa gobernante del antiguo Egipto, ha fascinado a mucha gente durante miles de años. Su lucha por el poder y el amor se ha representado en docenas de obras teatrales, libros y películas. Ahora está saliendo a la luz nueva información sobre la vida de Cleopatra. Cerca de la ciudad egipcia de Alejandría, bajo el agua, se han encontrado partes de su antigua corte real.

Encontrar una isla perdida

Antiguos documentos y dibujos egipcios indican que Cleopatra poseía un palacio real en una isla llamada Antirhodos. Esta isla se encontraba cerca de Alejandría, la capital de Egipto durante el reinado de Cleopatra, en el siglo I antes de Cristo.

Aunque la ciudad de Alejandría sigue existiendo en la actualidad, la isla de Antirhodos se hundió como consecuencia de inundaciones y terremotos hace más de 1,600 años. Pero esta isla no desapareció para siempre. En 1996 el explorador submarino Franck Goddio la encontró a sólo 18 pies de profundidad, frente a las costas de Alejandría. Las ruinas de lo que al parecer fue el palacio de Cleopatra, se hallaban sepultadas por varias capas de fango, algas y basura.

Goddio y su equipo de buceadores llevan dos años descubriendo estatuas, columnas, adoquinados y alfarería que probablemente pertenecieron a la joven reina. Su trabajo está patrocinado en parte por Discovery Channel, que emite un programa especial de televisión sobre los nuevos descubrimientos.

Entre los hallazgos más sensacionales figuran dos estatuas de esfinges, criaturas imaginarias con cabeza humana y cuerpo de león. Los rostros de las esfinges se encuentran en muy buen estado de conservación. Tanto, que los expertos han podido identificar uno de los rostros como el del rey Ptolomeo XII, el padre de Cleopatra.

¿Qué se siente al encontrarse cara a cara bajo el agua con una esfinge antigua? "¡Es fascinante!", dijo Goddio a la revista *Time for Kids*. "Ves la esfinge y parece que te está mirando. Sabes que es el padre de Cleopatra y que Cleopatra la vio hace mucho tiempo. Es como un sueño".

Un buceador prepara una piedra antigua para limpiarla.

¡Incluso sin cabeza, esta estatua es gigantesca! Probablemente se hizo en homenaje a algún rey egipcio.

Una reina, dos historias de amor

Cleopatra y su hermano Ptolomeo XIII comenzaron a gobernar Egipto juntos en el año 51 a. C., pero Ptolomeo no quería compartir el trono y obligó a Cleopatra a abandonar el palacio.

En aquella época había otra gran civilización que estaba asumiendo el poder en Roma. Su líder más importante, Julio César, viajó a Egipto. Se cree que, para poder encontrarse con él, Cleopatra entró en el palacio escondida dentro de una alfombra enrollada. En poco tiempo, Julio César se enamoró de Cleopatra. Él la ayudó a expulsar a Ptolomeo del trono y asumir el control de Egipto.

Los romanos estaban disgustados por las relaciones de Julio César con la reina de Egipto. Algunos temían que se hubiera hecho demasiado poderoso. Cuatro años después de conocer a Cleopatra, César fue asesinado por sus enemigos.

Pasaron tres años y un nuevo líder romano, Marco Antonio, conoció a Cleopatra. Como le había sucedido antes a Julio César, Marco Antonio se enamoró de ella y se trasladó a vivir al palacio de Cleopatra en Antirhodos.

Los romanos se preocuparon al pensar que Marco Antonio estaba más interesado en Egipto que en su propio imperio, y se pusieron en contra de él y de Egipto. Desesperados, Cleopatra y Marco Antonio se suicidaron. La última reina del antiguo Egipto murió a la edad de 39 años. Poco después de su muerte los romanos asumieron el control de Egipto.

Aunque su reino terminó hace 2,000 años, Cleopatra sigue resultando un personaje fascinante. Por esta razón Goddio planea crear un museo submarino en las ruinas del palacio. Los visitantes podrían explorarlo y ver de cerca el mundo de Cleopatra. "Estar allí, bajo el agua, en el lugar donde reinó y murió, es increíble", afirma Goddio.

¿LO SABÍAS?

- Al principio, Egipto estaba dividido en dos reinos: el Alto Egipto y el Bajo Egipto. Los dos reinos se unificaron en el año 3100 a.C.

- Los reyes de Egipto se llamaban faraones.

- Los antiguos egipcios eran muy aficionados a los juegos. Los niños jugaban a brincar al burro y a jalar la cuerda. Los adultos jugaban a un juego de mesa llamado senet. Los jugadores avanzaban por el tablero según el resultado que obtenían al lanzar unas tablillas de madera.

- Los egipcios inventaron un sistema de escritura llamado jeroglíficos, en el cual las palabras se representaban con dibujos.

- Los egipcios veneraban a cientos de dioses y diosas. El más importante era Ra, el dios sol, pero había incluso una diosa gata llamada Bastet.

El equipo de Goddio, sacando una antigua esfinge del agua, cerca de la actual Alejandría.

Informe de investigación

Un informe de investigación expone hechos sobre un tema determinado. Usa esta muestra de escritura cuando escribas tu propio informe de investigación.

La antigua cultura de los incas

La antigua cultura de los incas de Perú formaba un imperio grande y poderoso que se extendía desde el norte de Ecuador hasta el centro de Chile. El imperio inca nació en el siglo XII y terminó en el siglo XVI, cuando el ejército español tomó el control.

Los incas están considerados como un imperio, pero en realidad eran una confederación de muchas naciones sudamericanas. El imperio inca abarcaba lo que hoy es Perú, Ecuador, Bolivia y parte de Argentina y Chile. Estas diferentes naciones recibían un buen trato siempre y cuando se sometieran al líder inca y obedecieran sus órdenes.

En el primer párrafo de un informe de investigación normalmente se **presenta** el tema.

Las **oraciones temáticas** presentan la **idea principal** del informe.

El pueblo inca tenía una estructura social fija. El gobernante, descendiente del dios Sol, estaba considerado como un ser divino. A continuación estaba la familia real, formada por los familiares directos del gobernante. Después estaban los jefes de las distintas naciones y pueblos, y los clanes con sus jefes. Por último, la gente común, que se agrupaba por decenas y tenía sus propios jefes.

Los incas hablaban un idioma llamado quechua. Todos los pueblos conquistados tenían que aprender y hablar esta lengua. Aún hoy hay muchas personas en las montañas de los Andes que hablan quechua.

Un buen informe siempre contiene **ideas secundarias**.

La cultura inca formó un gran imperio.

Los incas eran buenos ingenieros. Supieron construir enormes fortalezas con piedras cortadas perfectamente, de manera que encajaran unas en otras tan bien que no necesitaban argamasa. De hecho, sus fortalezas todavía siguen en pie. También construyeron puentes y carreteras y túneles a través de las montañas. Es asombrosa la capacidad que tenían para hacer todas estas cosas, ya que los incas no disponían de las herramientas y la maquinaria que tenemos en la actualidad. También sabían convertir terrenos montañosos en tierras cultivables, donde sembraban maíz y papas, y criaban animales como la llama y la alpaca.

Los incas criaban animales, como esta llama.

El imperio inca terminó en 1532, cuando el ejército español, al mando de Francisco Pizarro, hizo prisionero al gobernante inca y a la familia real. Después de la captura de la familia real, el ejército español pudo controlar fácilmente el imperio.

Un buen informe termina con una **conclusión clara**.

Lista de fuentes

Beck, Barbara L., y Lorna Greenberg. *The Incas*. Rev. ed. Watts, 1983 For Young Readers.

The World Book Encyclopedia, World Book, Inc. Vol. 10, 1997.

Conozcamos a la autora

Stephanie S.
Grado: sexto
Estado: Nueva York
Pasatiempos: películas, artesanías y lectura
Qué quiere ser cuando sea mayor: maestra

Desarrollar conceptos

La Gran Muralla
por Elizabeth Mann

La Gran Muralla

Vocabulario

- albañiles
- dinastía
- dominio
- duraderas
- enormes
- estepa
- excluir
- lujo
- nómada
- peones
- territorio

Estándares

Lectura
- Hacer aserciones razonables
- Determinar el significado a través del contexto

Estudios sociales
- Las primeras civilizaciones de China

Dos culturas, una muralla

Durante siglos, las características del **territorio** de China protegían a sus habitantes del enemigo por tres lados: al oeste había montañas y un desierto, y al sur y al este estaba el océano Pacífico. Pero al norte había una inmensa llanura llamada **estepa**. Éste era el lugar por donde los mongoles, una tribu **nómada**, podían invadir China fácilmente.

Los mongoles vivían en grupos pequeños y cambiaban de lugar con frecuencia, y por eso vivían sin ningún tipo de **lujo**. Tenían rebaños de ovejas y tropeles de caballos. Eran hábiles jinetes y guerreros temibles.

Un jefe mongol a caballo

300	a.C.	d.C.	300	600

Año 221 a. C.
Comienza la construcción de la primera muralla de grandes proporciones, bajo las órdenes del emperador Qin Shi Huangdi.

La Gran Muralla China

La mayoría de los chinos eran agricultores, aunque también había **peones** y **albañiles**. China estaba gobernada por un emperador, y cuando el poder pasaba de generación en generación, la familia gobernante se llamaba **dinastía**.

Los chinos despreciaban a los mongoles, pero también los temían. Cuando terminó el comercio entre los mongoles y los chinos, los mongoles atacaron granjas y ciudades. Muchos emperadores trataron de **excluir** a los mongoles de su **dominio** de varias formas. Durante siglos construyeron **enormes** murallas defensivas, pero no resultaron tan **duraderas** como la muralla sobre la que vamos a leer en *La Gran Muralla*.

Un agricultor chino transporta árboles frutales con ayuda de un yugo.

Año 1200 d. C.
Los mongoles se hacen más fuertes bajo el mando de Gengis Khan.

Año 1644 d. C.
Los manchúes, otra tribu nómada, invaden China; se abandona la Gran Muralla.

| 900 | 1200 | 1500 | 1800 |

Año 1449 d. C.
Comienza la construcción de la última Gran Muralla.

Elizabeth Mann

Elizabeth Mann era maestra en una escuela pública en la ciudad de Nueva York antes de escribir su primer libro de no ficción. Un día, mientras hablaba a sus estudiantes de segundo grado sobre el puente de Brooklyn, se dio cuenta de que los muchachos se veían aburridos. Al día siguiente les contó una historia extraordinaria sobre una familia que dedicó catorce años a construir el puente. De pronto todos sus estudiantes empezaron a escucharla con mucho interés. Este cuento pasó a formar parte de su primer libro, *The Brooklyn Bridge*. Mann también ha escrito libros sobre la Gran Pirámide, el canal de Panamá y el Coliseo romano.

Alan Witschonke

Alan Witschonke es un ilustrador premiado que ha colaborado con Elizabeth Mann en *The Great Wall* y en *The Brooklyn Bridge*. Vive en Belmont, Massachusetts, con su esposa Judith, quien también es ilustradora, y sus dos hijos.

Para saber más acerca de Elizabeth Mann y Alan Witschonke, visita Education Place. **www.eduplace.com/kids**

La Gran Muralla

por Elizabeth Mann

Estrategia clave

Los chinos construyeron una muralla de miles de millas de largo para protegerse de los invasores. Al leer, **resume** cómo construyeron la muralla.

Durante miles de años, los feroces guerreros mongoles amenazaron a China desde el norte. En el año 221 a. C., los chinos comenzaron a construir una muralla de miles de millas de largo para proteger sus granjas y sus ciudades de los mongoles. Con los siglos, la muralla se derrumbó. Se construyeron otras murallas, pero los ataques continuaron.

En el año 1449 de nuestra era, el ejército mongol se hizo mucho más fuerte. Murieron muchos soldados chinos. Tras una tremenda derrota, un joven emperador chino, Zhu Qizhen, fue secuestrado por un príncipe mongol. Cuando el gobierno chino tuvo noticias del secuestro, el pueblo quedó aterrorizado. Estaban demasiado debilitados como para enfrentarse al enemigo, y decidieron construir una muralla aún más fuerte. La construcción de la Gran Muralla, la última muralla de gran longitud, se prolongó durante los dos siglos siguientes.

No había un plan específico ni un proyecto previo para construir la Gran Muralla. Cada emperador construía donde y cuando consideraba que había mayor riesgo de invasión por parte de los mongoles. Las obras, por todo el norte de China, se prolongaron durante los dos siglos siguientes. Las rutas entre montañas que los mongoles empleaban con más frecuencia para llegar hasta China se hallaban bloqueadas por murallas. Después estas murallas se unían a otros tramos de muralla.

En la parte occidental del país, las murallas se construían con tierra apisonada, según una antigua técnica de construcción. Las casas de los aldeanos, las murallas de las ciudades e incluso la primera muralla construida por Quin Shi Huangdi, eran de tierra apisonada. En el territorio seco y desértico del oeste de China la tierra era el único material de construcción disponible en grandes cantidades, y era fácil construir con él. No se necesitaban albañiles especializados, sino únicamente muchos peones.

A finales de la dinastía Ming, se avanzó mucho en la construcción en la zona de las montañas orientales para proteger la capital, Pekín. Los obreros comenzaron a usar ladrillos y bloques de piedra en lugar de tierra apisonada. Las murallas de piedra y ladrillo no se erosionaban con el viento y la lluvia, y no necesitaban de constantes reparaciones, como sucedía con las murallas de tierra.

Las murallas de piedra y ladrillo eran fuertes y duraderas, pero resultaban más complicadas de construir. Los avances eran lentos. Había que extraer la piedra de canteras, cortarla en bloques y transportarla hasta la muralla. Los ladrillos se hacían de barro y después se cocían en hornos. Se necesitaban trabajadores con conocimientos especiales (picapedreros y ladrilleros) para que se ocuparan de los nuevos materiales.

Cientos de miles de trabajadores participaron en la construcción de la Gran Muralla. El ejército proporcionó muchos peones. Los soldados se convertían en albañiles y los generales, en arquitectos e ingenieros. Los aldeanos también tenían que trabajar en la construcción de la muralla durante meses seguidos, a cambio de poco dinero o de nada en absoluto. Los condenados cumplían sus sentencias trabajando duramente en la muralla.

Incluso las murallas más enormes tenían que estar vigiladas por soldados. Los mongoles eran enemigos muy decididos. Si una muralla no estaba protegida, encontraban una forma de atravesarla. Se construyeron muchas fortalezas de distinto tipo junto a la muralla para que sirvieran de vivienda a los soldados. Algunas fortalezas eran muy grandes y tenían capacidad para mil soldados. Las torres de vigilancia, construidas en la propia muralla, en ocasiones eran tan pequeñas que apenas cabían doce soldados.

La muralla y los soldados que la custodiaban formaban parte de un complejo sistema defensivo que cubría el norte de China. Casi un millón de soldados patrullaban la Gran Muralla, pero estaban distribuidos a lo largo de miles de millas y por lo tanto estaban alejados unos de otros. Los guerreros mongoles eran menos numerosos, pero tenían una ventaja: gracias a sus veloces caballos se desplazaban rápidamente por la estepa. Podían reunirse en cualquier momento y lugar para atacar, y a continuación desaparecer en la estepa tan rápido como habían aparecido. Para defenderse de su veloz enemigo, los chinos idearon un ingenioso sistema de comunicaciones para llamar a los soldados a la batalla.

Los chinos construyeron plataformas de piedra llamadas "torres de señales" en los puntos más elevados, junto a las murallas. Cuando divisaban jinetes mongoles, encendían una hoguera sobre la torre de señales más cercana, de forma tal que saliera mucho humo. El humo se veía a varias millas de distancia, y cuando los soldados que vigilaban la siguiente torre lo veían, encendían otra hoguera. Así, la señal se transmitía de unos a otros. Algunas veces las columnas de humo iban acompañadas de fuertes cañonazos. El número de columnas de humo y de cañonazos eran un código que indicaba cuántos jinetes enemigos se acercaban.

La forma de la muralla se adaptaba al paisaje por donde pasaba. En las zonas llanas y desérticas la muralla era recta. En áreas de montaña, se retorcía como un dragón. Los chinos aprovechaban las características del territorio para que la muralla resultara incluso más difícil de atravesar. La construyeron siguiendo las crestas de las montañas y los picos más altos. La muralla bajaba hasta los ríos y luego continuaba por la ribera contraria. Por el extremo oeste terminaba en el mar.

Hacia 1644, la Gran Muralla empezaba en Jiayuguan por el oeste, atravesaba el desierto de Gobi y el Río Amarillo, llegaba a Pekín, continuaba por Shanhaiguan y terminaba en el Mar Bohai por el este. Los guerreros mongoles podían cabalgar muchas millas a su sombra sin ver una sola puerta. Y los chinos seguían trabajando en ella.

La muralla exigía grandes sacrificios por parte del pueblo chino. Los peones que trabajaban en ella se encontraban lejos de sus familias durante mucho tiempo. Muchos no sobrevivían al trabajo duro y a las difíciles condiciones de trabajo.

La vida de los soldados que la custodiaban no era más fácil. Los inviernos eran extraordinariamente fríos en el norte de China, y los veranos eran secos y calientes. Cobraban muy poco dinero y tenían que cultivar sus propios alimentos para sobrevivir. Era difícil cultivar la tierra en un clima tan seco, pero no tenían opción.

Aunque los soldados cobraban poco dinero, la muralla resultaba muy cara. Además, repararla y vigilarla costaba cada vez más. Para pagar todos estos gastos, el gobierno Ming cobraba impuestos a los habitantes de China.

Al mismo tiempo, el propio gobierno Ming resultaba cada vez más costoso. La corte estaba formada por decenas de miles de personas, y cada vez se incorporaban más miembros. Los funcionarios y consejeros, bien alimentados y vestidos con ropas de seda, se pasaban el día discutiendo y rivalizando constantemente por el favor del emperador. Pagar por el lujo con que se vivía dentro de la Ciudad Prohibida o en los palacios de los emperadores Ming significaba otra carga para los contribuyentes chinos.

La población china se enojó por tanto despilfarro y corrupción de la corte Ming, y por los impuestos que tenían que pagar. Una vez más los aldeanos comenzaron a rebelarse contra los funcionarios del gobierno. La dinastía Ming, que había sido fundada por un aldeano, estaba amenazada por su propio pueblo. En 1644 surgió una posibilidad. Un grupo de rebeldes chinos tomó por asalto la Ciudad Prohibida y derrocó al último emperador Ming.

Fuera de China el mundo estaba cambiando.

Los mongoles, que una vez más se encontraban sin un líder poderoso, estaban cada vez mas débiles y desunidos. Mientras tanto otra tribu nómada, los manchúes, llevaba varios años fortaleciéndose. Controlaban una amplia zona al norte y al este de Pekín, y habían conquistado territorios mongoles al oeste. Fue sólo cuestión de tiempo que trataran de expandir su dominio a China.

Los manchúes esperaron. Cuando los rebeldes atacaron la Ciudad Prohibida, consideraron que había llegado su oportunidad. Rápidamente se ofrecieron a intervenir en auxilio de la dinastía Ming.

El ejército Ming, agradecido, les abrió las puertas y las fuerzas manchúes cruzaron la Gran Muralla y entraron en Pekín. Expulsaron a los rebeldes de la Ciudad Prohibida, pero no devolvieron el poder a los Ming, sino que se adueñaron del trono y establecieron su propia dinastía: los Qing.

Dado que la dinastía Ming había sido poco querida por su propio pueblo, a los manchúes les resultó fácil ganar el apoyo de los chinos para la dinastía Qing. Las fuerzas manchúes y chinas juntas eran mucho más fuertes que los mongoles. Derrotados, los mongoles se retiraron a zonas alejadas de la estepa. Su temible ejército, que en otros tiempos tanto había aterrorizado a los chinos, era apenas un recuerdo.

Los emperadores Qing gobernaron a ambos lados de la Gran Muralla. Los mongoles ya no eran una amenaza. La muralla ya no marcaba una frontera y ya no se necesitaba como elemento defensivo. Las obras se detuvieron y las torres de vigilancia se abandonaron. Los comerciantes y viajantes pasaban libremente por puertas que nunca se cerraban.

El *chisme y la intriga, como se ve en los gestos de los dos hombres de abajo a la izquierda, eran tan característicos de la vida de la corte como los hermosos ropajes de seda y la pintura de retratos.*

En 1644, la Gran Muralla era más larga, más fuerte y estaba mejor defendida que nunca antes, pero para los manchúes fue como si no existiera. La atravesaron sin ninguna dificultad y en poco tiempo conquistaron China. La muralla no tenía sentido.

Pero ¿dejó de tener sentido de repente, o acaso nunca lo había tenido? ¿Fue la muralla o la falta de unidad de los mongoles lo que les impidió conquistar China otra vez durante el dominio Ming? Excluir a los mongoles, ¿era acaso la mejor forma, o la única forma, de evitar sus ataques? ¿Habría sido buena idea establecer relaciones comerciales en forma pacífica con ellos? ¿Habría sido posible? Nunca lo sabremos. Lo que sí podemos hacer es imaginar el miedo que sentían los emperadores Ming al enfrentarse a los

mongoles, y suponer que este miedo fue decisivo a la hora de tomar decisiones para defenderse de ellos.

Al contemplar hoy la Gran Muralla, nos quedamos maravillados de su longitud, de lo difícil que fue construirla y de todo el dinero y el esfuerzo que exigió. Fue una proeza extraordinaria, y la Gran Muralla ha pasado a la historia como la creación más famosa y duradera de la dinastía Ming. También sabemos que su construcción debilitó seriamente al gobierno Ming. Irónicamente, el mayor logro de la dinastía Ming también fue una de las causas principales de su caída.

La Gran Muralla

por Elizabeth Mann

Piensa en la selección

1. ¿Qué circunstancia inesperada condujo a la derrota de la dinastía Ming?

2. ¿Crees que una nación construiría una muralla como la Gran Muralla en la actualidad? ¿Por qué?

3. Explica cómo era la vida del pueblo chino durante la dinastía Ming. Menciona ejemplos concretos tomados de la selección.

4. ¿Qué consecuencias tuvo la construcción de la Gran Muralla para el pueblo de China?

5. ¿Te gustaría visitar la Gran Muralla? ¿Por qué, o por qué no?

6. ¿Qué lecciones podría aprender un líder moderno de la historia de la Gran Muralla?

7. **Conectar/Comparar** Compara el conflicto entre los mongoles y los chinos con el conflicto entre los aztecas y los españoles en *El templo perdido de los aztecas*. ¿En qué se parecen las dos situaciones, y en qué se diferencian?

Narrar

Escribe un cuento

En la selección aparecen muchos detalles sobre la vida de las personas que trabajaban en la Gran Muralla. Escribe un cuento breve sobre un día típico en la vida de un soldado que custodiaba la muralla.

Consejos

- Utiliza el diálogo para expresar lo que tu personaje piensa o siente.
- Usa detalles de la selección para describir a tu personaje, el ambiente y la vida cotidiana.

Lectura | Identificar y analizar temas
Escritura | Escribir narraciones

Ciencias

Haz un afiche

Repasa los distintos métodos y materiales de construcción que se emplearon para construir la Gran Muralla. A continuación, haz un afiche en el que se indiquen los materiales que se utilizaron, y las ventajas y desventajas de cada uno.

Materiales de construcción empleados en La Gran Muralla

	Ventajas	Desventajas
1. Tierra apisonada		
2. Piedra		
3. Ladrillo		

Observar

Compara una ilustración y una fotografía

Observa atentamente la ilustración de la Gran Muralla de la página 396. Compárala con la fotografía de la muralla de "Dos culturas, una muralla" en la página 389. ¿Qué información te ofrece cada una de las imágenes sobre la muralla? Compara tu información con la de un compañero.

Una excursión en Internet

Visita Education Place y haz una excursión en Internet. **www.eduplace.com/kids**

Destreza: Cómo leer una línea cronológica

Antes de leer...

- Fíjate en cómo está organizada la línea cronológica. Las líneas cronológicas se leen de izquierda a derecha o de arriba abajo.

- Fíjate en el número total de años que se incluye.

Al leer...

- Cuando leas sobre un suceso en el texto principal, ubícalo en la línea cronológica.

- En la parte marcada como **a. C.**, los números de los años aumentan a medida que retroceden en el tiempo. Para saber cuántos años pasaron entre dos acontecimientos a. C., resta el número menor del mayor.

- Para saber cuántos años pasaron entre un acontecimiento a. C. y otro **d. C.**, suma el número a. C. y el número d. C.

Estándares

Estudios sociales

- **Desarrollo de Roma**

CONSTRUIR LA ROMA ANTIGUA

por la Dra. Sarah McNeill

Los romanos eran hábiles constructores e ingenieros. Planearon y construyeron nuevas ciudades con sanitarios y baños públicos, buenos sistemas de alcantarillado y agua corriente para los ciudadanos. Muchas de sus obras siguen en pie en la actualidad.

Construir arcos

Para construir un arco se colocaba un soporte curvo de madera sobre dos columnas de piedra.

A continuación, se colocaban piedras en forma de cuña sobre el soporte. Cuando se retiraba el soporte, el arco se sostenía solo.

Trabajar la piedra

Los esclavos cortaban bloques de piedra de las canteras haciendo agujeros en ellos y llenándolos con cuñas de madera. Con el agua, la madera se hinchaba y rompía la piedra.

¿Cuándo se construyeron?

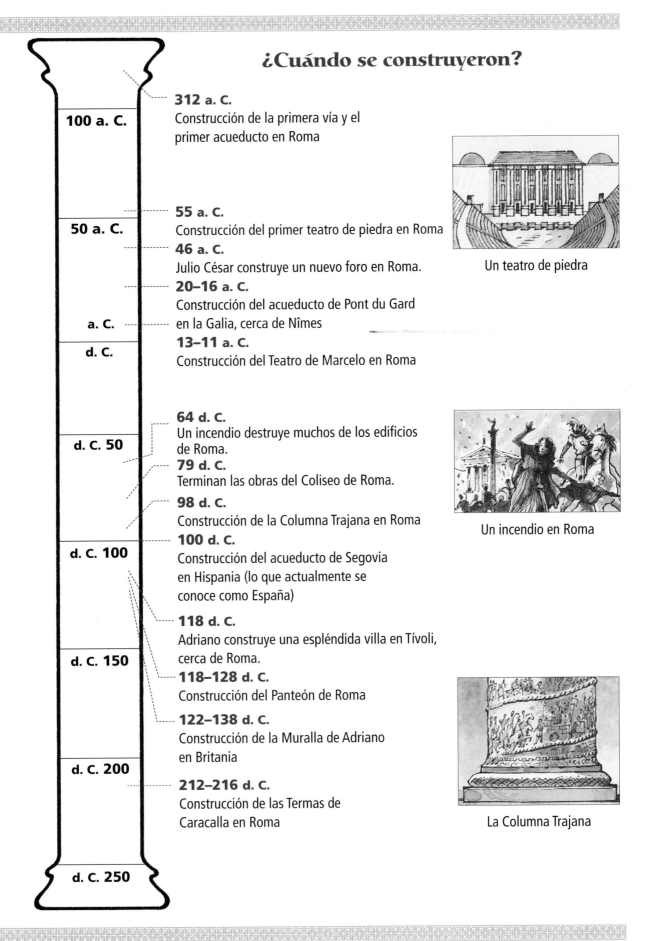

312 a. C.
Construcción de la primera vía y el primer acueducto en Roma

55 a. C.
Construcción del primer teatro de piedra en Roma

Un teatro de piedra

46 a. C.
Julio César construye un nuevo foro en Roma.

20–16 a. C.
Construcción del acueducto de Pont du Gard en la Galia, cerca de Nîmes

13–11 a. C.
Construcción del Teatro de Marcelo en Roma

64 d. C.
Un incendio destruye muchos de los edificios de Roma.

79 d. C.
Terminan las obras del Coliseo de Roma.

Un incendio en Roma

98 d. C.
Construcción de la Columna Trajana en Roma

100 d. C.
Construcción del acueducto de Segovia en Hispania (lo que actualmente se conoce como España)

118 d. C.
Adriano construye una espléndida villa en Tívoli, cerca de Roma.

118–128 d. C.
Construcción del Panteón de Roma

122–138 d. C.
Construcción de la Muralla de Adriano en Britania

212–216 d. C.
Construcción de las Termas de Caracalla en Roma

La Columna Trajana

100 a. C.
50 a. C.
a. C.
d. C.
d. C. 50
d. C. 100
d. C. 150
d. C. 200
d. C. 250

Principales edificios

El Coliseo, en Roma, era un enorme anfiteatro construido para celebrar las luchas entre gladiadores. Tenía capacidad para 50,000 espectadores sentados y las obras para construirlo duraron diez años.

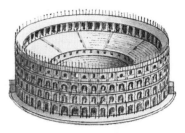

El Coliseo

El Panteón era un templo con un gran vestíbulo circular. Era uno de los edificios más famosos de la antigüedad debido a su gran techo en forma de bóveda de 141 pies de diámetro. Se construyó entre los años 118 y 128 d. C., y desde entonces hasta la actualidad se emplea como lugar de culto.

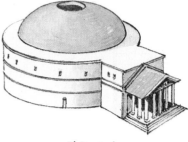

El Panteón

Las Termas de Caracalla, en Roma, se construyeron a gran escala. El vestíbulo principal era enorme, de más de 100 x 25 yardas de tamaño. Las termas tenían capacidad hasta para 1,600 usuarios diarios. En los edificios había tiendas, oficinas, bibliotecas, gimnasios e instalaciones deportivas.

La Muralla de Adriano, una muralla fortificada de 75 millas de largo, fue construida por los romanos en la antigua Britania para defender el territorio de otras tribus guerreras. La muralla era de piedra con un grosor de hasta 10 pies, con posiciones fortificadas a lo largo.

La Muralla de Adriano

La calefacción central

Los romanos ricos disfrutaban de calefacción central gracias a un sistema de calefacción bajo el suelo llamado hipocausto. Los suelos se construían sobre bloques de ladrillo con un espacio por debajo para que circulara el aire. Un fuego enviaba aire caliente a este espacio y así se calentaban las habitaciones que había por encima. El sistema de hipocausto se usaba tanto en los baños públicos como en las casas privadas.

Acueductos y puentes

Los romanos eran muy buenos constructores de acueductos y puentes. Los acueductos transportaban el agua de arroyos y lagos de las montañas hasta las ciudades. Los romanos se dieron cuenta de que podían aprovechar la gravedad para llevar el agua hasta las poblaciones que estuvieran a un nivel más bajo. Había once acueductos que llevaban agua a Roma desde distancias de hasta 30 millas. Cada día se transportaban más de 300 millones de galones de agua para abastecer las fuentes, los baños y las casas privadas.

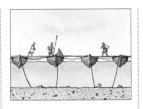 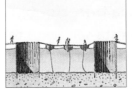  

1. Para construir un puente, primero se tendía una plataforma provisional apoyada en una serie de botes colocados en fila.

2. Después se clavaban estacas de madera formando un círculo en el lecho del río y se sacaba el agua que quedaba adentro.

3. Estos espacios se rellenaban con columnas de bloques de piedra.

4. Sobre las columnas se instalaba con grúas una estructura de madera para formar el puente.

Vías romanas

Los ingenieros construyeron 50,000 millas de vías para unir todas las partes del imperio con Roma. Estos caminos permitían a los soldados desplazarse por el imperio, pero también eran utilizados por los comerciantes. Las vías romanas se construían siguiendo el camino más corto y recto posible. A veces tenían que hacer túneles a través de montañas y atravesar valles.

1. En primer lugar, los topógrafos comprobaban con una *groma* si el terreno estaba nivelado, y marcaban el camino con estacas.

2. Después los obreros excavaban una zanja de hasta 40 pies de ancho y colocaban piedras grandes en los bordes.

3. La zanja se rellenaba con una capa de arena, otra de piedras y otra de cascotes. Estas capas formaban los cimientos de la vía.

4. La capa superior, las losas de piedra que se colocaban en la superficie de la vía, estaba ligeramente curvada para que el agua de la lluvia escurriera.

El ascenso de Ghana

Los reinos de Ghana, Malí y Songhay

por Patricia y Frederick McKissack

Los reinos de Ghana, Malí y Songhay

Vocabulario

caravanas
floreciente
inmediaciones
mercancías
principal

Estándares

Lectura

- Comparar y contrastar patrones

- Unir y clarificar ideas principales

- Determinar el signicado a través del contexto

ENTRE LOS AÑOS **500** Y **1700** d. C., se desarrolló una **floreciente** civilización en África occidental. En esta selección tomada de *Los reinos de Ghana, Malí y Songhay* vas a descubrir los pueblos y la cultura de la antigua Ghana. El primer gran imperio de Ghana fue creado por un grupo llamado soninké, un pueblo que hablaba el idioma mande.

Mucho de lo que sabemos sobre la antigua Ghana llegó hasta nosotros a través de los *griots*: narradores de historias que transmiten oralmente la historia del pueblo soninké de generación en generación. Sus representaciones musicales y dramáticas son los testimonios más antiguos de los orígenes de Ghana.

Un anciano de la tribu de los aboure narrando cuentos tribales

200 d. C.	300	400	500

200 d.C.
El pueblo soninké, procedente del noroeste de África, se establece en Ghana.

El antiguo reino de Ghana se encontraba en territorios que actualmente pertenecen a Malí y Mauritania, en África occidental, en las **inmediaciones** del desierto del Sahara. Era una tierra muy fértil y, poco tiempo después, Ghana se convirtió en una zona rica, con una desarrollada actividad de herrería, orfebrería, carpintería y alfarería. La **principal** fuente de riqueza del reino era el comercio de **mercancías** con las áreas cercanas. El comercio no habría sido posible sin las **caravanas** que transportaban estas mercancías.

Un miembro de la tribu samburu (arriba) guía una caravana de camellos por territorio salvaje.

Un instrumento musical de Ghana, hecho con una calabaza seca y cubierta de semillas entretejidas en una red

Mapa de África en la actualidad

Mauritania
Malí
DESIERTO DEL SAHARA
Río Níger
Río Congo
Río Nilo

990 d. C.
Ghana, en su momento de mayor esplendor, toma la ciudad musulmana de Awdoghast.

1050 d. C.
Invasión de Ghana; el comercio se interrumpe bruscamente.

600 | 700 | 800 | 900 | 1000

700–1000 d. C.
Ghana es la potencia dominante en Sudán occidental.

1000 d. C.
Al-Bakri escribe la historia del antiguo reino de Ghana.

Conozcamos a los autores
Fredrick y Patricia McKissack

Una vida juntos: Tanto Fredrick como Patricia McKissack crecieron en Nashville, Tennessee, y ambos estudiaron en la misma universidad.

Los comienzos: Cuando trabajaba como maestra, Patricia no lograba encontrar buenos libros sobre los afroamericanos para sus estudiantes. Esto la llevó a escribir la primera biografía.

Escritores prolíficos: Los McKissack han publicado casi cien libros sobre la historia de los afroamericanos, entre los que figuran *Red-Tail Angels: The Story of the Tuskegee Airmen of World War II* y *African American Inventors*.

Su misión: "Nosotros intentamos explicar, cambiar actitudes, formar nuevas actitudes. Tratamos de construir puentes con libros".

Conozcamos al ilustrador Rob Wood

Raíces sureñas: Como los McKissack, Rob Wood creció en Tennessee.

Vocación de artista: Wood dice que "siempre quiso ser ilustrador". Cuando estaba en cuarto grado, su maestro, que era artista, lo animó a perseguir su sueño.

Pasatiempos: Navegar en la bahía de Chesapeake, practicar esnórkel, bucear y observar las estrellas y los planetas por telescopio.

Internet

Para saber más acerca de Fredrick y Patricia McKissac y Rob Wood, visita Education Place. **www.eduplace.com/kids**

Los reinos de Ghana, Malí y Songhay

por Patricia y Frederick McKissack

Los habitantes de la antigua Ghana comerciaban con personas de tierras lejanas. Al leer, **revisa** si comprendes bien la información. **Aclara** las partes que no comprendas volviendo a leerlas o continuando con la lectura.

En el siglo III d. C., el pueblo soninké del noroeste de África fundó Ghana, el primer gran imperio de Sudán occidental.

La antigua Ghana se enriqueció gracias al hierro y el oro. Los bereberes, una tribu del norte de África, llevaban caravanas de camellos a través del desierto del Sahara, y entre el norte de África y Sudán occidental. Intercambiaban sal por oro de Ghana, y bautizaron la zona verde que se extiende a lo largo del Sahara como Sahel, que significa costa del mar desierto.

Al-Bakri, un historiador árabe del siglo XI, nos dejó la descripción más completa que tenemos de la Ghana medieval.

Oro a cambio de sal

Ghana tenía oro en cantidades más que suficientes. La gente común se adornaba con joyas de oro y llevaba ropas entretejidas con hilo de oro. Al-Bakri afirmaba que el rey usaba como estaca para atar animales una pepita de oro que pesaba cerca de cuarenta libras.

Todo el mundo sabía dónde estaban las minas de sal, pero la ubicación exacta de las minas de oro era un secreto bien guardado. Se creía que estaban en las inmediaciones de Wangara.

Un comentarista árabe llamado Al-Idrisi describió la ciudad de Wangara tal como la vio en el siglo XII:

> *Wangara es un lugar floreciente, con prósperas ciudades y fortalezas. Sus habitantes son ricos. Poseen oro en abundancia y reciben mercancías de los países más remotos del mundo.*

Al-Idrisi también señaló que Wangara era una isla que sufría frecuentes inundaciones. Cuando el agua retrocedía se podía encontrar oro depositado en el suelo. Algunos estudiosos creen que las minas de oro de Wangara se encontraban en Bambuk, en la cabecera del río Senegal, y en Bure, en la cabecera del río Níger, en lo que actualmente es Guinea. Algunos arqueólogos modernos han encontrado pozos mineros en Bambuk y Bure, algunos con una profundidad de hasta cincuenta pies. Pero no todos los arqueólogos están convencidos de que éstos sean los restos de las minas que abastecían de oro la antigua Ghana, y continúan buscando otros posibles lugares en las llanuras del curso medio del Níger, donde se producen frecuentes inundaciones.

Al limitar los contactos con el exterior, los mineros de Wangara protegieron el secreto de sus minas. Según una famosa leyenda, incluso intercambiaban polvo de oro por sal y otras mercancías en una forma especial que se llevaba a cabo en silencio y se llamaba "trueque mudo".

El trueque mudo

Al-Musadi, un escritor de Bagdad del siglo X, explicó cómo funcionaba el trueque mudo: Los comerciantes llegaban a Wangara, donde los hombres vivían en agujeros (minas, sin duda), con sus burros cargados de grano, piel, telas y sal. Una vez allí, los comerciantes desplegaban sus mercancías junto a un arroyo o unos matorrales, anunciaban su presencia tocando un tambor especial llamado *deba* y desaparecían.

Los tímidos mineros de Wangara salían de sus escondites, dejaban una cantidad de polvo de oro, y luego se marchaban. Después los comerciantes volvían, y si la cantidad de polvo de oro era aceptable, la agarraban y se marchaban. Si no, desaparecían de nuevo y los hombres de Wangara regresaban y hacían una contraoferta. Los dos grupos iban y volvían hasta que se llegaba a un acuerdo satisfactorio para las dos partes. Tras varios años de experiencia, unos y otros tenían una idea general de qué condiciones resultarían aceptables para la otra parte, con lo que el procedimiento por lo general se desarrollaba rápidamente y sin problemas. Los mineros silenciosos inspiraban mucha curiosidad por esta forma de hacer negocios, pero incluso si los capturaban, como a veces ocurría, los mineros de Wangara preferían morir antes de revelar dónde se encontraban las minas.

414

Los mineros de Wangara eran muy reservados, pero bien dispuestos para hacer negocios. El comercio era el alma misma de Ghana. El rey tenía un ejército estable y disciplinado, cuya principal responsabilidad consistía en defender su imperio. En tiempos de paz, los soldados se dedicaban a proteger el continuo ir y venir de caravanas que acudían al reino, y a los comerciantes bereberes, que eran los aliados de Ghana en el sistema comercial subsahariano.

Las caravanas de los mercaderes

El oro y la sal no eran las únicas mercancías que se compraban y vendían en Ghana. Otras caravanas locales, tiradas por burros, recorrían el imperio diariamente, cargadas de esclavos, miel, joyas, herramientas, productos de metal y cuero, pájaros exóticos, ganado, caballos, tejidos especiales llamados *chigguyiya* y, por supuesto, noticias. También había caravanas que salían de Koumbi Saleh y de otras grandes ciudades del reino hacia otros lugares del norte.

La llegada de una caravana transahariana de camellos era un acontecimiento especial. Los comerciantes llevaban tesoros exóticos y maravillosos: joyas, seda y pieles de todos los rincones del mundo islámico, incluidos Egipto, Arabia y Palestina, e incluso de lugares tan remotos como Asia central.

En tiempos de la antigua Ghana, las caravanas partían de Koumbi Saleh y normalmente se dirigían hacia el oeste, pasando por Awdoghast. Las caravanas procedentes de África del Norte pasaban por Sijilmasa, en Marruecos, y avanzaban hacia el sur, pasando por los núcleos comerciales de Awdoghast y Walata. Allí las caravanas se dividían y tomaban rutas menores por los ríos Senegal y Níger.

La estructura de una caravana de larga distancia era tan compleja como vistosa. Todo giraba en torno a los camellos, que eran los que hacían posibles los desplazamientos a través del Sahara.

El camello era para los bereberes como el bisonte para los indígenas norteamericanos. Este animal servía como medio de transporte y además proporcionaba leche, lana, pieles y carne. Estas criaturas de forma extraña se adaptan tan bien al desierto porque tienen una doble hilera de pestañas, tienen los orificios de las orejas cubiertos de pelo y pueden cerrar las fosas nasales para protegerse del sol y la arena. Los camellos pueden soportar el calor seco mejor que ninguna otra bestia de carga. Pueden beber hasta veinticinco galones de agua de una vez y pasar varios días sin comer.

Aquí terminan las virtudes de los camellos. Son famosos por su mal carácter, que complica considerablemente el viaje en una caravana. Muerden, escupen, patean, escapan o se niegan a moverse. Son muy testarudos y no todo el mundo es capaz de manejarlos bien, por lo que los caravaneros a menudo contrataban a un camellero y a otros trabajadores para que se ocuparan de ellos todo el tiempo.

Generalmente varios mercaderes se ponían de acuerdo para compartir sus recursos. Al viajar juntos, se sentían más seguros. El día de la salida cargaban sus camellos de mercancías y provisiones. En ocasiones llegaban a los cien camellos. Un funcionario realizaba una cuidadosa contabilidad de las mercancías para determinar los impuestos correspondientes. A continuación, cada mercader y sus hombres se agrupaban y cada cual ocupaba su posición. Por último, cuando todos los mercaderes, esclavos, guardias, estudiosos, embajadores, poetas y músicos estaban bien montados en sus camellos, comenzaba el viaje por vía terrestre.

Las caravanas procedentes del este podían tomar cuatro grandes rutas. Seguían a un guía experimentado y entraban por las arenas siempre cambiantes del Sahara, recorriendo distancias de unas tres millas por hora y deteniéndose solamente a la hora de rezar.

Milla tras milla, día tras día, la caravana avanzaba hacia el oeste y después hacia el sur. De vez en cuando se topaban con un lagarto, un escorpión o una serpiente. Ninguna otra forma de vida es capaz de sobrevivir en el desierto. La caravana se desplazaba de un oasis a otro antes de que el sol subiera demasiado y las temperaturas alcanzaran los 130ºF. En las horas más calurosas, los viajantes descansaban en los caravasares, unos establecimientos manejados por bereberes y muy parecidos a las áreas de descanso de nuestras autopistas actuales.

En ocasiones, la caravana podía viajar algunas millas más durante la noche guiándose por las estrellas, pero lo normal era que todos durmieran mientras los guardias vigilaban por si aparecían ladrones, que eran una auténtica amenaza. Pero una vez que la caravana llegaba a los confines de Ghana, estaba a salvo, porque los soldados del rey la protegían. Las patrullas reales mantenían el orden y garantizaban la seguridad de todos los visitantes.

Una caravana típica que viajara desde Arabia hasta el Sahel tardaba unos cuarenta días en completar su recorrido. Salir del desierto y llegar a una de las principales ciudades de Ghana debió ser un acontecimiento maravilloso para los viajantes del desierto, tras un viaje tan largo y caluroso.

España

África

Marruecos

Sijilmasa

Sahara

Océano Atlántico

Taghaza

Walata

Tombuctú

Awdoghast

Gao

N

Senegal

Koumbi Saleh
(posible ubicación)

Jenne

TAKRUR

BAMBUK

BURE

Sudán

NOK

Volta

Níger

Benué

Antigua Ghana,
hacia el año 1000 d.C.
Reino de Ghana

Golfo de Guinea

0   300   600

Millas

La vida cotidiana

Fuera o no la capital de Ghana, Koumbi Saleh era sin duda una ciudad importante, y cada vez hay más pruebas de que había otros centros comerciales importantes junto a los ríos Níger y Senegal. Según los arqueólogos, hacia el año 800 d. C., la ciudad de Jenne tenía unos 20,000 habitantes, pero la mayoría de las ciudades de los soninké tenían entre 500 y 1,500 habitantes. Estas ciudades pequeñas estaban rodeadas de murallas con fosos.

Los habitantes de las ciudades llevaban ropas caras, poseían objetos de arte, espadas, utensilios de cobre, productos extranjeros y consumían comida exótica, especialmente cítricos, pero la mayoría de las personas no vivían de esta manera.

El ochenta por ciento de la población vivía fuera de las ciudades, en pequeños grupos agrícolas, donde un hombre y las familias de sus hijos e hijas trabajaban juntos. Una aldea estaba formada por varios grupos del mismo clan, pero según la costumbre, la tierra no se podía comprar ni vender. Los dirigentes de las aldeas, que eran nombrados por el rey del lugar, distribuían la tierra según las necesidades de cada familia. A veces, se autorizaba a una familia a cultivar un terreno y a otra familia a cosechar la fruta de los árboles que crecían en ese mismo terreno. Cuando surgía un conflicto, cada parte podía exponer sus razones ante el rey del lugar, o incluso ante el gran rey de la capital.

Los antropólogos que han estudiado la vida en las aldeas soninké han descubierto que el pueblo mande del siglo VIII tenía conocimientos avanzados de agricultura. Probablemente empleaban diques y represas para regar, y su administración de la tierra era tan eficaz que los agricultores cosechaban suficiente para mantener a las grandes ciudades.

Los principales cultivos de Ghana eran el mijo, sorgo, algodón, maní, arroz, arveja, kimbombó, calabaza, sandía, nuez de kola, semilla de sésamo y karité, con el que hacían una especie de manteca.

Incluso en las aldeas el comercio era un aspecto importante de la vida cotidiana. Un pueblo con cultivo de mijo y algodón podía intercambiar sus productos con otro pueblo dedicado al cultivo del karité y las sandías. Este comercio a escala local contribuyó a la unión de los diversos grupos que vivían en el imperio.

Los hombres y las mujeres compartían el trabajo y cada cual tenía determinadas tareas. Los hombres cazaban y hacían la mayor parte del trabajo agrícola. Las mujeres se ocupaban de la cosecha y de procesar los alimentos para su almacenamiento y venta. Las mujeres fabricaban vasijas y cestos y se ocupaban de las gallinas. En la época de la cosecha, los hombres construían casas, hacían herramientas o pasaban un mes en el ejército, cuidando las fronteras.

421

Dado que todos los hombres debían servir en el ejército al menos durante un mes al año, y llevar sus propias armas, se reservaban tiempo para fabricar arcos, flechas y lanzas. En otras épocas, los hombres colaboraban entre sí para fabricar hachas, azadones y guadañas. Los hombres y las mujeres fabricaban cestas, vasijas y utensilios. También trabajaban juntos en la fabricación de piedras de moler para obtener harina de mijo y de sorgo.

Las casas de los pueblos eran de barro secado al sol o de madera de acacia y piedra. Debido al clima tan caluroso, se usaban fundamentalmente para dormir y como almacenes, y la mayor parte de las actividades se realizaban al aire libre. Como todos eran en realidad una gran familia, las mujeres cocinaban, comían y se divertían juntas, y los hombres cazaban y trabajaban la tierra juntos.

Dentro de las viviendas había pocos muebles y aún menos pertenencias personales. En un hogar normal había una estera o cama por persona, varias alfombrillas y un taburete. Algunas veces también había un baúl de madera o de material tejido. Como hacía tanto calor, usaban muy poca ropa. Los agricultores vestían pantalones de tejido de algodón, una túnica y un par de sandalias. Las mujeres se envolvían la cabeza y el cuerpo con piezas de tela. Su dieta era simple pero adecuada. Siempre se invitaba a los visitantes a comer, y el menú básico consistía en pimientos verdes rellenos de arroz, leche, fruta y pequeños animales silvestres.

Aunque las posesiones de un agricultor pueden parecernos escasas, lo cierto es que no eran pobres. Los agricultores prósperos tenían un buen nivel de vida y también una buena posición social.

Los soninké eran muy aficionados a los relatos y a la poesía, y continúan siéndolo. La familia es uno de los temas más repetidos en los proverbios mande. Éste data de tiempos del reino antiguo: *Los reyes van y vienen, pero la familia permanece.*

Entre los mande, las relaciones familiares tenían una estructura diferente de la actual. El tío paterno más anciano de un niño era su gran padre. Su tío paterno más joven era su pequeño padre. Su tía materna más anciana era su gran madre, y así sucesivamente. Los primos eran hermanos y hermanas. De esta manera no había huérfanos ni personas sin hogar en su sociedad. Un anciano rodeado y cuidado por una gran familia se consideraba como poseedor de una riqueza extrema. Ésta es la razón por la que el nacimiento de un niño se celebraba con grandes festejos, bailes y canciones.

"La canción de la tortuga" es un poema que data del periodo de la antigua Ghana:

Vivíamos en libertad
Hasta que llegó el hombre:
Vivíamos en un mundo tranquilo
Y los días pasaban llenos de gozo.
Nunca había desacuerdos.
El hombre irrumpió en nuestro bosque
Con astucia y violencia.
Nos persiguió
Con avaricia y envidia:
Nuestra libertad se desvaneció.

Piensa en la selección

Los reinos de Ghana,
Malí y Songhay

por Patricia y Frederick McKissack

1. Los hombres que trabajaban en la mina de oro de Wangara se negaban a revelar adónde estaba la mina, incluso cuando los amenazaban de muerte. ¿Por qué crees que se comportaban así?

2. ¿Qué detalles apoyan la idea de que el comercio era "el alma misma de Ghana"?

3. ¿Crees que la antigua forma de comerciar mediante el trueque podría ser una buena forma de hacer negocios en el mundo actual? ¿Por qué?

4. ¿De qué maneras aprovechaban los habitantes de la antigua Ghana los recursos que tenían? Da ejemplos concretos.

5. ¿Te habría gustado formar parte de una caravana transahariana de camellos? Si respondes que no, explica por qué; si respondes que sí, explica qué función te habría gustado desempeñar en el viaje.

6. Basándote en los datos que aparecen en esta selección, describe un día normal en la vida de un pueblo soninké.

7. **Conectar/Comparar** Compara la vida de un soldado de los que custodiaban la Gran Muralla china con la vida de un agricultor de Ghana. ¿Cuál de estas vidas preferirías? ¿Por qué?

Persuadir

Escribe un anuncio

Haz un cartel anunciando la llegada de una caravana de camellos a la antigua ciudad de Koumbi Saleh. Trata de convencer a la gente para que vaya a recibir la caravana y vea la mercancía.

Consejos

- Piensa en un titular que llame la atención del lector.
- Usa oraciones imperativas para animar a la gente a asistir.
- Incluye detalles llamativos.

Lectura · Hacer aserciones razonables
Escritura · Composiciones persuasivas

424

Comparar formas de vida

Haz una tabla para comparar la forma de vida en las aldeas y en las ciudades en la antigua Ghana. Incluye las siguientes categorías en la tabla: alimentación y ropa; posesiones; ocupaciones; vida familiar.

	Vida en una aldea	Vida en la ciudad
Alimentación y ropa		
Posesiones		
Ocupaciones		
Vida familiar		

Intercambios comerciales

Con un compañero, representen una escena de intercambio comercial entre un miembro de una caravana transahariana y un mercader de la ciudad. En la conversación, cada persona debe describir su mercancía, negociar y regatear para tratar de conseguir el mejor acuerdo posible.

Extra Imaginen que los comerciantes hablan idiomas distintos. Representen otra versión del comercio. Utilicen movimientos y gestos en lugar de palabras.

Internet

Enviar una postal electrónica

Cuéntale algo a un amigo sobre alguna de las culturas antiguas sobre las que has leído en este tema. Para enviar una postal electrónica a tu amigo, visita Education Place.

www.eduplace.com/kids

Destreza: Cómo leer un diagrama

Interpretar un diagrama...

- Fíjate en el diagrama para ver si representa un **corte transversal**, una **vista abierta** o una vista desde arriba.

- Lee los **rótulos** para identificar los diferentes elementos del diagrama. Pregúntate si los rótulos son claros y qué aportan a tu comprensión.

- Compara el diagrama con el texto. Pregúntate qué aporta el diagrama al texto, si resulta útil y si debería incluir más información.

La vida cotidiana en la Grecia antigua

ANCIENT GREECE
FACTS • STORIES • ACTIVITIES

por Robert Nicholson

UN HOGAR GRIEGO

La mayoría de los griegos eran agricultores o artesanos que vivían en casas sencillas. Los negocios estaban administrados por familias, que contaban con la ayuda de algunos esclavos.

Las casas griegas estaban organizadas alrededor de un patio que tenía un altar en el centro. Las casas griegas normales eran de ladrillos de barro secados al sol. No era difícil abrir agujeros en los muros, por lo que a los ladrones se les llamaba excavadores de muros.

La sala estaba en la planta baja y los dormitorios, arriba. Muchas veces los hombres y las mujeres tenían diferentes zonas para estar y pasaban la mayor parte del tiempo separados. La comida se cocinaba en fuegos abiertos en la cocina. El humo salía por un agujero que había en el techo.

Dentro de una casa griega típica las paredes eran lisas y sólo se adornaban con algunos tapices. Las cosas se guardaban en baúles.

Se han recortado algunas partes de esta casa para que puedas ver el interior.

ROPA

Las túnicas de los hombres eran de lana o lino. Un simple cuadrado de tela llamado **chitón** se sujetaba sobre un hombro o sobre los dos, y también a la cintura, con un cinturón. Las mujeres vestían una túnica larga llamada **peplos** o un chitón largo. Las personas más ricas tenían túnicas de tejidos decorados y los esclavos tenían túnicas lisas. En la época clásica, estaba de moda que los hombres usaran barba y pelo corto. Las capas y mantones se usaban cuando hacía frío y para viajar. Muchas personas iban descalzas la mayor parte del tiempo. El calzado consistía de sandalias o botas de cuero.

Aunque en las ciudades griegas siempre había baños públicos, no había jabón. Los griegos se frotaban el cuerpo con aceite de oliva para limpiarse. Después raspaban el aceite y la suciedad con un instrumento llamado **estrigilo**.

Un collar de oro, como el que llevaba la mujer en la pintura del jarrón de abajo.

Una mujer sentada es adornada con joyas el día de su boda. Viste un chitón cosido por ambos lados para que le cubra los brazos.

Frente a la mayoría de las casas había una estatua del dios Hermes, que estaba considerado como el protector de las casas.

427

Palabras de vocabulario

Algunas pruebas consisten en elegir la palabra que mejor completa una analogía, o un par de comparaciones equivalentes o similares. Debes elegir entre tres, cuatro o cinco respuestas posibles. ¿Cómo se elige la mejor respuesta? A continuación hay una pregunta a modo de ejemplo, tomada de *Los reinos de Ghana, Malí y Songhay*. La respuesta correcta está indicada. Usa los consejos para comprender mejor este tipo de pruebas.

Consejos

- Lee atentamente las instrucciones. Asegúrate de que comprendes bien lo que se te pregunta, en este caso, la palabra que mejor completa la analogía.

- Rellena el círculo correspondiente a tu respuesta completamente, para que ésta pueda ser calificada.

- Si tienes tiempo, revisa todas tus respuestas.

Lee la analogía que hay abajo. A continuación, en la fila de respuestas, rellena el círculo correspondiente a la mejor respuesta.

1 El/La _____ era para los <u>bereberes</u> lo que el <u>bisonte</u> era para los <u>indígenas norteamericanos</u>.

   A   desierto

   B   camello

   C   buey

   D   caravana

FILA DE RESPUESTAS 1 Ⓐ Ⓑ ● Ⓓ

Ahora fíjate cómo este estudiante ha elegido la mejor respuesta.

Leo la frase de la prueba y pongo cada respuesta posible en el espacio en blanco. Me pregunto: "¿Qué relación tenía el bisonte con los indígenas norteamericanos? ¿Cuál de las respuestas guarda una relación parecida con los bereberes?"

Sé que **A** y **D** eran importantes para los bereberes, pero no les aportaban las mismas cosas que los bisontes aportaban a los indígenas norteamericanos. Creo que la respuesta probablemente es otro animal.

Sé que **C** no es correcta porque los bereberes no usaban bueyes. Únicamente **B** hace referencia a un animal con una importancia para los bereberes parecida a la del bisonte. Ahora sé por qué **C**, el camello, es la mejor respuesta.

Mitos

Los MITOS son relatos acerca de las fuerzas de la naturaleza, de los esfuerzos de los antiguos en su lucha contra el mal y también sobre sus relaciones con sus dioses. En todo el mundo, las primeras civilizaciones crearon mitos para explicar lo que veían en el cielo, en la tierra, en el mar y en el comportamiento humano.

Los mitos de la naturaleza explican aspectos del mundo natural, como los cambios de estación y las características de los animales. En los mitos de héroes, los seres humanos deben llevar a cabo determinadas tareas muy difíciles. Frecuentemente, los monstruos se suman a las dificultades que el héroe debe enfrentar en su lucha. Los mitos acerca de la creación explican el origen de las cosas en nuestro mundo, como el fuego o la música.

Las selecciones que estás a punto de leer presentan estos tres tipos diferentes de mito.

Contenido

Aquiles y Áyax, dos héroes de la mitología griega, mientras practican un juego (izquierda).

Al leer este mito de la naturaleza, proveniente de la Grecia antigua, piensa en por qué Atenea estaba tan enojada. ¿Cómo pudo haber cambiado Aracne el resultado de la competencia?

Aracne, la hilandera

*versión de Geraldine McCaughrean
ilustrado por Emma Chichester Clark*

En una época lejana, cuando las telas y la ropa se tejían a mano, había una tejedora llamada Aracne, quien era más habilidosa que el resto. Sus tapices eran tan hermosos que la gente pagaba fortunas por ellos. Sastres y tejedores venían de lugares muy lejanos sólo para ver a Aracne trabajando en su telar. Su lanzadera volaba de un lado a otro, y sus dedos punteaban las hebras como si estuviera haciendo música en vez de tela.

—Los dioses te han dado un talento increíble —decían sus amigos.

—¿Dioses? ¡Pamplinas! No hay nada que los dioses puedan enseñarme sobre tejidos. Puedo tejer mejor que cualquier dios o diosa.

Sus amigos se pusieron un poco pálidos.

—Será mejor que la diosa Atenea no te oiga decir eso.

—No me importa quien me oiga. Yo soy la mejor en esto
—dijo Aracne.

Sentada detrás de ella había una señora mayor que examinaba los hilos que Aracne había hilado esa mañana, palpando la encantadora textura con sus dedos índice y pulgar.

—Entonces, si hubiera una competencia entre tú y la diosa Atenea, ¿crees que ganarías? —dijo la señora.

—No tendría ni la más mínima oportunidad —dijo Aracne—. No contra mí.

De repente, el pelo gris de la señora mayor comenzó a flotar como si fuera humo alrededor de su cabeza y cambió a un color dorado y brillante. Una ráfaga de viento desgarró su viejo abrigo en tiras, descubriendo una resplandeciente toga blanca. Creció y creció hasta que sus hombros y cabeza quedaron por encima de la multitud. No había confusión posible: se trataba de Atenea, la hermosa diosa de ojos grises.

—¡Que así sea! —dijo Atenea—. Una competencia entre tú y yo.

Los amigos de Aracne pusieron cara de asustados. Pero Aracne simplemente enhebró otra lanzadera. A pesar de que su cara estaba un poco pálida y sus manos temblaban, ella sonrió y dijo:

—Una competencia, entonces, para ver quién es la mejor tejedora del mundo.

Las lanzaderas iban de un lado a otro, más rápidas que un pájaro construyendo su nido.

Atenea tejió una imagen del Monte Olimpo. Todos los dioses estaban allí: heroicos, apuestos, generosos, inteligentes y amables. Tejió a todas las criaturas de la creación sobre su telar. Cuando tejió un gatito, la multitud suspiró: "Aaaah". Y cuando tejió un caballo, todos extendían las manos para acariciarlo.

Junto a ella estaba sentada Aracne, quien también tejía imágenes de los dioses. Pero se trataba de imágenes cómicas. El diseño mostraba todas las cosas tontas que los dioses nunca han hecho: disfrazarse, pelearse, haraganear y fanfarronear. De hecho, los hizo lucir tan bobos como la gente común y corriente.

Pero ¡epa!, cuando tejió una mariposa posada en una brizna de hierba, parecía que se echaría a volar en cualquier momento. Al tejer un león, la multitud salió corriendo y chillando del susto. Su mar brillante, el maíz tejido y el tapiz terminado eran más bellos que la misma naturaleza.

Atenea dejó de lado su lanzadera y fue a ver el tejido de Aracne. La multitud contuvo el aliento.

—Tú eres la mejor tejedora —dijo la diosa—. Tu talento es incomparable. Ni siquiera yo tengo tu magia.

Aracne se acomodó la ropa y sonrió con arrogancia.

—¿No te lo había dicho?

—Pero tu orgullo es más grande que tu habilidad —dijo Atenea—. Y tu irreverencia ha pasado todos los límites. Conque burlándote de los dioses, ¿eh? —dijo la diosa señalando el tapiz de Aracne—. Pues bien, por ello te castigaré para dar el ejemplo y asegurarme de que nunca nadie cometa el mismo error otra vez.

Le quitó el telar a Aracne de las manos y se lo hizo tragar. Luego, de la misma manera que Atenea se había transformado de una señora mayor a su verdadero aspecto, comenzó a transformar a Aracne.

Los brazos de Aracne se pegaron a los lados, dejando solamente los largos y habilidosos dedos que se tensaban y escarbaban. Su cuerpo se encogió hasta convertirse en una mancha negra no más grande que un manchón de tinta. El extremo de un hilo todavía colgaba fuera de su boca. Atenea lo utilizó para colgar a Aracne de la copa de un árbol y dejarla pendiendo allí.

—¡Teje tus tapices para siempre! —dijo la diosa—. Y por maravillosos que sean, la gente se estremecerá sólo de mirarlos y los arrancará hasta hacerlos jirones.

Y así fue. Aracne se convirtió en la primera araña, condenada para siempre a tejer sus telas en las esquinas de las habitaciones, en arbustos, en lugares oscuros y sucios. Y aunque las telarañas son unos de los tejidos más hermosos que puedes ver, fíjate cómo la gente se apura en barrerlas y quitarlas.

El pueblo Songhay vive en la parte alta del río Níger, en el país africano de Malí. Todavía hoy en día, ellos cuentan este mito de héroes. ¿Qué es lo que hace especialmente atractivo a este cuento?

Solo de guitarra

por Geraldine McCaughrean
Ilustrado por Bee Willey

En un lugar donde seis ríos se unen como las cuerdas de una guitarra, vivían Zin el cruel, Zin el mezquino y Zin-Kibaru, el espíritu del agua. El sonido de su guitarra mágica se escuchaba incluso por encima del ruido de las aguas turbulentas, y cada vez que tocaba, las criaturas del río caían bajo su influjo mágico. Las llamaba para que bailaran para él y para que le trajeran comida y bebida. Durante el día, la campiña se mecía al ritmo de la música de Zin.

Pero al anochecer, algo malo le esperaba a Faran, el vecino de Zin. Por la noche, Zin tocaba su guitarra en el terreno de Faran, escondido en la oscuridad y las plantas altas. Faran no era rico.

Lo único que tenía en el mundo era su terreno, una caña de pescar, una canoa y a su madre. Tan pronto Zin comenzaba a tocar, Faran se golpeaba la cabeza con las manos y se quejaba: —¡No, otra vez no!

Un millón de peces hipnotizados salían de los ríos, deslizándose por la orilla, caminando con sus colas y aletas, dando pequeños destellos de plata. Los peces pisoteaban los brotes tiernos de Faran, engullían sus largas hojas y se llevaban sus cultivos maduros a casa de Zin-Kibaru. Como si fueran una bandada de cuervos, los peces arrasaban sus sembrados y no había manera alguna de espantarlos. Al menos no mientras Zin tocaba su maliciosa guitarra mágica.

—¡Nos moriremos de hambre! —se quejaba Faran a su madre.

—Pues bien, muchacho —dijo ella—. Hay un dicho que creo recordar: Cuando el pez se come tu comida, es hora de comerse al pez.

Entonces Faran tomó su caña de pescar y su canoa y se fue a pescar. Pescó todo el día, pero Zin simplemente mantuvo a los peces alejados con su magia, y Faran no pescó nada. También pescó toda la noche, y no le picó ni un pez. Los peces estaban demasiado ocupados recogiendo el maíz en sus sembrados.

—Nada, nada, nada —dijo Faran al regresar a casa con la caña de pescar apoyada en el hombro.

—¿Nada? —dijo su madre mirando la cesta de pesca repleta.

—Bueno, nada excepto dos hipopótamos —dijo Faran—, y no podemos comerlos, así que mejor los dejo libres.

Los hipopótamos saltaron de la cesta de Faran y se alejaron trotando. Entonces Faran fue adonde los ríos se unen y agarró a Zin-Kibaru por las solapas de su camisa. —¡Pelearé contigo por esa guitarra tuya!

Zin era ya una bestia fea que se divertía atormentando a Faran y los peces. Pero también le encantaba la pelea. —Lucharé contigo, muchacho —dijo—, y si me ganas, tendrás mi guitarra. Pero si yo te gano, me darás tu canoa. ¿Estás de acuerdo?

—Si no detengo tu magia, no necesitaré mi canoa nunca más —dijo Faran—, porque Mamá y yo moriremos de hambre hasta convertirnos en unos tristes esqueletos.

Entonces esa fue la noche en la que la guitarra mágica no sonó en los sembrados de Faran, porque Faran y Zin estaban peleando.

Todos los animales observaban. Al principio alentaban a Zin: él les había ordenado que lo hicieran. Pero pronto se quedaron callados, en un círculo de ojos brillantes.

Faran peleó toda la noche, porque era demasiado lo que dependía de ello.

—No puedo perder mi canoa —pensaba cada vez que se cansaba—. Tengo que detener esa música —pensaba cada vez que caía al suelo—. ¡Tengo que ganar por Mamá! —pensaba cada vez que Zin lo mordía, lo pateaba o lo arañaba.

Por la mañana, todo indicaba que Faran llevaba las de ganar.

—¡Vamos, Faran! —susurraban un pato y un mono.

—¡VAMOS, FARAN! —rugía su madre.

Luego Zin hizo trampa.

Él usó una palabra mágica.

—¡Abracadabrapatadecabra! —dijo, y Faran cayó al suelo como agua derramada. No podía moverse. Zin danzaba a su alrededor, con las manos entrelazadas por encima de la cabeza. —¡Gané, gané, gané! —y después rió sin parar, hasta tener que sentarse.

—¡Ay, mamá! —sollozó Faran—. ¡Lo siento! Hice lo mejor que pude, pero no sé palabras mágicas para derribar a este matón.

—Tú sí sabes —dijo su madre—. ¿No lo recuerdas? ¡Un día, tú las encontraste en tu cesta de pesca!

Entonces Faran recordó. Las palabras mágicas perfectas. Y las usó.

—¿Hipopótamos? ¡SOCORRO!

Como por arte de magia, apareció el primer hipopótamo que Faran había atrapado y se sentó justo donde Zin estaba sentado. Quiero decir exactamente en el lugar donde Zin estaba sentado. Quiero decir precisamente sobre Zin. Y luego vino su compañera hipopótamo y se sentó en su regazo. Y entonces (aquí hubo acuerdo general) fue cuando Faran ganó la pelea. Zin quedó aplastado.

Hoy en día Faran flota medio dormido en su canoa, pescando o tocando una guitarra pequeña. Ha cambiado las cuerdas, por supuesto, así que no tiene poderes mágicos sobre las criaturas de los seis ríos. Pero tiene amigos en abundancia que lo ayudan a cuidar sus sembrados, a reparar su techo y a bailar con su madre. ¿Qué más puede pedir un muchacho?

Éste es un mito muy antiguo sobre Quetzalcóatl, la serpiente emplumada, el Señor del Espíritu, del lugar que hoy se llama México. Al leer, piensa en cómo Quetzalcóatl llegó a tener músicos y si estás de acuerdo o no con lo que hizo.

Cómo la música bajó del Cielo

*por Geraldine McCaughrean
ilustrado por Bee Willey*

Érase una vez un mundo que sufría en Silencio. No porque fuera un lugar callado, ni tranquilo. Se escuchaban siempre el quejido del viento, el estruendo de las olas, el rugido de la lava en la garganta de los volcanes y el chirrido del arado a través de la tierra pedregosa. Se podía escuchar el llanto de los bebés por la noche, y de las mujeres por el día, a causa de la dureza de la vida y de la hostilidad del Silencio.

Tezcatlipoca, cuyo cuerpo era duro como una roca y cuyo corazón era como un hierro oxidado (ya que era el Dios de la Materia), se dirigió a Quetzalcóatl, el emplumado Dios del Espíritu. Habló desde los cuatro confines de la Tierra y desde las férreas profundidades del suelo, del norte, del sur, del este y del oeste.

—¡El mundo necesita música, Quetzalcóatl! En la espinosa maleza del bosque y en las playas desérticas, en las incómodas casas cuadradas de los pobres y en los sueños de los que duermen debe haber música, debe haber canción. ¡Por favor, Quetzalcóatl, ve al Cielo y tráela aquí abajo!

—¿Cómo podría llegar hasta allá? El Cielo es demasiado alto para mis alas.

—Construye un puente de cables de viento, y clávalo con estrellas: un puente hasta el Sol. A los pies del Sol, sentados en los escalones de su trono, encontrarás cuatro músicos. Tráelos hasta aquí. Yo estoy muy triste con este Silencio y el Pueblo está triste de escuchar el sonido de la Nada retumbando en sus oídos.

—Lo haré si así lo pides —dijo Quetzalcóatl, arreglándose las plumas verdes para emprender el viaje—. Pero me pregunto si vendrán. ¿Querrán venir los músicos del Sol?

Llamó a los vientos con un silbido, como a perros de caza. Y así vinieron, dando largos saltos sobre las inclinadas copas de los árboles, sobre los campos rojos donde el polvo se elevaba en columnas retorcidas y sobre el mar, batiendo las aguas hasta crear montañas de olas. Ladrando y aullando, llevaron a Quetzalcóatl cada vez más alto, más alto que toda la Creación, tan alto que podía divisar el Sol un poco más adelante. Entonces los cuatro vientos más poderosos se trenzaron para formar un cable, y el cable se balanceó en el vacío del Cielo: un puente entablado con nubes y clavado con estrellas.

—Cuidado, que aquí viene Quetzalcóatl —dijo el Sol, lanzando una mirada furiosa y ocultándose, con sus ojos enrojecidos llenos de enojo.

Cuatro músicos tocaban sus instrumentos y cantaban, danzando alegremente alrededor del Sol. Uno, vestido de blanco y tintineando campanitas, cantaba canciones de cuna; otro, vestido de rojo, cantaba canciones de pasión y guerra mientras golpeaba un tambor; otro, en una túnica azul celeste tejida con nubes, entonaba baladas celestiales que narraban historias sobre dioses; el último, vestido de amarillo, tocaba una flauta dorada.

Era un lugar demasiado caliente para las lágrimas y demasiado luminoso para las sombras. De hecho, todas las sombras habían huido hacia abajo y se habían aferrado bien a los hombres. Sin embargo, toda esta dulce música no había logrado que el Sol se volviera generoso.

—Si no quieren ir a parar al lugar tenebroso, odioso, espantoso y peligroso, más les vale que se mantengan callados, queriditos. Manténganse en silencio, manténganse en secreto y no contesten cuando llame Quetzalcóatl —les advirtió a sus músicos.

A través del puente, sonó la voz de Quetzalcóatl.

—¡Oh cantantes! ¡Oh maravillosas musas de la música! Vengan aquí. ¡El Dios del Mundo los llama!

La voz de Quetzalcóatl era imponente y tentadora, pero el Sol les había metido miedo a los músicos. Se quedaron en silencio, agachándose y fingiendo no oír. Una y otra vez Quetzalcóatl los llamó, pero seguían sin moverse, y el Sol sonrió con aire satisfecho y tamborileó sus dedos en los listones brillantes de su sillón. No tenía la menor intención de ceder a sus músicos; no le importaba quién los necesitara.

Así que Quetzalcóatl se retiró hasta el horizonte bordeado de lluvia, enganchó sus cuatro vientos al trueno negro y mandó a que arrastraran las nubes hasta que rodearan la ciudadela del Sol. Cuando lanzó el relámpago y soltó los truenos, éstos hicieron un ruido monumental. El Sol pensó que lo estaban atacando.

Los truenos chocaron contra el Sol con el sonido de un gran platillo de bronce, y los músicos, tapándose los oídos, corrieron de un lado a otro buscando ayuda.

—Vengan a mí, pequeños creadores de milagros —dijo Quetzalcóatl con una voz fuerte pero bondadosa. Se escuchó el PRACATÁN del trueno, y todo el Cielo tembló.

El melódico cantante de canciones de cuna cayó ondeando como una sábana. El cantante de canciones de guerra se derramó como la sangre por el piso del Cielo y se cubrió la cabeza con los brazos. El cantante de baladas, con el susto, olvidó por completo sus historias sobre dioses y al flautista se le cayó su flauta dorada. Quetzalcóatl la agarró en el aire.

Mientras los músicos saltaban de su nido ardiente, él abrió sus brazos, los acomodó en su regazo y les acarició la cabeza.

—¡Sálvanos, Dios de la Creación! ¡El Sol está bajo ataque!

—Vengan, amigos queridos. Vengan adonde más los necesitan.

El Sol se agitó y se estremeció con furia como un gong al que se ha golpeado, pero sabía que había sido vencido y que había perdido sus músicos por culpa de Quetzalcóatl.

Al principio, los músicos estaban abatidos por el silencio y la tristeza que había en la Tierra. Pero en cuanto empezaron a tocar, los bebés dejaron de llorar en sus cunas. Las mujeres embarazadas se pusieron una mano en sus grandes barrigas y dieron suspiros de alivio. El hombre que trabajaba en el campo se puso una mano al oído para escuchar y se sacudió, para que su sombra de tristeza se cayera y se disipara en plena luz del día. Los niños empezaron a tararear. Los jóvenes empezaron a bailar, y al bailar se enamoraron. Incluso los que guardaban luto en el cementerio, al escuchar la dulce melodía de la flauta, dejaron de llorar.

Quetzalcóatl mismo meneó sus caderas de serpiente y bailó con las manos en alto a las puertas de Tezcatlipoca, y Tezcatlipoca salió. Materia y Espíritu giraron juntos en un baile tan veloz que si hubieras estado allí, hubieras pensado que veías sólo uno.

Y de pronto, todos los pájaros del cielo abrieron sus picos y cantaron, y el arroyo corrió con un murmullo musical. Cuando los niños durmieron, soñaron con la música y se despertaron cantando. Desde entonces, la vida era toda música: ritmos y estribillos, cadencias y llamadas de flautín. Nadie vio exactamente dónde se establecieron o hicieron sus hogares los músicos del Sol, pero sus huellas estaban en todas partes y sus brillantes colores se encontraban en esquinas que antes habían sido grises y silenciadas por telarañas. Las flores lucieron sus radiantes caras de colores: rojas, amarillas, blancas y azules, como si escucharan la música. Incluso los vientos dejaron de aullar, rugir y quejarse, y aprendieron canciones de amor.

Narrar

Escribe tu propio mito

En los mitos se utilizan el realismo y la fantasía para explicar algo. Piensa en una costumbre o en un suceso natural que te interese especialmente. Luego, escribe uno de los tres tipos de mito (mito de la naturaleza, de héroes o de la creación) para explicarlo.

Consejos

Recuerda que a menudo los mitos contienen estos tres elementos:

- los personajes son sabios y poderosos, como dioses, diosas y héroes
- escenarios remotos y lejanos en el tiempo
- sucesos increíbles

Escritura **Escribir narraciones**

Lectura individual

Fábulas y leyendas americanas

por Ciro Alegría (Espasa)

Esta colección presenta varias leyendas del mundo hispano.

Isis y Osiris

(Didaco)

El rey Osiris de Egipto es traicionado por su hermano y sólo una lágrima de su esposa Iris logra salvarlo.

De oro y esmeraldas: Mitos, leyendas y cuentos populares de Latinoamérica

por Lulu Delacre (Scholastic)

Doce mitos, leyendas y relatos muy conocidos de Puerto Rico, la República Dominicana, Cuba, México, Colombia, Perú y Bolivia que son muy útiles como introducción al estudio de las culturas prehispánicas de las Américas.

La mujer que brillaba aún más que el sol

por Alejandro Cruz Martínez (Children's Book Press)

Este cuento, basado en un poema, cuenta la visita de Lucía Zenteno a un pueblo.

Visionarios

"Tras el vivir y el soñar,
está lo que más importa:
el despertar".

—Antonio Machado

Visionarios

Contenido

Biblioteca del lector

- **Mia Hamm: La jornada de una campeona de fútbol**
- **Monedas de veinticinco centavos para todos**
- **Un héroe verdadero**

Libros del tema

César Chávez: Una biografía ilustrada con fotografías
por Lucile Davis

Sammy Sosa: Héroe de los jonrones
por Jeff Savage

Libros relacionados

Si te gusta...

Un talento especial

por Jackie Joyner-Kersee

Entonces lee...

Béisbol: Pioneros y leyendas

por Jonah Winter (Lee & Low Books)

En este libro el autor conmemora las carreras deportivas de catorce jugadores latinos.

Charlie y la fábrica de chocolate

por Roald Dahl

(Ediciones Alfaguara)

Cinco niños afortunados descubren la entrada a una misteriosa fábrica de chocolate y cada uno se aprovecha de la situación a su manera.

Si te gusta...

Bajo las palmas reales

por Alma Flor Ada

Entonces lee...

César Chávez

por Consuelo Rodríguez (Chelsea House)

Este libro presenta la vida de un líder que luchó por los derechos de los trabajadores migratorios del campo.

Thomas Edison y la electricidad

por Steve Parker (Celeste)

El autor describe la influencia que tuvo en el futuro el descubrimiento de la electricidad de Thomas Edison.

Desarrollar conceptos

Un talento especial
La autobiografía de
la mejor atleta del mundo
por Jackie Joyner-Kersee
con Sonja Steptoe

Un talento especial

Vocabulario

carreras cortas
desarrollar
equipo
poco convencional
resistencia
se desanimaba
sesiones

Estándares

Lectura

- Unir y clarificar ideas principales
- Persuasión y propaganda
- Determinar el significado a través del contexto
- Hacer predicciones

Convertir un sueño

¿**A**lguna vez has anhelado saltar más lejos o correr más rápido? Jackie Joyner-Kersee, ganadora de seis medallas olímpicas, tenía ese sueño. Su autobiografía, *Un talento especial,* explica cómo convirtió ese sueño en realidad. De niña, cuando practicaba deporte, algunas veces **se desanimaba** si no lograba hacerlo bien. Con los ejercicios para **desarrollar** los músculos, consiguió mejorar su velocidad y **resistencia.** Su **equipo** asistía con regularidad a **sesiones** de entrenamiento, y de esta manera todos sus miembros mejoraron. En esta selección vas a descubrir que a veces Jackie entrenaba de manera **poco convencional.**

*Jackie corría muchas **carreras cortas** a gran velocidad para mejorar su desempeño.*

en realidad

Jackie Joyner-Kersee

Su infancia en East St. Louis:
Jackie Joyner-Kersee pasaba muchas
tardes y fines de semana en un
centro comunitario de su ciudad
haciendo sus tareas escolares,
practicando deportes y haciendo
dibujos y manualidades.

Primeros éxitos deportivos: En la
escuela secundaria Joyner-Kersee batió
el récord femenino de salto de longitud
de Illinois y ganó cuatro veces seguidas el
campeonato nacional de categoría junior en la modalidad de
pentatlón, una competencia deportiva de cinco pruebas.

Éxitos escolares: Se graduó con el puesto número diez en su clase
de la escuela secundaria con una beca de básquetbol, otro deporte
que dominaba a la perfección.

Triunfos internacionales: En los Juegos Olímpicos de 1988 y
1992, Joyner-Kersee consiguió la medalla de oro en la modalidad de
heptatlón, una competencia de siete pruebas.

Internet

Para saber más acerca de Jackie Joyner-Kersee, visita
Education Place. **www.eduplace.com/kids**

Un talento especial

La autobiografía de la mejor atleta del mundo

por Jackie Joyner-Kersee
con Sonja Steptoe

Estrategia clave

Al leer la historia de Jackie Joyner-Kersee, **resume** con tus propias palabras cómo comenzó su vida de atleta.

Jackie Joyner era una niña llena de aspiraciones y energía, quien ansiaba encontrar una actividad que le permitiera dar lo mejor de sí misma. Cuando se inauguró un nuevo centro comunitario enfrente de su casa, en East St. Louis, Illinois, empezó a pasar allí la mayor parte de su tiempo libre. Aprendió danza moderna y fue porrista, pero quería enfrentarse a un verdadero reto. Un día apareció en el tablero de anuncios del centro comunitario un aviso que le llamó la atención.

Un día de 1972, cuando tenía diez años, en el tablero de anuncios del centro comunitario apareció una lista para que se inscribieran en ella las muchachas interesadas en practicar atletismo en pista. "Si tengo las piernas lo suficientemente fuertes como para bailar y saltar, quizás también pueda correr rápido", pensé. Anoté mi nombre en el primer lugar de la lista.

Un grupo de muchachas, entre las que estábamos Debra, Angie y yo, nos presentamos para formar el equipo de atletismo una tarde soleada de finales de mayo. Íbamos en camiseta y pantalones cortos, y teníamos que entrecerrar los ojos y hacer visera con las manos para que el sol no nos deslumbrara al mirar a nuestro entrenador, Percy Harris. Nos explicó que entrenaríamos todas las tardes, y que correríamos en la pista de ceniza que había detrás del centro para prepararnos para las carreras. Señaló el lugar con el dedo.

—¿Todo ese circuito? —preguntó una muchacha al mirar hacia donde señalaba el dedo. Se volteó hacia Percy con el ceño fruncido—. ¡Hace mucho calor!

—¡Es larguísimo! —protestó otra.

En efecto, parecía un círculo inmenso que se iba haciendo cada vez más ancho a medida que nos acercábamos a él, pero preferí quedarme callada. Mamá y Papá nos habían dicho que no habláramos mientras lo hacían los mayores. Además, quería comprobar si era capaz de recorrerlo entero. Estaba lista para empezar a correr.

16 de junio de 1978. Jackie hace unos estiramientos antes de practicar salto de longitud.

Jackie tenía siete años cuando se inauguró el centro comunitario Mary Brown.

"Si tengo las piernas lo suficientemente fuertes como para bailar y saltar, quizás también pueda correr rápido", pensé.

459

Aquella pista circular, que todavía existe detrás de Lincoln Park, se convirtió en parte importante de mi adolescencia. Es un circuito poco convencional. Mide unas 550 yardas de circunferencia, aproximadamente un tercio de milla. Las pistas normales tienen forma ovalada y miden 400 metros, un cuarto de milla. Las muchachas que conseguimos completarlo llegamos a la meta jadeando. Nos inclinamos hacia delante y apoyamos las manos en las rodillas para recobrar el aliento. Las otras muchachas habían dejado de correr y estaban caminando. Percy dijo que teníamos que dar otras dos vueltas sin parar para completar una milla de carrera. Algunas de las muchachas protestaron y sacudieron la cabeza con incredulidad. Yo me puse a correr.

Cada día aparecían menos muchachas, hasta que un día el equipo de atletismo estaba integrado por las tres hermanas Joyner, de las cuales dos estaban allí por obligación. Así las cosas, Percy abandonó la idea de formar un equipo. Pero yo quería seguir corriendo, de modo que me presentó a George Ward, un hombre que entrenaba a media docena de muchachas de la escuela Franklin Elementary que en verano corrían

"Si ganas un trofeo, muy bien; y si no, no pasa nada", dijo.

en Lincoln Park.

—No sé si soy buena —dije con timidez cuando el señor Ward dijo que podía entrar en su equipo.

—No te preocupes por eso. Sólo nos estamos divirtiendo. Si ganas un trofeo, muy bien; y si no, no pasa nada —dijo. Me sentí aliviada.

Las sesiones de entrenamiento con el grupo del señor Ward eran muy divertidas. De pronto tenía seis nuevas amigas. No conocía a Gwen Brown ni a las demás muchachas de la escuela Franklin Elementary, porque yo iba a John Robinson Elementary, y las escuelas estaban en zonas diferentes de la ciudad. La mayoría de las otras muchachas llevaban más de un año entrenando con el señor Ward y pronto pude comprobar que ya eran buenas corredoras, fuertes y rápidas.

Jackie Joyner con su entrenador de la escuela secundaria parados enfrente de Lincoln High School, en East St. Louis, en 1979.

La primera carrera en la que participé con el señor Ward fue la prueba de 440 yardas planas, que ahora se llama de 400 metros. Nos colocó en fila frente a dos postes de acero doblados. Entonces, con el cronómetro en la mano, caminó hasta el otro lado del circuito y se paró junto al marcador, a 440 yardas de distancia. Desde allí gritó: —En sus marcas, listas, ¡ya!

Las otras muchachas se lanzaron a la carrera. Yo corrí tan rápido como pude, pero no logré alcanzarlas. Llegué de última. Cuando recuperé el aliento, estaba decepcionada.

La medalla de oro que Jackie ganó en la modalidad de heptatlón (una competencia de siete pruebas) en las Olimpíadas de 1992 que se celebraron en Barcelona, España.

Después de ganar una medalla de plata en las Olimpíadas de 1984, Jackie Joyner y otros dos atletas de East St. Louis se convirtieron en héroes locales. El cartel que Jackie está autografiando dice: "Bienvenidos a casa, Al y Jackie, héroes de las Olimpíadas de 1984/East St. Louis está orgulloso de ustedes".

"Sigue viniendo a entrenar; verás cómo mejoras", me aseguró.

¡No podía creer lo veloces que eran las otras muchachas!

—¿Qué puedo hacer para ser más veloz? —pregunté al señor Ward.

—Sigue viniendo a entrenar; verás cómo mejoras —me aseguró.

Fui la última, o casi, en todas las carreras que corrí aquel verano, pero el señor Ward quería que siguiera en el equipo. Cuando la escuela volvió a comenzar me recogía todas las tardes de primavera en mi casa y me llevaba en su carro para que entrenara en su escuela. Yo esperaba ese momento con impaciencia todos los días. Tenía once años. Volvía a casa a toda prisa, engullía algunas galletas de avena o una bolsa de papas fritas, hacía rápidamente las tareas de geografía, matemáticas, ortografía y ciencias y después hacía mis tareas domésticas (o le pagaba a Debra para que las hiciera por mí) para estar lista cuando apareciera el carro del entrenador. Saludaba con la mano a mi madre, que llegaba a casa aproximadamente a esa misma hora, y saltaba al carro del señor Ward.

Durante los entrenamientos no nos sentíamos presionadas, pero había algunas reglas que cumplir. No podíamos hablar mientras corríamos, pero yo charlaba a escondidas con mis nuevas amigas. Cada vez que el señor Ward me descubría, nos ordenaba detenernos, me sacaba del grupo y me regañaba. Como castigo, me hacía correr en dirección opuesta a las demás. No me importaba. Estaba feliz de estar allí con ellas. Sonriendo, corría en el sentido de las agujas del reloj mientras las demás lo hacían en sentido inverso.

Un día me enfermé mientras corría. El señor Ward me preguntó qué había comido. Cuando le hablé de las galletas de avena, sacudió la cabeza. Tenía que olvidarme de la comida chatarra, dijo. Aquella vez me castigó con tres vueltas más, todas en sentido contrario. Dijo que así comprendería que la comida chatarra afectaba mi resistencia. Pero no me importó. Tenía la sensación de que podría pasarme la vida corriendo. El único problema era que todavía no era muy rápida.

Pero después de varias carreras más sin ganar ningún trofeo, cualquiera se desanimaba. —¿Ganaré una carrera algún día? —pregunté.

Trató de consolarme con una palmada en la espalda mientras caminábamos hacia su carro. —Lo harás si sigues esforzándote —me dijo.

No me interesaba mucho participar en la prueba de 440 yardas, pero era un reto. Quería alcanzar a las otras muchachas. Lo que verdaderamente me entusiasmaba era saltar, pero me daba vergüenza decírselo al señor Ward. En aquella época yo no sabía nada sobre salto de longitud. Lo único que sabía era que tenía piernas fuertes y que era buena saltadora, como indicaba mi experiencia como porrista y en las clases de danza.

Pasé varias semanas observando a Gwen Brown cuando corría por la pista de salto de longitud y se lanzaba al aire, como un avión en pleno despegue. Me mordía el labio inferior al verla entrenar y deseaba sólo una oportunidad de recorrer aquella pista de ceniza y saltar a la superficie de arena. Cuando volví a casa aquella tarde, se me ocurrió una idea. Encontré algunas bolsas de papas fritas y convencí a mis hermanas para que me acompañaran al arenero del parque, llenaran las bolsas de arena y me ayudaran a traerlas de vuelta a casa.

Pasamos varias tardes transportando arena en secreto desde el parque hasta el patio delantero de nuestra casa, donde hice un pequeño cuadro de arena. Los días que no iba a entrenar trepaba a la barandilla de nuestro porche, que medía unos tres pies de altura, me ponía en cuclillas con la espalda arqueada y saltaba a la arena. La sensación era tan gratificante y divertida que volvía a hacerlo una y otra vez, y así pasaba más o menos una hora.

Una tarde, cuando todas las demás muchachas ya se habían ido al terminar el entrenamiento y yo esperaba que el señor Ward me llevara a casa, me acerqué a la pista. No era más que un rectángulo de hierba, con marcas hechas con cinta adhesiva en un extremo y un hoyo poco profundo cubierto con una delgada capa de arena en el otro extremo. El sol estaba a punto de ponerse, pero aún hacía calor y el aire estaba denso y caliente. Estaba cansada después de varias carreras cortas y ejerci-

El señor Ward corrió hacia donde yo estaba. Pensé que estaba furioso, pero me miró con entusiasmo.

cios para desarrollar los músculos en el calor agobiante. Pero allí, parada por primera vez ante la pista de salto de longitud, me sentía llena de energía. Imité lo que había visto hacer a Gwen. Recorrí la pista a toda velocidad, apoyé bien el pie derecho y salté tan alto como pude. Pataleé con fuerza y me lancé hacia delante.

¡Qué sensación! Era igual que volar. Me paré, satisfecha de mí misma y llena de osadía. Sonreí mientras me sacudía la arena de los pantalones y las piernas. El señor Ward corrió hacia donde yo estaba. Pensé que estaba furioso, pero me miró con entusiasmo

—¡Hazlo otra vez! —gritó.

Volví a la línea de salida y repetí el proceso: carrera, apoyo, impulso, pataleo, vuelo. El señor Ward estaba con la boca abierta.

Jackie Joyner-Kersee pronuncia el discurso inaugural en la reunión sobre deporte y negocios de la NAACP (Asociación Nacional para Promover el Progreso de la gente de Color), en abril de 1999.

A Jackie le encanta reunirse con jóvenes y hablarles de la importancia del atletismo.

—¡No sabía que supieras saltar! —dijo cuando me levanté de la arena.

—Me encanta saltar —contesté—. Tengo fuerza en las piernas de tanto hacer de porrista. Me moría de ganas de probar a saltar.

—A partir de mañana, ven a la pista de salto de longitud porque voy a trabajar contigo y con Gwen —dijo.

Yo estaba encantada. Cuando me dejó en la puerta de mi casa, atravesé el patio de dos zancadas, subí las escaleras brincando y corrí a dar la noticia a todos.

El señor Ward nos entrenaba como voluntario del programa extraescolar de deporte. Él y Nino Fennoy, un maestro de la escuela Lilly Freeman Elementary que había organizado allí un equipo femenino, dedicaban su tiempo como voluntarios a entrenar muchachas, lo cual era una actividad, y que no era muy popular que podía dar lugar a críticas. En mi ciudad, nadie había intentado antes captar el interés de las muchachas por el atletismo. Los muchachos tenían equipos para competir en la escuela secundaria, tenían la *Little League* de béisbol y la *Pop Warner* de fútbol, pero las muchachas no tenían ninguna actividad deportiva organizada.

El Congreso acababa de aprobar el Título IX, la ley federal que exige a las escuelas públicas ofrecer a muchachos y muchachas igualdad de oportunidades para participar en actividades deportivas. El señor Ward y el señor Fennoy se apoyaron en la nueva ley para ofrecer oportunidades deportivas a las muchachas. El equipo combinado de las escuelas Franklin y Freeman Elementary compitió con otras escuelas durante el curso escolar. En 1974, cuando yo tenía doce años, los dos hombres organizaron un equipo de atletismo de muchachos y muchachas de todas las escuelas de la ciudad. El equipo, que se llamaba *East St. Louis Railers*, compitió aquel verano en los encuentros de atletismo de la *Amateur Athletic Union*, Unión Atlética de Aficionados (AAU).

Aunque entonces no me daba cuenta, mi participación en el equipo de los *Railers* fue para mí el disparo de salida de una carrera que me llevaría mucho más allá de Piggott Avenue y el Arch, hacia un mundo lleno de experiencias inolvidables, tanto felices como dolorosas.

Jackie hace estiramientos en el circuito del Estadio Olímpico en Barcelona, España, en julio de 1992.

467

Piensa en la selección

Un talento especial
La autobiografía de
la mejor atleta del mundo
por Jackie Joyner-Kersee
con Sonja Steptoe

1. ¿Qué le parecía a Jackie la idea de ir a entrenar todos los días durante su primer verano en el equipo? ¿Qué indica esto sobre su personalidad?

2. Describe un sueño o un objetivo que te hayas propuesto. Explica qué crees que tienes que hacer para hacerlo realidad.

3. ¿Por qué crees que Jackie esperó tanto tiempo antes de intentar el salto de longitud? ¿Tenía alguna ventaja esperar? ¿Por qué?

4. ¿Crees que el señor Ward era un buen entrenador? Justifica tu respuesta con ejemplos tomados de la selección.

5. ¿Crees que es más fácil hoy en día para las muchachas hacer realidad sus sueños deportivos que en la época en que Jackie entrenaba? Da ejemplos.

6. ¿Qué hacía Jackie para mejorar su salto durante los días en que no entrenaba? ¿Qué opinas sobre su sistema de entrenamiento?

7. **Conectar/Comparar** El título de este tema es *Visionarios*. ¿Crees que Jackie Joyner-Kersee es una visionaria? ¿Y una luchadora?

Informar

Escribe una presentación

Imagina que Jackie Joyner-Kersee va a dar una conferencia en tu escuela. Escribe unas líneas de presentación explicando quién es y mencionando sus logros principales.

Consejos

- Menciona el nombre de la oradora en la primera oración.
- Anima al público a recibir a la oradora con una calurosa bienvenida.

Lectura **Unir y clarificar ideas principales**
Escuchar/Hablar **Presentaciones informativas**

Matemáticas

Mide en metros

La pista de atletismo de Lincoln Park medía 550 yardas; la mayoría de los circuitos miden 400 metros.

Convierte en metros la longitud de la pista de atletismo de Lincoln Park, y compara el resultado con la longitud de una pista de atletismo normal.

Extra Calcula el porcentaje que representa la diferencia entre la longitud de un circuito normal y la de Lincoln Park.

550 yardas = ? metros

Escuchar y hablar

Da un discurso

Escribe un discurso en que se defienda la igualdad de oportunidades entre muchachos y muchachas para participar en actividades deportivas.

Usa la historia de Jackie a modo de ejemplo.

Después da el discurso frente a un grupo de compañeros.

Consejos

- Usa tarjetas de notas en lugar de escribir todo el discurso.
- Ensaya tu discurso con ayuda de las notas.
- Habla a un ritmo regular. Asegúrate de que todos te oigan bien.

Internet

Haz una encuesta en Internet

¿Te gustan los deportes? ¿Has participado en alguna carrera? Visita Education Place para tomar parte en una encuesta en línea. **www.eduplace.com/kids**

Conexión con la música

Destreza: Cómo leer un artículo de revista

Antes de leer...

1. **Identifica** la revista en la que está el artículo. Pregúntate a qué **audiencia** está dirigida. ¿En qué medida puede ayudarte este dato a prepararte para la lectura?

2. **Hojea** el artículo. Fíjate en los titulares, fotografías y pies de foto. Si hay algún **recuadro** de texto, fíjate en su relación con el artículo principal.

Al leer...

1. Ten presente la **idea principal** de cada sección. Piensa en la forma en que los detalles **apoyan** las ideas principales.

2. Piensa si estás o no de acuerdo con las ideas principales. Piensa en las **preguntas** que se te ocurran sobre el artículo.

Estándares

Lectura

• **Usar medios de información**

¡Un joven

Por Gail Hennessey - de la revista U.S. Kids

La práctica desempeña un papel fundamental en el éxito de muchas personas, desde los deportistas como Jackie Joyner-Kersee hasta el joven músico que se describe aquí.

Imagínate que estás comprando discos. De pronto ves una cara conocida en la carátula de un CD. ¿Conoces bien ese rostro? Si eres Sergio Salvatore, esa cara es la tuya. Este pianista de jazz de doce años ya ha grabado dos discos compactos. Ha actuado en Japón, Italia y en el Carnegie Hall de la ciudad de Nueva York.

¿Cómo llega un niño de doce años a grabar un CD? Trabajando duro con la música durante ocho años. Según Sergio, también ayuda "estar en la familia adecuada en el momento adecuado". El padre de Sergio también es pianista, y su madre era cantante. De niño, Sergio oyó muchos tipos diferentes de música en casa.

genio del jazz! ♪

"Recuerdo que me gustaba echarme debajo del piano mientras papá practicaba", dice Sergio. Empezó a jugar con las teclas del piano cuando tenía dos años. A los cuatro su padre le dio la primera clase. "Algunas personas creen que un buen día desperté y ya tocaba así, pero esto requiere mucho trabajo", destaca. Sergio practica al menos dos horas diarias desde hace más de ocho años. "Es estupendo ver que toda esa práctica ha dado fruto", dice Sergio.

Las tareas escolares son lo primero

La carrera musical de Sergio le ocupa mucho tiempo, especialmente en época de grabaciones. "Una vez estuvimos trabajando desde las ocho de la mañana hasta las dos de la madrugada del día siguiente", recuerda Sergio. Después, durmió unas horas y se fue a la escuela. Incluso cuando está actuando en distintas ciudades del país, Sergio tiene que hacer todas las tareas escolares.

Cuando no está de gira, Sergio es como muchos otros muchachos de su escuela. Toca el saxo alto en la banda de su escuela. Le gusta jugar tenis, nadar y montar en bicicleta.

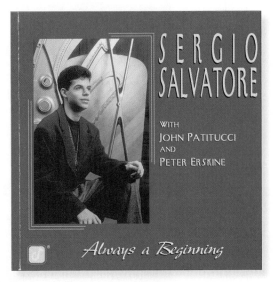

Sus amigos no sabían muy bien qué pensar cuando les dijo que había grabado un CD. "No terminaron de creerse que había firmado un contrato para grabarlo hasta que vieron mi álbum en las tiendas de música. Algunos de ellos ni siquiera saben qué es el jazz", afirma.

471

El jazz es cosa de niños

Ésta es una idea que a Sergio le gustaría impulsar. Cree que a los chicos les gustaría el jazz tanto como a él si lo oyeran más a menudo. Confía en que sus álbumes demuestren a los niños que el jazz puede ser divertido. Algunas canciones como "Saturday Morning Cartoons", que él mismo escribió y que trata de sus dibujos animados favoritos, son muy divertidas y apropiadas para niños.

Con dos discos a sus espaldas, Sergio cree que puede llegar a cualquier parte. También quiere dar un consejo a los chicos que quieren dedicarse a la música o a cualquier otra actividad que les guste: "Busca al mejor maestro e inténtalo con todas tus fuerzas".

Si sigues esta recomendación, quizás un día tú también te encuentres una cara conocida en la carátula de un CD.

"Recuerdo que me gustaba echarme debajo del piano mientras Papá practicaba", dice Sergio. Actualmente Sergio es pianista profesional.

¿Qué es el jazz?

¿Qué tienen en común la música clásica y folk, las marchas militares, los himnos, las canciones de los trabajadores y los ritmos africanos? Todas estas tradiciones musicales intervinieron en el nacimiento del jazz. Algunos músicos autodidactas del sur de los Estados Unidos crearon este nuevo estilo musical hace unos cien años.

El jazz es animado y rítmico, y al oírlo entran deseos de chasquear los dedos o marcar el compás con el pie. El *beat* de fundamental importancia, procede de la sección rítmica, compuesta por los instrumentos que marcan el ritmo: un piano, un contrabajo, una batería y una guitarra. Además de estos instrumentos básicos, muchas bandas de jazz también cuentan con un trombón, una trompeta, un clarinete o un saxo, y a veces una flauta. Las bandas de jazz actuales muchas veces incorporan también sonidos generados por computadora. Todos los instrumentos, incluida la batería, se turnan para tocar solos.

El músico de jazz Duke Ellington, tocando con su banda en 1954.

La mayoría de las notas musicales del jazz están escritas o memorizadas, pero muchas notas se *improvisan*. Esto significa que durante la representación los músicos deciden sobre la marcha qué notas tocar. Cuando los músicos de jazz improvisan, muchas veces sorprenden al público. Cada interpretación de una pieza puede resultar muy diferente de las demás.

Una banda de jazz tocando en un festival en Juan-les-Pins, Francia.

Ensayo personal

Un ensayo personal es un texto en el que el autor explica su opinión y da razones para apoyar su punto de vista. Usa la muestra de escritura de esta estudiante como modelo para escribir tu propio ensayo personal.

El consejo estudiantil

> Un **comienzo** en el que se exponga una **opinión personal** capta la atención del lector.

¿Crees que es importante perseverar hasta lograr tus objetivos? Para mí es sumamente importante. Me he presentado a las elecciones para el consejo estudiantil tres años seguidos. Ésta es la historia de mis dos candidaturas a representante de los estudiantes en mi escuela primaria, en las cuales fracasé, y del tercer intento, en el que por fin conseguí que me eligieran miembro del consejo estudiantil de mi escuela secundaria.

> Es importante **concentrarse** en el tema del ensayo.

Cuando empecé cuarto grado decidí ser candidata a concejal por primera vez. Mi maestro de cuarto grado quiso que mi clase eligiera un buen representante, y mis compañeros me eligieron para ser uno de los cuatro finalistas. Tuve que pronunciar un discurso por el micrófono, explicando por qué debían votar por mí. Al terminar el recuento, vi que había perdido por pocos votos.

> Los **ejemplos** citados muestran la cuidada planificación de la autora.

Cuando llegué a quinto grado volvieron a elegirme como finalista. Pronuncié mi discurso y otra vez perdí por pocos votos.

Ahora estoy en sexto grado. Fui candidata para representar a mi clase hace unas semanas, y tuve que dar un discurso delante de mis compañeros.

Escritura Entusiasmar al lector/establecer propósito
Escribir composiciones expositivas

Al terminar los discursos, el maestro repartió a toda la clase papeletas para votar. Mi amiga Kristen y yo resultamos elegidas. Por fin había ganado, al tercer intento de presentarme como candidata a representante en el consejo estudiantil.

Una vez logrado este objetivo pensé que había llegado el momento de apuntar un poco más alto. El día después de las elecciones celebramos la primera reunión del consejo estudiantil. Decidí presentarme al cargo de vicepresidente.

Esta vez toda la escuela iba a elegir a sus delegados. Hice cuatro carteles de campaña, uno para cada una de las tres plantas de mi escuela y otro para la cafetería. Preparé un discurso y creo que lo hice realmente bien cuando hablé para toda la escuela en el auditorio.

Al día siguiente supimos los resultados. Resultó que todos los delegados eran de séptimo grado, pero yo fui la segunda finalista. Me llevé una desilusión, pero sé que siempre puedo volver a intentarlo el año que viene. Entonces estaré en séptimo grado. Pase lo que pase en el futuro, sigo siendo miembro del consejo estudiantil. Estoy contenta de no haberme dado por vencida.

> Los **detalles** aportan vivacidad al ensayo.

> Un buen **final** da unidad al ensayo.

Conozcamos a la autora

Olivia S.
Grado: sexto
Estado: Massachusetts
Pasatiempos: bailar, correr y conversar por Internet o por teléfono
Qué quiere ser cuando sea mayor: una bailarina famosa de ballet, tap o jazz

Desarrollar conceptos

Sentido comercial

Bajo las palmas reales

Vocabulario

contador
pequeñeces
relegados
título

Estándares

Lectura

- Hacer aserciones razonables
- Determinar el significado a través del contexto

¿**Q**ué se siente al poner en marcha un pequeño negocio o abrir una tienda? En *Bajo las palmas reales*, de Alma Flor Ada, lo descubrirás. Conocerás a la madre de la autora, que abrió una tienda en Cuba en la década de 1950. Gracias a su **título** de **contador**, la madre de Alma podía manejar la parte económica de un negocio. Sin embargo, como todos los propietarios de tiendas, tenía que decidir qué productos iba a vender. ¿Debía ofrecer **pequeñeces** que se vendieran rápido? ¿Quedarían los productos caros **relegados** al fondo de la estantería acumulando polvo?

Todos los proyectos empresariales nuevos requieren mucho trabajo y determinación. Este proyecto empresarial poco común exigió además una gran cantidad de amor.

La familia de Alma alrededor de 1949-1950 (de izquierda a derecha): Alma Flor Ada; su hermana, Flora; su abuelo, Modesto Ada Barral; su padre, Modesto Ada Rey; su madre, Alma Lafuente; su tío, Mario Ada Rey

La familia de Alma Flor Ada anotaba todas las compras y ventas de su negocio en las estrechas columnas de un libro de contabilidad como éste.

Algunos negocios exhiben su mercancía fuera de la tienda para atraer a los clientes.

Actualmente las tiendas llevan la contabilidad con ayuda de la tecnología informática avanzada.

Conozcamos a la autora
Alma Flor Ada

Nacida: en 1938 en Camagüey, Cuba

Cómo aprendió a leer: La abuela de Alma Flor Ada escribía los nombres de las plantas y las flores con un palo en el suelo.

Cómo decidió dedicarse a escribir: "Cuando estaba en cuarto grado, tomé la firme decisión de dedicar mi vida a escribir libros para la escuela que resultaran divertidos, y desde entonces me divierto mucho haciendo precisamente eso".

Libros bilingües: Muchos de los libros de Alma Flor Ada están publicados en español y en inglés. Éstos son los títulos de algunos de sus libros: *Allá donde florecen los framboyanes* y *Mi nombre es María Isabel*.

Conozcamos a la ilustradora
Stephanie Garcia

Dónde creció: en los suburbios de Los Ángeles. Allí fue donde Stephanie Garcia descubrió a una edad muy temprana su amor por el arte. Pasaba mucho tiempo haciendo jarrones con botellas de soda y pintando macarrones con purpurina.

Cómo hace sus obras de arte ahora: Usa antigüedades, objetos esculpidos, cosas viejas y mucha pintura.

Consejo para los jóvenes artistas: "Sueñen, hagan cosas, dibujen, dibujen, dibujen, trabajen mucho, vayan a una buena escuela de arte y nunca jamás pierdan el entusiasmo".

Internet

Para saber más acerca de Alma Flor Ada y Stephanie Garcia, visita Education Place. **www.eduplace.com/kids**

Alma Flor Ada

BAJO LAS PALMAS REALES

UNA INFANCIA CUBANA

Cuando los familiares de Alma Flor Ada abrieron una pequeña tienda en Cuba, aprendieron muchas cosas sobre cómo manejar un negocio. Al leer, haz una pausa de vez en cuando para **predecir** qué decisiones necesitan tomar acerca de la tienda.

Lectura **Hacer aserciones razonables**

Alma Flor Ada creció en Cuba, en una vieja casona llamada La Quinta Simoni. En su libro *Bajo las palmas reales* describe las alegrías y tristezas de su familia, incluyendo la muerte de su audaz tío Medardo. Cuando su madre decide abrir una tienda, Alma no está preparada para los cambios que vendrán.

Hasta que cumplí ocho años, mi madre trabajaba como contador para varios negocios pequeños. Visitaba cada tienda, recogía los libros de contabilidad y los sobres voluminosos llenos de recibos, y los traía a casa. Allí se pasaba muchas horas al día copiando minuciosamente cifras en los libracos con sus números parejos y precisos, y sumando largas columnas de números. Luego devolvía los gruesos libros y sobres, y recogía los del próximo cliente.

Mi madre vivía muy orgullosa de su profesión. Había terminado sus estudios después de nacer yo, yendo a clases por la noche. Se sentía orgullosa de ser una de las primeras mujeres con el título de contador público en Cuba.

Después del nacimiento de mi hermana Flor, mi madre decidió que quería tener su propio negocio. Alquiló un garaje de una tienda de reparación de máquinas de escribir en la Calle Avellaneda y abrió una quincalla. Allí vendía botones y encaje, tijeras e hilo, agujas y estambre, así como papel, lápices, borradores y plumas. Los compradores tenían sus horas preferidas. Las mujeres pasaban en la mañana, camino del mercado.

Mama

Flor

Alma

Los estudiantes a media tarde, al salir de la escuela. Algunas mujeres jóvenes pasaban al atardecer, camino de sus clases nocturnas. No importaba quién entrase, mi madre siempre tenía una palabra de sabiduría o de ánimo para ellos, o una broma con la que hacerlos reír. Sospecho que a veces los clientes entraban a la tiendecita más en busca de las palabras de mi madre que las pequeñeces que compraban, especialmente las muchachas que compraban una libreta o un lápiz, pero también le pedían a mi madre que les revisara la tarea o les explicara un problema de matemáticas difícil.

En las horas tranquilas del mediodía, mi madre seguía haciendo su trabajo de contador, apoyada en el mostrador, mientras esperaba que apareciera algún cliente, una mujer que curiosearía en los encajes, una sirvienta apresurada que necesitaba una cremallera o un niño que quería comprar un pomo de goma para hacer un papalote.

Mi hermanita Flor pasaba el tiempo en una gran caja de cartón que hacía de corralito y yo terminaba las tareas de la escuela sentada en el piso de ladrillos, agradecida de su frescor en el calor de la tarde.

Un día, mi madre sorprendió a todos en la casa: a mi padre, a su hermana menor, Lolita, y al esposo de Lolita, Manolo, a quien yo llamaba Tío Tony para diferenciarlo del hermano de mi padre, que también se llamaba Manolo.

Había habido muchas conversaciones sobre lo difícil que resultaba que las dos parejas jóvenes que quedaban pudieran mantener la Quinta Simoni. En unos pocos años, habían muerto mis dos abuelos y mi tío Medardo. Mis dos tías mayores, Virginia y Mireya, se habían ido a trabajar y vivir a La Habana. Y era costoso mantener una casona tan grande.

Pero mi madre tuvo una idea que fue toda una sorpresa. Sugirió que las dos parejas podían comprar una vieja joyería que estaba a la venta en el centro de la ciudad.

No tomó mucho el convencer a los demás. Era una oportunidad de tener un negocio y vivir en el mismo lugar. Eso ayudaría a aliviar la situación económica. Además, me sospecho que la vetusta Quinta Simoni les recordaba demasiado cuánto extrañaban a los que ya no vivían con nosotros.

Así que poco después nos mudamos a la Calle República, a la casa detrás de la Joyería El Sol, a unas cuadras de la pequeña quincalla, que había sido la primera aventura comercial de mi madre.

Para mí era una época muy difícil. Yo amaba la Quinta Simoni, donde había nacido.

Amaba sus grandes cuartos de altos techos, y la azotea, donde mi padre y yo podíamos echarnos a observar el cielo mientras él me contaba historias de las constelaciones. Me encantaban las palomas y los curieles, los conejillos de Indias, que criaba mi tía Lolita. Y amaba sobre todo a mis amigos, los framboyanes, de raíces retorcidas en las que me sentaba como en el regazo de un abuelo.

Comprendo que quizá la casona entristecía a los adultos, después de la muerte de mi abuelo Medardo, mi abuela Lola y mi tío Medardito. Pero para mí, ellos vivían. Sentía su presencia en los corredores, en el portal, en el patio. Y durante los cuatro años que viví en la ciudad, suspiraba por volver a vivir entre los árboles.

Los únicos momentos buenos en la ciudad, para mí al menos, eran las fiestas de San Juan, en junio, el carnaval camagüeyano, y por supuesto las Navidades.

Tan pronto compraron la vieja joyería El Sol, mi familia empezó a hacerle cambios. Mi padre, siempre listo a aprender algo nuevo, aprendió a arreglar relojes. Mi madre, amante de innovaciones, hizo que remodelaran el frente de la tienda con grandes vidrieras.

También empezó a vender mercancía mucho más variada.

Las joyas y los relojes de bolsillo quedaron relegados a algunos mostradores especiales. Los otros estaban llenos de objetos de porcelana y cristal. Durante las primeras Navidades, mi madre trajo juguetes y figuras de nacimiento.

En Cuba había la tradición, común a España e Hispanoamérica, de poner un nacimiento en la casa durante el mes de diciembre. Era una tradición que compartían pobres y ricos por igual, aunque la elaboración del nacimiento variara mucho de casa en casa. Más que el nivel socioeconómico de la familia, lo que determinaba la riqueza y complejidad del nacimiento era el deseo de la familia de hacer un esfuerzo, de dedicarle espacio al nacimiento, y de ser creativos.

Las montañas que servían de fondo podían hacerse con cajas de cartón cubiertas con papel de estraza. La arena del desierto había sido recogida en un viaje a la playa. Los campos verdes se conseguían poniendo a retoñar trigo o maíz en latitas o frascos. Un trozo de espejo roto servía para crear un lago. Las figuras del nacimiento, los pastores y sus ovejas, los Tres Reyes Magos, María, José y Jesús, el burro y la vaca, generalmente se compraban en una tienda.

Mi madre importaba algunas figuras de España. Eran muy hermosas, hechas de cerámica y colocadas en fondos tallados en corcho que reproducían con todo detalle los ambientes. Nos encantaba desempaquetarlas, quitando con cuidado las capas y capas de paja para descubrir los detalles de una cocina con una mujer junto al fuego, una madre amamantando a su bebé, una joven hilando lana. Cada una era una pieza única, hecha a mano. Pero estas figuras eran muy caras y muy pocas personas podían comprarlas.

Mi madre se dedicó a buscar otras fuentes. En La Habana descubrió a un artista italiano que producía hermosas figuras de cerámica. Todavía recuerdo su nombre, Quirico Benigni, porque fue la primera persona italiana que conocí. Sus figuras eran hermosas, pero como las producía con moldes, no individualmente, eran más asequibles de precio.

Aun así, muchas de las personas que entraban a la tienda y miraban las figuritas, sonreían pero las devolvían a los estantes al ver su precio.

Y algunas personas ni siquiera se atrevían a entrar en la tienda, sólo miraban desde la calle a través de las vidrieras.

Entonces mi padre decidió entrar en acción. Aunque no éramos católicos, él entendía la satisfacción que las gentes sentían creando los nacimientos. Lo consideraba un proyecto creativo, en el cual podían participar todos los miembros de la familia, desde los niños hasta los ancianos. Y decidió que nosotros también podíamos tener un proyecto familiar, un proyecto que hiciera que todos pudieran tener acceso a las figuritas de nacimiento.

Primero, consiguió que mi tía Lolita pusiera su talento artístico en favor del proyecto, y que modelara en arcilla las principales figuras: María, José, el Niño, los Tres Reyes Magos, el burro y la vaca. Estas figuras servirían de modelo. Luego, construyó una serie de cajas de madera, con bisagras, un poco más grandes que las figuras que iban a servir de modelo. Llenó la mitad de cada caja con yeso. Antes de que el yeso fraguase del todo, colocó en cada caja uno de los modelos de arcilla, bien cubierto de grasa, acostado y sumergido en el yeso exactamente hasta la mitad.

Una vez que el yeso fraguaba, mi padre removía el modelo de arcilla, que había dejado su impresión en el yeso. Luego repetía el proceso con el otro lado de la caja, sumergiendo la otra mitad del modelo.

Por medio de este procedimiento tan simple, creó una serie de moldes. Ahora podíamos engrasar el interior de las dos partes de cada molde, cerrar las cajas y asegurarlas y echar yeso líquido a través de un hoyo en la parte inferior de la caja, justo donde correspondería la base de la figura.

Mi padre hizo muchas pruebas hasta que logró determinar cuánto tiempo necesitaba el yeso para fraguar en los moldes. Y entonces pudo iniciar la producción. Varias veces al día abría sus moldes y sacaba las figuritas blancas, que colocaba sobre la tapia del patio para que se secaran.

Y cada noche, después que las pequeñas, mi hermanita Flor y mi primita Mireyita, se habían dormido, la familia se reunía a trabajar en las figuras.

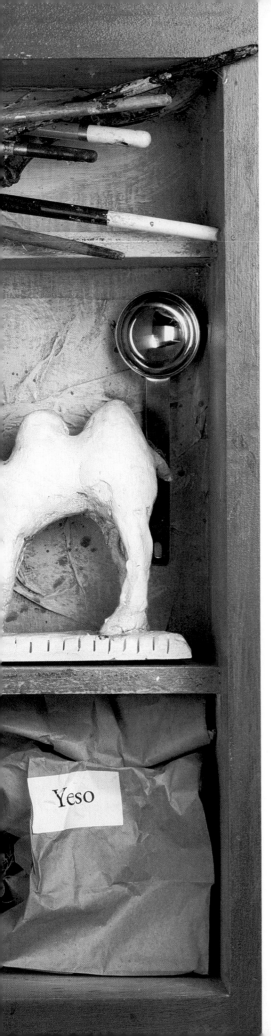

Mi obligación era raspar con un cuchillo el exceso de yeso que se formaba alrededor de las figuras, allí donde los bordes de las dos mitades se unían. Mi madre les daba entonces una primera mano de pintura que tornaba en azul el manto de María, en rojo y verde los mantos de Melchor y Baltasar, y en color café la pelliza del pastor.

Para finalizarlas, mi tía Lolita les pintaba los rostros con pinceles finos. Al final, todo el yeso quedaba cubierto de color y las figuritas se volvían personajes reconocibles.

Mi tío Manolo, tío Tony, preparaba el yeso, limpiaba los moldes, y más que nada nos entretenía a todos con sus cuentos y chistes inagotables.

Al día siguiente, algunas manos humildes cambiaban con gusto algunos centavos por una de las figuritas, que habíamos colocado en una mesa junto a la puerta de la tienda. Y se la llevaban para enriquecer su nacimiento.

Los centavos apenas si cubrían el valor de los materiales, y muchísimo menos el tiempo de mis padres y mi tía. Y, la verdad sea dicha, las figuras no eran ni muy artísticas, ni demasiado bonitas. Pero las veíamos irse con la esperanza de que le trajeran a otros la misma alegría que habíamos compartido nosotros mientras trabajábamos juntos hasta entrada la noche, creyendo que ésta era la esencia de la Navidad: una celebración en la cual todos pueden participar y encontrar un modo de expresar su amor por los demás.

Reacción

Piensa en la selección

1. Piensa en tres rasgos del carácter de la madre de Alma Flor Ada. Acompaña cada rasgo con un ejemplo de algo que la madre de la autora dice o hace.

2. Di si esta afirmación es verdadera o falsa, y justifica tu respuesta: Alma Flor Ada aprendió de su familia cómo ser creativa e innovadora.

3. ¿Cómo se sentían la autora y los adultos cuando decidieron abandonar el hogar familiar? ¿Por qué tenían sentimientos diferentes?

4. ¿Qué papel desempeñó el padre de la autora en la elaboración de las figuritas? ¿Qué te dice su manera de actuar acerca de su carácter?

5. ¿Qué importancia tuvo la creación de las figuritas para la familia de Alma Flor Ada? ¿Y para las personas de su comunidad?

6. La familia trabajó en un proyecto donde cada persona tenía su función. Explica un proyecto en el que tú hayas participado. ¿Cuál era tu función?

7. **Conectar/Comparar** Tanto Alma Flor Ada como Jackie Joyner-Kersee escribieron libros de memorias sobre hechos importantes que ocurrieron durante su infancia. ¿Qué aprendió cada una de estas mujeres gracias a estos acontecimientos?

Describir

Escribe una descripción

Describe una tienda que te gustaría abrir algún día. Explica qué venderías en ella. Describe cómo colocarías la mercancía para que les resultara más atractiva a los clientes.

Consejos

- **Decide cómo vas a organizar tu descripción. Puedes organizarla en función de los tipos de productos que vas a vender, o puedes basarte en cómo piensas organizar el espacio.**

- **Usa adjetivos expresivos para que la descripción resulte atractiva.**

Lectura Analizar características de los personajes

Escritura Usar patrones de organización

Arte

Haz un diagrama

Alma Flor Ada cuenta que su familia hizo mejoras en la Joyería El Sol, la vieja joyería que compraron. Vuelve a leer la descripción de la tienda en la página 484. ¿Qué aspecto crees que tenía la tienda después de que hicieron las mejoras? Haz un diagrama con un posible plano de la tienda y muestra dónde estaba la mercancía. A continuación, rotula el diagrama con palabras tomadas de la selección, como el *frente de la tienda, vidrieras* y *cristal*.

Estudios sociales

Ayuda a la comunidad

La familia de Alma Flor Ada trabajó mucho para ayudar a las personas de su comunidad a través de su tienda, la Joyería El Sol. Piensa de qué manera las tiendas de tu barrio pueden ayudar a los demás. Con un compañero, hagan un listado de proyectos que las tiendas podrían desarrollar. Después, hagan un cartel en el que se describa y se ilustre uno de estos proyectos.

Extra **Escribe una carta a una tienda de tu barrio proponiendo al dueño un proyecto de servicio a la comunidad.**

Internet

Publica una reseña

Escribe una reseña de *Bajo las palmas reales.* Publícala en Education Place.

www.eduplace.com/kids

Destreza: Cómo dar un vistazo y buscar información

Da un vistazo para encontrar los puntos principales

- Lee el título y los encabezados. Lee el primer párrafo o sección y el último.

- Lee la primera frase de cada uno de los párrafos o secciones restantes. **Fíjate en las palabras clave.**

Busca información rápidamente

Da una mirada rápida al artículo pensando en un tema o palabra clave en particular. Puede resultarte útil seguir el margen de la página con el dedo índice mientras lees.

Se busca ayuda:

Se buscan niños voluntarios para cambiar el mundo. No se necesita experiencia.

"¡Eres demasiado joven para ayudar, no eres más que un niño!" ¿Cuántas veces has oído esta frase? Muchas veces los adultos creen que los niños no son lo suficientemente grandes para tenerlos en cuenta, sobre todo cuando se trata de resolver grandes problemas como los de las personas sin hogar o las cuestiones del medio ambiente.

Pero hay millones de niños que aportan su tiempo, su energía y sus ideas participando como voluntarios en proyectos de todo tipo: desde salvar las selvas tropicales hasta ayudar a niños enfermos.

Los niños voluntarios de estas páginas empezaron su trabajo de voluntariado en el patio de su casa. Ahora están consiguiendo que el mundo sea un lugar mejor para todos. Conocerlos puede inspirarte para que tú también pongas manos a la obra.

Una gran diferencia

Como estos niños, tú puedes hacer muchas cosas para cambiar el mundo. Lo único que tienes que hacer es dar un poco de tu tiempo para lograr una gran diferencia. Miles de organizaciones necesitan voluntarios. Éstas son algunas:

Sobre F.A.C.E.

Kids For a Clean Environment, Niños con el medio ambiente *(Kids F.A.C.E.)* es una conocida organización de niños que trabajan para mejorar el medio ambiente. Sus miembros reciclan materiales, recogen basura y plantan árboles. *Kids F.A.C.E.* tiene aproximadamente 300,000 miembros en todo el mundo. Jill Bader es uno de ellos.

Jill lleva más de cinco años colaborando con *Kids F.A.C.E.* "Empecé participando en campañas de limpieza en mi barrio", explica a CONTACT. Ahora dirige el proyecto del club *One in a Million,* Uno entre un millón. "Nuestro objetivo es que un millón de niños planten un millón de árboles antes de que termine el año 2000".

Cualquier niño que viva en los Estados Unidos puede participar. Sólo tiene que plantar un árbol y comunicárselo a *Kids F.A.C.E.* El grupo le enviará un certificado en el que figurará el número de su árbol. Se utilizará tierra de todos los estados para plantar un árbol en Washington, D.C.

Esta niña de trece años se toma su trabajo de voluntaria muy en serio. Jill también trabaja con chicos minusválidos, ancianos y personas sin hogar. Cree que es importante que los niños ayuden a los demás. "Cuando los niños comienzan a trabajar como voluntarios se dan cuenta de que es una forma estupenda de hacer cosas interesantes y hacer que el mundo sea un lugar mejor para todos".

A Jill Bader le encanta trabajar como voluntaria para *Kids F.A.C.E.*

Sin hacer payasadas

Ryan McDonald es voluntario de *Ronald McDonald House* en New Hyde Park, NY, pero su apellido no tiene nada que ver en esto. *Ronald McDonald House* es un lugar donde se alojan familiares de niños que están hospitalizados. "Mi hermano nació con muchos problemas de nacimiento", explica a CONTACT. "En el hospital, los voluntarios y las enfermeras nos ayudaron muchísimo".

Ryan McDonald prepara el camino para que otros voluntarios colaboren.

Ryan se dio cuenta de que trabajar como voluntario para *Ronald McDonal House* era una buena oportunidad de estar con otras familias como la suya.

Ryan lleva dos años ayudando en *Ronald McDonald House*. Es el voluntario más joven de los que trabajan allí, pero se esfuerza como el que más. La primavera pasada, este chico de catorce años organizó una enorme campaña de recolección de dinero. "Fui a 45 escuelas de Long Island. Les pedí que consiguieran 100 dólares vendiendo pasteles, lavando coches... como fuera". Las escuelas participaron y consiguieron reunir un total de 5,000 dólares para *Ronald McDonald House*.

Ryan cree que los jóvenes pueden ser excelentes voluntarios. "Los niños saben manejar la computadora y tienen facilidad para aprender idiomas", dice. "Estas cualidades son muy importantes a la hora de trabajar como voluntario. Las pocas horas que puedan dedicar a esta tarea los harán sentirse mejor que en ningún otro lugar".

Respirar aire puro

"Mi madre me enseñó lo divertido que es trabajar como voluntaria", dice Chelsea Horn. Una de las organizaciones para las que Chelsea trabaja como voluntaria es *Kids Against Pollution* Niños en contra de la contaminación (KAP). Esta chica de 12 años no organiza campañas de limpieza, pero como responsable de un grupo de jóvenes de KAP asiste a reuniones para aprender cosas sobre la contaminación. "Así me relaciono con otros muchachos y hago algo para cambiar el mundo", expica a CONTACT.

Hace unos meses, Chelsea y otros miembros de KAP asistieron a un encuentro con Sherwood Boehlert, congresista por Nueva York, y le dieron las gracias por haber escrito una carta al presidente Clinton sobre el aire puro y el medio ambiente.

"Me parece importante respirar un aire limpio",

Chelsea habla con quien sea necesario para transmitir su mensaje.

dice Chelsea. "Si no pudiéramos hacerlo, no viviríamos mucho". Chelsea cree que los voluntarios consiguen cambiar el mundo. "Siempre hay cosas que hacer. Los voluntarios prestan una gran ayuda y se divierten mucho".

Trabajar en T.E.A.M.

David Garcia realmente resplandecía cuando ganó un viaje a Costa Rica.

¿Qué razones tiene David García, de 13 años, para trabajar como voluntario? "¡Es muy divertido!", dice este niño de séptimo grado que vive en Fresno, CA. Por eso, cuando el director de su escuela propuso a su clase que limpiaran un parque cercano, a David le pareció una idea excelente.

La limpieza formaba parte de un concurso organizado por T.E.A.M. Sebastian (Teens for Environmental Awareness and Management) una organización de adolescentes que trabajan para crear conciencia del medio ambiente. Los cinco voluntarios más activos ganarían un viaje a Costa Rica para aprender sobre la selva tropical.

En el parque, David quitó malezas y recogió basura. Al final del concurso, resultó elegido como uno de los cinco niños defensores del medio ambiente ganadores del premio.

Ganar el viaje no puso punto final a la actividad de David como voluntario. Él y su familia también colaboran con el grupo de limpieza de su barrio. "Quiero que el medio ambiente y mi barrio tengan un aspecto mejor para el futuro", dice David.

Consejos para ayudarte a ayudar

1. ¿Qué problemas te preocupan más? Averigua qué organizaciones se encargan de ellos, y decide cómo puedes ayudar.
2. Visita la organización, o asiste a una de sus reuniones. Cuando estés allí, charla con otros voluntarios.
3. ¿Cuánto tiempo puedes dedicar a tu nueva causa?
4. Anota las horas que dedicas a las labores de voluntariado. Esta información te puede resultar útil si quieres ganar alguna insignia o alguna mención escolar por tu trabajo como voluntario.
5. Alíate con un compañero: si un amigo o familiar trabaja como voluntario contigo, es menos probable que te des por vencido.

Desarrollar conceptos

El arte del retrato

**Chuck Close:
De cerca**
por Jan Greenberg y
Sandra Jordan

Chuck Close:
De cerca

Vocabulario

- abstracto
- exposición
- hiperrealista
- lienzo
- minucioso
- paleta
- retrato

Estándares

Lectura

- Comparar y contrastar patrones
- Unir y clarificar ideas principales
- Determinar el significado a través del contexto
- Hacer predicciones

Con **minucioso** esmero, el artista aplica la pintura al **lienzo** con pequeñas pinceladas. Poco a poco, de los muchos colores de la **paleta** del pintor comienza a emerger una forma familiar. Es un rostro, un **retrato** de una persona, atrapado en un instante.

El rostro humano siempre ha fascinado a los artistas, quienes lo recrean de formas asombrosamente distintas. Algunos retratos muestran simplemente un rostro, aislado en el espacio, mientras que otros representan figuras completas. Los retratos en estilo **abstracto** apenas se parecen a sus modelos de la vida real. Los retratos de tipo **hiperrealista** dan la impresión de que la persona estuviera viva y pudiera salir del lienzo en cualquier momento. En la siguiente selección, *Chuck Close: De cerca,* vas a ver algunos retratos de carácter hiperrealista.

— Una **exposición** de retratos de diferentes artistas muestra una — amplia variedad de estilos. ¿Qué estilo de retrato te gusta más?

Hans Holbein, Eduardo V de Inglaterra, *c. 1538. 22 3/4" x 17 3/8". Óleo sobre tabla de madera.*

Gilbert Stuart, George Washington, *1796. 27" x 21 3/4". Óleo sobre tabla.*

Pablo Picasso, La hija del artista con un barco, *4 de febrero de 1938. 28 3/4" x 23 5/8". Óleo sobre lienzo.*

Chuck Close, Lorna, *1995. 102" x 84". Óleo sobre lienzo.*

CONOZCAMOS A LAS AUTORAS

Jan Greenberg

Jan Greenberg vive en la ciudad donde nació: Saint Louis, Missouri. Empezó a escribir su diario a los diez años, y aún sigue haciéndolo. Greenberg dice que anotar sus pensamientos durante el día la ayuda a hacer su trabajo como escritora. También le entusiasma el arte: "El contacto con otros artistas me inspiró para empezar a escribir y desarrollar mi propio talento creador".

Sandra Jordan

Sandra Jordan ha colaborado con Jan Greenberg en otros libros premiados sobre artistas estadounidenses: *The American Eye: Eleven Artists of the Twentieth Century* y *The Painter's Eye: Learning to Look at Contemporary American Art*. Sus libros fueron creados para que los jóvenes se entusiasmen con el arte. Jordan vive en la ciudad de Nueva York.

Internet

Para saber más acerca de Jan Greenberg y Sandra Jordan, visita Education Place. **www.eduplace.com/kids**

Chuck Close:
De cerca
por Jan Greenberg y
Sandra Jordan

Chuck Close es un artista que ha encontrado una forma poco común de pintar retratos. Al leer, piensa en las **preguntas** sobre sus obras y su carrera que te gustaría comentar con tus compañeros.

Lectura Unir y clarificar ideas principales

499

Las cosas han cambiado mucho para Chuck Close desde que era niño y tenía problemas de aprendizaje. Con una tremenda disciplina personal, Chuck consiguió superar sus problemas y se convirtió en artista. Estudió en la Escuela de Arte de la Universidad de Yale. Las enormes pinturas de su primera exposición individual causaron una impresión excelente en los críticos de arte, y su carrera despegó. Desde entonces, los logros de Chuck Close no han dejado de sorprender a sus amigos y admiradores.

"Piedras en los zapatos"

Es verano. Chuck y su familia se han trasladado desde la ciudad de Nueva York a una casa-estudio en Bridgehampton, en el estado de Nueva York. Aunque está rodeado por el mar, el cielo y los prados, no lo tienta la idea de pintar paisajes. Sobre el caballete está el retrato de su amigo, el artista Roy Lichtenstein.

"El principal enemigo de un artista es seguir el camino fácil... empezar a repetirse cuando llegas a hacerlo bien", dice Close. Para que su pintura no llegue a ser demasiado "fácil", se impone obstáculos. Él lo llama "ponerse piedras en los zapatos".

"Creo que se da demasiada importancia a la capacidad de resolver problemas. Plantear problemas es mucho más interesante. Si quieres tener un estilo propio tienes que alejarte de las ideas de los demás. Tienes que retirarte a tu rincón personal, donde las únicas soluciones que sirven son las tuyas, y exigirte a ti mismo un comportamiento individual".

Las gigantescas pinturas en blanco y negro habían estado muy de actualidad a finales de la década de 1960, y Chuck estaba preparado para crearse otro "problema", otro reto. Hacia 1970, invitó a algunos de sus amigos a que posaran para una serie diferente de "tomas de cabeza", esta vez en color. Dice que emplear fotografías es una gran ventaja. "Cuando se pinta con el modelo en vivo, los modelos tienen que posar en varias sesiones. En ese tiempo pueden engordar o adelgazar, les crece el pelo o se lo cortan, cambian de humor, se encuentran dormidos o despiertos... Pero con la cámara se consigue la frescura y la intimidad de un instante congelado en el tiempo".

Para que su paleta no estuviera limitada a "los colores de siempre", encontró un sistema para mezclar los colores directamente sobre el lienzo. Como las imágenes fotográficas en color están compuestas de tres colores primarios (rojo, azul y amarillo), consiguió que le hicieran fotografías con los tres colores separados. Luego, empezó a pintar.

Chuck en su estudio de Bridgehampton, Nueva York, pintando Roy I, *1994.*
El cuadro terminado mide 102" x 84". Óleo sobre lienzo.

Cinco pinturas de la serie Linda/Eye, 1977. Cada una mide 30" x 22 1/2". Acuarela sobre papel.

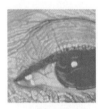

I. Magenta

II. Cian

III. Magenta

IV. Amarillo

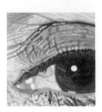

V. Magenta, cian y amarillo

El trabajo fue lento y minucioso. Tardó catorce meses en terminar cada cuadro porque lo pintaba tres veces: un color sobre otro.

Manejar lienzos tan grandes era muy cansador, y por eso ideó una mesa y una silla de trabajo portátiles y las instaló en un montacargas. Podía subir o bajar para alcanzar todo el lienzo, de abajo hacia arriba, tirando de una cuerda. En el montacargas tenía sus pinturas, un televisor, un teléfono y una radio. Se pasaba el día pintando, y mientras lo hacía escuchaba las noticias y los programas de opinión. Cuando daba los últimos toques a un cuadro, ponía una cinta de Aretha Franklin para celebrarlo.

En otra serie, Close pintó cuadros sin pinceles. Sus herramientas de trabajo eran sus huellas dactilares, a veces simplemente su dedo pulgar impregnado en tinta. "Me gusta utilizar mi cuerpo como instrumento para pintar. Es raro que haya que sentir a través de un pincel o un lápiz, pues esto interpone un objeto entre el cuerpo y la superficie del lienzo. Cuando pinto con las manos, siento exactamente cuánta tinta tengo en el dedo, y percibo claramente qué cantidad aplico al cuadro. Así, la tinta resulta más fácil de controlar". Si se observa el fondo de esta tierna imagen de su hija Georgia (Figura 19), se pueden apreciar las huellas dactilares del artista en distintos colores.

El artista, sentado en su montacargas, pintando el cuadro Jud, *1987-1988.*

502

John, 1971–1972. 100" x 90". Acrílico sobre lienzo imprimado.
a. Barba sin pintar. **b.** Barba con capa de rojo. **c.** Barba con capas de rojo y azul.
d. Barba con capas de rojo, azul y amarillo. **e.** Cuadro terminado.

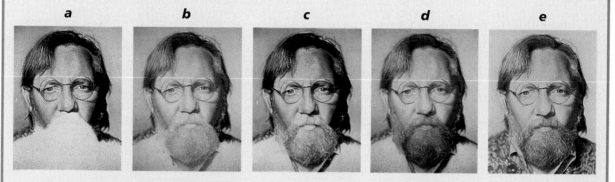

El artista empieza por pintar la capa roja. Sobre la pintura roja vuelve a pintar la misma imagen, esta vez en azul. Por último pinta la capa amarilla. Cuando estos colores primarios se mezclan con distintos grados de intensidad, se obtienen todos los colores del espectro, desde los tonos rosados de la piel hasta el azul medianoche.

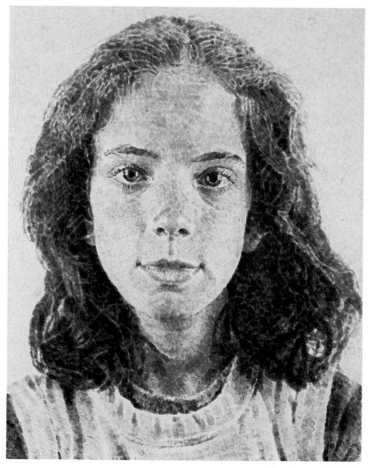

Figura 19. Georgia, *1984. 48" x 38". Pintura con el dedo, óleo sobre lienzo.*

Aunque en esta época Close pintaba en color, no había abandonado el blanco y negro. Pintó a Fanny con su característico estilo hiperrealista, que deja ver hasta la última arruga y el último pliegue de su rostro, pero en lugar de utilizar el aerógrafo hizo la imagen enteramente con sus propias huellas dactilares. El resultado es una superficie de aspecto suave, como cubierta de plumas, y misteriosa. Las huellas tienen un aspecto suave, sin rigidez alguna. Desde lejos no se aprecia la técnica empleada. Al describir esta obra vienen a la mente conceptos como arrugas, suavidad, calidez, amabilidad, madurez y sabiduría.

"No he tratado de intensificar su dimensión emocional", dice Close. "Me he dado cuenta de que si se muestra algo de una forma sencilla, el rostro de una persona es el mapa de carreteras de su vida".

El siguiente gran experimento de Close giraba en torno a miles de puntos de color llenos de vida. Esta vez su propósito era "encontrar un sistema para que los colores se mezclaran ópticamente en el ojo".

A una distancia de tres o cuatro pies, los puntos de color que configuran el retrato *Lucas II* se distinguen bien unos de otros. Parecen píxeles enormes en la pantalla de un televisor a color o una computadora. Si apoyas este libro abierto en algún lugar y te alejas, los colores se mezclarán en tus ojos. Los puntos de carmesí, verde, azul, morado y blanco, se funden y dan paso a la piel, el cabello y los ojos. Con cada paso atrás el cuadro se ve de una manera diferente.

Imagínate que entras en una galería de arte y te encuentras con el cuadro original de *Lucas II*. Es más pequeño que muchas de las cabezas de Close (mide solamente tres pies de altura), pero es tan poderoso que domina la sala por completo. Parece que los ojos te taladran. El pelo desprende chispas de electricidad.

El estallido de color te atrae como si fuera un torbellino. Imagínate una nave espacial que se lanza al espacio a toda velocidad. Al mismo tiempo también da la impresión de que el cuadro irradia hacia el exterior, como si emitiera pulsaciones rítmicas, casi musicales. Al describir este cuadro vienen a la mente palabras como velocidad, autoridad, explosión. Si esta cabeza hablara, gritaría una orden, no una petición cortés: "¡Hazlo ahora!", o ¡Sígueme!"

Fanny, *1985. 102" x 84". Pintura con los dedos, óleo sobre lienzo.*

"Fanny, la abuela de mi esposa, era una persona que había sufrido tremendas tragedias en su vida. Era el único miembro de una gran familia que sobrevivió a la Segunda Guerra Mundial. Teniendo en cuenta las experiencias que vivió, es asombroso que siguiera siendo una persona optimista y encantadora. Y estas dos características se reflejan claramente en su rostro".

Lucas II. *1987. 36" x 30". Óleo sobre lienzo.*

Figura 22. John, *1992 (cuadro terminado, y a la derecha, en sus distintas etapas).*
72" x 60". Óleo sobre lienzo.

"El incidente"

Hoy Chuck está muy ocupado pintando. Está preparando una exposición y se siente presionado. Al fondo de su estudio, un lienzo inclinado asoma por una trampilla del suelo. Ya no utiliza el montacargas. Ahora pinta con un pincel atado al brazo. Trabaja ahora de esta forma obligado por lo que con gesto indiferente llama "el incidente", el suceso que le cambió la vida.

"El incidente" sucedió en 1988, justo antes de Navidad. Chuck estaba en un estrado en la residencia del alcalde, en la ciudad de Nueva York, ante una gran cantidad de personas. Estaba allí para hacer entrega de un premio de arte, pero empezó a sentirse muy mal, con un gran dolor en el pecho. Pidió que lo dejaran intervenir en primer lugar, pronunció su discurso tan rápido como pudo y se fue, tambaleándose, al servicio de emergencias de un hospital cercano. Unas horas después estaba paralizado del cuello para abajo.

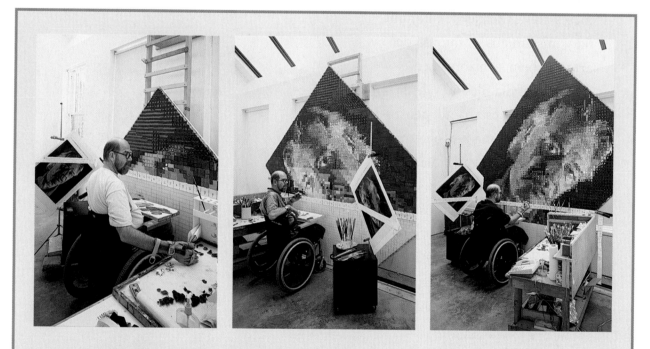

"Empiezo por una esquina. Cuando acabo con los cuadrados, giro todo el cuadro y vuelvo a trabajar toda su superficie. Por último, el lienzo vuelve a la posición vertical. Repaso todo el cuadro una vez más, corrigiendo, retocando, cambiando, metiendo un cuadrado y sacando otro. Constantemente me fijo en la fotografía. Es como mirar un mapa para no perderme".

Al principio los médicos no sabían por qué. Más adelante le diagnosticaron una oclusión de una arteria espinal, algo muy poco frecuente. Este tipo de dolencia a veces aqueja a jugadores de fútbol durante un partido violento, o a personas que han sufrido un accidente. Nadie supo decir por qué le ocurrió a Chuck. Pero tanto los médicos como los expertos en arte coincidieron en afirmar que su carrera estaba acabada.

Pero Close sabía que estaban equivocados. Estaba vivo, de modo que seguiría haciendo arte. Pero no le interesaba convertirse en artista conceptual y tener que contar con los demás para que pusieran en práctica sus ideas. Anhelaba volver al "puro placer de rodearse de materiales, de entrar en contacto con la pintura". El gran interrogante que había en su cabeza era cómo hacerlo. "Estaba atrapado en un cuerpo que no funcionaba, pero de alguna forma conseguiría volver a pintar sobre lienzo".

Su esposa, Leslie, comprendía y estaba decidida a hallar un medio. Lo animó a trasladarse al Instituto Rusk, un centro de rehabilitación. "Pasé siete meses allí. Además de mi familia y mis amigos, el mundo del arte también se hizo presente. Al final del día, después de la terapia física, estaba allí acostado y aparecía una persona tras otra a los pies de mi cama, a visitarme. En la penumbra de la habitación surgían sus rostros. Me di cuenta de la importancia de aquellas imágenes de cabezas sin cuerpo. Volví a sentirme conectado. Era la primera vez en mi vida que aceptaba realmente el hecho de que estaba haciendo retratos. Hasta ese momento siempre había considerado mis obras como cabezas".

Richard, *1992. 72" x 60".*
Óleo sobre lienzo.

Pasó momentos muy duros en la rehabilitación. Aunque nunca antes había hecho ejercicio en un gimnasio, empezó a hacerlo a diario. Con el tiempo recuperó cierta movilidad en los brazos y las piernas, pero solamente podía caminar unos pocos pasos. Tendría que depender de una silla de ruedas el resto de su vida. Y lo que es aún peor para un artista: seguía sin poder mover las manos.

Hizo ejercicios con pesas para fortalecer los músculos de los brazos. Finalmente, tras muchas largas semanas de lucha desarrolló un sistema de trabajo. Sentado en su silla de ruedas, con un pincel atado a la mano, podía pintar sobre lienzo. Sus brazos ocuparon el lugar de los dedos.

Lorna, *1995.*
102" x 84".
Óleo sobre lienzo.

"Antes me gustaba revolcarme por la hierba con mis hijos, caminar por la playa y cortar el pasto. Como ahora hay muchas actividades que no puedo hacer, dedico más tiempo a la pintura. Realmente no me queda más que mi relación con mi trabajo, mi familia, mis amigos y otros artistas".

Este cambio total en su vida fue acompañado de otro cambio: sus retratos adquirieron una nueva dimensión. Ya antes del "incidente" había empezado a pintar con un estilo más relajado y libre, pero a partir de entonces las formas de cada cuadrado se convirtieron en fuegos artificiales: eran estallidos de color. Era como si celebrara la intensa emoción que le causaba poder pintar de nuevo.

Si te acercas al lienzo verás que cada recuadro parece una pequeña muestra de arte abstracto: óvalos multicolores y cuadrados chillones, como amebas nadando ante tus ojos. Aléjate y verás aparecer el retrato. Tal vez lo primero que veas bien sea la boca, luego la nariz, los ojos y un rostro completo que te mira.

"¡Un gran salto adelante! ¡Un triunfo! Un avance decisivo", dijeron los críticos. Close simplemente dijo: "He vuelto al trabajo".

Actualmente Chuck Close es uno de los artistas más admirados y de mayor éxito en el mundo, con un centenar de exposiciones en solitario a sus espaldas y una retrospectiva de su obra en el Museo de Arte Moderno de la ciudad de Nueva York. ¿Cómo lo ha conseguido? Dice: "Si esperas a que te llegue la inspiración, nunca harás nada. Cuando se mira uno de mis cuadros, no hay forma de saber qué días estaba contento ni qué días estaba triste, cuándo estaba animado o cuándo estaba deprimido. Lo importante es establecer un ritmo y seguirlo. Es una experiencia muy positiva. Cada día, cuando salgo del estudio en mi silla, miro por encima del hombro y digo: Eso es lo que he hecho hoy".

El estudio de Chuck Close, con Autorretrato, *1997.*

(Derecha, recuadro) April, *1990–1991.*
100" x 84". Óleo sobre lienzo.

(Imagen principal) April *(detalle).*

Reacción

Piensa en la selección

Chuck Close:
De cerca
por Jan Greenberg y
Sandra Jordan

1. Chuck Close dice que "plantear problemas es mucho más interesante" que resolverlos. ¿Qué quiere decir? Da ejemplos.

2. ¿Cuál de las siguientes palabras crees que describe mejor a Chuck Close: *creativo, decidido, trabajador*? ¿Crees que hay otra palabra más adecuada? Explica tu respuesta.

3. ¿Hasta qué punto crees que la tecnología ha jugado un papel importante en el éxito de Chuck Close? ¿Por qué?

4. Chuck Close pinta sus retratos lentamente. ¿Tú trabajas rápido o lento? ¿Eres paciente o impaciente? Da ejemplos de tu propia experiencia.

5. ¿Qué impresión te producen los colores del cuadro *Lucas II*? ¿Te gusta el efecto de este tipo de pinturas? ¿Por qué?

6. Chuck Close dice: "Si esperas a que te llegue la inspiración, nunca harás nada". ¿Qué quiere decir? ¿Estás de acuerdo?

7. **Conectar/Comparar** Tanto Chuck Close como Jackie Joyner-Kersee trabajaron mucho para lograr el éxito. Di en qué se parecen y en qué se diferencian sus objetivos y su motivación.

Evaluar

Escribe una crítica de arte

Vuelve a mirar los cuadros que aparecen en esta selección. Escribe una crítica sobre el trabajo de Chuck Close. Utiliza datos tomados de la selección, como los comentarios de otros críticos y expresa también tus propias opiniones.

Consejos

- Si es posible, antes de escribir, lee una crítica de una exposición de arte.
- Empieza tu crítica con una descripción breve y general de la obra del artista.
- A continuación describe uno o dos cuadros detalladamente.

Lectura   **Hacer aserciones razonables**
Escritura   **Escribir composiciones expositivas**

Ciencias

Explora las propiedades de la pintura

Chuck Close a menudo usa pintura al óleo, que es una mezcla de pigmentos en polvo con aceite de linaza. ¿Por qué utilizan los artistas pintura al óleo? Descúbrelo mezclando aceite vegetal o de linaza con diferentes sustancias, como harina, arena, almidón de maíz y pigmentos. A continuación repite las mezclas, pero esta vez con agua. Prueba extender las mezclas sobre papel y sobre lienzo. Fíjate cuánto tiempo tardan en secarse. Anota tus observaciones en una tabla.

Observar

Compara retratos

Compara uno de los cuadros de Chuck Close con los retratos que aparecen en "El arte del retrato", en la página 497. Enumera lo que unos y otros tienen en común, y lo que los diferencia. Haz un diagrama de Venn con tus conclusiones.

Consejos

- **Busca colores, formas y líneas parecidas o repetidas.**
- **Fíjate en cómo se usa la luz y las sombras en los distintos cuadros.**
- **Fíjate en los materiales utilizados por los artistas.**

Internet

Envía un correo electrónico

Envía un mensaje electrónico a un amigo o a alguien de tu familia. Cuéntale lo que has aprendido en las selecciones de este tema sobre cómo convertir los sueños en realidad. Dile también cuál selección crees que podría interesarle más, y por qué.

Destreza: Cómo observar una pintura artística

Identifica el título, la época a la que pertenece y el nombre del artista. Observa si la pintura es **figurativa** o **abstracta**. Hazte las siguientes preguntas:

- ¿Qué **matices** y **tonalidades** de **color** se emplean en el cuadro? ¿Qué sensaciones transmiten los colores?

- ¿Qué **formas** aparecen en el cuadro?

- ¿De qué manera se utilizan las **líneas horizontales** y **diagonales**? ¿Hay muchas o pocas líneas? ¿Por qué?

- ¿Cómo es la **composición** general de la obra? ¿Qué efecto producen los colores, las formas y las líneas en conjunto?

Estándares

Lectura

- **Unir y clarificar ideas principales**

Pinceladas diferentes

por Samantha Bonar

El amor por la pintura ha convertido a esta muchacha en una artista famosa en todo el mundo.

Alexandra Nechita tiene trece años y está en casa, pintando. Moja cuidadosamente un pincel con pintura color azul arándano. Las pulseras de plástico brillante que lleva en la muñeca tintinean cuando extiende la pintura por el lienzo, donde un elefante rojo y azul está tomando forma.

Como muchas otras chicas, Alexandra lleva ortodoncia, se hace crujir los nudillos y se come las uñas. Le encanta la comida mexicana, jugar básquetbol e ir de compras con sus amigas cerca de su hogar, en California. Pero Alexandra es diferente en un aspecto muy importante: es artista profesional. Hay cuadros suyos en hogares, museos y galerías de arte de todo el mundo.

Alexandra dice que seguiría pintando aunque nunca volviera a vender un cuadro. "Me encanta", dice. "¡No hay cosa en el mundo que me guste más!"

Una visita al zoológico motivó a Alexandra para pintar el elefante en el que está trabajando en la foto de arriba. "Ver a todos esos animales encerrados es algo verdaderamente horrible", dice.

Atreverse a ser diferente

La afición de Alexandra por el arte empezó a temprana edad. A los dos años pasaba tanto tiempo con los libros de colorear que sus padres se los escondían con la esperanza de que dedicara más tiempo a jugar con otros niños. En lugar de eso, Alexandra se hizo sus propios libros de colorear. A los seis años pintaba con acrílico y óleo sobre lienzo. "Me encantaba trabajar con colores brillantes", dice.

Cuando Alexandra tenía ocho años, sus pinturas fueron expuestas en una biblioteca. Allí vendió su primera obra: un cuadro de una planta con cabezas humanas. Puede parecer extraño, pero todas las pinturas de Alexandra tienen características de arte abstracto. En lugar de copiar las cosas como se ven, Alexandra pinta cualquiera cosa que imagina: formas extrañas, animales multicolores, incluso rostros con cuatro ojos. "Es mi forma de expresar mis pensamientos", dice.

Al principio, algunas personas creían que su arte era demasiado diferente. Sus padres la sacaron de una clase de pintura después de que el maestro le dijo que pintara como todo el mundo. En la escuela, sus compañeros decían que sus pinturas parecían obra de extraterrestres.

"Era difícil", recuerda Alexandra. A veces regresaba de la escuela llorando. Pero un día se dijo: "Si sigo preocupándome de todo lo que dicen, acabaré por dejar de hacer lo que yo quiero, que es pintar".

El proceso de una artista

Ahora casi nada le impide pintar. Dedica a la pintura dos o tres horas después de la escuela, y todo el sábado. En su estudio hay enormes lienzos apoyados contra las paredes, entre grandes latas de pintura. "Conseguí convencer a mi madre de que el estudio de un artista nunca está totalmente organizado", dice.

Los lienzos de Alexandra son como páginas de un inmenso libro para colorear. Muchas veces comienza por hacer un boceto al carboncillo sobre el lienzo. A continuación empieza a rellenar de color las figuras, con pinturas acrílicas. Hace sus mezclas en vasos de plástico o en moldes para hacer muffins para conseguir las tonalidades adecuadas.

Alexandra confía en sus sentimientos a la hora de decidir qué colores usar. Algunos cuadros, como uno que pintó tras el atentado de Oklahoma City, muestran colores sombríos y oscuros.

Alexandra se inspira en muchos temas diferentes, desde sucesos de actualidad hasta su mascota: un pez.

Otros cuadros, como los de Maximillian, su hermano pequeño, son brillantes y alegres.

A Alexandra le gusta trabajar en más de un cuadro al mismo tiempo, y por ese motivo a veces tarda varias semanas en terminar una obra. "En realidad un cuadro nunca se termina definitivamente", dice. "Siempre tengo la sensación de que puedo seguir mejorándolo". Cuando queda satisfecha con un cuadro, lo firma con su nombre y le da una capa de barniz brillante.

La mayoría de los cuadros de Alexandra se venden a través de una agencia de arte. Algunas veces se niega a separarse de algunos cuadros, como los que pintó tras un reciente viaje a Rumania, el país donde nació. "Me quedo con los cuadros más sentimentales", dice. "Pero toda la obra de un artista es especial. Pones en ella todo tu amor, todos tus pensamientos, toda tu creatividad. Te pones a ti mismo en ella".

Una charla con Alexandra

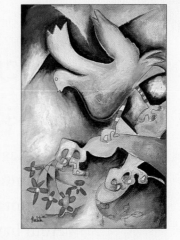

AG: Has elegido esta pintura, *Esparce la alegría de la paz*, para mostrársela a nuestros lectores. ¿Qué significa para ti?

Alexandra: "Las manos representan todas las diferentes razas y naciones. He pintado manos, y no caras, porque las manos tienen más control: son simbólicas. La paloma representa la paz, y las flores representan la alegría. Todo el mundo quiere compartir y cultivar la alegría de la paz".

AG: Estás realizando tu sueño de ser artista. ¿Qué recomendación le harías a un joven artista para ayudarlo a convertir su sueño en realidad?

Alexandra: "Lo más importante es saber que lo que haces te gusta realmente, y que no lo haces porque ves que los demás también lo hacen. Hazlo porque verdaderamente te lo dice el corazón. Hazlo porque tienes un deseo auténtico y sincero de hacerlo, y porque te diviertes. Si no te diverte, ¿para qué hacerlo?"

Escribir la respuesta a una pregunta

Muchas pruebas consisten en escribir la respuesta a una pregunta sobre un texto que has leído. Normalmente estas preguntas se pueden responder con unas pocas oraciones. Aquí hay una pregunta sobre *Chuck Close: De cerca* a modo de ejemplo. Respóndela con ayuda de los consejos.

Consejos

- Lee atentamente las instrucciones y la pregunta.
- Asegúrate de que comprendes qué se está preguntando. Piensa en tu respuesta antes de escribir.
- Vuelve a leer los fragmentos si es necesario.
- Escribe únicamente lo necesario para responder a la pregunta directamente.
- Verifica tu respuesta si tienes tiempo.

Escribe tu respuesta a esta pregunta.

En *Chuck Close: De cerca,* ¿en qué se diferencian las pinturas que Chuck Close hizo en colores primarios de las que hizo con los dedos?

Ahora lee la respuesta de una estudiante y fíjate en cómo la planeó.

Chuck Close pinta los cuadros en colores primarios mezclando los colores directamente en el lienzo. Pinta varias capas con un pincel en rojo, azul y amarillo. Para pintar los cuadros de huellas dactilares solamente utiliza el dedo y a veces el pulgar.

La respuesta es correcta y completa. Dice exactamente en qué se diferencian estos dos tipos de cuadro.

Voy a recordar todo lo posible sobre cómo pinta cada tipo de cuadro. Consultaré el texto por si he olvidado algo. Después escribiré la respuesta.

La pregunta me pide que diga en qué se diferencian las pinturas en colores primarios de Chuck Close de sus cuadros hechos con los dedos.

Discursos

Normalmente, los discursos están hechos para que los oiga un grupo numeroso de gente. Se dan en muchas ocasiones, como graduaciones escolares, dedicatorias a monumentos públicos, ceremonias de entregas de premios y actos políticos. Al leer los siguientes discursos, piensa en las intenciones de los oradores y en lo que logran con su discurso.

- La introducción de un discurso llama la atención del público. La primera frase de un discurso puede tener un tono alegre, serio o dramático.
- Luego de la introducción, se desarrollan las ideas principales del orador en el discurso.
- Un discurso termina con una conclusión contundente.

Contenido

Escuchar/Hablar
Lectura

Analizar técnicas retóricas
Evidencia en las conclusiones
del autor

521

El 19 de noviembre de 1863, durante la Guerra Civil, parte del campo de batalla de Gettysburg se convirtió en un cementerio militar. El presidente Abraham Lincoln habló en la inauguración. Él preparó su breve discurso con gran dedicación. Fíjate en las palabras que eligió para la primera frase, en la repetición de la palabra *consagrar* y en el ritmo de su última frase.

El discurso de Gettysburg

Abraham Lincoln

El presidente Lincoln y su hijo Tad (*arriba*)
Un detalle del monumento a Lincoln
en Washington D.C. (*derecha*)

Hace ochenta y siete años nuestros padres fundaron en este
continente una nueva nación, concebida en la libertad y basada
en el principio de que todos los hombres han sido creados iguales.
Ahora estamos librando una gran guerra civil, por la cual se verá si
esta nación, o cualquier otra nación concebida y basada como ella,
puede sobrevivir. Estamos reunidos en un gran campo de batalla
de esa guerra. Hemos venido aquí para consagrar una parte de este
campo al eterno reposo de los que dieron su vida por la vida de
esta nación. Es digno y justo que así sea. Pero, en un sentido más
amplio, no podemos dedicar ni consagrar ni santificar este campo.
Los valientes, que aquí combatieron, lo han consagrado ya, y
nuestras pobres fuerzas no pueden darle ni restarle valor. Apenas
escuchará el mundo lo que aquí digamos y no lo recordará por
mucho tiempo: pero jamás podrá olvidar lo que ellos hicieron aquí.

Nos toca a nosotros, los que quedamos con vida, consagrarnos a completar la obra que ellos, los que aquí combatieron, tan noblemente adelantaron. Somos nosotros quienes debemos consagrarnos a la tarea que tenemos por delante; y esos muertos a quienes honramos deben ser un ejemplo que sirva para aumentar nuestra devoción a la causa por la cual ellos dieron la prueba suprema de abnegación. Debemos comprometernos a que la muerte de los que aquí cayeron no sea vana; a que esta nación, con la ayuda de Dios, renazca para la libertad y a que el gobierno del pueblo, por el pueblo y para el pueblo no desaparezca de la faz de la tierra.

El presidente Abraham Lincoln visitando un campamento del ejército en 1862, durante la Guerra Civil.

Shao Lee es una muchacha del pueblo Hmong, cuya familia inmigró desde Laos a los Estados Unidos. Ella dio este discurso en 1995, durante su graduación de la International School of Minnesota.

Una historia de coraje, valentía, fortaleza y heroísmo...

Shao Lee

¿Cuántas maneras hay de decir adiós? ¿Cuántos días tomará decir adiós? Me gustaría agradecer a mi padre por su tolerancia, sus enseñanzas, su disciplina y su preocupación durante todos estos años. Me gustaría agradecer a mi madre por su sudor, sus lágrimas, su esfuerzo y su conducta. Me gustaría agradecer a mi abuela por su folklore, su magia y su sabiduría. David Willems, me gustaría darte las gracias por tu amistad y tu fe en mí.

Quiero contarles una historia de coraje, valentía, fortaleza y heroísmo. He vivido en los Estados Unidos durante trece años. En todo este tiempo no he encontrado respuesta a mis preguntas. ¿Cuánto tiempo llevará ser un estadounidense? ¿Una hora, un día, un año, un siglo?

Shao Lee recuerda escenas como éstas de su infancia en el Laos rural.

¿Tiene uno que haber nacido en este país para ser estadounidense? Yo soy una muchacha del pueblo Hmong. Yo crecí en las selvas y montañas de Laos. Cada vez que recuerdo mi infancia, me recuerdo siempre enojada y enferma, sin comida, sin ropas. Había una oportunidad para tener una educación decente, pero sólo en caso de que la familia de uno fuera adinerada, y sólo los varones podían ir a la escuela. Por aquéllos que fueron a la escuela, otros dejaron de ir porque sus familias los necesitaban en la granja. A las mujeres no les estaba permitido ir a la escuela. Se esperaba de ellas que se encargaran de sus hermanos menores, padres, primos y del clan familiar. Si no, las obligaban a casarse y tenían que cuidar a sus propios hijos. Las oportunidades eran muy limitadas en Laos, especialmente para las mujeres.

Mi padre, Youa Thao Lee, me ha influenciado e inspirado, motivado y apoyado durante toda mi vida. Sus experiencias y anécdotas me han dado propósito, orgullo y poder. Mi padre es un héroe Hmong y un héroe estadounidense. Venía de una familia de granjeros pobres, cazadores y recolectores. Él trabajó mucho desde que era un niño pequeño para obtener su educación. Sabía el secreto. Sabía que el conocimiento es poder. Sabía que la educación lo haría progresar en la sociedad. Fue uno de los niños más pequeños de su pueblo que fue a la escuela. Tenía que caminar millas hasta su escuela. Debía quedarse en la escuela los días de semana, y regresaba a su casa los fines de semana. Mi padre, con su determinación y esfuerzo, pudo convertirse en maestro. Él sabía leer y escribir, y hablaba fluidamente tailandés, laosiano, francés y Hmong. Era un líder en su comunidad.

Entonces, comenzó la Guerra de Vietnam. La Guerra de Vietnam fue un suceso inolvidable y trágico para mi padre, porque muchos de sus primos, hermanos y tíos fueron asesinados. Mi padre combatió en la "guerra secreta". El pueblo Hmong combatió como espía para los Estados Unidos. El pueblo Hmong luchó para mantener su país fuera del dominio de los comunistas, pero fueron superados en número, abandonados por los Estados Unidos, y derrotados. Después de que las tropas estadounidenses se retiraron, los comunistas desembarcaron con su mentalidad de "campo de matanza" y tomaron como blanco a las tropas Hmong y sus familias. No había paz, ni derechos humanos, ni libertad, ni seguridad en Laos. Es fácil de olvidar y difícil de recordar, pero a veces uno no desea recordar, y el olvido es amargo y doloroso. Incluso después de que la Guerra de Vietnam se declaró terminada, la gente seguía muriendo, seguía luchando. Aquellos que murieron para salvar su país, su patria, su gente, sus niños, no murieron en vano. Aquellos que sacrificaron sus vidas nos abrieron el camino a mi familia y a mí hacia los Estados Unidos.

Ahora que estoy aquí, estoy decidida a servir a mi familia y a la comunidad Hmong, a quienes debo mi gratitud. Éste es mi homenaje a aquellos que murieron y sufrieron para que yo tuviera un futuro mejor. ¿Qué es un héroe? ¿Quién es un héroe? Mi padre y aquellos que lucharon por la libertad deben ser honrados como héroes. Y no los voy a defraudar. No voy a defraudar a mi padre. No los voy a abandonar. No voy a abandonar mi herencia. Estoy decidida a obtener la mejor educación, y utilizando mi capacidad y destreza lo lograré. Al mismo tiempo, estaré ayudando a mi gente, el pueblo

Hmong a progresar en lo que nunca podrían haber conseguido en Laos. No dejaré que mi gente Hmong haya muerto en vano, porque sus sueños y convicciones viven en mí.

No se trata de lo que el mundo pueda hacer por ti, ni de lo que tu escuela y tus padres puedan hacer por ti. Se trata de lo que tú puedes hacer por ti mismo. Edúcate. Busca tu oportunidad. Pero conserva tu pasado, tu historia, tu herencia. Conoce tu idioma. Conoce tu lengua. Conoce tu voz. Haz una gran canción. Haz algún ruido. No definas un siglo por un día. No definas una civilización por una ciudad. No definas a la humanidad por un solo hombre, ni a una raza por un solo color. Ni lo que visto, ni lo que como, ni lo que poseo me definen. Mi situación no me define. Yo defino quién soy. Yo sé quién soy. Yo soy Shao Lee. No temo decir mi nombre. No esperaré. No puedo esperar por mi propia identidad. No dormiré. Tengo que despertarme con mi propia voz. Estoy demasiado hambrienta para comer. Mi hambre es de conocimiento. Estoy demasiado sedienta para beber. Mi sed es de sabiduría. Mi consejo para mis compañeros: aprovecha el día, aprovecha el momento. Éste es el momento, porque ésta es la mañana en nuestras vidas. No temas. Ahora somos jóvenes. Éste es el momento de tener fe en lo que podemos hacer. Éste es el momento de tener fe en ti mismo. Conócete a ti mismo, conoce tu nombre, di tu nombre, ve tu valía, siente tu valor, toca tu esencia. En el espejo está tu reflejo, está tu rostro. El rostro de tu padre, el rostro de tu madre, el rostro de tus ancestros, el rostro de tu familia. No ocultes tu rostro. Quítate las manos de tu rostro. ¡No! ¡No te apartes! Yo soy tu espejo. ¡Mírame! ¡Ten el valor de mirarme! ¡No ocultes tu sonrisa! Por última vez mira cada parte. Entonces sabrás qué puedes llegar a ser verdaderamente.

Desde 1922, la Medalla Newbery ha honrado cada año al más distinguido aporte a la literatura americana para niños. Jerry Spinelli fue el ganador de la Medalla Newbery de 1991, por su novela *Maniac Magee*. En este pasaje de su discurso de aceptación, Spinelli explica dónde encuentra ideas para sus cuentos.

En aceptación de la Medalla Newbery

Jerry Spinelli

No hace mucho tiempo atrás, un niño del grupo al cual yo estaba hablando levantó su mano y dijo: "¿De dónde sacas todo esto?"

Yo miré, desde donde estaba, la biblioteca llena de niños sentados en el suelo con las piernas cruzadas, boquiabiertos, todos preguntándose la misma cosa. Su compañero de clase había dado en el clavo con su segunda pregunta más urgente (la primera, por supuesto, era "¿Cuánto dinero gana?"). Yo los señalé, sonreí y dije: "De ustedes. Yo saco todo esto de ustedes".

Sus expresiones no cambiaron. No me creían.

"Miren", dije, "¿qué piensan ustedes que yo hago? ¿Inventar todo esto? Lo saco de ustedes. Lo saco del niño que yo fui. De mis propios niños, que tienen su misma edad. Para mis dos primeros libros, no tuve siquiera que buscar afuera de mi casa".

Y les dije cómo encontré *Space Station Seventh Grade* una mañana temprano en mi bolsa de almuerzo, cuando vi mi pollo frito que había sido reducido a huesos por uno de los seis angelitos que dormían arriba. Les dije que la guerra entre Megamouth y El Grosso en *Who Put That Hair in My Toothbrush?* era nada comparado con las batallas entre Molly y Jeffrey en mi propia casa.

Los señalé otra vez. "Ustedes son los divertidos. Ustedes son los fascinantes. Ustedes son los escurridizos, inspiradores, prometedores, heroicos y exasperantes. ¿No lo sabían?"

Inspeccioné sus rostros. No, la mayoría no lo sabía. Era mejor así. Qué lamentable hubiera sido si lo hubieran sabido y de ese modo hubiesen dejado de ser ellos mismos.

Quién más sino una niña de sexto grado, a pesar de haber sido influenciada por su maestra, pudo en forma tan espontánea haber escrito esto:

Jerry Spinelli ha gozado de una exitosa carrera como escritor, publicando cerca de veinte libros para lectores jóvenes.

Spinelli habla frecuentemente a estudiantes sobre sus libros, y recibe gustoso sus opiniones.

Querido Sr. Spinelli:

Lamento mucho haber estado jugando Tres en línea mientras usted hablaba. Sé que no tenía derecho a hacerlo. Debería haberlo escuchado. Fue algo muy maleducado de parte de mi amiga y mía jugar Tres en línea bajo sus narices. Me arrepiento muchísimo y entenderé si usted me odia. De cualquier manera, me gustaron mucho su charla y sus libros. Si usted vuelve a Chatham, incluso después de lo groseras que fuimos mi amiga y yo, espero que sea tratado más amablemente. Como dije antes, siento muchísimo haber jugado Tres en línea en lugar de escucharlo. Por favor, no se disguste con la escuela por nuestra tremenda grosería. Le pedimos perdón de todo corazón.

Atentamente,

Katie Rose Loftus

El libro ganador del premio Newbery, *Maniac Magee*, cuenta el relato fuera de lo común de un huérfano que huye.

¿De dónde *saco* todo esto?

Lo saco de Brooke Jacobs, quien escribió: "Cuando vino a nuestra escuela, yo pensaba que vería a un señor grandote y alto, vestido con un traje de millonario. Pero cuando lo vi, me sentí tranquila".

Lo saco de la jovencita que escribió: "No puedo decir que disfruté completamente de su charla, porque no sería cierto… Sr. Spinelli, usted es un gran escritor. Sin embargo, usted debe trabajar más en sus destrezas para hablar en público".

Lo saco de Niki Hollie, quien me escribió hace poco desde la Schuylkill Elementary, a sólo unas pocas cuadras de mi casa: "No importa si la gente es negra, blanca o verde. No hay diferencia en la forma en que deben ser tratadas. Lo importante de una persona es su interior, no su exterior".

Katherine Ortega fue la trigésima novena persona en el cargo de tesorero de los Estados Unidos, desde 1983 hasta 1989. Aquí tenemos una selección de los comentarios de Ortega a la clase de graduandos del Kean State College, en Nueva Jersey en 1985.

El discurso de una ceremonia de graduación

Katherine Ortega

Estoy segura de que algunos de ustedes piensan que han heredado un mundo muy inestable, un mundo cargado de armamento, un mundo devastado por el hambre, un mundo generoso en hipocresía y avaro en oportunidades. El mundo es un lugar imperfecto. Ustedes no necesitan que yo se lo diga. Pero también el mundo es un lugar que se puede perfeccionar. Si no lo creyese así, no estaría aquí.

Ahora bien, imagino que se estarán preguntando si he tenido siempre la misma idea del mundo. Pues déjenme contarles. Cuando yo era una niña, la más joven de 9 hijos, vivía entre las blancas arenas y el paisaje lunar de Nuevo México. Cuando tuve más o menos la edad de ustedes, esperaba convertirme en maestra. Pero me dijeron que no me esforzara. ¿Por qué? Porque en el este de Nuevo México, el área del estado que tiene los trabajos mejor pagados, los empleadores simplemente no creían que fuera buena idea contratar a hispanos. Pero los tiempos han cambiado. Ellos ahora contratan a los hispanos. Y no son pocos lo hispanos que, hoy en día, son los encargados de contratar personal.

Katherine Ortega hablando
en el Kean State College,
en Nueva Jersey, y
(página opuesta) en la
Convención Nacional
Republicana en
Dallas, Texas.

El edificio del Tesoro de los Estados Unidos

Cuando era niña, mis hermanos vestían pantalones vaqueros hechos jirones, mucho antes de que se pusieran de moda. Ellos vendían perfumes de puerta en puerta para traer el pan a la mesa familiar de los Ortega. Mi padre aumentaba nuestros ingresos haciendo ataúdes por encargo. La única cosa que se negó a sepultar fue su inquebrantable convicción de que cada vida es especial, y de que el trabajo de cada persona era importante no por el dinero que generaba, sino por la formación del carácter de cada uno. Consideraba insignificantes tanto las líneas de sangre como las cuentas bancarias. Solamente despreciaba a los engreídos. "Quítate ese resentimiento de encima", solía decirnos. "Tú eres tan bueno como cualquier otro". Luego me dijo algo, tan educativo y liberador como cualquier cosa que hubiera podido aprender en la escuela. "Si vas a trabajar para alguien", dijo, "trabaja las ocho horas completas y más. Si vas a hacerlo, hazlo bien".

Éstas son las palabras que me impulsaron al mundo de la banca y los negocios. Estoy segura de que palabras similares los han acompañado en su trayecto a Kean State. Jamás las olviden. Ni por un segundo. Porque ellas son su pasaje a unos Estados Unidos más cerca que nunca de la idea de nación que tenían nuestros fundadores: un país que no distingue de colores, una república sin barreras.

Durante una marcha en Washington D.C., el 23 de agosto de 1963, el Dr. Martin Luther King Jr. dio un discurso conmovedor en los escalones del Monumento de Lincoln. Esta última parte de su discurso es lo que los oyentes recuerdan mejor.

Mi sueño es...

Dr. Martin Luther King Jr.

Hoy les digo a ustedes, amigos míos, que a pesar de las dificultades y frustraciones del momento, yo continúo con un sueño. Es un sueño arraigado en el sueño americano.

Mi sueño es que un día esta nación se levantará y vivirá el significado verdadero de su credo: "Afirmamos que estas verdades son evidentes por sí mismas; que todos los hombres son creados iguales".

Mi sueño es que un día en las colinas rojas de Georgia, los hijos de los que fueron esclavos y los hijos de los que fueron dueños de esclavos se sentarán juntos a la mesa de la hermandad.

Mi sueño es que un día incluso el estado de Mississippi, un estado desierto y asolado por la injusticia y la opresión, se transformará en un oasis de libertad y justicia.

Mi sueño es que mis cuatro hijos un día vivirán en una nación en donde no serán juzgados por el color de su piel sino por el mérito de su carácter.

Ése es mi sueño hoy.

Mi sueño es que un día el estado de Alabama, que actualmente está gobernado por un hombre con los labios cargados de palabras de negación y anulación, se transformará en un lugar donde los niños negros y las niñas negras podrán darse la mano con los niños blancos y las niñas blancas y caminar todos juntos como hermanos y hermanas.

Ése es mi sueño hoy.

Mi sueño es que un día todos los valles se elevarán y todas las montañas y colinas se rebajarán, y los terrenos quebrados se convertirán en planicies y los lugares tortuosos se enderezarán, y la gloria del Señor se manifestará y toda la carne lo verá.

Ésta es nuestra esperanza. Ésta es la fe con la cual regreso al sur. Con esta fe conseguiremos sacar de la montaña de la desesperanza una roca de esperanza. Con esta fe conseguiremos transformar las disonancias de nuestra nación en una hermosa sinfonía de hermandad. Con esta fe conseguiremos trabajar juntos, rezar juntos, luchar juntos, ir a la cárcel juntos, defender la libertad juntos, sabiendo que un día seremos libres.

Y cuando llegue ese día todos los hijos de Dios podrán dar un nuevo sentido a su canción: "Canto a mi país, dulce tierra de libertad, a ti dedico mi canto. Tierra donde murieron mis antepasados, orgullo de los peregrinos, que la libertad retumbe por todos los confines de mi tierra".

Y si los Estados Unidos han de ser una gran nación, esto tiene que hacerse realidad. Dejemos, pues, que retumbe la libertad por las prodigiosas cumbres de New Hampshire. Que retumbe la libertad por las imponentes montañas de Nueva York. ¡Que retumbe la libertad por los picos de las Allegheny en Pennsylvania!

¡Que retumbe la libertad sobre la nieve que cubre las montañas Rocosas de Colorado!

¡Que retumbe la libertad por las cumbres sinuosas de California!

Pero no sólo eso: ¡Que retumbe la libertad por el Stone Mountain de Georgia!

¡Que retumbe la libertad por la montaña Lookout de Tennessee!

¡Que retumbe la libertad por todas las colinas grandes y pequeñas de Mississippi! ¡Por todas las laderas de todas las montañas, que retumbe la libertad!

Cuando dejemos que la libertad retumbe, cuando la dejemos retumbar desde cada villa y cada barrio, desde cada estado y cada ciudad, apresuraremos ese día cuando todos los hijos de Dios, hombres negros y hombres blancos, judíos y gentiles, protestantes y católicos, se tomarán de las manos y cantarán la letra del viejo himno espiritual negro "¡Libres al fin! ¡Libres al fin! ¡Gracias a Dios Todopoderoso, somos libres al fin!"

Martin Luther King, Jr. camina junto a su esposa, Coretta Scott King, y otros líderes en la lucha por los derechos civiles durante una marcha en Selma, Alabama, en 1965.

Expresar

Escribe tu propio discurso

Escoge una ocasión especial para un discurso, como una ceremonia especial o un suceso de tu escuela o comunidad. Luego elige un tema que te interese y que pueda atraer a tu público. Escribe un discurso que sea apropiado para tu objetivo: persuadir, informar o entretener. Luego presenta el discurso a tu público.

Consejos

- **Escribe palabras clave en tarjetas para que te ayuden a recordar.**
- **Practica tu discurso frente al espejo o con un amigo.**
- **Habla claro y pausado. No te apresures.**

Escuchar/Hablar **Enfoque, estructura, punto de vista Velocidad, volumen y tono adecuados**

Lectura individual

Hermana águila, hermano cielo: Un mensaje del Jefe Seattle

por el Jefe Seattle (Dial)

Interpretación ilustrada del discurso del jefe indio Seattle sobre la adquisición del territorio indígena de los Estados Unidos.

César Chávez

por Consuelo Rodríguez (Chelsea House)

Esta biografía sobre el famoso líder mexicano-americano incluye partes de sus discursos.

Gracias te damos

por Jake Swamp (Lee & Low)

Jake Swamp, un cacique de los indígenas mohawk, presenta un discurso para dar gracias.

Nuevas fronteras:
Océanos
y espacio

"Explorar es parte de nuestra
naturaleza. Fuimos peregrinos
en nuestros orígenes y
seguimos siendo peregrinos
hoy día".

— *Carl Sagan, tomado de Cosmos*

542

Nuevas fronteras: Océanos y espacio

Contenido

Las aventuras
del *Sojourner*
por Susi Trautmann Wunsch

Franklin R.
Chang-Díaz
por Argentina Palacios

Bajo las aguas azules
por Deborah Kovacs y Kate Madin
fotografía principal de Larry Madin

Biblioteca del lector

- **Como en casa en el espacio**
- **Eileen Collins: La primera mujer comandante en el espacio**
- **La extraña vida de los respiraderos submarinos**
- **El resplandor de la caleta del faro**

Libros del tema

Una mirada al espacio

por David Glover

ilustrado por Stuart Trotter, Teri Gower, Mel Pickering y Jason Lewis

Misterios de océano

por Peter Riley

ilustrado por Tony Hargreaves y Brin Edwards

Baja las Olas

Escrito y ilustrado por Kristin Joy Pratt

Libros relacionados

Si te gusta...

Las aventuras del *Sojourner*
por Susi Trautmann Wunsch

Entonces lee...

Volar, el sueño del hombre

por Diane Costa de Beauregard
(SM)
Este libro observa
la constante fascinación
del hombre por el mundo
de la aviación.

Atlas visual del espacio

(Editorial Bruño)
Un atlas que contiene
muchos detalles acerca
del espacio.

Si te gusta...

Franklin R. Chang-Díaz
por Argentina Palacios

Entonces lee...

Puedo ser un astronauta

por June Behrens
(Childrens Press)
La autora escribe sobre
lo que se necesita para
ser astronauta.

Cohete espacial

por Tim Furniss (B)
En este libro se ilustra
cómo trabajan juntos
los diseñadores,
ingenieros y técnicos
para construir
los cohetes
espaciales.

Si te gusta…

Bajo las aguas azules
*por Deborah Kovacs
y Kate Madin*

Entonces lee…

Los océanos
por Michael Chinery
(Everest)
Se exploran los
hábitats y las técnicas
de supervivencia de
los animales que viven
en el océano.

Las costas
por Michael Chinery
(Everest)
Aprende sobre los
hábitats y las técnicas
de supervivencia de
los animales que viven en las costas.

Si te gusta…

Ahí afuera
por Theodore Taylor

Entonces lee…

La estrella Peregrina
por Rodolfo G. Otero
(Noguer y Caralt Editores)
Sigue las aventuras de
una estrella que viaje
a través del universo.

El Planeta Tierra
por Michael Allaby
(Everest)
Una enciclopedia visual
que presenta varios
datos acerca de
la Tierra.

Tecnología

Visita www.eduplace.com/kids

Education Place®

Aventura en Marte

Las aventuras
del *Sojourner*
por Susi Trautmann Wunsch

**Las aventuras
del *Sojourner***

Vocabulario

análisis
explorador
ingenieros
navegación
sensores
supervisando

Estándares

Lectura

- Unir y clarificar
  ideas principales
- Determinar el
  significado a
  través del
  contexto

Desde que el hombre comenzó a explorar el espacio, los científicos sueñan con viajar a Marte y se preguntan qué podrían encontrar allí. Como la Tierra, Marte tiene una atmósfera y distintas estaciones. Tal vez en otra época fluyera agua por su superficie, y por lo tanto es posible que existieran formas simples de vida. El **análisis** de las rocas de Marte podría revelar algunos secretos sobre su historia.

Recientemente se ha encontrado un sistema para trasladar un vehículo para exploraciones hasta Marte. Gracias a los últimos avances tecnológicos, los **ingenieros** han desarrollado un pequeño robot llamado **explorador**. La **navegación** del explorador se dirige por control remoto, con un equipo de científicos **supervisando** cada pulgada de los movimientos del explorador desde una distancia de 119 millones de millas.

En 1997, la Misión *Pathfinder* envió a Marte un explorador llamado *Sojourner*. Los científicos se preguntaban si el pequeño vehículo teledirigido funcionaría en la realidad. Encontrarás la respuesta en *Las aventuras del* Sojourner.

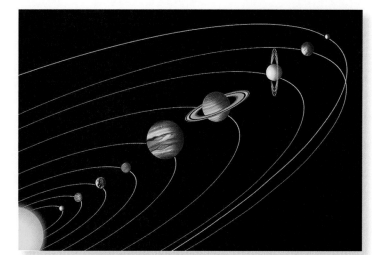

Un panel solar aportaría la energía necesaria para el funcionamiento del *Sojourner* en horas diurnas.

Marte, el cuarto planeta más cercano al sol, tiene temperaturas más frías que la Tierra.

Los delicados **sensores** de las seis ruedas impiden que el vehículo explorador se voltee.

Las aventuras del *Sojourner*

por Susi Trautmann Wunsch

Al leer, **revisa** si comprendes bien el objetivo de la misión espacial de la *Pathfinder*. **Aclara** las partes más complicadas volviendo a leer el texto y las leyendas de las fotografías.

Lectura Unir y clarificar ideas principales

Qué: La Misión *Pathfinder* a Marte

Dónde: A ochenta millas sobre la superficie de Marte

Cuándo: El 4 de julio de 1997. Día de Independencia. Tiempo hasta el aterrizaje: 35 minutos.

Los científicos espaciales nunca antes habían intentado algo parecido. Estaban a punto de hacer que un robot teledirigido llamado *Sojourner* aterrizara en Marte.

Los científicos habían dedicado tres años a planear la misión. El despegue había tenido lugar en diciembre de 1996. El viaje a Marte había durado siete meses.

¿Tendría éxito el aterrizaje? ¿Funcionaría el explorador igual de bien en la superficie de Marte que en el laboratorio? Los científicos pronto lo averiguarían.

Si alguien hubiera estado en Marte aquel día, habría visto la sonda *Pathfinder*, resplandeciente como un meteorito, cruzando el cielo marciano como un relámpago, poco antes del amanecer. La Tierra se veía al fondo, como un lucero azul.

En la sala de operaciones de la misión, en un ambiente cargado de tensión, muchas personas se agolpaban alrededor de Rob Manning, el ingeniero jefe de vuelo, que estaba supervisando la entrada, descenso y aterrizaje de la sonda *Pathfinder*. Todos esperaban.

Una señal indicó a Rob que el paracaídas de la *Pathfinder* se había abierto, con lo que la velocidad de descenso se había reducido a 150 millas por hora. Lo que Rob no consiguió oír fueron los fuegos artificiales en Marte aquel Día de Independencia. La explosión que abrió el paracaídas de la *Pathfinder* era una de las 42 explosiones necesarias para desencadenar cada etapa del sistema de aterrizaje más complejo jamás elaborado por el *Jet Propulsion Laboratory* o Laboratorio de propulsión a chorro.

El escudo térmico de la *Pathfinder* se desprendió. El módulo de aterrizaje se separó de su escudo posterior y descendió por una cinta metálica de 65 pies de largo, como si fuera un bombero bajando por el poste de la estación de bomberos.

Diez segundos antes del impacto, las bolsas de aire se inflaron. Tres pequeños cohetes de frenado se encendieron, causando una sacudida que tiró del paracaídas y del escudo protector hacia arriba, alejándolos del módulo de aterrizaje. La *Pathfinder* quedó por un instante suspendida en el aire, inmóvil, hasta que se precipitó al suelo tras una caída de 70 pies.

Pathfinder a Marte

La Pathfinder entra en la atmósfera de Marte.
Altitud: 80.8 millas.
Tiempo hasta el aterrizaje: 5 minutos

La Pathfinder se separa de la etapa de crucero.
Tiempo hasta el aterrizaje: 35 minutos

El paracaídas se abre.
Altitud: 5.8 millas.
Tiempo hasta el aterrizaje: 134 segundos

El escudo térmico se separa.
Tiempo hasta el aterrizaje: 114 segundos

El módulo de aterrizaje se separa y la Pathfinder desciende por la cinta.
Tiempo hasta el aterrizaje: 94 segundos

El radar localiza la superficie de Marte.
Altitud: 1 milla.
Tiempo hasta el aterrizaje: 28.7 segundos

Miembros del equipo de la Pathfinder esperan impacientes las primeras fotografías de la superficie de Marte en más de 20 años.

Las bolsas de aire se inflan.
Altitud: 1,164.7 pies.
Tiempo hasta el aterrizaje: 10 segundos

El módulo de aterrizaje, envuelto en sus bolsas de aire, chocó contra el polvo rojo de la superficie de Marte a 30 millas por hora. Rebotó 16 veces a una altura de hasta 40 pies, como una gigantesca pelota de playa. Después, rodó y rodó.

Mientras caía, el módulo emitía una débil señal de radio que a veces desaparecía y que se hizo más fuerte cuando la *Pathfinder* se detuvo. El módulo de aterrizaje había sobrevivido a su colisión con Marte.

Era el Sol 1. A partir de aquel momento la misión se mediría en soles (días marcianos), que duran 24 horas y 37 minutos.

En la sala de operaciones de la misión, en el *Jet Propulsion Laboratory* de Pasadena, que se encontraba lleno de pancartas con el lema "Mars or Bust" ("Marte o nada"), el equipo de la *Pathfinder* rompió en aplausos. Gritaban, chillaban, se estrechaban las manos y se abrazaban. Al ver realizado su sueño, Donna Shirley, la directora del proyecto, no pudo evitar que los ojos se le llenaran de lágrimas durante una entrevista con un periodista de televisión.

Tras la emoción del primer momento, los controladores de vuelo se preguntaron en qué posición había aterrizado la *Pathfinder*. Si estaba boca abajo, tendría que ponerse derecha extendiendo un pétalo y dándose vuelta. Pero el módulo de aterrizaje envió a la Tierra una señal de que todo había salido bien: el panzazo poco convencional de la nave espacial había sido un éxito, y además la *Pathfinder* había aterrizado derecha.

El equipo de vuelo estaba feliz, pero el geólogo Dr. Matthew Golombek estaba preocupado por la suavidad del aterrizaje. ¿Y si había sido demasiado suave? ¿Y si la *Pathfinder* había aterrizado en un terreno llano? ¿Y si no había rocas? En el complicado proceso de elegir el lugar adecuado para el aterrizaje, que había tenido lugar en 1994, habían participado 60 científicos estadounidenses y europeos, pero la decisión se tomó a partir de suposiciones más o menos fundadas sobre la geología de Ares Vallis, una llanura que en el pasado sufrió grandes inundaciones. No había ninguna garantía. Matt esperó inquieto a que la *Pathfinder* enviara las primeras fotografías. No tuvo que esperar mucho.

Los cohetes se encienden.
Altitud: 321.5 pies.
Tiempo hasta el aterrizaje:
6 segundos

La cinta se corta.
Altitud: 70.5 pies.
Tiempo hasta el aterrizaje: 3.8 segundos

Las bolsas de aire se desinflan, los paneles solares se abren.
Tiempo tras el aterrizaje: 20 minutos

Las bolsas de aire se repliegan.
Tiempo tras el aterrizaje: 74 minutos

Las bolsas de aire se repliegan por completo.
Tiempo tras el aterrizaje: 87 minutos

La radio del *Sojourner* solamente podía transmitir a una distancia parecida al radio de acción de los *walkie-talkies*, y por eso no podía comunicarse directamente con la Tierra. El *Sojourner* se comunicaba con el módulo de aterrizaje, y el módulo de aterrizaje se comunicaba con la Tierra. Se realizaron dos o tres transmisiones diarias, dentro de las 12 horas, aproximadamente, en que la Tierra aparecía en el horizonte marciano.

La *Pathfinder*, preparada para transmitir imágenes y datos, dirigió su antena hacia la Tierra. Su cámara estaba lista para empezar a tomar fotografías. Los científicos e ingenieros esperaban con gran impaciencia. Lo más urgente era comprobar si las bolsas de aire se habían replegado correctamente. La primera imagen, una fotografía en blanco y negro del tamaño aproximado de un azulejo de baño, mostraba una sección del módulo de aterrizaje y una bolsa de aire desinflada ondeando como el faldón suelto de una camisa.

La *Pathfinder* enviaba dos imágenes por minuto, y poco a poco se fueron viendo otras bolsas de aire. Las fotografías indicaban que una de ellas se había enredado en el pétalo que el *Sojourner* debía emplear para salir del módulo de aterrizaje. Estaba bloqueando el camino del explorador hacia la superficie de Marte. Afortunadamente el ingeniero David Gruel, a quien sus compañeros llamaban "Gremlin", había previsto el problema y tenía preparada una solución. Los controladores ordenaron a la *Pathfinder* que levantara uno de sus pétalos unos 45 grados y recogiera la bolsa de aire problemática.

Llegaron más imágenes. Por fin se podía ver Marte, por detrás del módulo de aterrizaje, dándole a los científicos la oportunidad de ver lo que andaban buscando, "¡Rocas!" gritó Matthew Golombek.

Tras varios meses de ensayos en un simulador, los científicos se habían acostumbrado a las rocas suministradas por una empresa de construcción. Ahora estaban viendo auténticas rocas marcianas. Una increíble variedad de formas, tamaños y texturas se mostraba ante ellos. Algunas rocas eran de color gris oscuro, con las superficies erosionadas o cubiertas de polvo rojo y brillante.

"Se parece mucho a Tucson" comentó alguien, que no era geólogo, al contemplar las rocas y las colinas que sobresalían en la distancia.

Matt Golombek observó que las rocas estaban inclinadas hacia el noroeste, la dirección de la antigua inundación. Sus ojos estaban clavados en una roca de 10 pulgadas de alto. Era más oscura que las demás y, a diferencia de las otras, estaba cubierta de protuberancias que parecían percebes. Se encontraba cerca de la rampa de salida, y el explorador podría llegar fácilmente hasta ella. El equipo de científicos la bautizó como *Barnacle Bill*, o "Percebe Bill", y decidió que ésa sería la primera roca que el *Sojourner* investigaría. Más tarde, las fotografías del lugar del aterrizaje se cubrirían de pequeñas etiquetas amarillas con nombres tan creativos como: Yogi, Scooby Doo, Casper, Wedge, Shark ("Tiburón"), Half Dome ("Media Cúpula").

Durante el Sol 2, el *Sojourner* estaba preparado para salir del módulo de aterrizaje. Unos pernos explosivos volaron los cables que lo sujetaban al pétalo del módulo de aterrizaje, y unas rampas de salida de 3 pies de largo se desplegaron hasta la superficie. El explorador se irguió hasta alcanzar su altura total, 12 pulgadas, y extendió su antena.

Había llegado el gran momento del *Sojourner*. El pequeño explorador dio marcha atrás lentamente por la rampa posterior y a continuación rodó por el suelo de Marte, dejando huellas de ruedas a su paso. En la sala de operaciones de la misión se oyeron gritos de alegría cuando el módulo de aterrizaje envió a la Tierra las primeras imágenes del explorador en suelo marciano.

Durante el Sol 3, el *Sojourner* empezó a trabajar. Brian Cooper, el encargado de manejar el explorador, se ajustó los lentes y le ordenó que orientara su extremo posterior hacia la izquierda y luego hacia atrás en la dirección de *Barnacle Bill*. Aunque el *Sojourner* tenía que recorrer una distancia corta, era preciso que estuviera exactamente en la posición adecuada. La embocadura de 2 pulgadas de su principal instrumento, el APXS (una pistola que emite radiaciones mínimas y que se usa para identificar distintos tipos de rocas), tenía que apoyarse firmemente en la roca para poder realizar un análisis correcto de su contenido químico. ¡Justo en el blanco! El APXS encajó perfectamente en *Barnacle Bill* al primer intento.

Esto es lo que Brian Cooper veía en la pantalla mientras guiaba al *Sojourner* hacia *Barnacle Bill*.

Las extraordinarias imágenes de la cámara del módulo de aterrizaje ayudaron a Brian Cooper a dirigir el *Sojourner*. Colocada en una estructura de 5 pies de alto, la cámara podía girar 360 grados y tomar imágenes detalladas de todo el entorno en blanco y negro y a color. Se trataba de una cámara estereoscópica, y por eso las imágenes eran tridimensionales. Estas imágenes se emplearon para construir un mapa de "realidad virtual" del lugar del aterrizaje. Al mirar el mapa con sus lentes 3-D, Brian podía percibir la profundidad y detectar posibles peligros. Incluso podía "sobrevolar" el terreno como un pájaro para verificar el tamaño y la forma de las rocas, y la distancia que había entre ellas.

Pocos minutos después de recibir las fotografías, el equipo científico las colocó en Internet, en las páginas web que el *Jet Propulsion Laboratory* había preparado. Esto no es muy frecuente. Lo habitual es que los científicos no publiquen sus datos hasta después de interpretarlos. Sin embargo, para actuar de acuerdo al espíritu de la misión, todo el equipo estuvo de acuerdo en publicar las fotografías inmediatamente.

Durante el Sol 4, los sitios de Internet recibieron la visita de 46 millones de personas, muchas de ellas con lentes 3-D de cartón, para poder ver las imágenes tridimensionales. Durante la misión, los usuarios de Internet pudieron ver los nuevos datos que se obtenían cada día, consultar los informes meteorológicos de Marte, contemplar una fotografía de un amanecer marciano y charlar en directo con un miembro del equipo de la *Pathfinder* a Marte. Incluso había una cámara instalada en la sala de operaciones de la misión que permitía a los usuarios de Internet ver al equipo trabajando.

Durante el Sol 6, el *Sojourner* se alejó de *Barnacle Bill* y se dirigió a una roca mucho más grande que se encontraba a unos 15 pies del módulo de aterrizaje. El encontronazo iba a ser mucho más emocionante de lo que nadie suponía.

Los geólogos habían llamado "Yogi" a la roca, porque su forma les recordaba a cierto personaje de los dibujos animados. Con sus tres pies de alto, Yogi era más alta que el explorador; pero el *Sojourner* no se dejó intimidar. Con las ruedas cubiertas de tierra marciana, se acercó a Yogi y se dispuso a trabajar. Analizó el terreno con el APXS y a continuación dirigió su cámara a la picada superficie de la roca.

El mapa de "realidad virtual" del lugar de aterrizaje resultó de gran ayuda cuando le llegó el momento al *Sojourner* de apoyar el APXS contra Yogi. La imagen tridimensional, a vista de pájaro, le indicó al equipo del explorador que la superficie de Yogi, que parecía plana, en realidad estaba curvada hacia dentro. Si el *Sojourner* intentaba entrar en contacto con su punto medio

La colisión del pequeño explorador con Yogi fue el primer choque interplanetario.

podría golpearse con el borde prominente de la roca, lo cual probablemente activaría unos sensores que lo desconectarían. Era preciso que el explorador apuntara ligeramente hacia la izquierda.

Otro responsable del manejo del explorador tuvo que enfrentarse aquel día a la complicada tarea de calcular la distancia exacta a la que el *Sojourner* tenía que girar y retroceder para que el APXS entrara en contacto con la roca. Su cálculo resultó ligeramente erróneo y el explorador quedó encallado, con la rueda trasera izquierda encima de una fría prominencia de Yogi. El *Sojourner* estaba programado para detenerse inmediatamente en una situación así, y eso fue lo que ocurrió: se quedó quieto, colgado de la roca, esperando pacientemente que le enviaran instrucciones.

Manejar un explorador desde la pantalla de una computadora a 119 millones de millas de distancia no es tarea fácil. Se esperaba que hubiera accidentes. Brian Cooper había practicado maniobras durante meses en un simulador para liberar al *Sojourner* de un problema como aquél. Esta vez había ocurrido de verdad.

Siguiendo las instrucciones de Brian, el *Sojourner* dio marcha atrás y bajó lentamente de Yogi. Su rueda trasera cayó al suelo, pero el pequeño y robusto explorador no sufrió ningún daño. Ahora Brian tenía que volver a colocar el APXS en la posición adecuada para que entrara en contacto con Yogi. Ordenó al *Sojourner* que girara a la

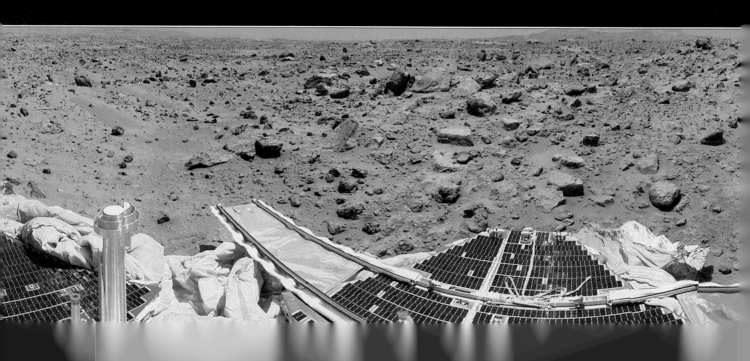

izquierda y a continuación a la derecha. Lentamente, el *Sojourner* extendió el APXS y tocó a Yogi con suavidad.

Hasta ese momento, todos los movimientos del *Sojourner* habían estado cuidadosamente dirigidos por los científicos responsables de su manejo. Durante el Sol 12, el *Sojourner* hizo su primer intento de navegación independiente. Brian ordenó al *Sojourner* que utilizara sus sistemas para prevenir obstáculos para encaminarse hacia el siguiente objetivo, una roca plana y blanca llamada Scooby Doo. Lo hizo sin dificultad.

Durante el Sol 20, el *Sojourner* se hizo aún más independiente y llegó hasta una roca llamada Soufflé. Esta vez no sólo tenía que utilizar sus sistemas para prevenir obstáculos para hallar el camino: también tenía que localizar a Soufflé por sus propios medios. Con ayuda de rayos láser consiguió su objetivo: llegar hasta el centro de la roca.

El *Sojourner* siguió trabajando según un programa bien definido. Todos los días empezaba la jornada con una canción que sus controladores le enviaban desde la Tierra, para seguir la tradición de despertar a los astronautas con música. Cada día era una canción diferente. La primera fue

Esta vista panorámica se consiguió combinando miles de imágenes tomadas por la cámara del módulo de aterrizaje a lo largo de la misión. La cámara fotografiaba una parte diferente del lugar todos los días a la misma hora para que siempre hubiera la misma luz.

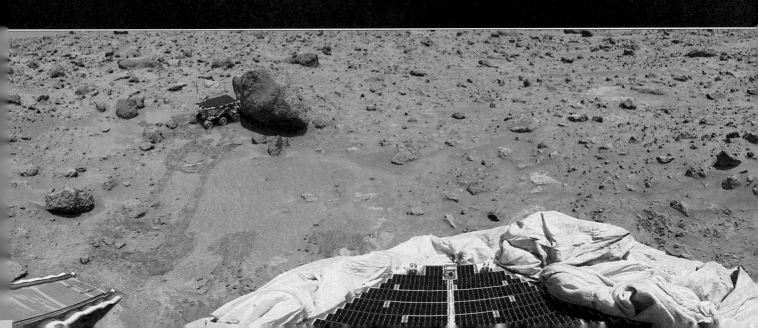

Final Frontier (La última frontera), el tema musical del programa de televisión *Mad About You* (Loco por ti).

El *Sojourner* despertó y su computadora se encendió. Envió a la Tierra las lecturas del APXS que había obtenido durante la noche y, tras actualizar su posición, estaba preparado para seguir explorando.

El Sol 27 (el 31 de julio de 1997), el módulo de aterrizaje de la *Pathfinder* había logrado ya los objetivos de su misión, que tenía una duración estimada de un mes. El equipo responsable de la misión anunció que el módulo se cerraría por la noche. El *Sojourner* seguiría investigando todas las rocas que pudiera con el APXS.

Los diseñadores del *Sojourner* habían previsto que sobreviviera al menos una semana en el implacable frío de Marte. Al llegar el Sol 27, su funcionamiento se había prolongado casi 3 semanas más, y por ello se ganó el título de "la pequeña locomotora que lo hizo".

El *Sojourner* empezó a recorrer distancias mayores. Durante el Sol 30 se encaminó hacia Rock Garden. Una gran parte del tiempo restante lo dedicó a navegar por este impresionante conjunto de rocas y piedras de menor tamaño. El Rock Garden había despertado el interés de los científicos desde el primer momento porque sus rocas de caras empinadas estaban relativamente libres de polvo y podían proporcionar al APXS lecturas más exactas de su contenido químico.

El siguiente objetivo era una roca de Rock Garden llamada Shark. Llegar hasta ella fue una de las tareas más complicadas para el *Sojourner*. El camino más directo consistía en rodear el módulo de aterrizaje en sentido contrario a las agujas del reloj, pero este camino estaba demasiado cubierto de rocas. Brian Cooper había decidido que el pequeño explorador debía seguir una ruta más larga y un poco menos peligrosa, en el sentido de las agujas del reloj. El trayecto hasta Rock Garden, lleno de rocas, resultó tan complicado que Brian y su equipo llamaron al lugar "el Triángulo de las Bermudas". Los sistemas de prevención de obstáculos del *Sojourner* desconectaron automáticamente el explorador varias veces para evitar vuelcos. Para complicar las cosas aún más, el giróscopo no estaba funcionando bien y provocaba desvíos tan grandes que al final Brian decidió desconectarlo.

El *Sojourner* llegó a Shark durante el Sol 52. Seis días más tarde, las baterías de reserva del explorador se agotaron. El equipo tuvo que ajustar su horario de trabajo de manera que el explorador

El módulo de aterrizaje de la *Pathfinder*, fotografiado por el *Sojourner*.

empezara a funcionar cuando el sol estuviera suficientemente alto como para proporcionar a su computadora la energía necesaria. A partir de aquel momento el *Sojourner* solamente podía tomar lecturas con el APXS durante el día. A pesar de todo, consiguió tomar datos de Half Dome y Chimp.

Una vez concluida la exploración de Rock Garden, el *Sojourner* debía regresar a la *Pathfinder*. El equipo nunca supo si lo consiguió.

El módulo de aterrizaje envió la última transmisión completa a la Tierra durante el Sol 83 (el 27 de septiembre de 1997). Al día siguiente el equipo de operaciones trató de establecer comunicación con la *Pathfinder* como de costumbre, pero no obtuvo respuesta. El equipo consiguió captar una señal del transmisor auxiliar de la *Pathfinder* el 1 de octubre, lo cual indicaba que la nave espacial aún funcionaba. Se percibió un último bip el 7 de octubre, y después, nada más.

Nadie supo con seguridad qué había ocurrido. Como estaba previsto, la batería del módulo de aterrizaje se agotó definitivamente. Sin baterías, la *Pathfinder* ya no podía poner en marcha su sistema de calefacción durante la noche. Algunas personas opinan que los cambios bruscos de temperatura que el módulo de aterrizaje tuvo que soportar diariamente afectaron los sistemas electrónicos y provocaron una avería.

Al cabo de 5 días sin noticias de la *Pathfinder*, el programa informático del *Sojourner* debía ordenarle que regresara al módulo de aterrizaje. Es de suponer que siguiera despertándose cada mañana y siguiera desplazándose alrededor de la *Pathfinder* a una distancia aproximada de 10 pies. Con toda probabilidad solicitaría repetidamente al módulo que le transmitiera órdenes de la Tierra, sin obtener respuesta.

El 4 de noviembre de 1997, el equipo de la *Pathfinder* a Marte no tuvo más remedio que anunciar el final de la misión. Siguieron tratando de captar señales del módulo una vez al mes, pero no tuvieron éxito.

La tristeza del equipo quedó atenuada por la alegría de los logros conseguidos. No era tanto un "adiós" como un "hasta la vista", porque gracias a la *Pathfinder* se llevarán a cabo nuevas misiones a Marte.

La *Pathfinder* había demostrado que se podía llevar un módulo de aterrizaje hasta Marte y hacerlo aterrizar en paracaídas, que un microexplorador es un vehículo eficaz para explorar otro planeta y que la exploración espacial puede realizarse rápidamente y de forma relativamente barata. La misión costó 266 millones de dólares, exactamente la cantidad que se había presupuestado.

El *Sojourner* sólo recorrió una zona del tamaño de un patio grande, pero reunió una enorme cantidad de datos científicos muy valiosos. La misión proporcionó 2,300 millones de bits de información, entre los que figuran más de 16,500 imágenes del módulo de aterrizaje y 550 del *Sojourner*, 15 análisis químicos completos de rocas y tierra obtenidos con el APXS del *Sojourner* y millones de lecturas de la temperatura, la presión y el viento de Marte.

La misión confirmó que alguna vez corrió agua en estado líquido por Ares Vallis, y que el planeta se formó gracias a una atmósfera más cálida. Los geólogos esperaban que la composición de las rocas fuera parecida a la de los meteoritos marcianos, pero algunos de los objetivos del *Sojourner*, entre ellos Barnacle Bill y Shark, tenían más elementos en común con algunas rocas terrestres. Los científicos no saben por qué.

Conozcamos a la autora

SUSI TRAUTMANN WUNSCH

Susi Trautmann Wunsch siempre se ha interesado por la ciencia. De niña construyó un laboratorio de biología y química en el sótano de su casa y "hacía toda clase de experimentos malolientes y humeantes". *Las aventuras del* Sojourner es su primer libro para chicos, pero tiene pensado escribir más. Actualmente está trabajando en un relato de ficción que se desarrolla en el espacio exterior. Wunsch vive con su esposo, sus dos hijos y un conejillo de Indias en la ciudad de Nueva York.

Internet

Para averiguar más datos interesantes acerca de Susi Trautmann Wunsch, visita Education Place.

www.eduplace.com/kids

Las aventuras
del *Sojourner*
por Susi Trautmann Wunsch

Piensa en la selección

1. Busca datos de la selección que confirmen o nieguen la siguiente afirmación: En la sala de operaciones de la misión el ambiente era muy tenso durante el descenso y aterrizaje de la *Pathfinder*.

2. Las imágenes transmitidas por la cámara de la *Pathfinder* eran tridimensionales. ¿Qué ventaja suponía esto para los científicos de la Tierra?

3. Los científicos publicaron las fotos de Marte inmediatamente, "de acuerdo al espíritu de la misión". ¿Qué crees que significa esto?

4. ¿De qué manera participó Internet en la misión de la *Pathfinder* en Marte?

5. ¿Qué importancia tiene el poder anticiparse a los problemas cuando se planifica una misión espacial? Da ejemplos tomados de la selección.

6. De las diferentes ocupaciones que se describen en la selección, ¿cuál te habría gustado desempeñar? ¿Por qué?

7. Conectar/Comparar ¿En qué medida han influido los descubrimientos del *Sojourner* para que ahora los científicos consideren que el espacio es "una nueva frontera"?

Describir

Escribe una descripción

Escribe una descripción del *Sojourner* y de su tarea en Marte. Utiliza detalles tomados de las fotografías y del texto para describir su aspecto, sus características especiales y lo que hizo en la superficie de Marte.

Consejos

- **Elige adjetivos y verbos expresivos para escribir tu descripción.**
- **Coloca cada idea nueva en un párrafo distinto.**
- **Escribe una oración temática en cada párrafo.**

Lectura Hacer aserciones razonables
Escritura Escribir composiciones expositivas

Matemáticas

Calcula la hora del día

La fase de entrada y descenso de la *Pathfinder* duró 35 minutos, y el aterrizaje en Marte se completó a las 10:07 a.m. Utiliza la información sobre el aterrizaje de la *Pathfinder* que aparece en las páginas 552 y 553 para calcular la hora del día a la que tuvo lugar cada etapa previa al aterrizaje. (Utiliza la hora del Pacífico y no tomes en consideración las fracciones de segundo.) La primera hora debe corresponder a "La *Pathfinder* se separa de la etapa de crucero".

Extra Amplía la actividad para incluir en ella las horas de los sucesos clave que tuvieron lugar en los 87 minutos siguientes al aterrizaje de la *Pathfinder*.

Escuchar y hablar

Haz un comunicado

Prepara un comunicado en el que un miembro del equipo de control de la misión se dirija a la prensa. Incluye información sobre el éxito del aterrizaje de la *Pathfinder* y sobre las actividades del *Sojourner*. Después, lee el comunicado a tus compañeros.

Consejos

- **Escribe anotaciones sobre los datos más importantes que quieras presentar.**
- **Habla despacio y claro.**
- **Proyecta la voz para que todos los miembros del público te oigan bien.**
- **Prepárate para contestar las preguntas que te hagan.**

Haz una encuesta en Internet

¿Cuáles crees que deberían ser los objetivos de los científicos a la hora de llevar a cabo misiones de exploración espacial? ¿Cómo deberían decidir lo que van a explorar? Da tu opinión participando en una encuesta en Internet en Education Place. **www.eduplace.com/kids**

Matemáticas **Resolver problemas de velocidad y tiempo**
Escuchar/Hablar **Velocidad, volumen y tono adecuados**

Destreza: Cómo leer un artículo sobre tecnología

Antes de leer...

- **Identifica** el tema del artículo. Pregúntate qué sabes ya sobre el tema.
- **Hojea** los diagramas, ilustraciones y fotografías. Lee las leyendas que tengan.

Al leer...

- Si encuentras una **palabra** desconocida, **vuelve a leer** o **sigue leyendo** para encontrar su definición.
- Si encuentras una **abreviatura** desconocida, **vuelve atrás** hasta encontrar la primera vez que aparece. Normalmente allí figura el nombre completo.
- Trata de dividir las frases largas y complicadas en partes más pequeñas. Pregúntate: *¿Cuál es el sujeto? ¿Cuál es el verbo?*

Estándares

Lectura

- **Determinar el significado a través del contexto**
- **Usar medios de información**

Hermano pequeño, gran idea

por Ethan Herberman

¿Cómo llegó un adolescente a diseñar un nuevo aparato de exploración espacial para la NASA?

Cuando Enrique García tenía 10 años, era tan tímido que apenas era capaz de hablar con un adulto desconocido. Vivía en un barrio de Pasadena (California) tan peligroso que no le permitían jugar en la calle. Su madre, Eduarda, una inmigrante mexicana, se conformaba con que encontrara cualquier empleo al terminar la escuela secundaria.

El año pasado, a los 16 años, Enrique habló con un grupo de los principales responsables en materia espacial del país y les expuso sus ideas sobre el equipo que se llevará a una misión a Marte. Este año la NASA (Administración Nacional de Aeronáutica y del Espacio) va a invertir unos 200,000 dólares en fabricar prototipos con algunas de las ideas de Enrique.

Enrique García consiguió un empleo de verano en el *Jet Propulsion Laboratory*. **Aquí aparece fotografiado junto a un prototipo del dispositivo solar inflable que ayudó a diseñar en 1997, a la edad de 16 años.**

Primero la pizza, después la NASA

¿Qué sucedió para que aquel tímido muchacho de 10 años se convirtiera en un pionero de la exploración espacial? Conoció a Art Chmielewski, un ingeniero del *Jet Propulsion Laboratory* (JPL) de Pasadena. Chmielewski quería evitar que los chicos se buscaran problemas y por eso participó en un programa de la organización *Catholic Big Brothers*. Un "hermano mayor" es un hombre que actúa como amigo y guía de un chico sin padre. El "hermano pequeño" de Chmielewski resultó ser Enrique.

Chmielewski invitaba a Enrique a partidos de béisbol y a comer pizza. Lo animaba a desarrollar su talento para el dibujo, y sobre todo a comunicarse con los demás. Chmielewski también le consiguió a Enrique un empleo de verano en JPL, un centro de la NASA donde se diseñan naves espaciales, equipos espaciales y misiones sin tripulación.

Una idea sencilla

"Al principio", dijo Enrique, "nadie se fijó en mí". Pero Enrique sí se fijó en las personas que había a su alrededor, que hablaban del diseño de un explorador o un carro robot inflable para explorar Marte. Un día, a la hora del almuerzo, Enrique hizo unos dibujos en los que se mostraba el posible aspecto del vehículo del que se hablaba.

Chmielewski explica: "Pasé por allí y vi [los dibujos], y pensé: ¡Caramba! ¿Cómo lo hiciste?" A la semana siguiente Enrique estaba ante los directores de JPL, exponiéndoles sus ideas.

La innovación principal de Enrique, explica Chmielewski, consistía en un nuevo concepto de módulo solar. Los módulos solares están formados por hileras de placas solares que generan una corriente eléctrica cuando reciben la luz del sol. Esta corriente es capaz de alimentar un motor pequeño en un explorador.

Los módulos solares siempre han tenido un inconveniente importante: es preciso cambiarlos constantemente de posición para que siempre estén orientados hacia el sol. La brillante idea de Enrique consistía en hacer un módulo inflable, como el resto del explorador, y esférico, es decir, en forma de bola. Así no sería necesario reorientarlo, ya que recibiría los rayos del sol desde cualquier ángulo.

Los ingenieros de JPL han fabricado el módulo de Enrique con forma de paraguas, en lugar de esférico, para que pueda replegarse en el explorador durante las tormentas de polvo; pero los módulos esféricos pueden ser ideales para los vehículos situados en el espacio exterior —afirma Chmielewski—, donde no hay que preocuparse de si hace buen o mal tiempo. "Cuando le enseñé el concepto a un ingeniero de la NASA", añade Chmielewski, "dijo: '¡Caramba! ¿Cómo no se me había ocurrido a mí?'"

Una cancha de tenis en una taza de café

Chmielewski llama "inflables" a los aparatos como el módulo de Enrique, y explicó que en el futuro tendrán muchas aplicaciones, tanto en el espacio como en otros planetas. Se fabricarán con materiales livianos parecidos al celofán y serán relativamente baratos. Además, cuando no se estén utilizando se plegarán con técnicas de origami, que es el arte japonés de plegar papel. Cuando se desarrollen nuevos materiales, afirma Chmielewski, se podrá comprimir un objeto del tamaño de una cancha de tenis hasta introducirlo en un contenedor del tamaño de una taza de café.

Éste es el primer diseño informático de módulo solar esférico ideado por Enrique. El diseño definitivo tenía forma de paraguas.

Cualquiera que esté acostumbrado a trabajar con globos pensará que las afirmaciones de Chmielewski están equivocadas. Al fin y al cabo, ¿no es cierto que el espacio está lleno de partículas diminutas en movimiento que harían estallar un objeto inflable?

Ésta es la respuesta de Chmielewski: "No se dejen llevar por sus ideas sobre el funcionamiento de los globos. Para inflar cualquier objeto en la tierra

Los Angeles Times Photo – Iris Schneider

Enrique García y Art Chmielewski despliegan el módulo solar diseñado por Enrique.

hay que vencer la presión del aire que lo rodea. Es necesario llenar el objeto con miles de millones de moléculas de gas. Pero en el espacio, donde no hay presión atmosférica, se necesita aproximadamente 10,000 veces menos gas para inflar un objeto de la misma medida".

Al haber tan pocas moléculas de gas en movimiento dentro de un objeto inflable, explica Chmielewski, esas moléculas tardan mucho tiempo en "encontrar" cualquier agujero que se produzca en la estructura. Así, un objeto inflable roto tarda mucho tiempo en desinflarse. De hecho, una enorme antena o una viga en órbita llena de nitrógeno o helio podría "tener 200,000 agujeros en tres años y seguir funcionando bien".

Los chicos pueden hacerlo

Otro mito que Chmielewski echa por tierra es la idea de que "hay que tener dos doctorados para trabajar en la NASA", y afirma que allí también hay lugar para adolescentes y estudiantes universitarios. "Por eso la NASA los contrata todos los veranos".

Actualmente Enrique asiste a una universidad pública donde estudia animación por computadora y espera el momento, que tal vez llegue en el 2005, de ver cómo la NASA envía un vehículo para explorar Marte que él mismo ayudó a diseñar.

569

Ensayo persuasivo

El propósito de un ensayo persuasivo es convencer al lector de que piense o actúe de una manera determinada. Utiliza la muestra de escritura de este estudiante cuando escribas tu propio ensayo persuasivo.

Únete a las estrellas

En los ensayos persuasivos, el objetivo normalmente se indica en la introducción.

    ¿Te interesa el espacio? ¿Te gustaría ser astronauta cuando seas mayor? Entonces, hazte miembro de STARS. STARS es la organización extraescolar para estudiantes que quieren aprender sobre la exploración espacial. Allí te puedes preparar para ser astronauta profesional. En STARS se aprenden muchas cosas interesantes. Si te gusta la astronomía, te sugiero que te hagas miembro de STARS.

    STARS organiza muchas actividades relacionadas con la exploración espacial. Está en el aula 221 de mi escuela. Hay 20 telescopios, y si te haces miembro puedes usarlos y disfrutar de ellos. También puedes buscar información sobre las 18 lunas de Saturno o las 16 lunas de Júpiter en la biblioteca de STARS. Hay muchas revistas y libros sobre el espacio. Puedes leerlas y enterarte de las últimas novedades sobre el espacio. Puedes informarte sobre el nuevo planeta llamado HR 4796. ¿Sabías que lo están comparando con la Tierra? Puedes enterarte de esto y de otras cosas parecidas en la biblioteca de STARS.

El objetivo del ensayo persuasivo se debe apoyar en **razones**.

Escritura **Composiciones persuasivas**
Expresar una posición clara

Los miembros de STARS también pueden usar el planetario, que es una sala desde donde se puede ver el cielo tal y como es en realidad. Puedes localizar la Osa Mayor o ver la distancia que hay entre la Tierra y otros planetas.

Los jueves, después de la escuela, los miembros de STARS pueden hablar por Internet con astronautas de verdad. Puedes hacerles preguntas sobre su trabajo. También te contarán cómo se hicieron astronautas. Pueden informarte sobre páginas de Internet que puedes visitar para divertirte. STARS tiene mucho que ofrecer a los estudiantes aficionados a la astronomía.

Si te haces miembro, también puedes participar en un concurso para visitar la NASA. Todos los años STARS organiza un concurso de ensayos. Los cinco mejores ensayos se premian con un viaje a la NASA para ver cómo se hacen las cosas en realidad.

STARS es una buena organización para ayudar a los estudiantes a aprender más sobre la exploración del espacio. Te alegrarás de ser miembro de STARS. Te acercará a las estrellas.

> Es importante dejar claros los **hechos** y dar **ejemplos**.

> Una buena **conclusión** sirve para cerrar adecuadamente el ensayo.

Conozcamos al autor

Hashim L.

Grado: sexto
Estado: Massachusetts
Pasatiempos: practicar todos los deportes y leer biografías, libros de adivinanzas y ficción realista
Qué quiere ser cuando sea mayor: jugador profesional de básquetbol

Desarrollar conceptos

Franklin R.
Chang-Díaz
por Argentina Palacios

Franklin R. Chang-Díaz

Vocabulario

aeronáutica
astronauta
candidatos
cohetería
física
laboratorio
requisitos
simulando

Estándares

Lectura

- Evidencia en las conclusiones del autor
- Hacer aserciones razonables
- Determinar el significado a través del contexto

El entrenamiento de un astronauta

¿**T**e gustaría contemplar la Tierra desde el espacio exterior? ¿No sentir la fuerza de gravedad? ¿Realizar un experimento científico en un pequeño **laboratorio** en órbita alrededor de la tierra, a 17,500 millas por hora?

Como se explica en la siguiente selección, el doctor Franklin Chang-Díaz soñaba con hacer todas estas cosas. Él descubrió lo difícil que es cumplir con los **requisitos** para hacerse **astronauta**. Sólo resultan elegidos un puñado de **candidatos** entre cientos de solicitudes. Los candidatos tienen que ser ingenieros o licenciados en biología, **física** o matemáticas. Tienen que pasar un estricto examen físico, medir entre 5 pies 4 pulgadas y 6 pies 1 pulgada y tener al menos 1000 horas de vuelo en un avión a reacción.

Si resultan elegidos, los candidatos a astronautas siguen un programa de entrenamiento de un año de duración. Estudian **cohetería** moderna y **aeronáutica**, que es la ciencia que estudia la navegación aérea. En el laboratorio practican el trabajo en determinadas condiciones, **simulando** la gravedad cero o ingravidez. Muchos de los candidatos no logran aprobar el programa. Actualmente sólo hay unos 140 astronautas preparados para viajar al espacio.

El cosmonauta Boris V. Morukov, especialista de la misión en representación de la Agencia Espacial Rusa (la RSA), desciende de la parte superior de la cabina de la tripulación del Entrenador de Fuselaje Completo durante una práctica de evacuación de emergencia. ▶

▲ Dos astronautas colaboran con buzos dotados de equipos especializados en el Laboratorio de Fuerza Ascensional Neutral (Neutral Buoyancy Laboratory, o NBL) durante una práctica de evacuación de emergencia.

El astronauta Franklin R. Chang-Díaz, especialista de la misión STS 61-C, sonríe a un compañero mientras verifica el cargamento en la bodega ▼ de carga útil del Columbia.

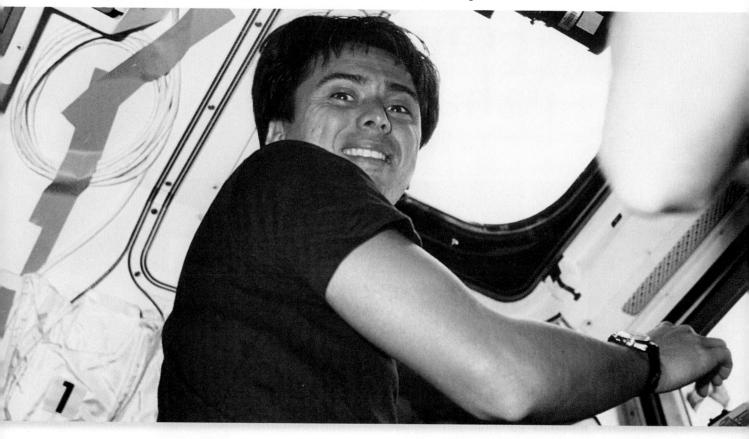

Franklin R. Chang-Díaz

por Argentina Palacios

De niño, Franklin Chang-Díaz se enamoró del espacio.
Al leer, **evalúa** qué tan claramente expresa el autor las
razones por las que Chang-Díaz quería ser astronauta.

Lectura   Evidencia en las conclusiones del
autor

La Administración Nacional de Aeronáutica y del Espacio, la NASA, llamó al doctor Franklin Ramón Chang-Díaz al laboratorio Charles Stark Draper de Cambridge, Massachusetts, un día de mayo de 1980. El doctor Chang-Díaz no esperaba aquella llamada, y cuando contestó el teléfono no se encontraba en su oficina del laboratorio sino en otra oficina, al otro lado de la calle. Le dijeron que había sido seleccionado para ser astronauta, y que si quería trabajar para la agencia y viajar al espacio, tendría que seguir un programa de entrenamiento en el Centro Espacial Johnson de Houston, Texas.

"Cuando volví al laboratorio estaba nerviosísimo, como si ya estuviera en el espacio", recuerda el doctor Chang-Díaz. "Tenía que cruzar una calle con mucho tráfico y empecé a cruzar sin mirar. ¡Casi me matan! Faltó poco para echar por tierra mi sueño de tantos años".

Ésa es probablemente la única vez que la emoción ha embargado tan profundamente a este hombre, pero ocurrió antes de que se hiciera astronauta. Es fundamental que los astronautas mantengan siempre las emociones bajo control: deben tener "los nervios de acero", como normalmente se dice. Franklin Chang-Díaz ha demostrado una y otra vez que tiene lo que hay que tener para ser astronauta.

Cuando Franklin Chang-Díaz tenía siete años y vivía en San Juan de los Morros, en Venezuela, le encantaba observar las estrellas en el inmenso cielo azul. Aquel año, la entonces Unión Soviética, de la que Rusia formaba parte, lanzó el primer satélite al espacio: el *Sputnik I*. Los periódicos y emisoras de radio de todo el mundo difundieron la noticia.

"El año 1957 fue un año fundamental, un año clave para mí y quizá para mucha gente", dice Chang-Díaz. "Me fascinaba la idea de que una máquina fabricada por seres humanos se

Franklin Chang-Díaz a los siete años. Era la época del lanzamiento del Sputnik.

Un grabado sobre madera de *De la Tierra a la Luna,* de Julio Verne. De niño, Chang-Díaz leyó ésta y otras obras de ciencia-ficción del mismo autor.

El Sputnik I, el primer satélite ruso que se envió al espacio, estuvo expuesto al público durante algún tiempo antes de su lanzamiento, el 4 de octubre de 1957.

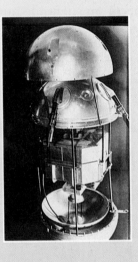

El cosmonauta soviético Yuri Gagarin apareció en los titulares en todo el mundo al ser el primer hombre en el espacio, en 1961. En Rumania incluso le dedicaron una estampilla postal.

hubiera convertido en una nueva estrella del cielo. Recuerdo que mi madre me decía que si me fijaba bien, después de la puesta del sol podría ver aquella pequeña estrella. Muchas veces iba a un parque que había cerca de nuestra casa y me subía a un árbol de mango, para ver si la encontraba".

Ese niño de siete años nunca llegó a ver el *Sputnik I* desde su árbol, pero se enamoró del espacio. Fue un amor tan grande que lo ha acompañado toda la vida.

Franklin Ramón Chang-Díaz nació en San José de Costa Rica el 5 de abril de 1950. Sus padres, Ramón A. Chang-Morales y María Eugenia Díaz de Chang, tuvieron seis hijos: tres niñas y tres niños. Franklin era el segundo hijo, el mayor de los varones. Su abuelo paterno había nacido en China, y el resto de sus ascendientes más cercanos, en Costa Rica.

Ramón Chang-Morales no pudo ir por mucho tiempo a la escuela porque sus padres eran pobres, pero tenía espíritu aventurero. Así que se marchó a Venezuela con su familia aprovechando la demanda de trabajadores en aquel país suramericano por el auge de la industria del petróleo. El señor Chang-Morales no tuvo dificultades para encontrar un empleo en el Ministerio de Obras Públicas, como capataz de una cuadrilla de trabajadores de la construcción.

"En aquella época no había astronautas", dice Chang-Díaz, "pero leí muchas historias de ciencia-ficción, como las novelas de Julio Verne y otros relatos sobre conquistas espaciales. Entonces decidí que quería ser 'explorador espacial', que era mi idea de lo que más tarde sería un 'astronauta'".

"Todo esto fue antes de que hubiera naves espaciales tripuladas, antes de que los rusos enviaran al espacio a una perrita llamada Laika".

La llamada carrera espacial entre la Unión Soviética y los Estados Unidos había comenzado. La Unión Soviética seleccionó a sus primeros cosmonautas. Los Estados Unidos eligieron a siete hombres para que fueran sus primeros astronautas.

Chang-Díaz continúa hablando de sus recuerdos en una entrevista: "Entonces ocurrió otro suceso importante: por primera vez un hombre, [el cosmonauta soviético] Yuri Gagarin, viajó al espacio. Creo que ocurrió en 1961. Habíamos regresado a Costa Rica y yo iba a la escuela, siempre con la idea [de ir al espacio] en la cabeza. En aquella época no sabía inglés. Recuerdo que coleccioné todos los artículos [sobre el espacio] que encontré en periódicos y revistas, para reunir información".

A los diez u once años jugaba a ser astronauta, tumbado de espaldas en una gran caja de cartón equipada con piezas de viejas radios y aparatos de televisión, simulando una cápsula espacial: "Mis amigos y yo nos metíamos en aquella nave espacial improvisada. Hacíamos la cuenta regresiva y el despegue, y salíamos y explorábamos supuestos nuevos planetas".

En el anuario de su escuela secundaria hay una fotografía de Chang-Díaz y un amigo en el cohete multietapa que diseñaron para la feria de ciencias de su escuela. Sus amigos también jugaban a ser exploradores espaciales y diseñaban naves espaciales para la feria de ciencias, pero cuando se hicieron mayores siguieron otras profesiones. Solamente Chang-Díaz llegó a ser astronauta.

Chang-Díaz cuenta que cuando llegó a La Salle, una escuela secundaria parroquial de San José de Costa Rica (1967), empezó a hacer planes para que su sueño se convirtiera en realidad: "Fue entonces cuando escribí a la NASA, al famoso científico Werner von Braun, el padre de la cohetería moderna. Le escribí para preguntarle qué debía hacer para ser astronauta".

"La NASA me contestó con una carta estándar, nada personal, pero al menos había entrado en contacto con ellos. Al parecer, en la carta se decía que si alguien quería ser astronauta debía estudiar ciencias".

Había llegado el momento de poner manos a la obra. "Decidí marcharme de Costa Rica e ir a los Estados Unidos, y buscar un modo de embarcarme en esta aventura", dice Chang-Díaz. "En realidad no sabía cómo iba a hacerlo, pero sabía que quería estudiar una carrera científica. Tenía muy claro que para ser astronauta, primero tenía que ser científico".

De forma metódica, como el buen científico que iba a ser un día, Franklin Chang-Díaz empezó a trabajar en su plan. "En cuanto me gradué de la escuela secundaria, empecé a trabajar en un banco, el Banco Nacional de Costa Rica, para ahorrar dinero para el viaje", explica. "No pude ahorrar mucho, porque la verdad es que los sueldos eran bastante bajos".

Nueve o diez meses más tarde, con los 50 dólares que había conseguido ahorrar y un billete de ida, el joven Chang-Díaz tomó un avión que lo trasladó hasta los Estados Unidos. Ramón Chang-Morales, el aventurero de la familia, "un hombre que confiaba tanto en sí mismo que era capaz de cualquier cosa", le pagó el boleto a su hijo.

Lino y Betty Zúñiga y sus hijos, que eran parientes lejanos de la familia de Chang-Díaz, vivían entonces en Hartford, Connecticut. Franklin Chang-Díaz se había puesto en contacto con ellos desde Costa Rica y ellos se habían mostrado dispuestos a recibirlo en su casa. "Les debo mucho; ellos me ayudaron a dar los primeros pasos en este país" afirma. "Eran gente muy trabajadora, pero con un nivel de ingresos muy bajo, y era una familia de diez miembros, más tarde once".

Apenas llegó, tuvo que hacer algunas cosas importantes. "Pensé que para desenvolverme en esta sociedad tenía que aprender inglés", cuenta Chang-Díaz. "En segundo lugar, tenía que prepararme para el invierno que se avecinaba. Nunca había visto la nieve. No tenía más que la ropa que había traído de Costa Rica, de modo que gasté 35 de mis 50 dólares en un abrigo". Con ayuda del señor y la señora Zúñiga, Chang-Díaz se matriculó como estudiante de último año en la escuela secundaria de Hartford. Pensó que de esta manera aprendería inglés y conseguiría una beca.

En la escuela secundaria, Franklin Chang-Díaz entendía y hablaba muy poco este nuevo idioma, así que lo enviaron a una clase especial para aprender inglés. "En aquella clase el único que hablaba inglés era el maestro, y yo hablaba todo el tiempo en español con los otros chicos", explica. Las cosas empezaron a ir mal y le rogó al director y al consejero que lo mandaran a las clases normales. Tras muchos esfuerzos, el joven estudiante los convenció para que le dieran una oportunidad.

Durante un tiempo, Franklin Chang-Díaz siguió obteniendo muy malas calificaciones porque no comprendía bien el inglés ni era capaz de expresarse con soltura, pero al cabo de unos tres meses ya podía comunicarse en este nuevo idioma. Al terminar el curso, era uno de los mejores estudiantes de la clase. Ya no se encontraba tan solo y no sentía tanta nostalgia de su casa como en las primeras Navidades que pasó en los Estados Unidos, cuando quería volver a Costa Rica.

El programa espacial de la NASA estaba en pleno apogeo. El presidente John F. Kennedy había anunciado que los Estados Unidos enviarían un hombre a la luna antes de que acabara la década de 1960. De hecho, los astronautas estadounidenses llegaron a la luna en 1969, el mismo año en que el joven soñador costarricense se graduó en una escuela secundaria de los Estados Unidos. "Recuerdo dónde estaba exactamente cuando aquellos hombres aterrizaron en la luna. Recuerdo que sentí escalofríos y me dije que algún día yo haría algo parecido", dice.

"Recuerdo dónde estaba exactamente cuando aquellos hombres aterrizaron en la luna. Recuerdo que sentí escalofríos y me dije que algún día yo haría algo parecido".

Edwin "Buzz" Aldrin posa junto a la bandera de los Estados Unidos en la primera misión a la luna, el 20 de julio de 1969.

Fotos del anuario de la escuela secundaria de Franklin Chang-Díaz. Franklin aparece en el extremo de la izquierda con el cohete que él y su compañero José Gamboa diseñaron para la feria de ciencias de su escuela.

Los maestros y la dirección de su escuela estaban muy satisfechos con los progresos del futuro astronauta, y lo recomendaron para una beca que concedía el estado de Connecticut. "Lo que les interesaba no eran exactamente las calificaciones, sino el esfuerzo y el cambio que habían observado en mí, desde lo más bajo hasta lo más alto". Chang-Díaz consiguió una beca para estudiar en la Universidad de Connecticut.

"Cuando fui a la Universidad de Connecticut para matricularme, me dijeron que lo sentían mucho pero no me podían aceptar. No me podían dar la beca porque por lo visto habían cometido un error. Habían pensado que era de Puerto Rico y no de Costa Rica. Los puertorriqueños son ciudadanos estadounidenses, pero los costarricenses no".

Las becas estatales solamente se conceden a ciudadanos estadounidenses o a extranjeros con permiso de residencia permanente. Cuando esto ocurrió, Franklin Chang-Díaz no conocía ese requisito. No era ciudadano estadounidense y tampoco tenía permiso de residencia permanente: sólo tenía un visado provisional de turista.

La noticia fue tremenda porque lo habían aceptado en varias universidades, pero él ya había contestado que iría a la Universidad de Connecticut. De pronto se encontró sin dinero, sin trabajo, sin beca y sin matrícula. Pero Franklin Chang-Díaz no se asustó y fue a hablar con los directores de su escuela.

El director y los maestros se conmovieron al oír la historia de Chang-Díaz y acudieron a la asamblea legislativa del estado para tratar de que se modificaran las leyes. La asamblea celebró una sesión extraordinaria, hicieron una excepción, y concedieron al costarricense una beca de un año "para subsanar el error". "Ésta es una de las mejores cosas que me han ocurrido en este país", afirma hoy el astronauta. "Ésta es la idea que yo tengo de los Estados Unidos de América: un lugar donde el concepto de justicia es muy importante".

Una vez resuelto ese obstáculo, Chang-Díaz cambió su visado de turista por otro de estudiante extranjero, lo que le permitió trabajar legalmente en algunos empleos relacionados con sus estudios. Inmediatamente encontró un puesto en un laboratorio de física de la universidad, y conservó este empleo durante los cuatro años que duró su carrera.

Durante el curso, Chang-Díaz trabajaba a tiempo parcial. Durante las vacaciones de verano y cuando no había clase, trabajaba a tiempo completo. Así pudo marcharse de casa de los Zúñiga y vivir por su cuenta. Cuando tomó la decisión de irse a vivir solo, no lo hizo porque los Zúñiga no quisieran tenerlo en su casa, sino porque él consideraba que una boca más que alimentar era una carga excesiva para la familia.

En la década de 1970, después de los aterrizajes en la luna, el interés por el programa espacial decayó en los Estados Unidos. El presupuesto de la NASA sufrió varios recortes y muchos ingenieros aeroespaciales se quedaron sin empleo. Pero para Franklin Chang-Díaz su sueño aún estaba muy vivo. "Cuando decía que estaba estudiando para ser astronauta, todos me decían que estaba un poco loco", recuerda entre risas.

"Al principio pensé en estudiar ingeniería aeroespacial", dice, "pero luego pensé que quería ser algo más que un ingeniero aeroespacial normal: quería ser inventor de cohetes, algo parecido a lo que era mi gran ídolo, el doctor von Braun, e ir a otros planetas. Por eso estudié ingeniería mecánica".

"Cuando decía que estaba estudiando para ser astronauta todos me decían que estaba un poco loco".

Cuatro años después, Franklin Chang-Díaz se licenciaba en ciencias, con física e ingeniería mecánica como asignaturas principales. En 1973 se matriculó en un curso para graduados en el Massachusetts Institute of Technology (MIT) en Cambridge, Massachusetts. Chang-Díaz participó en un proyecto que describe como muy "futurista" en el que colaboraron personas de muchos países. Se llamaba *fusión termonuclear controlada*. "Es el mismo proceso en que se basa la bomba de hidrógeno", explica, "pero se aplica de forma controlada para producir electricidad".

"Era casi como las historias de ciencia-ficción que leía de niño, y me encantaba", afirma el científico. "Pensé que en el futuro las naves espaciales usarían ese tipo de energía para moverse por el espacio. Veía una estrecha relación entre este [proyecto] y el programa espacial".

Chang-Díaz estudió física del plasma, la especialidad a la que pertenece la fusión termonuclear controlada, y se graduó con un doctorado del MIT en 1977.

Por suerte, en 1977 el Charles Stark Draper Laboratory, que estaba "a la vuelta de la esquina del MIT", tenía una plaza vacante para un científico especializado en ingeniería mecánica. Ese laboratorio había diseñado todos los sistemas de navegación y control que se utilizaron en el programa *Apollo* de la NASA, las naves espaciales que se habían enviado a la luna. El laboratorio Draper necesitaba a alguien que diseñara sistemas de control para reactores de fusión atómica. El empleo no tenía nada que ver con el programa espacial, pero se trataba del mismo tipo de trabajo, y como el doctor Chang-Díaz reunía los requisitos exigidos, lo contrataron.

Poco después de empezar a trabajar en Draper, Chang-Díaz se enteró de que el transbordador espacial ya se había construido y la NASA estaba empezando a probarlo. "La idea de hacerme astronauta, que de alguna forma se había acallado en mi mente (porque el programa espacial estaba más o menos inactivo), tomó nueva fuerza", dice. "La NASA abrió una lista de candidatos en 1977, y 'se me encendió la lamparita'".

En aquella época, Chang-Díaz estaba haciendo los trámites para hacerse ciudadano estadounidense. La mayoría de los documentos ya se habían presentado, pero el proceso completo requiere varios años de espera. De todas formas, Chang-Díaz preparó toda la documentación necesaria para presentar su candidatura a astronauta.

El futuro astronauta no fue aceptado la primera vez. "Nunca me dijeron por qué, pero tengo la impresión de que fue porque mi ciudadanía [estadounidense] aún no estaba resuelta", explica. "Decidí que no me daría por vencido después de un único intento. Había trabajado mucho para lograr

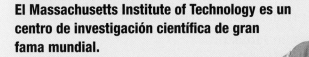

El Massachusetts Institute of Technology es un centro de investigación científica de gran fama mundial.

Retrato oficial de Franklin Chang-Díaz como miembro del equipo de la NASA, en 1988

"La NASA abrió una lista de candidatos en 1977, y 'se me encendió la lamparita'".

aquel objetivo, y pensé: Seguiré aquí [en el laboratorio] para adquirir más experiencia, y ya surgirá otra oportunidad".

Teresa Gómez, responsable de la Oficina de Selección de Astronautas de la NASA, recientemente declaró en una entrevista: "Aproximadamente el 10 por ciento [de los candidatos] se eliminan inmediatamente porque no reúnen los requisitos: no son ciudadanos estadounidenses o no tienen grados en ciencias o ingeniería".

En 1979, cuando la NASA abrió una nueva lista de candidatos, Chang-Díaz sacó sus documentos del archivo, actualizó su currículum y volvió a presentar su solicitud. En aquel momento ya era ciudadano estadounidense.

Varios meses después, recibió una carta y una llamada de teléfono de la NASA invitándolo a ir al Johnson Space Center para realizar algunas entrevistas y tomar algunas pruebas previas. Había pasado el proceso de preselección y debía pasar una semana en Houston.

"Conocí a muchos hombres y mujeres que querían ser astronautas. Todos eran aventureros y visionarios, y todos ellos eran científicos muy calificados", cuenta Chang-Díaz. "Por primera vez me veía reflejado en aquellas personas. Pero yo era el único latino, el único hispanohablante nacido en otro país".

Otros astronautas habían nacido en otros países, pero eran hijos de padres estadounidenses. Otros dos hispanos habían ido al espacio antes que Chang-Díaz: el cubano Arnaldo Tamayo Méndez, en una misión soviética, y el mexicano Rodolfo Neri Vela, en la misión estadounidense justamente anterior a la primera misión en la que Chang-Díaz participó. Sin embargo, estos dos hombres estaban en misiones especiales y aisladas. Franklin R. Chang-Díaz es el primer hispano en trabajar en el programa espacial a largo plazo.

Tras tomar las pruebas, Chang-Díaz se marchó a casa. Pasaron muchos meses sin noticias de Houston. Por fin, en 1980 llegó aquella emocionante y esperada llamada. De cientos y cientos de candidatos muy calificados, solamente habían resultado seleccionados diecinueve. Chang-Díaz llamó a sus padres a Costa Rica en cuanto llegó a su escritorio. "Mi padre se echó

"Conocí a muchos hombres y mujeres que querían ser astronautas. Todos eran aventureros y visionarios, y todos ellos eran científicos muy calificados. Por primera vez me veía reflejado en aquellas personas".

a llorar," dice, "estaba demasiado emocionado. Sabía cuánto había trabajado para lograrlo, y se alegraba enormemente por mí".

El doctor Franklin Chang-Díaz se trasladó a Houston, Texas, en 1980 y se convirtió en astronauta en periodo de formación. Aún vive en Houston, con su segunda esposa, Peggy Margaret Doncaster, y sus tres hijas: Jean, Sonia y Lidia.

Fue nombrado oficialmente astronauta en agosto de 1981. Así es como los documentos de la NASA describen sus actividades:

> *Durante su entrenamiento también realizó pruebas de software de vuelo en el Laboratorio de Integración de Electrónica Aeronáutica del Transbordador (SAIL) y participó en los primeros estudios de diseño relativos a la estación espacial. A finales de 1982, fue designado tripulante de apoyo para la primera misión Spacelab y en noviembre de 1983 fue comunicador de cápsula en órbita (CAPCOM) en ese vuelo.*
>
> *Entre octubre de 1984 y agosto de 1985 fue jefe del equipo de apoyo a los astronautas en el Centro Espacial Kennedy. Sus responsabilidades incluían prestar apoyo a los astronautas durante el procesamiento de los diversos vehículos y cargas útiles, y dar apoyo a la tripulación de vuelo durante las fases finales de la cuenta regresiva para el lanzamiento.*

Estaba previsto que la misión STS 61-C, que es el nombre oficial de la primera misión de Chang-Díaz, comenzara a finales de 1985, pero por diversas razones sufrió siete aplazamientos.

El impecable lanzamiento del transbordador *Columbia*, el 12 de enero de 1986

Y por fin llegó el gran día de Chang-Díaz en el centro de lanzamientos del Centro Espacial Kennedy, en Florida, el 12 de enero de 1986. El vuelo marcó la vuelta a la actividad del transbordador *Columbia*, que había experimentado varios procesos de renovación desde 1983.

Cuando aquella nave espacial finalmente despegó, en uno de los lanzamientos más impecables de la historia de la NASA, el sueño de toda una vida de Fanklin Chang-Díaz se había convertido en realidad. "Cuando me vi atado en aquella nave espacial, listo para el despegue, lo único que se me venía a la cabeza eran mis juegos de infancia en una caja de cartón", dice. "Me parecía increíble que fuera real". ■

Conozcamos a la autora

Argentina Palacios

Recorrido personal: Nació en Panamá y se trasladó a los Estados Unidos en 1961. Actualmente vive en la ciudad de Nueva York.

Logros más destacados: Ha traducido casi 100 libros para niños de otros autores, del inglés al español.

Otras ocupaciones: Es editora, maestra de español y escritora de cuentos.

Libros más importantes: *Sorpresa de Navidad para Chabelita*, un cuento basado en su infancia en Panamá; *El secreto de la llama*, una versión moderna de una leyenda peruana

Internet

Para saber más acerca de Argentina Palacios, visita Education Place. **www.eduplace.com/kids**

Piensa en la selección

1. Busca ejemplos en la selección que respalden esta afirmación: "Franklin Chang-Díaz ha demostrado una y otra vez que tiene lo que hay que tener para ser astronauta".

2. ¿Por qué al final le negaron la solicitud a Chang-Díaz para obtener una beca para la Universidad de Connecticut? ¿Crees que fue justo? ¿Por qué?

3. ¿Cuál de las siguientes palabras, o qué otra palabra, crees que describe mejor a Franklin Chang-Díaz: *inteligente, afortunado, trabajador*? ¿Por qué?

4. Si un joven escribiera a Franklin Chang-Díaz pidiéndole consejo para ser astronauta, ¿qué respuesta crees que le daría?

5. Franklin Chang-Díaz recuerda el día en que los astronautas llegaron a la luna por primera vez. Cuenta un hecho importante o histórico que te haya impactado.

6. Chang-Díaz necesitaba una buena formación como científico para ser astronauta. ¿Qué formación necesitas tú para hacer realidad uno de tus sueños?

7. **Conectar/Comparar** Si Franklin Chang-Díaz hubiera trabajado en la misión *Pathfinder*, ¿qué trabajo crees que habría preferido hacer? Basa tu respuesta en la información que aparece en esta selección.

Franklin R.
Chang-Díaz
por Argentina Palacios

Informar

Escribe un mensaje de fax

Imagina que la NASA hubiera comunicado por fax a Franklin Chang-Díaz que había sido admitido al programa de formación de astronautas. Escribe ese mensaje, y también el mensaje que él podría haber enviado a su familia contándoles la buena noticia.

Consejos

- Incluye datos tomados de la selección.
- Usa palabras de felicitación en el primer mensaje de fax, y palabras de emoción en el segundo.

Lectura **Hacer aserciones razonables**

Estudios sociales

Haz una línea cronológica

En esta selección se mencionan muchas fechas y sucesos importantes en la vida de Franklin Chang-Díaz. Algunos, como el lanzamiento del *Sputnik I*, fueron hechos históricos. Otros, como la llamada telefónica de la NASA, fueron importantes para la carrera de Chang-Díaz. Haz una línea cronológica en la que se indique el año en que ocurrió cada uno de estos hechos. Utiliza la línea cronológica de la página 405 como modelo.

Vocabulario

Haz una guía para estudiantes extranjeros

Cuando Franklin Chang-Díaz llegó por primera vez a los Estados Unidos, tuvo que aprender muchas cosas sobre la vida de los estudiantes estadounidenses. ¿Qué consejos le habrían resultado útiles? Con un compañero, escriban una guía para estudiantes extranjeros. Incluyan información sobre cómo conseguir una beca. En la guía deben figurar las siguientes palabras: *candidatos, visado de estudiante extranjero, beca, matrícula, requisitos y admisión.*

Extra Incluyan información sobre cómo hacerse ciudadano estadounidense. Utilicen estas palabras: *procedimiento, conversar, ciudadanía, preliminar y visado de turista.*

Haz una excursión por Internet

¿Cómo se entrenan los astronautas en el centro espacial de Houston, Texas? ¿Qué aspecto tiene el Centro Espacial Kennedy de Florida? Visita Education Place para descubrirlo.

www.eduplace.com/kids

Escritura **Crear composiciones expositivas**

Destreza: Cómo seguir indicaciones

❶ **Lee** las indicaciones hasta el final, fijándote en los **materiales** necesarios y en la **secuencia** de los pasos. Observa los **diagramas** que muestran los pasos necesarios o el producto terminado.

❷ **Reúne** los materiales. **Vuelve a leer** los pasos y **síguelos** en el orden indicado.

❸ Si no logras el resultado esperado, **vuelve a leer** las indicaciones. Comprueba los diagramas.

Estándares

Lectura

• **Unir y clarificar ideas principales**

CONSTRUYE Y LANZA UN COHETE DE PAPEL

Hacer aviones de papel es una ocupación sencilla, barata y MUY entretenida. Lanzar cohetes de papel es todo eso y además es una DIVERSIÓN totalmente segura. Ni siquiera necesitarás una plataforma de despegue para el cohete que vas a construir: para lanzarlo basta con un buen soplido.

Como sabes, un cohete necesita un motor eficaz (en este caso, tus pulmones); pero esto no es suficiente garantía para que funcione bien y para que su lanzamiento sea un éxito. También es importante que el cohete sea *estable*: que mientras vuela, se mueva con regularidad y avance de manera uniforme, siempre en la misma dirección. Los cohetes inestables son peligrosos porque es imposible predecir adónde van a ir a parar. Para construir un cohete estable se necesita un sistema de control: en este caso, alerones. Tu cohete de papel te permitirá experimentar con el tamaño y colocación más adecuados para los alerones, de manera que el cohete suba a toda velocidad.

Necesitarás:

Regla
Tijeras
Cinta adhesiva
Recortes de papel fuerte
y de buena calidad
Un lápiz grueso afilado
Un popote de malteada
(un poco más delgado que el lápiz)

Manos a la obra

1.

Corta una tira estrecha de papel de unos 3 centímetros de ancho y 13 centímetros de largo, y enróllala bien apretada alrededor del lápiz grueso. Sujeta este "cilindro" con cinta adhesiva para que conserve la forma, y retíralo del lápiz.

2.

a. Marca unos puntos en un extremo del cilindro.

b. Corta los puntos (cortando 3 pequeños triángulos).

c. Junta los puntos para formar un cono.

3.

Desliza el extremo del cono por la punta del lápiz. Apriétalo y pégalo con cinta adhesiva para sellar el extremo y formar una punta en forma de cono. (La punta del lápiz servirá de soporte para pegarlo.)

4.

Retira el cilindro del lápiz y sopla suavemente por el extremo abierto para ver si hay escapes. Si el aire escapa fácilmente, sella las aberturas con más cinta adhesiva.

5.

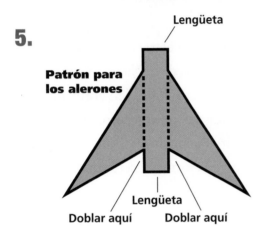

Lengüeta

Patrón para los alerones

Lengüeta

Doblar aquí   **Doblar aquí**

Dibuja y recorta 2 juegos de alerones con ayuda de este patrón. Dobla cada uno de los alerones por la línea de puntos. Pega los alerones con cinta adhesiva cerca del extremo abierto del cilindro. Las lengüetas te facilitarán la operación.

Lanzamiento

6.

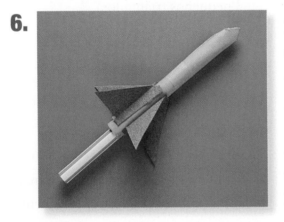

Desliza el popote por la abertura del cohete. Oriéntalo en una dirección segura y da un fuerte soplido por el popote. El cohete saldrá disparado.

Advertencia: No lances el cohete en dirección a ninguna persona, ya que podrías hacerle daño en un ojo.

¿Cuánto subirá? ¿Hasta dónde llegará?

- Prueba a lanzar tu cohete de papel con los alerones situados en la parte delantera del cilindro. Prueba también a ponerle alas con forma de ala delta para conseguir que el cohete planee.

- Ponle más alerones. Retira algunos. ¿Cuántos alerones se necesitan? ¿Puedes hacerlos más pequeños sin que el cohete se desestabilice?

- ¿Qué ocurrirá si las puntas inferiores de los alerones se doblan como en un molinete?

- Haz pruebas de vuelo con diferentes cohetes de papel para ver cuáles llegan más alto o más lejos. Investiga los diseños de los cohetes que llegan más lejos y compáralos con los que caen antes. ¿Por qué unos funcionan mejor que otros? (No te olvides de tener en cuenta el peso de cada cohete. Si usas más cinta adhesiva y más alerones, el resultado será diferente.)

- ¿Son necesarios los alerones para estabilizar un cohete en el espacio?

Desarrollar conceptos

Los buceadores pueden llegar hasta 164 pies (50 m) por debajo del nivel del mar.

Sylvia Earle descendió hasta 1,250 pies (381 m) con el traje de buceo "Jim" en 1979.

Bajo las aguas azules
por Deborah Kovacs y Kate Madin
fotografía principal de Larry Madin

Bajo las aguas azules

Vocabulario

fauna
insondables
oceanógrafos
sumergible

Estándares

Lectura

- Unir y clarificar ideas principales
- Determinar el significado a través del contexto

Ciencias

- Organismos en ecosistemas

Profundo, pero ¿qué tan profundo?

Los océanos de la tierra son más profundos que las montañas más altas y cubren la mayor parte de su superficie. Pocas personas han llegado a más de 450 pies (150 metros) de profundidad. Actualmente los **oceanógrafos** pueden llegar hasta las zonas más profundas del océano en un pequeño vehículo de inmersión llamado **sumergible**. A profundidades **insondables** e inexploradas ellos pueden observar una extraña **fauna**. En la siguiente selección, *Bajo las aguas azules*, podrás observar con ellos este mundo misterioso.

En 1960 el batiscafo *Trieste* exploró la Fosa de las Marianas, a 35,800 pies (11,275 m) bajo el nivel del mar. Éste es el lugar más profundo que se conoce bajo el mar.

Las imágenes no están representadas a escala.

Tiburón de punta blanca

2,000 pies

Cachalotes

El *Deep Flight I* descendió
a 3,280 pies (1,000 m) bajo
el nivel del mar en 1997.

4,000 pies

6,000 pies

*Euryphanyx
Pelecanoides*

El *Shinkai 6500*, un
sumergible japonés de
investigación, puede
descender hasta los
19,500 pies (5,944 m)
bajo el nivel del mar.

8,000 pies

Chimeneas hidrotermales
exploradas por el *Alvin* a
13,123 pies (4,000 m)

Rape

El robot
sumergible *Jason*
descendió hasta
los 19,685 pies
(6,000 m) en 1989.

10,000 pies

12,000 pies

Gusanos
tubulares

20,000 pies

35,800 pies

595

Deborah Kovacs

La carrera de Deborah Kovacs siempre ha estado orientada hacia los niños. Empezó desarrollando juguetes y juegos para *Plaza Sésamo*. Comenzó a escribir cuentos de la naturaleza para niños cuando se mudó a un lugar remoto cerca del océano. Su amor por la naturaleza se refleja en libros como *Dive to the Deep Ocean* y *Off to Sea: An Inside Look at a Research Cruise* y en sus relatos interactivos para computadora publicados en la colección *Audubon Wildlife Adventure*. También es directora de una revista llamada *Ocean Explorer*.

Kate Madin

La doctora Katherine Madin trabaja en la Institución Oceanográfica de Woods Hole, que es la institución propietaria del sumergible *Alvin*. Su esposo, el doctor Laurence Madin, tomó la mayor parte de las fotografías de *Bajo las aguas azules*. Los Madin viven en Falmouth, Massachusetts.

Internet

Para saber más acerca de Deborah Kovacs y Kate Madin, visita Education Place. **www.eduplace.com/kids**

Bajo las aguas azules

por Deborah Kovacs y Kate Madin

fotografía principal de Larry Madin

En lo profundo, bajo la superficie del océano, los científicos han descubierto un nuevo mundo. Al leer, piensa en las **preguntas** que te gustaría comentar con tus compañeros sobre los descubrimientos de los científicos.

Lectura   Unir y clarificar ideas principales

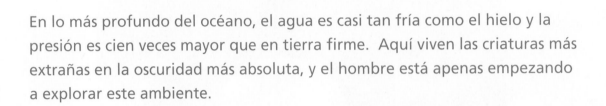

En lo más profundo del océano, el agua es casi tan fría como el hielo y la presión es cien veces mayor que en tierra firme. Aquí viven las criaturas más extrañas en la oscuridad más absoluta, y el hombre está apenas empezando a explorar este ambiente.

A más de una milla de profundidad, en la oscuridad más absoluta y a una temperatura próxima al punto de congelación, late una medusa cuyo cuerpo recuerda a un sombrero de pascua. La criatura, llamada *Benthocodon pedunculata*, dedica casi todo su tiempo a buscar alimento, como todas las criaturas que viven en este ambiente tan hostil.

Aparte de otras tres o cuatro personas, los únicos que han visto a este animal en su ambiente natural son los tres integrantes de la tripulación del sumergible *Alvin*.

Apiñados en el pequeño compartimiento esférico para pasajeros del *Alvin*, que mide menos de 7 pies (2 metros) de diámetro, están el piloto, una química y un biólogo que ahora está ocupado grabando en video los esfuerzos del *Benthocodon* por encontrar algo que comer. A pesar de lo incómodos y apretados que están, los científicos están encantados ante esta oportunidad de explorar una región donde sólo pueden llegar el *Alvin* y otros cuatro submarinos en todo el mundo. Para la mayoría de los oceanógrafos, un día en el *Alvin* es una experiencia única en la vida.

A lo largo de las tres décadas en que se han organizado expediciones con sumergibles de gran profundidad y con vehículos robot sin tripulación, estas embarcaciones han explorado cadenas montañosas submarinas mucho más largas que las terrestres, se han sumergido en grietas de la corteza terrestre de hasta 35,000 pies (11,000 metros) de profundidad (más de lo que mide el Everest), han viajado hasta lugares que han sufrido maremotos y erupciones volcánicas y han descubierto vida, formas asombrosas de vida, en lugares insospechados.

El *Alvin*, que ha estado en funcionamiento desde 1964, ha visto todo esto y más aún. El largo historial de exploración de las grandes profundidades marinas de este submarino no tiene rival y es realmente digno de admiración. El *Alvin* ha llegado donde nadie había llegado antes y se ha utilizado para localizar bombas de

El Alvin *desciende de su buque nodriza, el* Atlantis.

Benthocodon pedunculata.

hidrógeno perdidas, encontrar barcos hundidos (entre ellos, los famosos *Titanic* y *Bismarck*) y descubrir nuevas formas de vida. Una vez, durante el descenso de su anterior buque nodriza, el *Alvin* se resbaló de la plataforma de descenso y se le metió el agua. Mientras el piloto y los pasajeros corrían a ponerse a salvo, el submarino se llenó de agua y se hundió hasta el fondo marino. El *Alvin* fue finalmente recuperado diez meses más tarde. Estaba en buen estado, como también lo estaba un sándwich de carne que un miembro de la tripulación había dejado allí. Conservado por una combinación de altas presiones y bajas temperaturas, el sándwich aún se podía comer.

En la década de 1970, el *Alvin* comenzó a explorar una chimenea hidrotermal, una grieta del suelo marino que libera nubes de sustancias químicas venenosas y agua calentada por el núcleo terrestre. Nadie pensaba que pudiera haber allí ninguna forma de vida, donde las temperaturas alcanzan los 650° Fahrenheit (unos 350° Celsio) y las sustancias químicas que salen de las chimeneas son muy tóxicas para casi todas las formas de vida. Pero increíblemente la zona situada alrededor de la chimenea resultó ser un oasis de vida lleno de gusanos tubulares tan largos como la estatura de una persona, almejas del tamaño de un plato y toda una nueva fauna de animales nunca vistos. A diferencia de la mayor parte de los seres vivos de nuestro planeta, estos animales no dependen de la energía del sol para vivir, ni de las especies que alimentan a las criaturas de las zonas mesopelágicas donde no llega la luz del sol. Su energía vital procede directamente del caldo tóxico de productos químicos que escapa de la corteza terrestre.

El *Alvin* comienza su descenso.

El vasito de poliestireno de la derecha, que estuvo atado al exterior del Alvin durante una inmersión, es uno de los recuerdos favoritos de quienes tienen la suerte de viajar en el submarino. La presión que el agua ejerce sobre el submarino es tan grande que expulsa todas las moléculas de aire, reduciendo el vaso a una miniatura.

Si esta comunidad inimaginable puede existir y desarrollarse, ¿qué otras nuevas formas de vida y qué nuevos entornos pueden encontrarse en el fondo del mar? Cada inmersión ofrece una irresistible oportunidad de asomarnos a lo desconocido. Pero estas oportunidades son por períodos cortos (la tripulación del *Alvin* sólo dispone de cinco horas para llevar a cabo su misión a gran profundidad) y demasiado escasas. ¡Es increíblemente difícil llegar hasta ese mundo!

La inmersión de hoy ha exigido cuatro años de preparación y los esfuerzos de muchas personas. El éxito de la inmersión no sólo depende del piloto y la tripulación del *Alvin*, sino también de las numerosas personas que están a bordo del buque nodriza del *Alvin*, el *Atlantis II*, que transportó al sumergible hasta el lugar de la inmersión. Entre estas personas hay un equipo de técnicos especializados en el *Alvin*, buceadores que colaboran en las tareas de lanzamiento y recuperación del submarino, la tripulación que maneja el buque nodriza y otros científicos a la espera de su oportunidad de sumergirse, más un equipo científico y técnico de reserva.

Los científicos están pendientes de todo lo que sucede fuera de los tres pequeños ojos de buey del *Alvin*. Para ver algo, el biólogo tiene que apretar el rostro contra la ventana de plexiglás que hay junto a su asiento. Hay una grabadora a su lado, colgada de una cadena, lista para grabar cualquiera de sus observaciones. Él lleva una cámara fija y una cámara de video en el regazo. También tiene una luz de lectura, una linterna y un monitor que indica la profundidad y el tiempo. La química tiene el mismo equipo al otro lado del submarino, a unos palmos de distancia.

Afuera de la ventana hay más de doce luces. En la proa del *Alvin* se ha instalado una cámara de 35 milímetros que graba una imagen panorámica de la zona que rodea el submarino, y también una cámara de video especialmente adaptada para grabar imágenes con muy poca luz. Una cámara de video a color, situada a estribor, capta primeros planos. Los dos científicos pueden ver las imágenes recogidas por las tres cámaras en unos monitores de video.

Dentro del *Alvin* hace frío, unos 40°F (5°C), por lo que todos llevan ropas gruesas. El submarino ha tardado dos horas en llegar al fondo del mar, donde la tripulación puede comenzar su primer experimento. La química ha dispuesto que el *Alvin* lleve hasta allí unos aparatos para recoger sedimentos. Quiere examinar las partículas que caen hasta el suelo marino, analizarlas para determinar sus componentes químicos y medir la velocidad con la que caen. El piloto usa los equipos especiales del *Alvin* y en poco tiempo consigue colocar correctamente los aparatos para recoger sedimentos sobre el suelo oceánico. El *Atlantis* registra constantemente la posición del *Alvin*. El submarino volverá a ese mismo lugar en una inmersión posterior para recoger los aparatos.

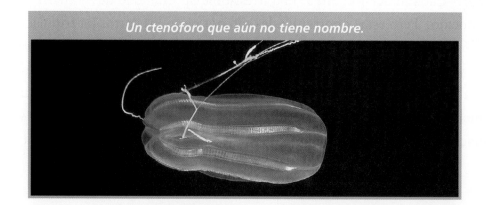

Un ctenóforo que aún no tiene nombre.

Un pepino de mar abisal o Enypniastes eximia

Mientras, el biólogo contempla la negrura esperando ver otra criatura. Dirige la mirada hacia el fondo del mar. Tiene aspecto arenoso, pero no como una playa; los granos no son finos, sino ásperos. En realidad el fondo no es de arena, sino de sedimentos y nieve marina que ha caído de las aguas más superficiales. Aquí nada se mueve tampoco.

De pronto algo le llama la atención. Toma la cámara a tiempo para conseguir una fotografía de un ctenóforo del tamaño y la forma de una pelota de fútbol saliendo de la negrura. Como muchos animales de la zona meso-pelágica situada más arriba, a la luz del submarino se ve de un color rojo brillante, aunque a esta profundidad cualquier depredador que se sirviera de la bioluminiscencia para iluminar la zona lo vería negro. Arrastra sus tentáculos por los sedimentos en busca de alimento. Encuentra un pequeño crustáceo y lo atrapa con una sustancia pegajosa secretada por sus tentáculos, y se lo lleva a la boca. El biólogo se alegra de haber conseguido grabar esta escena, ya que probablemente este animal tiene pocas oportunidades de alimentarse. A estas profundidades, el mar es un lugar frío y estable que ofrece pocos recursos alimenticios. Los animales que viven aquí no pueden malgastar energía y tienen que moverse muy despacio.

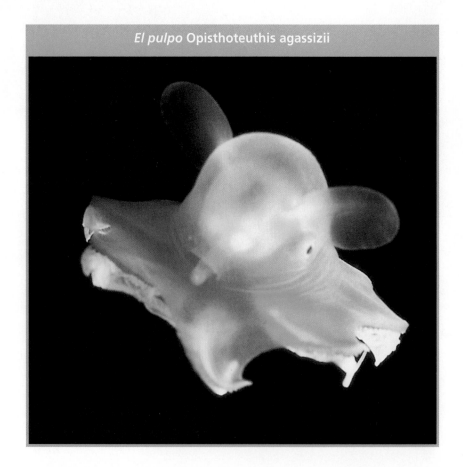

El pulpo Opisthoteuthis agassizii

Nadie sabe la edad de estos animales, ni la razón por la que las medusas de las grandes profundidades son tan grandes en comparación con sus parientes de aguas más superficiales. Se cree que tardan mucho tiempo en alcanzar este tamaño. No cazan activamente. Se dejan llevar por la corriente y si tienen suerte en algún momento se encontrarán con algún alimento. Quizás se sirvan de un sentido parecido al olfato o de un sistema de detección de vibraciones para buscar a sus presas. Su gran tamaño probablemente también incremente las probabilidades de encontrarse con algo que comer.

Después de alimentarse, la corriente se lleva al ctenóforo fuera del radio de acción de las luces del submarino, y el biólogo espera pacientemente a que aparezca otra criatura. Pero es la química quien ve un pepino de mar recorriendo el suelo oceánico, impulsado por un collar oscilante de patitas palmeadas en forma de tubo que se mueven con suavidad. Pasa por debajo del submarino mientras éste continúa su búsqueda de nuevas criaturas.

El piloto recorre lentamente el suelo oceánico con todas las luces del submarino encendidas. Ahora le ha llegado a él el turno de ver algo: un animal al que apoda "Dumbo". Hace una rápida maniobra

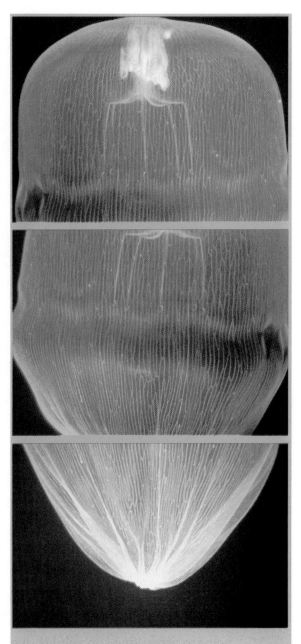

Se precisan tres fotografías para mostrar el tamaño de la Deepstaria enigmatica. La larga onda que se ve en la fotografía del centro y en la de abajo está formada por las contracciones de las bandas musculares del animal.

para que el biólogo pueda verlo. No se puede negar que el pequeño pulpo efectivamente se parece al Dumbo del cuento. El científico lo filma mientras Dumbo avanza con suavidad hasta el fondo y descansa en el sedimento, con los tentáculos curvados a su alrededor como rizos.

Medusa Periphylla

El *Alvin* continúa avanzando lentamente por el fondo marino. Durante un tiempo no se ve mucho más que algún copo de nieve marina. De pronto las luces del submarino iluminan a una criatura con aspecto de huevo frito. Es un sifonóforo, pero distinto a todos los que el biólogo ha visto hasta entonces. Estudia detenidamente al animal. La "yema" probablemente es un flotador lleno de gas que la criatura utiliza para subir o bajar en el agua. Su cuerpo está rodeado de embudos gelatinosos, algunos de los cuales le sirven para desplazarse y otros para comer. Como todos los sifonóforos, éste tiene nematocistos, que son células que producen picazón, en la punta de los tentáculos colgantes. El sifonóforo se mueve y el biólogo puede observarlo de lado. Su cuerpo parece una flor con el centro amarillo, rodeada de pétalos.

El biólogo considera la conveniencia de capturar el sifonóforo, pero decide no hacerlo. Probablemente es demasiado delicado como para sobrevivir al traslado hasta la superficie. Pero aún tiene la grabación en video y las fotografías que ha estado tomando todo el tiempo, que le servirán más tarde para identificar al sifonóforo.

El piloto hace subir ligeramente al *Alvin* y ahora se encuentra suspendido a unos 330 pies (100 metros) sobre el suelo marino. El biólogo, con el rostro apretado contra el ojo de buey, se sobresalta al ver una medusa muy grande, una *Deepstaria enigmatica*, que pasa junto al submarino. Es tan grande que su cuerpo tarda varios segundos en pasar junto al ojo de buey. Aunque el biólogo no consigue ver al animal completo, percibe cómo "flexiona los músculos" y ve la onda de bandas musculares contraídas que recorre su cuerpo de arriba abajo.

La medusa parece una bolsa de basura, y actúa como si lo fuera. Se deja llevar por la corriente en busca de presas, con la enorme boca abierta para rodear cualquier cosa que encuentre a su paso. Una vez que la presa está en su interior, la *Deepstaria* tensa una especie de "cordón" viviente que tiene alrededor de la boca, atrapando a su víctima. ¡Parece como si la medusa estuviera intentando hacer precisamente eso con el *Alvin*! Pero aunque el animal es enorme, el *Alvin* es aún más grande. La criatura choca con el submarino, dando una buena oportunidad a la tripulación de contemplarlo, antes de perderse en el vacío misterioso con un movimiento ondulante. El biólogo está bastante impresionado, pero esta experiencia también ha despertado su curiosidad. ¿Hay otras medusas del mismo tamaño por allí? ¿Más grandes incluso? Le encantaría capturar una y estudiarla. Pero aparte de la dificultad de transportar a uno de estos delicados animales hasta la superficie con vida, el *Alvin* no dispone de ningún contenedor suficientemente grande.

El sifonóforo Stephalia corona, *con aspecto de huevo frito*

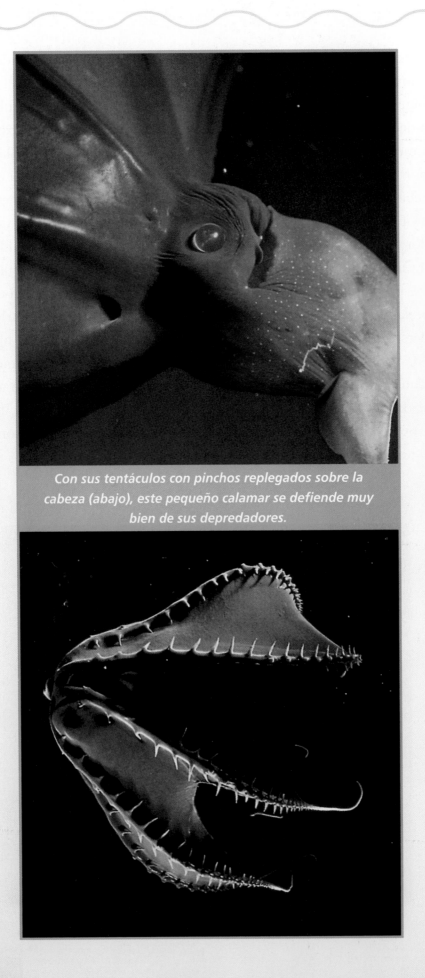

Con sus tentáculos con pinchos replegados sobre la cabeza (abajo), este pequeño calamar se defiende muy bien de sus depredadores.

El tiempo de inmersión casi se ha agotado. El biólogo sigue mirando por los ojos de buey con la esperanza de ver al menos otro animal extraño antes de subir de nuevo a la superficie. Lo que ve es un calamar que se ha visto vivo por primera vez recientemente. Advertido de su presencia gracias a las puntas brillantes de sus tentáculos, el piloto coloca el submarino en la posición adecuada para que sus luces se reflejen en el cuerpo del oscuro pariente del pulpo. El biólogo tiene el tiempo justo de tomar una fotografía de la criatura de 4 pulgadas (10 centímetros).

El tiempo de inmersión profunda ha terminado. El piloto apaga las luces y se prepara para volver a la superficie. Tras cinco horas de total concentración, los científicos están muy cansados. Durante el ascenso revisan sus notas, tratan de relajarse, de protegerse contra el frío y no se esfuerzan demasiado por permanecer despiertos.

Aunque el *Alvin* puede descender hasta profundidades extraordinarias, las zonas más profundas del mar continúan fuera de su alcance. De todas formas, la tecnología submarina continúa avanzando: el sumergible de investigación japonés *Shinkai 6500* puede alcanzar profundidades mayores, de hasta 19,500 pies (6,500 metros), y ya ha comenzado a explorar el suelo marino a profundidades tan grandes que son inalcanzables para todos los demás sumergibles de investigación. El *Jason*, un vehículo teledirigido que se puede controlar desde la cubierta de un barco, puede realizar inmersiones de varios días de duración, mucho más tiempo que cualquier sumergible tripulado. Algunos submarinos autopropulsados y que no se hallan conectados por cable con ningún barco de investigación podrán patrullar el fondo del mar durante días, semanas, incluso años seguidos, mientras toman imágenes de video y envían una gran cantidad de datos de todo tipo a los científicos en tierra. También podrán realizar experimentos y proporcionar resultados. ¿Quién sabe qué criaturas descubrirán en esas profundidades insondables?

Piensa en la selección

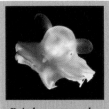

Bajo las aguas azules
por Deborah Kovacs y Kate Madin
fotografía principal de Larry Madin

1. ¿Por qué es tan importante para los científicos concentrarse profundamente mientras están en el *Alvin*?

2. Basándote en datos de la selección, di si es verdadera o falsa esta afirmación: A grandes profundidades, el mar es un lugar frío y estable.

3. El ctenóforo de la fotografía de la página 602 aún no tiene nombre. ¿Cómo lo llamarías?

4. ¿Cuáles son las ventajas y desventajas de usar un vehículo teledirigido como el *Jason* en lugar de un submarino tripulado?

5. Elige una de las criaturas que se describen en la selección y explica cómo se ha adaptado para vivir en el fondo del océano.

6. Si te invitaran a acompañar a la tripulación a bordo del *Alvin*, ¿aceptarías? ¿Por qué, o por qué no?

7. Conectar/Comparar ¿En qué se parecen los científicos a bordo del *Alvin* a los astronautas que viajan al espacio? ¿En qué se diferencian?

Narrar

Escribe un relato de aventuras

Vuelve a escribir la escena en la que el *Alvin* se encuentra con la medusa gigante, como si fuera un relato de aventuras. Deben aparecer distintos personajes, un peligro que hay que vencer y un final interesante.

Consejos

- **Decide si vas a narrar la historia en primera persona ("yo") o en tercera ("él/ella").**
- **Empieza con una descripción breve del lugar.**
- **Usa verbos de acción.**

Lectura   Hacer aserciones razonables
Escritura   Escribir narraciones

Graba las observaciones de un científico

Cada científico del *Alvin* tiene una grabadora para recoger sus observaciones. Con un compañero, hagan una grabación de lo que podrían estar viendo por uno de los ojos de buey del *Alvin* si estuvieran allí. Empiecen cada observación indicando a qué profundidad se encuentran y qué hora es.

Extra Aprendan más cosas sobre uno de los animales que podrían observar. Añadan esa información a la grabación. Hagan que sus compañeros oigan la grabación.

Haz comparaciones

Los autores comparan las extrañas formas de vida de las profundidades marinas con objetos familiares como las bolsas de basura y los huevos fritos. Con un compañero, vuelvan a mirar las fotografías de las criaturas. Digan a qué les recuerda cada animal. Hagan una lista con los nombres de las criaturas y escriban junto a cada nombre, el objeto con el que podrían compararlo para ayudar a otra persona a visualizarlo. (Elijan comparaciones distintas de las que utiliza la autora.)

Consejos

- **Lean el texto en busca de claves sobre el tamaño del animal.**
- **Piensen en objetos familiares y cotidianos para las comparaciones.**

Internet

Un juego de preguntas y respuestas

¿Estás preparado para un reto? Demuestra lo que has aprendido al leer *Bajo las aguas azules*. Participa en un juego de preguntas y respuestas en Education Place.

www.eduplace.com/kids

Destreza: Cómo ajustar tu ritmo de lectura

Antes de leer...

Identifica el **propósito** de la lectura. Por ejemplo, ¿estás estudiando para dar una prueba? ¿Estás leyendo por diversión? Tu objetivo determinará la velocidad de lectura adecuada.

Al leer...

- Ten en cuenta el objetivo de la lectura.

- Haz pausas de vez en cuando para **revisar** si comprendes bien. Hazte **preguntas** sobre la lectura. Si no comprendes bien lo que estás leyendo, reduce la velocidad. Si el texto es fácil de comprender, lee más deprisa.

- Recuerda que normalmente los textos de no ficción deben leerse más despacio que los de ficción.

Estándares

Ciencias

- **Organismos en ecosistemas**

TIBURONES BAJO EL HIELO

Texto y fotografías de Nick Caloyianis

Cuando flotaba en el gélido océano Ártico, un tiburón de 11 pies de largo empezó a nadar hacia mí.

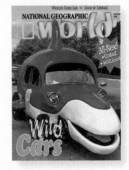

*C*omo fotógrafo submarino, había fotografiado tiburones muchas veces, pero nunca antes en unas condiciones tan extremas. La *National Geographic Society* me había encargado que buceara por debajo de la gruesa capa de hielo ártico y tomara fotografías del tiburón de Groenlandia, una especie que no se deja ver a menudo. ¡Brrrrr!

Los tiburones de Groenlandia normalmente viven a mucha más profundidad de lo que los humanos son capaces de bucear, y por eso sabemos poco sobre ellos. Yo sabía lo suficiente como para respetar las enormes mandíbulas del animal y sus dientes afilados como cuchillas.

Durante mi viaje hacia los mares que rodean la isla canadiense de Baffin, una de las zonas menos profundas donde se ven tiburones de Groenlandia, traté de no pensar en las dificultades que me esperaban. Allí el agua está a pocos grados por encima del punto de congelación. En cada inmersión tenía que ponerme gruesos guantes de goma, una capucha aislante, varias capas de ropa interior que me recubrían todo el cuerpo y un traje impermeable. Incluso con toda esta protección, sería una suerte que no me congelara al cabo de dos horas en el agua helada. ¿Tendría tiempo de tomar mis fotografías?

En una de las primeras inmersiones vi un tiburón que nadaba hacia mí. De lejos apenas distinguía sus pequeñas aletas y su cola tan peculiar, pero cuando se acercó casi pude contar las numerosas filas de dientes que tenía en la boca.

Afortunadamente ese ejemplar de tiburón sólo estaba interesado en mi bolsa de cebo para tiburones, que estaba flotando cerca de mí. Abrió su boca cavernosa y, como una aspiradora gigante, se tragó la bolsa entera. Entonces se volteó y me miró.

Rápidamente lo apunté con la cámara, enfoqué y disparé dos veces: eso es todo lo que conseguí hacer con mi equipo medio congelado después de casi dos horas bajo el agua. Misión cumplida, volví rápidamente a la superficie y salí por un agujero en el hielo con mi trofeo: las primeras fotografías jamás tomadas de un tiburón de Groenlandia vivo en el océano Ártico.

Volví un año más tarde para fotografiar los tiburones de nuevo. Me había quedado enganchado con aquellos peces tan misteriosos.

UNAS FOTOS ÚNICAS REVELAN LOS SECRETOS DE LOS TIBURONES

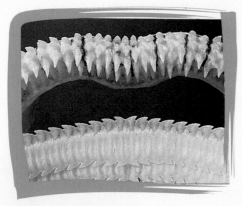

◀ Los dientes superiores del tiburón de Groenlandia perforan y sujetan a sus presas: peces y focas. Las hileras de dientes afilados como cuchillas que recubren la mandíbula inferior son perfectas para cortarlos.

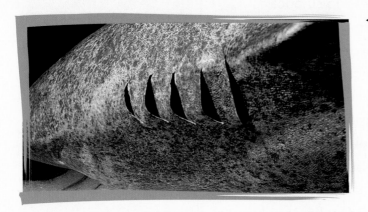

◀ El agua rica en oxígeno fluye a través de una serie de cinco hendiduras branquiales a cada lado de la cabeza del tiburón de Groenlandia. Las hendiduras branquiales de esta especie son más pequeñas que las de la mayoría de los tiburones. Los científicos creen que el menor tamaño de estas hendiduras les permite succionar con más fuerza, ya que estos tiburones capturan a sus presas succionándolas.

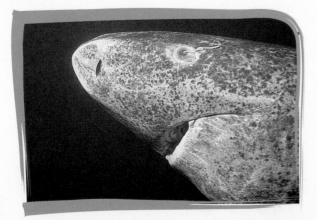

◀ Unos pequeños parásitos llamados copépodos cuelgan de los ojos del tiburón de Groenlandia, dañándole la visión o incluso causándole ceguera. Los parásitos también pueden ayudar al tiburón a encontrar comida al actuar como señuelo para los peces y otras presas.

▲ Tiburones como estrellas
El fotógrafo Nick Caloyianis se acerca a un tiburón de Groenlandia durante un viaje posterior a la Isla de Baffin. "Filmamos a los tiburones comiendo", recuerda. "En la película se ve que los tiburones succionan a sus presas desde una distancia de tres pies".

◄ Tormentas violentas y mares helados
La vida en la isla de Baffin, la quinta isla más grande del mundo, es un reto que sólo superan las personas más resistentes. Caloyiani tuvo su centro de operaciones en Arctic Bay mientras fotografiaba a los tiburones de Groenlandia.
Mapa: Martin Walz

TIBURONES EN PELIGRO

Los tiburones existen desde hace más de 400 millones de años. La demanda cada vez mayor de carne, aletas, piel y órganos de tiburón para la alimentación y la fabricación de medicinas y otros productos, ha puesto en peligro a muchas de las aproximadamente 370 especies de tiburón que viven en los océanos de la Tierra. En buena medida, el que los tiburones sigan existiendo o no en el futuro depende de nosotros. Incluso el esquivo tiburón de Groenlandia ha sufrido las consecuencias de la pesca excesiva. El aceite que se extrae de su hígado se utilizó como lubricante para los motores de los aviones durante la Segunda Guerra Mundial. En la actualidad, los tiburones se capturan para fabricar comida para perros.

Recientemente algunos de los 125 países que compran o venden tiburones han adoptado medidas para controlar la pesca de tiburones. Es posible que otros países sigan su ejemplo y limiten el número de tiburones que se pueden capturar cada año.

Desarrollar conceptos

AHÍ AFUERA
por Theodore Taylor
ilustraciones de Rob Bolster

Ahí afuera

Vocabulario

averiguaciones
boya
cubierta de popa
descartar
visibilidad

Estándares

Lectura
- Hacer aserciones razonables
- Determinar el significado a través del contexto

Ciencias
- Organismos en ecosistemas

Un mundo oculto y desconocido

A medida que los científicos avanzan en la exploración de los océanos de la Tierra, cada vez son más conscientes de que hay muchas cosas que no saben sobre esta frontera de agua. Solamente han estudiado cerca de un uno por ciento del suelo oceánico. En él viven miles de millones de animales desconocidos. Algunos son muy pequeños, apenas visibles para el ojo humano. Pero otros pueden ser enormes.

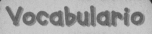

Una anguila común

Es frecuente ver delfines jugando en el mar, pero cuando hace mal tiempo y la visibilidad no es muy buena, pueden confundirse con criaturas misteriosas y amenazadoras.

Los marineros a menudo hablan de extrañas criaturas que han visto en el mar. La Guardia Costera también tiene relatos en los que se habla de haber visto cosas inusuales y otros incidentes sin explicación clara. Cuando la **visibilidad** es mala, o cuando los pasajeros están aburridos, pueden ver cualquier cosa desde la **cubierta de popa** de un barco. ¿Era eso simplemente una **boya** oscura, balanceándose adelante y atrás en la niebla? ¿O tal vez era otra cosa que nadaba junto a la popa del barco?

¿Te sientes más inclinado a **descartar** una historia sobre un monstruo marino, o a creerla? ¿Harías **averiguaciones** y buscarías información hasta conocer la verdad? Descubre lo que hizo Danny Aldo en el cuento de Theodore Taylor *Ahí afuera.*

Theodore Taylor

NACIMIENTO: 23 de junio de 1921, en Statesville, Carolina del Norte

INFANCIA: De niño pasó mucho tiempo explorando campos, arroyos, edificios viejos y el astillero donde trabajaba su padre.

PRIMER EMPLEO COMO ESCRITOR: Redactor de deportes en un periódico, a los trece años

EXPERIENCIA COMO MARINERO: Formó parte de la marina mercante y de la reserva naval estadounidense en la década de 1940.

Rob Bolster

INFANCIA: Todos los veranos disfrutaba del aire libre y el océano en Point Judith, Rhode Island.

AFICIONES: Pescar con mosca, la carpintería y construir y volar aviones controlados por radio

ILUSTRADOR FAVORITO: Chris Van Allsburg, que fue uno de sus instructores en la Rhode Island School of Design

Internet

Para averiguar más acerca de Theodore Taylor y Rob Bolster, visita Education Place. **www.eduplace.com/kids**

AHÍ AFUERA

por Theodore Taylor

ilustraciones de Rob Bolster

Algunas salidas al mar para pescar pueden resultar bastante extrañas, como Danny Aldo está a punto de descubrir. Al leer, haz pausas frecuentes para **predecir** lo que va a ocurrir a continuación.

Apenas cinco minutos después de salir del muelle de Dana Harbor a bordo del *Spanker*, un barco de dieciséis pies de eslora, una espesa niebla se extendió a mi alrededor y reduje la potencia del motor fuera de borda hasta poco más de la velocidad mínima para navegar: dos nudos. Avancé a tientas. La bruma espesa y húmeda no deja ver bien, pero agudiza el oído y templa los nervios.

La visibilidad era de apenas veinte o treinta pies y recorrí aproximadamente un cuarto de milla, muy despacio, hacia el sur, en dirección a la boya roja que marcaba el canal de entrada al puerto. Había previsto pescar a la deriva a unas dos millas de la costa, dejar el barco a merced de la corriente y arrastrar el cebo por el fondo; con suerte podría capturar un buen halibut o una hermosa cabrilla. Pero el plan resultaba demasiado arriesgado con aquella niebla. Un barco grande podría embestirme por accidente. Decidí echar el ancla y pescar junto a la boya hasta que la niebla se levantara. A veces, si uno no se enreda con las algas, en aguas poco profundas se pueden capturar cabrillas, corvinas y cálicos.

Antes de hacerme a la mar, había ido al muelle de pesca deportiva de Dana en busca de una bolsa de anchoas congeladas y otra de calamares. Mi padre siempre compraba media pala de cebo vivo, pero yo no podía pagar los quince dólares que cobraban en la lancha del cebo. Corté una anchoa por la mitad, coloqué en el anzuelo la parte de la cola y lancé el cebo y el plomo al agua. Sabía que en aquel lugar la profundidad era de sólo doce pies. Había pescado en aquellas aguas desde niño, sobre todo con un amigo de la escuela, Buck Crowder, o con mi padre. Me acomodé y abrí un termo de chocolate caliente. Mi reloj indicaba que eran las 6:40 de la mañana.

La sirena del muelle aullaba y, en la distancia, más de una milla tierra adentro, el silbido del tren San Diego–Los Ángeles seguía rompiendo la paz de la madrugada.

Esperé casi otra hora en medio de aquel silencio fantasmagórico, mientras los peces pequeños o tal vez los cangrejos golpeaban el cebo o incluso se lo llevaban. Entonces la niebla empezó a retirarse lentamente hacia el oeste, deshaciéndose en jirones. Un gran crucero, probablemente con radar y motores diésel gemelos a toda potencia, pasó no muy lejos y apenas pude entreverlo. Su estela hizo balancear al *Spanker*, sacudiéndome de un lado a otro del asiento de popa.

En medio de la sacudida vi algo, *algo* que estaba en el agua, en dirección a la costa, y me sobresalté. Estoy seguro de que se me abrió la boca, y sé que el corazón me latió como un tambor, porque ese *algo* parecía una enorme anguila de color gris verdoso que avanzaba lentamente por la superficie gris, con la cabeza redondeada pero como de serpiente, asomando del agua unos ojos oscuros del tamaño de platos de ensalada. Fuera lo que fuera, mediría unos veinte pies, porque me pareció que era más larga que el *Spanker*. No podía creer lo que estaba viendo.

Sin atreverme ni a respirar, la vi desaparecer en un banco de niebla baja. Sólo entonces me di cuenta de que *algo* había picado y el carrete estaba llamándome a gritos. Sin dejar de mirar hacia aquel lugar para ver si la *cosa* volvía a aparecer, tiré de la caña hacia arriba con desgana para enganchar lo que había pescado, sin molestarme siquiera en recoger el sedal. Por un momento me pregunté si había visto algo que en realidad no estaba allí, pero llegué a la conclusión de que no eran imaginaciones mías. Había visto una anguila enorme, o *algo* que se parecía a una anguila. No tenía aletas, de modo que no era un pez ni una ballena. Sujeté la caña, que daba grandes tirones, como si estuviera en trance, más asombrado que asustado.

Seguí mirando hacia donde la *cosa* había desaparecido, y entonces algo me llamó la atención al otro lado. De la niebla salió un barco que avanzaba directamente hacia el *Spanker*, pero parecía tener los motores apagados; iba a la deriva. Un buque abandonado, un fantasma del mar.

Empujé el extremo de la caña debajo del asiento y empecé a gritar, pensando que el dueño del barco estaba dormido o en la parte de abajo. Era un barco pequeño para cruceros, con una cabina blanca. Siguió acercándose lentamente, y en un momento dado golpeó al *Spanker* por babor. Hice un esfuerzo desesperado para agarrarlo por la cadena de proa mientras seguía llamando a gritos al dueño.

Nadie respondió, y yo amarré el *Spanker* a él. Los dueños de barcos no pueden dormirse jamás cuando están navegando, con motores o sin ellos.

Seguía sin obtener respuesta, y decidí subir a bordo del *Lotta Fun*. De pronto, me preocupé al preguntarme qué me iba a encontrar. ¿Qué más me podía ocurrir aquella brumosa mañana? ¿El dueño estaría sencillamente dormido, o habría ocurrido algo más? Subí a cubierta y vi algo que podría ser sangre junto a la barandilla de popa. Tenía aspecto brillante y fresco. ¿Sería simplemente sangre de pescado, o sería sangre humana? Formaba un pequeño charco.

Con mucho cuidado asomé la cabeza a la pequeña cabina, pidiendo que alguien me respondiera. No había nadie, pero vi una luz roja en la cafetera a pilas, y la toqué. ¡Estaba caliente! De modo que alguien había estado a bordo en las últimas horas. Apagué la cafetera y percibí un olor en el barco que hasta entonces no había notado, un olor a goma quemada.

Di un nuevo vistazo con más detenimiento, por la cabina y la cubierta interior, pero no vi más sangre ni indicios de lucha. Sobre el mostrador que había cerca del pequeño fogón había una vieja lonchera abollada. Alguien se había estado preparando la comida. Excepto por lo que había visto en popa, todo parecía normal.

Entre la visión de la enorme anguila y el choque con el barco abandonado con sangre fresca, sentía el miedo como un nudo en el estómago. Rápidamente volví al *Spanker* y me di cuenta de que la caña seguía dando tirones. Mientras trataba de pensar qué debía hacer a continuación, saqué el extremo de la caña de debajo del asiento y recogí el sedal. Un pequeño tiburón azul salió del agua, agitando la cola. Lo solté.

"Voy a remolcar el *Lotta Fun* y entregarlo a las autoridades portuarias", decidí por fin. Maniobré hasta que el barco estuvo frente a mi popa, pasé un cabo por la cornamusa de proa y lo amarré cuidadosamente, dejando una distancia de unos diez pies, lo justo para poder halarlo cómodamente. El mar estaba aún en calma y aún se veían jirones de niebla.

Me puse en camino, preguntándome si habría alguna relación entre la anguila gigante, o lo que fuera, y quienquiera que hubiera estado a bordo del *Lotta Fun*.

Las autoridades portuarias de Dana tienen sus oficinas en un edificio de dos pisos situado en una estrecha isla en la cabeza de canales gemelos navegables. Estos canales conducen a cientos de amarraderos, donde conviven yates de millones de dólares y barcos más humildes de quince pies de eslora. El *Spanker* tenía un amarradero en el extremo norte.

Las autoridades portuarias operan desde la oficina del funcionario encargado de investigar las muertes sospechosas y violentas del Condado de Orange. La división de caza y pesca también funciona en estas mismas oficinas. En la parte trasera del edificio hay un lugar reservado para las naves de patrulla y rescate. Mientras avanzaba por los muelles, entre pelícanos y gaviotas que se posan en rocas gigantes, me dirigí hacia la zona de amarre de las autoridades, ensayando lo que iba a decir.

Coloqué el *Lotta Fun* junto al *Spanker* y maniobré hasta situar los dos barcos en un compartimento vacío, salté al muelle y los amarré de proa a popa a las cornamusas.

Poco después, subí las escaleras que conducían a las oficinas de la patrulla, en el segundo piso. En el mostrador había un sargento de servicio, con un uniforme marrón. Le dije que acababa de llevar hasta allí un barco a la deriva, sin tripulación.

—Lo he atado a su muelle. Se llama *Lotta Fun*.

Prefería que ellos encontraran la sangre.

Me volteé para marcharme, pero el sargento Lamont, que parecía tener cuarenta y tantos años, un hombre corpulento con un bigote entrecano, dijo:

—¡Caramba! Vamos a hacer un informe.

Caminó hasta su mesa y volvió al mostrador con un formulario.

—Muy bien: nombre, edad, dirección...

—Danny Aldo. Vivo en el 72 de Trumpeter Way, Laguna Beach. Tengo diecisiete años.

El sargento escribió lentamente, con el ceño fruncido.

—¿Estabas navegando solo?

—Sí, señor.

—¿No son pocos años los diecisiete que tienes para salir solo al océano, incluso con buen tiempo? ¿Tus padres lo saben?

—Mi padre, sí. Es el dueño del barco. Siempre dice que en realidad el barco es de los dos.

Lamont asintió. —Nombre y número de tu barco.

—*Spanker*. Dieciséis pies —rebusqué en mi bolsillo—. Charley-Fox, tres nueve cero cinco, Juliet-Zulú...

—Muy bien, ¿qué hacías ahí fuera, y dónde estabas?

—Estaba pescando cerca de la boya roja, tenía el ancla echada y estaba esperando a que se levantara la niebla.

—¿Y el *Lotta Fun* te embistió?

—Sí, señor, sin previo aviso.

—¿A qué hora?

—Hace una media hora.

—¿Oíste voces, alguien que pidiera ayuda antes del golpe?

—No, señor.

—¿Viste a alguien en el agua?

—No, señor.

—¿Algo extraño antes del golpe?

Dudé, preguntándome si debía hablar al sargento Lamont de la enorme anguila que había visto justo antes de que apareciera el *Lotta Fun*. Las historias de peces muchas veces hacen reír a la gente. Pero ésta era verdad y podría tener alguna relación con el *Lotta Fun* y su dueño.

Respiré hondo y dije: —Justo antes del choque vi una anguila muy grande, de color verde grisáceo, a unos cincuenta pies de mí. Era más larga que el *Spanker* y más gruesa que un poste de teléfono.

Lamont hizo un gesto de incredulidad. —¿Una anguila de más de dieciséis pies y más gruesa que un poste de teléfono?

—Sí, señor.

Hizo una mueca.

—¿Estás seguro?

—Sí, señor.

—Muy bien, tomaré nota. ¿Y estabas solo en tu barco? La anguila de dieciséis pies se acerca, y entonces aparece el *Lotta Fun*, sin dueño. Estoy seguro de que me van a llamar de Santa Ana por esto. ¿El monstruo del Lago Ness en Dana Point?

Permanecí en silencio, pensando que no debía haber mencionado la anguila.

—¿Algo más?

Dudé de nuevo. —Otra cosa. Cuando bajen a ver el *Lotta Fun* verán algo que creo que es sangre en la barandilla de popa, por babor. No sé si es sangre de pez o sangre humana.

—Caramba —dijo el sargento Lamont—. ¿Por qué no te sientas en ese banco? Vuelvo en un momento. Tengo que llamar a los investigadores.

Me senté en el banco, pensando que cuando apareció el *Lotta Fun* debería haber levado el ancla y arrancado el motor, y debería haberme marchado dejando atrás todo el lío. Pero mi padre siempre me había enseñado que había que ayudar a cualquiera que lo necesitara en el mar.

Tenía la sensación de que mi jornada de pesca había terminado.

Aproximadamente una hora más tarde aparecieron los hombres de Santa Ana. Leyeron el informe del sargento y se acercaron a mí.

—Danny, soy el agente Roper, de la oficina del jefe de investigación de delitos del condado de Orange, y éste es el agente Cooper. El sargento Lamont nos ha pedido que viniéramos a hablar contigo sobre ese barco que has traído, con manchas de sangre. No te asustes. Tranquilo. No estás acusado de nada.

No me resultaba fácil tranquilizarme. —Sí, señor.

—¿Dónde está tu padre hoy?

—En Washington D.C., en viaje de negocios. Es abogado. Vivo con él. Mi madre vive en Denver. Están divorciados.

—¿Y a tu padre le parece bien que navegues solo? ¿De verdad?

—Sí, señor. Sé navegar muy bien.

Mi padre me llevó a pescar por primera vez cuando tenía tres o cuatro años. Últimamente era yo quien gobernaba el barco cuando salíamos.

—Estoy seguro de que navegas muy bien. ¿Te importa si grabo esta entrevista?

—No, señor.

—Empecemos por el principio —dijo el agente Cooper—. El sargento Lamont ha escrito en el informe que viste algo extraño en el agua antes de que el *Lotta Fun* apareciera.

—Una anguila gigante o algo parecido, creo. De dieciocho o veinte pies de largo. Era así de gruesa —explique haciendo un óvalo con los brazos.

—Perdona que me ría, pero las focas nunca miden dieciocho o veinte pies de largo —dijo Cooper.

—No era una foca, señor. He visto muchas focas. Hay una boya de campana a unas cuatro millas al norte, y allí siempre hay focas durmiendo y aullando. Lo

que vi no era una foca. Y tampoco era un pez. No tenía aletas. Era más largo que nuestro barco. Yo creo que era una anguila.

Cooper sacudió la cabeza, riéndose de nuevo.

—¿Estás seguro de que no lo soñaste? ¿No sería una pesadilla de serpientes marinas?

Inmediatamente sentí una gran antipatía hacia él.

—No estaba soñando. Lo vi.

—¿Esperas que creamos que viste un monstruo marino? Tengo que decirte, muchacho, que los monstruos marinos no existen.

—Yo no digo que haya visto un monstruo marino, señor. No era un monstruo marino. A mí me pareció una anguila enorme.

Estaba sudando.

Roper suspiró y dijo: —En realidad, Phil, nadie sabe nada. Igual que con los OVNI, nadie sabe nada. Pero no estamos aquí para hablar de eso. Vamos a ver el objeto en cuestión, ese barco abandonado...

—Muy bien, Danny —dijo Cooper—, ¿por qué no llamaste por radio a la patrulla del puerto antes de remolcarlo, para decirles que fueran a verlo?

—Mi padre instaló la radio en el barco precisamente para mí, pero no funciona.

—No deberías haber subido a bordo, Danny —dijo Cooper—. Si se cometió un delito, has contaminado la escena del delito. Huellas de pisadas, huellas dactilares... ¿Cómo sabes que no han matado a alguien?

—Ni siquiera se me ocurrió, señor.

¡Sí se me había ocurrido! ¡La sangre!

—Ya han acudido algunos funcionarios del laboratorio de investigación de delitos, y van a hacer algunas pruebas —dijo el agente Roper—. El sargento Lamont ha llamado a la Guardia Costera para comprobar el número de matrícula del barco. El *Lotta Fun* pertenece a Jack Stokes, que vive aquí, en Dana Point. Un hombre mayor, de setenta y cuatro años. Tenemos a varios hombres y a la policía local buscándolo.

Roper era el más joven de los dos. Y el más amable. Los dos iban vestidos de civil.

—¿Creen que esa anguila grande, o lo que fuera, guarda alguna relación con lo sucedido en el *Lotta Fun*? —pregunté.

—Lo dudo mucho —contestó Roper.

—Pero el barco apareció poco después de que viera aquello. A lo mejor esa cosa lanzó al agua al señor Stokes y después se acercó a mí.

—No es probable —contestó Roper.

—Perdona que me ría otra vez —dijo Cooper—. Si Stokes cayó por la borda no fue por culpa de ningún monstruo marino.

Lo miré. Yo no había dicho que fuera ningún monstruo marino.

—¿Cómo se explica la sangre, Phil? —preguntó Roper.

—Los pescadores se hacen cortes constantemente. Es posible que se cortara, perdiera el conocimiento y cayera por la borda. Ningún monstruo marino sacó la cabeza para atrapar al viejo Jack...

Buck Crowder me llamó a la mañana siguiente, hacia las ocho.

—¡Eh, Danny, saliste en el periódico! Y también te han mencionado en el canal nueve.

—Ya lo sé.

Había leído la historia en la que citaban al joven de diecisiete años Danny Aldo hablando de un "monstruo marino", que tal vez tuviera algo que ver con el ciudadano desaparecido. También se citaba al agente Phil Cooper diciendo: "Ese chico se merece un diez en imaginación. Los monstruos marinos no existen. El problema es Jack Stokes".

El periódico decía que las averiguaciones realizadas en el muelle del puerto deportivo de Dana habían causado risa. "Ese chico debería examinarse la vista", había dicho un pescador veterano.

—Te juro, Buck, que vi aquella cosa, fuera lo que fuera.

—Sí, pero, ¿un monstruo marino?

—Buck, yo nunca lo he llamado monstruo marino. Lo he dicho mil veces. Nadie me escucha. Lo único que he dicho es "una anguila grande". No quiero volver a hablar del asunto.

—¿Estás diciendo la verdad?

—Te lo juro.

—Ojalá hubiera salido contigo. Me lo he perdido. Por culpa de esa visita al dentista.

Normalmente nos divertíamos juntos. Pescando, riéndonos, hablando. Los dos trabajábamos por las noches en la tienda de helados y yogur del puerto.

—Una anguila de veinte pies, Danny. Eso es una anguila enorme —dijo Buck.

Sí, era una anguila enorme.

—He mandado por fax la noticia del periódico a mi padre, que está en Washington. Me llamó hace como una hora y se echó a reír, y me preguntó si realmente había ocurrido así. Le dije que sí. "Te creo", me dijo. "Lástima que no estuviera allí para ser tu testigo. Tenme al corriente de las noticias sobre Jack Stokes". A lo mejor mi padre es el único que me cree.

—Bueno, yo te creo —dijo Buck. Pero la voz le sonaba hueca.

—Sí, claro...

Subí al jeep y fui a recoger una hamburguesa que había encargado por teléfono, y volví a casa. Mientras iba y venía se me ocurrió una idea que me pareció excelente: usar la computadora de mi padre. Mientras comía, me conecté al servicio en línea y busqué referencias sobre serpientes marinas/monstruos marinos/anguilas gigantes.

Esto es lo que encontré:

En la mitología griega, Perseo, el hijo de Zeus y Dánae, se encontró con Andrómeda, a quien salvó de un horrible monstruo marino...

Había otra media docena de referencias sobre avistamientos que se remontaban hasta el año 300 de nuestra era, totalmente inútiles. De todas formas, en todos los casos se consideraban fenómenos mitológicos.

Entonces me conecté a Internet y consulté la Biblioteca del Congreso. Allí encontré algo que se parecía más a lo que estaba buscando:

Justo después de mediodía, el 19 de octubre de 1898, la trainera de madera de sesenta y cinco pies de eslora Eva María *se encontraba a unas ochenta y cinco millas de Cabo Blanco, Oregón, cuando el capitán, Alfonso Pombal, avistó algo en el agua por estribor, cerca de la proa. Nadaba por la superficie y calculó que mediría setenta u ochenta pies de largo. Al mirarlo con prismáticos, comprobó que no era una ballena. Llamó a los tripulantes que estaban dormidos, y éstos acudieron a la cámara del timón. Calcularon que la cabeza medía al menos doce pies. Pombal y sus hombres se mostraron de acuerdo en que se trataba de una especie de serpiente gigante.*

"Estoy convencido de que vimos una serpiente marina", declaró el capitán Rober Faircloth, del bacaladero Savoonga, *que se encontraba en las islas Aleutianas en condiciones atmosféricas particularmente tranquilas. Un miembro de la tripulación que se encontraba remendando una red vio una criatura con aspecto de serpiente que medía al menos veinticinco pies de largo. Llamó a Faircloth y poco después acudieron los otros miembros de la tripulación. Todos ellos vieron a la criatura, que recorrió al menos tres millas nadando junto al* Savoonga *y parecía estar observando el barco. El incidente fue comunicado a la Guardia Costera a la llegada del barco a Dutch Harbor, el 23 de junio de 1926.*

Había docenas de casos, tanto en el Atlántico como en el Pacífico, y también en otros mares. Un informe decía que se habían producido "miles de incidentes similares" desde los tiempos de la navegación a vela, y que probablemente había muchos otros avistamientos que nunca se habían hecho públicos porque los marineros temían que la gente se riera de ellos. Yo los comprendía perfectamente. El incidente más reciente, que me hizo dar un palmetazo de triunfo en la mesa, había ocurrido poco tiempo atrás, el 3 de agosto de 1991: el crucero *Pacific Empress* había zarpado de San Francisco y se dirigía a Los Ángeles y Acapulco. Cuando se encontraba a unas veinte millas de Point Concepcion, frente a la costa californiana, ocurrió lo siguiente:

El capitán Thomas Judy dijo: "No podía creer lo que estaba viendo cuando el tercer hombre me llamó al puente. Después de cuarenta y cinco

años en el mar, y treinta y uno como capitán, aparece por babor una
serpiente marina enorme, de unos treinta pies de largo, nadando a la misma
velocidad que nosotros. El tercer hombre corrió a buscar una cámara
fotográfica, pero cuando volvió al puente, el monstruo había desaparecido.
Puedo asegurar que no era una ballena ni una foca, ni un calamar gigante.
Era una serpiente marina, algo que habría jurado que no existía".

Point Concepcion no estaba muy lejos de Dana Point.

Llamé a Buck y le dije que echara un vistazo a lo que había salido de la impresora. Buck lo leyó y dijo: —¡De modo que no eran imaginaciones tuyas!

—No, no eran imaginaciones.

—Fíjate en esto del Centro Nacional de Datos Oceanográficos, Washington DC, 1989:

Aunque preferimos descartar las fábulas sobre monstruos marinos,
como el kraken que se tragaba barcos enteros, aún no hemos explorado el
océano lo suficiente como para afirmar con absoluta seguridad que no hay
monstruos en lo más profundo. Las observaciones y archivos científicos
dicen que existe un calamar gigante con tentáculos de cuarenta pies de largo
que vive a 1500 pies de profundidad, y que algunos objetos de considerable
tamaño se han detectado mediante sonar a profundidades aún mayores. En
años recientes, científicos daneses han estudiado grandes larvas de anguilas,
que si crecieran al mismo ritmo que otras especies de anguila, alcanzarían los
noventa pies de largo.

Un día después recibí una llamada del capitán Patrick Carroll, propietario del *Time of Joy*, un barco de pesca de pez espada. Yo lo había visto entrar y salir del puerto, a veces con la bandera que indicaba que habían capturado una presa. Sabía que su punto de amarre estaba frente al Proud Mary's, en el muelle. Carroll dijo que quería hablar de lo que yo había visto, así que pasé por allí de camino hacia el trabajo.

El *Time of Joy* tenía unos treinta pies de eslora y unos nueve o diez pies de manga. Tenía "púlpito", una plataforma para arponear que estaba recogida mientras estaba en puerto, y una torre de vigía para avistar los peces.

Carroll era un hombre de unos cincuenta años, pero no tenía el aspecto de viejo lobo de mar que uno esperaría encontrar en el muelle a última hora de la tarde. Aunque estaba muy tostado por el sol, parecía más un agente de seguros que un pescador de pez espada. Había oído que había sido profesor de universidad, pero le había parecido más entretenido pescar que enseñar.

—Siéntate —dijo Carroll. Estábamos en la cubierta de popa. ¿Un café, una soda?

—Una soda, sí —dije, sentándome sobre la caja del motor.

Carroll entró en la caseta del timón, que también servía de cocina y barracón, y volvió con dos latas heladas. Se apoyó en la barandilla.

—Acostúmbrate a que te llamen mentiroso. Mucho después de que encuentren y olviden a Jack Stokes, habrá quien se acuerde de Danny Aldo y su monstruo marino. Pero yo te creo. Hace dieciséis años vi algo ahí afuera, aún más grande que lo que tú viste. Desde entonces todos se ríen de Pat Carroll y su monstruo marino. Pero lo vi...

Fruncí el ceño al pensar en lo que se sentiría al ser llamado mentiroso durante dieciséis años, casi todo el tiempo que llevo sobre la tierra.

—No sólo lo vi, sino que además lo fotografié.

—Y todavía lo llaman mentiroso.

Se rió y asintió con la cabeza.

—Calculo que mediría unos cuarenta pies, y tenía un aspecto parecido a lo que tú describiste en la oficina del jefe de policía.

—Pero, ¿cómo podemos probarlo? —pregunté.

—La mayoría de los científicos se burla de los informes sobre extrañas criaturas marinas gigantes. Dicen: "demuéstrelo", y yo digo: Fíjense en las fotos de la *National Geographic* de peces que viven a seis mil pies de profundidad, con grandes colmillos y ojos luminosos. Son especies que ni siquiera tienen nombre. Por debajo de los seis mil pies ya no vive ninguna planta, y lo que hay más abajo, en la oscuridad, es prácticamente desconocido. Los llamados monstruos marinos han sido arrastrados hasta la superficie y los científicos, desconcertados, los llaman "especies desconocidas". Yo he tomado fotografías. Aún así, la primera reacción de la gente consiste en decir que son fotos trucadas. Dijeron que yo había hecho una figura de arcilla, la había fotografiado y después la había vuelto a fotografiar sobre el agua. En poco tiempo te has convertido en el hazmerreír de todo el mundo. Ahora tengo una balsa para lanzarla por la borda, para poder comparar el tamaño.

—¿Usted cree en los monstruos marinos?

Carroll sacudió la cabeza.

—Creo que hay criaturas que muy pocas personas han visto. Los océanos y los mares son los lugares más misteriosos de la tierra, y en ellos existen miles de millones de cosas más pequeñas que la cabeza de un alfiler y tan grandes como una ballena azul. De vez en cuando tenemos suerte y vemos uno.

—¿Tiene esa fotografía que hizo? —pregunté.

Carroll asintió y echó a andar. Lo seguí. Asomó la cabeza en la caseta del timón, y allí, en el mamparo de babor, había una fotografía en blanco y negro, enmarcada, descolorida por el tiempo. La miré fijamente y dije:

—Lo que yo vi era más pequeño, pero parece lo mismo.

Carroll sonrió.

—¿Te parece que es una figura de arcilla?

—No.

—Adivina dónde tomé la foto.

—¿Por aquí cerca?

El pescador asintió.

—Dos millas al sur, tres millas al oeste. Ahora te voy a enseñar un recorte del periódico del pescador, de la edición del mes pasado.

UN SONIDO DEL MAR TIENE PERPLEJOS A LOS INVESTIGADORES Y CIENTÍFICOS

Buceadores profesionales han grabado un sonido fortísimo, como un latido descomunal, en aguas cercanas a Dana Point, California. La grabación ha causado perplejidad entre los científicos del Instituto

Naval de Investigación Submarina. Fuentes del instituto han afirmado que "oímos la señal, y la observamos y la escuchamos, tratando de averiguar de qué se trata. Sabemos que es algo vivo..."

—Está ahí afuera. ¡Ahí afuera! De modo que ten paciencia, Danny. Algún día quedará demostrado que no somos unos mentirosos.

El cadáver de Jack Stokes, mordisqueado por los peces, fue hallado al día siguiente: la corriente lo había arrastrado unas diez millas hacia el norte. Los análisis preliminares realizados en la sangre que se encontró en el *Lotta Fun* indicaron que no pertenecía a Jack Stokes. El periódico decía que según fuentes de la oficina médica, no se trataba de sangre humana.

¿No era sangre humana? Otro misterio del mar se añadía a la lista eterna.

El día siguiente amaneció tan despejado que se veían incluso las montañas bajas del este. Buck y yo pasamos por los muelles de Dana Point y continuamos alejándonos. En el armario del *Spanker* estaba la cámara de vídeo de mi padre y mi cámara fotográfica. Las dos tenían rollos nuevos. También teníamos a bordo una lancha neumática para comparar los tamaños.

Salimos a pescar cabrilla y halibut a la deriva, y para comprobar qué más hay que ver.

Reacción

Piensa en la selección

1. ¿Qué tipo de persona es Danny? Da ejemplos de la selección para respaldar tu respuesta.

2. ¿Crees que Danny hizo lo correcto al hablarle al sargento Lamont de la anguila gigante? ¿Por qué?

3. ¿Crees que existe alguna relación entre la anguila gigante y la desaparición de Jack Stokes? Explica tu respuesta.

4. Con tus propias palabras explica qué significa que el capitán Carroll lleva una balsa "para lanzarla por la borda, para poder comparar el tamaño".

5. ¿Alguna vez te ha ocurrido que contaras algo y nadie te creyera? ¿Qué ocurrió? ¿Por qué no te creían?

6. ¿Crees que las cosas habrían ocurrido de otra manera si el padre de Danny hubiera estado con él en el barco?

7. **Conectar/Comparar** El capitán Carroll dice: "Lo que hay más abajo, en la oscuridad, es prácticamente desconocido". ¿Qué información de *Bajo las aguas azules* respalda esta afirmación?

Crear

Escribe el guión de una entrevista

Prepara una serie de preguntas para una entrevista a Danny sobre su experiencia. A continuación, escribe las posibles respuestas de Danny.

Consejos

- Haz preguntas que deban responderse con algo más que un "sí" o un "no".

- Para escribir las respuestas de Danny, básate en lo que has aprendido sobre este personaje.

Lectura Analizar características de los personajes

Haz un cuadro ilustrado

Vuelve a fijarte en las diferentes criaturas oceánicas de *Bajo las aguas azules*. Observa el tamaño de cada criatura. En *Ahí afuera*, vuelve a leer la descripción que Danny hace de la criatura que ve. Con un compañero, crea un cuadro ilustrado en el que se muestren todas estas criaturas, incluida una anguila gigante, ordenadas por tamaños.

Extra
Haz los dibujos del cuadro a escala.

Lee un mensaje por radio

Representa una situación en la que Danny envía un mensaje por radio desde su barco. Prepara y lee un mensaje en el que explique que ha visto la anguila gigante y que ha encontrado el *Lotta Fun*. Incluye detalles del cuento en tu mensaje.

Consejos

- **Di claramente el nombre de Danny y el nombre de su barco.**
- **El mensaje debe ser breve y contener solamente la información más importante.**

Internet

Publica una reseña

¿Recomendarías *Ahí afuera* a un amigo? ¿Por qué, o por qué no? Escribe una reseña del cuento. Publícala en Education Place.

www.eduplace.com/kids

Conexión con las carreras

Destreza: Examinar, preguntar, predecir, leer, recitar y repasar

Al leer...

E **Examina** el artículo leyendo el título, mirando las fotografías y fijándote en las palabras que parezcan importantes.

P Lee el primer titular y transfórmalo en una **pregunta**.

L **Lee** la sección que sigue al titular para hallar la respuesta.

R **Recita** la respuesta de memoria.

R **Repasa** todos los titulares y recuerda la respuesta de cada pregunta.

Estándares

Lectura

• **Usar medios de información**

Ciencias

• **Organismos en ecosistemas**

Explorar las profundidades

por Roger Rosenblatt

"Tienes que enamorarte de él antes de decidirte a salvarlo", dice la famosa bióloga marina Sylvia Earle.

Se refiere al gran amor de su vida: el océano. Y si hay alguien en el mundo que sabe lo que cuesta salvar las millones de especies que viven en nuestros océanos, esa persona es Sylvia Earle.

Los océanos definen la tierra. Cubren casi el 75% del planeta y contienen el 97% del agua que hay en él. Casi la mitad de la población del mundo vive a 60 millas, o menos, de la costa. Los científicos dicen que puede haber entre 10 y 30 millones de especies marinas aún por descubrir.

Bajo el agua

Para Earle, de 63 años, los peces son parte importante de su vida. Ha participado al menos en 50 expediciones de buceo y ha pasado más de 6,000 horas bajo el agua. Después de una inmersión, se sentía feliz porque había visto a un tiburón de 18 pulgadas de largo con ojos verdes y brillantes. Dice que una vez se topó con "un mero con personalidad propia".

En 1970 fue capitana del primer equipo de mujeres que vivió bajo la superficie del océano. Las cinco "acuanautas" pasaron dos semanas en un laboratorio submarino, una pequeña estructura frente a las Islas Vírgenes estadounidenses.

Desde 1979, cuando caminó libremente por el suelo oceánico a 1,250 pies de profundidad, a Earle se le conoce con el apodo de "Su Profundidad". Tiene el récord mundial de la inmersión más profunda por un ser humano fuera de un submarino.

Ahora Earle tiene un nuevo empleo: exploradora residente para la *National Geographic Society*. Como jefa de un proyecto de cinco años de duración, Earle usará un veloz submarino nuevo para estudiar las aguas de los doce santuarios marinos nacionales: zonas subacuáticas parecidas a los parques nacionales, protegidas por el gobierno de los Estados Unidos de América.

Earle se siente personalmente responsable del futuro y la seguridad del océano. Cree que los seres humanos son la primera especie que puede influir en todo el mundo.

Sylvia Earle, fotografiada en Big Sur en California, ve muchos peligros que amenazan a los océanos del mundo.

La famosa oceanógrafa doctora Sylvia Earle, a la izquierda, y un buceador sin identificar examinan cuadros de referencia de especies de peces en los Cayos de Florida.

Las amenazas que acechan al océano

Earle está muy preocupada por el hecho de que las personas están contaminando los océanos y pescando en exceso. Los sistemas de pesca que utilizan redes barrederas para dragar el suelo oceánico también destruyen los hábitats subacuáticos. Earle llama "niveladoras" a las redes barrederas.

Otra amenaza viene de los fertilizantes artificiales, que pasan de los campos a las corrientes de agua y van a parar al océano. Esto favorece el crecimiento excesivo de algas y la difusión de gérmenes tóxicos que pueden matar a los peces y causar problemas de salud a las personas. Miles de millones de peces han muerto en las costas atlánticas del centro y el sur de los Estados Unidos en los últimos años, y la contaminación es la principal sospechosa.

Earle propone varias soluciones para estos problemas. Cree que las personas deben reaccionar y participar en iniciativas de trabajo voluntario para limpiar las playas. También espera que las personas aprendan todo lo posible sobre el océano y el hecho de que los mares nos mantienen a todos con vida. "Sin lugar a dudas, la mayor amenaza contra el océano y por tanto contra nosotros mismos es la ignorancia", afirma. "Pero podemos hacer algo para resolverlo".

Earle se sienta en una roca y mira al mar que tanto ama. Afirma que la clave del futuro de la tierra no se encuentra entre las estrellas. "El futuro está aquí", dice, "en este planeta acuático bendecido con un océano".

Datos de una carrera

Biólogo marino

¿Te interesa explorar el océano de forma profesional?
Necesitarás un título universitario de cuatro años en biología o ciencias del medio ambiente. Y es una ventaja que te guste:
- Nadar, hacer esnórkel y bucear
- Observar a los animales marinos en su hábitat natural
- Comunicar tus descubrimientos a los demás

Para aprender más, ponte en contacto con el acuario más cercano para pedir información sobre programas escolares de voluntariado.

Escribir un ensayo persuasivo

En algunas pruebas te piden que convenzas a un público determinado para que se muestre de acuerdo contigo en un tema concreto o con una idea sugerida. Lee esta muestra de cómo planear y escribir un ensayo persuasivo. A continuación, escribe tu propio ensayo persuasivo con ayuda de los consejos.

> Escribe un ensayo para convencer a la gente de que respalde las iniciativas científicas de exploración del océano.

Ésta es la tabla de planificación que utilizó una estudiante.

Opinión: *La gente debería respaldar las iniciativas científicas de exploración del océano.*

Razones	Hechos y ejemplos
1. la última frontera de la Tierra	1. El océano es tan profundo que hay partes que no podemos explorar
2. nuevos descubrimientos	2. El Alvin ha descubierto vida en lugares inesperados
3. caro	3. Cada misión necesita muchas personas, mucha preparación y aparatos muy caros

---

Consejos

- Lee detenidamente la prueba. Busca las palabras clave que te indicarán lo que debes hacer. En este caso, algunas palabras clave son *ensayo* y *convencer*.

- Planifica lo que vas a escribir antes de empezar. Haz una tabla para que la planificación te resulte más fácil. Piensa qué razones resultarán más convincentes.

- Cuando termines de escribir, revisa tu ensayo para corregir posibles errores.

Éste es un fragmento del ensayo persuasivo escrito por esa misma estudiante. Léelo, y lee también las características que hacen de él un buen ensayo.

Exploremos el océano

¿Quieres aprender sobre animales que nadie ha visto nunca? ¿Quieres ver lugares que nadie ha visto nunca? Si quieres hacer estas cosas entonces tienes que respaldar las iniciativas científicas para la exploración de los océanos.

Los océanos son la última frontera de la tierra. A pesar de todas las cosas que podemos hacer, aún no podemos explorar las zonas más profundas del océano. Me gustaría saber lo que hay allá abajo. ¿Y a ti?

En las zonas más profundas del océano hay formas de vida que nadie ha visto jamás. Por ejemplo, la tripulación del Alvin ha descubierto formas asombrosas de vida en lugares donde nadie creía que pudiera existir vida. Algunos de los animales son muy bonitos. Al observar a estos animales, los científicos pueden

En la introducción se expone claramente el objetivo.

Las razones están respaldadas por hechos y ejemplos organizados en un orden correcto.

El tono de la autora es persuasivo y expresa confianza en sí misma.

El objetivo está respaldado por al menos tres buenas razones.

En la conclusión se resumen los puntos principales.

Escritura **Expresar una posición clara**
Apoyar una posición con evidencia

Glosario

En este glosario encontrarás el significado de algunas palabras que aparecen en este libro. Las definiciones que leerás a continuación describen las palabras como se usan en las selecciones. En algunos casos se presenta más de una definición.

A

aldea

almacén

a·ban·do·na·do/a·ban·do·na·da *adj.* Desatendido, sin dueño. *Hay una colonia de ardillas viviendo en la casa **abandonada**.*

abs·trac·to/abs·trac·ta *adj.* Que no representa una imagen reconocible. *El arte **abstracto** resulta atractivo por los colores y formas.*

ac·ce·si·ble *adj.* Fácil de conseguir. *La bandeja de plata es muy cara, pero la de acero inoxidable es **accesible** para casi todos los clientes.*

a·co·mo·dar·se *v.* Adaptarse a un nuevo lugar. *He visto a una familia de mapaches **acomodándose** en un árbol cercano a mi casa.*

a·dor·no *sust.* Objeto decorativo. *A los hawaianos les gusta recibir a sus visitantes con guirnaldas de flores y **adornos**.*

a·e·ro·ná·u·ti·ca *sust.* Ciencia que se ocupa de diseñar y construir aviones. *La persona encargada de nuestros experimentos con cohetes tenía amplios conocimientos de **aeronáutica**.*

al·ba·ñil *sust.* Obrero de la construcción. *El trabajo de los **albañiles** coloniales está muy valorado en la actualidad.*

al·de·a *sust.* Población muy pequeña. *En la **aldea** de la montaña hay treinta casas.*

a·li·viar *v.* Aligerar, hacer más soportable un malestar. *Un pañuelo empapado en agua fría puede **aliviar** el dolor de cabeza.*

al·ma·cén *sust.* Lugar donde se guardan mercancías. *Brent llegó al **almacén** justo antes de que cerrara.*

a·ná·li·sis *sust.* Separación de una sustancia en sus componentes para poder estudiarlos. *Se utilizaron aparatos muy modernos para hacer un **análisis** completo de la sangre del animal.*

a·ni·mar *v.* Dar aliento o apoyo a alguien. *Paco **animó** a su hermano durante todo el partido.*

an·te·rior *adj.* Que ocurre antes que otra cosa o está colocado delante. *El maestro había explicado el tema en una lección **anterior**.*

a·se·gu·ra·do/a·se·gu·ra·da *adj.* En escalada, bien sujeto con una cuerda. *El escalador estaba **asegurado** porque la subida era muy peligrosa.*

as·ti·lla *sust.* Trozo pequeño de madera u otro material empleado para encender fuego. *Al encender una hoguera hay que quemar **astillas** para que la madera prenda.*

as·tro·nau·ta *sust.* Persona entrenada para viajar al espacio. *Sally Ride fue la primera mujer **astronauta** estadounidense.*

a·te·rro·ri·za·do/a·te·rro·ri·za·da *adj.* Muy asustado. *El excursionista estaba **aterrorizado** por los rugidos del león.*

au·to·ri·za·do/au·to·ri·za·da *adj.* Que tiene permiso para hacer algo. *Solamente los oficiales **autorizados** pueden entrar en el edificio.*

a·ve·ri·gua·ción *sust.* Indagación, investigación. *La policía consiguió detener al secuestrador después de largas **averiguaciones**.*

a·via·ción *sust.* Manejo de aviones. *La historia de la **aviación** se remonta a los días de los globos de aire caliente.*

a·yu·dan·te de na·ve·ga·ción *sust.* Persona que planifica, escribe y controla el trayecto de un barco o un avión. *El **ayudante de navegación** trazó un itinerario a través del océano Pacífico.*

B

ba·bor *sust.* Costado izquierdo de un barco, al mirar al frente. *El marinero vio acercarse una balsa por **babor**.*

ba·jo/ba·ja *adj.* De poca estatura o importancia. *La tienda vendía a precios **bajos** porque sus clientes no tenían mucho dinero.*

bo·ya *sust.* Elemento flotante anclado al fondo del mar o de un lago, normalmente con una campana o una luz, que se utiliza para indicar zonas seguras o peligrosas. *Los nadadores no deben sobrepasar la **boya** del puerto.*

C

can·di·da·to *sust.* Persona que solicita un empleo o un cargo. *Se presentaron cinco **candidatos** para el empleo de conserje.*

ca·ra·va·na *sust.* Fila de vehículos o animales de carga que viajan juntos. *Los mercaderes atravesaron el desierto en **caravanas** de camellos.*

ca·rre·ra cor·ta *sust.* Desplazamiento de una persona a gran velocidad a lo largo de una distancia reducida. *El atleta pasó una semana practicando la competencia de **carreras cortas.***

astronauta

aviación
Los franceses del siglo XIX crearon una palabra para referirse al manejo de aeronaves basándose en la palabra latina *avis*, que significa "pájaro".

boya

centelleante

Originalmente, esta palabra significaba "que desprende centellas". Las centellas son chispas o fragmentos de cualquier material ardiente.

ca·rre·te·ar *v.* Desplazar un avión haciéndolo rodar por el suelo, antes del despegue o después del aterrizaje. *El piloto* ***carreteó*** *el avión hasta el final de la pista de aterrizaje.*

ca·rre·te·ra e·le·va·da *sust.* Camino situado por encima del nivel del suelo. *Los agricultores construyeron* ***carreteras elevadas*** *sobre los prados que se inundan en primavera.*

cen·te·lle·an·te *adj.* Que desprende destellos luminosos. *Varias luciérnagas* ***centelleantes*** *recorrieron el campo en la oscuridad.*

chi·me·ne·a *sust.* Hueco en la pared de una habitación y comunicado con el exterior, para encender fuego. *Julia se sentó junto a la* ***chimenea*** *para entrar en calor.*

co·he·te·rí·a *sust.* Ciencia que se ocupa de diseñar, construir y lanzar cohetes. *Sus conocimientos de* ***cohetería*** *lo ayudaron a conseguir un puesto en la NASA.*

con·cep·tual *adj.* Relacionado con las ideas. *Un artista* ***conceptual*** *emplea diversos medios para transmitir una idea.*

con·quis·ta·do/con·quis·ta·da *adj.* Vencido en la batalla. *Los pueblos* ***conquistados*** *entregaron sus tesoros al enemigo victorioso.*

con·so·lar *v.* Reconfortar, aliviar la pena de alguien. *Mi padre me dio un gran abrazo para* ***consolarme*** *cuando se averió mi bicicleta.*

con·ta·dor *sust.* Persona que ha realizado estudios financieros y se dedica a llevar las cuentas de un negocio. *El* ***contador*** *calculó cuánto dinero debía la empresa por impuestos.*

cu·bier·ta de po·pa *sust.* Parte del suelo de un barco que está más próximo a su extremo de atrás. *Había muchos marineros en la* ***cubierta de popa***.

crus·tá·ce·o *sust.* Grupo de animales con caparazón duro que tienen extremidades articuladas y viven sobre todo en el agua. *La langosta es un* ***crustáceo*** *bien conocido.*

D

de·ci·di·do/de·ci·di·da *adj.* Que actúa con seguridad, sin dudar. *María estaba* ***decidida*** *a estudiar duro para la prueba.*

de·ci·sión *sust.* Resolución que una persona toma después de reflexionar. *Alex tomó la* ***decisión*** *de dejar el equipo.*

de·ci·si·vo *adj.* Que determina el éxito o el fracaso de una situación. *El buen tiempo fue* ***decisivo*** *para que la excursión resultara perfecta.*

de·mos·trar *v.* Enseñar o manifestar claramente. *Luis ha **demostrado** que es un buen jugador.*

de·ri·va *sust.* Abandonado o sin rumbo propio. *En medio de la tormenta, nuestro bote flotaba a la **deriva** lejos de la costa.*

de·sa·ni·mar·se *v.* Perder el ánimo o la esperanza de que algo suceda. *Al ver que el niño se **desanimaba**, el entrenador le propuso un cambio de estrategia.*

de·sa·pa·ri·ción *sust.* Ausencia temporal o definitiva de una persona o una cosa. *La **desaparición** del barco fue un misterio durante muchos años.*

de·sa·rro·llar *v.* Preparar, tonificar, endurecer y fortalecer físicamente. *Todas las semanas entreno para **desarrollar** los músculos de mis piernas y poder correr más rápido.*

des·car·tar *v.* Eliminar, no tomar en cuenta. *No debemos **descartar** la oportunidad de ir a esas montañas.*

de·ses·pe·ra·do/de·ses·pe·ra·da *adj.* Que ha perdido la esperanza. *La niña escribió una carta **desesperada** a sus padres para que salvaran al cachorro.*

de·so·la·do/de·so·la·da *adj.* Despoblado, o con muy pocos habitantes. *No se veía a nadie: el pueblo estaba totalmente **desolado**.*

de·ter·mi·na·ción *sust.* Firme intención de lograr un objetivo. *Alberto ganó la medalla gracias a su talento y su **determinación**.*

dia·rio *sust.* Libreta donde se escriben hechos y reflexiones personales. *Ángela escribió un **diario** lleno de comentarios sobre las vacaciones.*

di·nas·tí·a *sust.* Serie de gobernantes de una misma familia. *La antigua **dinastía** Ming gobernó China por casi 300 años.*

di·plo·má·ti·co *sust.* Persona nombrada para representar a su gobierno en las relaciones con otros gobiernos. *El padre de Sonia se trasladó a Brasil para trabajar allí como **diplomático**.*

do·mi·nio *sust.* Territorio controlado por un gobierno. *España pertenecía al **dominio** del antiguo Imperio Romano.*

du·ra·de·ro/du·ra·de·ra *adj.* Resistente, de larga vida. *Las vallas de piedra son más **duraderas** que las de madera.*

E

e·nor·me *adj.* Muy grande. *Las secoyas son árboles **enormes**.*

en·re·dar *v.* Liar una cosa desordenadamente. *Los gatitos **enredaron** la lana al jugar con ella.*

erosión

espécimen
Esta palabra
procede del verbo
latino *specere*, que
significa "mirar".

excavación
En latín, *excavare*
significa hacer un
hueco para sacar
algo.
Efectivamente, una
excavación es un
hueco hecho en el
suelo. La palabra
caverna también
tiene el mismo
origen latino.

explorador
Esta palabra
proviene del verbo
"*explorare*", que en
latín significa inves-
tigar o preguntar.

en·re·dar·se *v.* Quedar atrapado. *Los gatitos se **enredaron** en
la lana al jugar con ella y no
podían liberarse.*

en·tra·da *sust.* Portal, porche o
escalera de acceso a un edificio.
*Mi familia se sienta en la **entrada**
de mi casa en las noches cálidas.*

e·qui·po *sust.* Grupo pequeño
de personas organizado para una
actividad. *A Antonio le gustaría
entrar en el **equipo** de fútbol.*

e·ro·sión *sust.* Conjunto de procesos naturales que desgastan el
suelo y las rocas. *La **erosión** de
la colina se debe a las fuertes
lluvias y vientos.*

es·pé·ci·men *sust.* Ejemplar utilizado para el estudio científico.
*Los **especímenes** de agua de
charca estaban llenos de criaturas diminutas.*

es·te·pa *sust.* Llanura amplia,
seca y cubierta de hierba. *En la
estepa llueve muy poco.*

**es·te·re·os·có·pi·co/es·te·re·os·có·
pi·ca** *adj.* Que ve imágenes en
tres dimensiones. *Los humanos
tienen visión **estereoscópica**.*

ex·ca·va·ción *sust.* Proceso de
buscar algo abriendo cavidades
en el suelo. *Durante una
excavación posterior se encontraron más fósiles en el mismo
lugar.*

ex·cluir *v.* Dejar a una persona o
cosa fuera de algo. *Los niños
decidieron **excluir** a las niñas del
partido de básquetbol.*

ex·per·to/ex·per·ta *adj.*
Experimentado, entendido en una
materia o actividad. *Mario era
un **experto** marinero.*

ex·plo·ra·dor *adj.* Relacionado
a un vehículo diseñado para estudiar la superficie de un planeta.
*El vehículo **explorador** bajó por
la rampa de la nave espacial y
recorrió el suelo de Marte.*

ex·po·si·ción *sust.* Muestra
pública de la obra de un artista.
*Una **exposición** itinerante de la
obra de Winslow Homer ha
llegado a nuestro museo.*

ex·pre·sar *v.* Comunicar, con
palabras o por otros medios. *Los
bebés **expresan** sus sentimientos
a través del llanto y los gestos.*

ex·tin·guir·se *v.* Desaparecer
una especie de la Tierra. *Los
dinosaurios se **extinguieron**
hace miles de años.*

F

fan·ta·se·ar *v.* Dejar volar la
imaginación, especialmente
pensando en proyectos o deseos.
*Lalo no oyó la pregunta del maes-
tro porque estaba **fantaseando** en
clase.*

fa·se *sust.* Cada cambio en el aspecto de la luna o de un planeta a lo largo de cada mes. *Durante una de sus **fases**, la luna parece un semicírculo.*

fa·ti·ga *sust.* Cansancio extremo. *Llegó tan débil por el hambre y la **fatiga** que pasó varios días durmiendo.*

fau·na *sust.* Conjunto de animales que viven en un lugar. *La **fauna** marina es muy variada e interesante.*

fi·gu·ra *sust.* Imagen pequeña, esculpida o modelada. *Las **figuras** de niños y perritos en porcelana estaban colocadas en fila sobre la mesa.*

fí·si·ca *sust.* Ciencia que estudia la materia y la energía, y las relaciones entre una y otra. *Las leyes de **física** explican por qué los objetos caen al suelo.*

fle·chas·te *sust.* Cada uno de los tramos horizontales de cuerda que forman una escalera para subir al mástil de un barco de vela. *Una gaviota se posó en uno de los **flechastes** del barco.*

flo·re·cien·te *adj.* Que crece y se fortalece. *Cuando se construyó la estación de ferrocarril, Greensville se convirtió en una ciudad **floreciente**.*

fó·sil *sust.* Restos endurecidos de una planta o un animal prehistórico. *Se han encontrado **fósiles** de dinosaurios en muchos lugares del mundo.*

frus·tra·ción *sust.* Descontento e irritación como consecuencia de un fracaso. *El niño sintió una gran **frustración** al verse eliminado de la competencia.*

G

ge·la·ti·no·so/ge·la·ti·no·sa *adj.* Denso y elástico, como la gelatina. *El flan y algunos pasteles son **gelatinosos**.*

ge·ó·lo·go *sust.* Científico que estudia la corteza terrestre y las rocas que la componen. *Las rocas facilitan mucha información a los **geólogos** sobre los cambios ocurridos en la tierra en un lugar determinado.*

go·bier·no *sust.* Conjunto de personas y organismos que dirigen una nación. *Nuestro **gobierno** envió varios representantes a Australia para participar en unas conversaciones sobre el medio ambiente.*

H

ha·cha *sust.* Herramienta para cortar leña formada por una hoja metálica y un mango. *Mi padre pasó toda la tarde cortando leña con su **hacha** nueva.*

hi·per·re·a·lis·ta *adj.* Que tiene un aspecto muy real. *Muchos retratos de estilo **hiperrealista** parecen fotografías.*

floreciente
Esta palabra procede del verbo latín *florere*, que significa "florecer".

fósil
La palabra fósil procede del adjetivo latino *fossilis*, que significa "sacado de la tierra".

hacha

humilde
La palabra humilde procede del término latino *humus*, que significa "suelo".

hi·pó·te·sis *adj.* Suposición científica basada en los conocimientos disponibles. *Las ideas son simples hipótesis hasta que se demuestra que son ciertas.*

hom·bre *sust.* Persona que presta servicio a otra. *El Presidente se reunió con sus hombres para buscarle una solución al problema.*

hu·mil·de *adj.* Que no es rico ni importante. *María enseña francés a niños de familias humildes.*

I

im·pe·rio *sust.* Territorio extenso formado por varios pueblos bajo un mismo gobierno. *Algunas zonas de Gran Bretaña pertenecieron al antiguo Imperio Romano.*

im·pro·vi·sar *v.* Fabricar o elaborar algo con los materiales que se tienen a mano. *Cuando empezó a llover, los excursionistas decidieron improvisar una tienda de campaña con bolsas para la basura.*

in·có·mo·do/in·có·mo·da *adj.* Molesto, violento, avergonzado. *Roger se sintió incómodo al darse cuenta de que había olvidado los boletos del concierto.*

in·ge·nie·ro *sust.* Persona especializada en el diseño y construcción de máquinas y sistemas. *Los ingenieros diseñaron un complejo sistema de aterrizaje.*

in·me·dia·cio·nes *sust.* Área que rodea a un lugar. *Hay un parque muy grande en las inmediaciones de mi casa.*

in·son·da·ble *adj.* Imposible de medir. *En medio del océano, el suelo marino se encuentra a una profundidad insondable.*

ins·pi·ra·ción *sust.* Ejemplo positivo que anima a otros a luchar por conseguir un objetivo. *Su éxito en la universidad sirve de inspiración a sus hermanas.*

in·ter·pre·tar *v.* Determinar o explicar el significado de algo. *La investigadora interpretó los datos obtenidos en el experimento para sacar conclusiones. Los estudiantes tuvieron que interpretarlos de nuevo para hacer una gráfica.*

in·trin·ca·do/in·trin·ca·da *adj.* Complicado, lleno de detalles. *La pulsera está decorada con figuras intrincadas.*

ir y ve·nir *v.* Desplazarse hacia un lugar y regresar regularmente. *Mi hermano vive a 60 millas de su trabajo y pasa mucho tiempo yendo y viniendo cada día.*

J

jar·cia *sust.* Conjunto de cuerdas, cadenas y otros aparejos de un barco. *Un buen marinero tiene que ser capaz de trepar por las **jarcias** como un ratón.*

K

ka·yak *sust.* Embarcación ligera impulsada por una pala doble, con una pequeña abertura para una o dos personas. *Las muchachas recorrieron la playa remando en su **kayak**.*

L

la·bo·ra·to·rio *sust.* Sala o edificio equipado para realizar investigaciones o experimentos científicos. *Trabaja en un **laboratorio** donde se analizan células de la sangre.*

li·bro de con·ta·bi·li·dad *sust.* Cuaderno donde se llevan las cuentas de una empresa. *En los **libros de contabilidad** se muestran los sueldos de los empleados.*

lien·zo *sust.* Tela rígida y resistente donde pintan algunos artistas. *Emma tensó cuidadosamente el **lienzo** en un bastidor de madera antes de empezar a pintar.*

lla·mar la a·ten·ción *v.* Conseguir que otras personas escuchen lo que alguien tiene que decir. *El guía intentó **llamar la atención** de los visitantes para que todos escucharan la explicación.*

lo·grar *v.* Conseguir un objetivo. *Su cuidada formación la ayudará a **lograr** grandes objetivos. Rolf **logró** terminar el partido aunque le dolía mucho el tobillo.*

lu·jo *sust.* Riqueza, abundancia de cosas caras. *Su afición por el **lujo** y el derroche lo llevó a la ruina.*

M

mam·pa·ro *sust.* Tabiques que dividen el espacio dentro de un barco. *En un **mamparo** del camarote del capitán había un mapa y una fotografía.*

ma·nio·bra *sust.* Cambio controlado en el movimiento o dirección de un vehículo. *El chófer tuvo que hacer **maniobras** complicadas para sacar el carro del patio.*

mer·can·cí·a *sust.* Producto para la venta. *En la feria había muchos puestos de venta donde se ofrecía todo tipo de **mercancías**.*

kayak

meticulosamente
Es probable que los hablantes del latín que vivieron hace mucho tiempo tenían miedo de cometer errores, porque la palabra *meticulosamente* está relacionada con la palabra latina *meticulosus*, que significa miedoso.

metrópolis
Los antiguos griegos formaron la palabra metrópolis combinando la palabra griega que significa "madre" con la palabra que significa "ciudad", y así llamaron al primer asentamiento de una colonia.

navegación
La palabra latina *navis*, que significa "barco", y la palabra *agere*, que significa "manejar", se combinaron para formar el verbo latino *navigare*, "navegar".

me·ti·cu·lo·sa·men·te *adv.* Con gran atención y cuidado. *Era una persona muy cuidadosa y su armario estaba* **meticulosamente** *ordenado.*

me·tó·di·co/me·tó·di·ca *adj.* Que se hace de forma cuidadosa y ordenada. *Buscó en los libros la información que necesitaba de manera muy* **metódica.**

me·tró·po·lis *sust.* Ciudad principal, capital económica y cultural. *Chicago es un centro importante de transporte y por ello se ha convertido en una gran* **metrópolis.**

mi·nu·cio·so/mi·nu·cio·sa *adj.* Que requiere gran atención y esfuerzo. *Recomponer el jarrón roto fue un trabajo muy* **minucioso.**

mos·que·tón *sust.* En alpinismo, pieza metálica ovalada que se abre y cierra fácilmente con un muelle y sirve para unir una cuerda a un pitón. *Las cuerdas deben deslizarse libremente por los* **mosquetones.**

N

na·ve·ga·ción *sust.* Actividad de planificar y dirigir el desplazamiento de un avión o un barco. *El capitán contó que la* **navegación** *le había atraído desde niño.*

nó·ma·da *adj.* Que se traslada de un lugar a otro. *Los beduinos son un pueblo* **nómada** *que vive en el desierto.*

no·tar *v.* Tomar conciencia de algo. *El niño entró silenciosamente en la cocina porque no quería que su madre* **notara** *que estaba despierto.*

O

o·a·sis *sust.* Zona con agua y vegetación en medio del desierto. *La caravana se detuvo en un* **oasis** *para que los viajeros descansaran y los camellos bebieran agua.*

obs·tá·cu·lo *sust.* Objeto o circunstancia que dificulta el avance. *Su enfermedad y la muerte de su madre fueron* **obstáculos** *para su carrera, pero finalmente logró sus objetivos.*

o·cea·nó·gra·fo/o·cea·nó·gra·fa *sust.* Científico especializado en el estudio del mar. *Los* **oceanógrafos** *están estudiando los volcanes submarinos.*

on·du·lan·te *adj.* Que se mueve formando ondas. *Cuando el viento sopla hace que la hierba parezca* **ondulante.**

P

pa·le·on·tó·lo·go/pa·le·on·tó·lo·ga *sust.* Científico que estudia la vida prehistórica. *Los paleontólogos comparan los huesos de los dinosaurios con los de los animales actuales.*

pa·le·ta *sust.* Tabla sobre la que los artistas mezclan los colores. *Austin mezcló pintura azul y blanca en la paleta y empezó a pintar el cielo.*

pe·ón *sust.* Obrero que no está especializado en ninguna tarea en particular. *Los propietarios de la fábrica contrataron a muchos peones jóvenes.*

pe·que·ñez *sust.* Algo pequeño y de poco valor. *En su dormitorio había varias fotografías y pequeñeces colocadas en la estantería.*

per·mi·so *sust.* Autorización necesaria para hacer algo. *Los viajeros necesitan un permiso oficial para cruzar la frontera.*

pio·let *sust.* Herramienta con forma de hacha pequeña que los escaladores utilizan clavándola en el hielo. *Jennifer clavó su piolet con fuerza en la pared de hielo y empezó a subir.*

pis·ta de a·te·rri·za·je *sust.* Franja lisa de terreno donde los aviones aterrizan. *El avión se aproximó a la pista de aterrizaje y aterrizó con una pequeña sacudida.*

pi·tón *sust.* Herramienta utilizada en alpinismo, con forma de clavo y un ojal o un aro en el extremo. *Los pitones son objetos imprescindibles en el equipo de un montañero.*

pí·xel *sust.* Cada uno de los elementos de pequeño tamaño que componen una imagen en una pantalla de televisor o de computadora. *En los programas de diseño asistido por computadora, el ancho de las líneas se mide en píxeles.*

po·co con·ven·cio·nal *adj.* Fuera de lo normal, extraordinario. *Hoy en día, llevar sombrero de copa es algo poco convencional y muy poca gente lo hace.*

pre·su·mir *v.* Alardear de algo, jactarse. *Nelia presumió de ser la mejor jugadora de básquetbol de su equipo.*

prin·ci·pal *adj.* Básico, fundamental. *El objetivo principal del club es dar la bienvenida a los nuevos estudiantes.*

pro·vi·sión *sust.* Conjunto de alimentos y otras cosas necesarias. *Los excursionistas tenían suficientes provisiones para pasar tres días en el campo.*

prue·ba *sust.* Dato empleado para llegar a una conclusión. *Los científicos que estudian los dinosaurios buscan pruebas en los huesos prehistóricos para demostrar sus teorías.*

paleta

píxel
La palabra *píxel* se creó hacia 1969 al combinar la palabra *pix* (abreviatura de la palabra inglesa *picture* o imagen) y la primera sílaba de la palabra inlgesa *element* (elemento).

púas

púa

roce

Esta palabra está relacionada con *rodiare* que en latín significa "roer", o moverse como lo hacen los ratones y roedores. De ahí viene el significado actual de deslizarse suavemente sobre otra cosa.

pú·a *sust.* Cada uno de los pinchos que recubren el cuerpo de un puercoespín. *Es falso que el puercoespín les pueda lanzar sus **púas** a quienes lo atacan.*

pun·to de a·po·yo *sust.* Lugar firme donde un escalador puede pisar al subir una montaña. *Había un saliente en la roca, pero era demasiado frágil como para usarlo de **punto de apoyo.***

R

re·fu·gia·do/re·fu·gia·da *sust.* Persona que se marcha de su país para escapar de guerras, revoluciones u otros problemas. *Muchos **refugiados** tuvieron que abandonar sus países en pequeñas balsas.*

re·fu·gio *sust.* Lugar que ofrece protección contra el mal tiempo. *Los montañeros encontraron **refugio** en una cueva.*

re·la·to *sust.* Narración detallada. *Durante varios días los periódicos hicieron un **relato** detallado de los efectos del huracán.*

re·le·ga·do/re·le·ga·da *adj.* Apartado a un lugar de menor importancia. *Los vestidos que menos le gustaban estaban **relegados** al fondo del armario.*

re·qui·si·to *sust.* Condición que hay que cumplir para conseguir algo. *Uno de los principales **requisitos** para ser un buen piloto es ver perfectamente.*

re·sis·ten·cia *sust.* Capacidad de continuar una actividad sin rendirse al cansancio. *Un corredor de maratón necesita tener una **resistencia** excepcional.*

re·tra·to *sust.* Cuadro o fotografía de una persona. *En el salón principal del ayuntamiento había un **retrato** del primer alcalde de la ciudad.*

ro·ce *sust.* Movimiento de algo que se desliza frotándose contra otra cosa. *El extraño sonido estaba causado por el **roce** de una serpiente con las hojas secas.*

ron·dar *sust.* Permanecer cerca de algo o alguien. *Dos policías decidieron **rondar** por la zona a ver si ocurría algo extraño.*

S

sa·la co·mún *sust.* Estancia amplia donde las personas se reúnen para comer o hacer otras actividades en compañía. *El cuentacuentos reunió a muchas personas en la **sala común** después de la cena.*

sen·sor *sust.* Aparato muy sensible capaz de reaccionar ante cualquier cambio en el entorno. *El juguete tenía varios **sensores** electrónicos para que no chocara contra la pared.*

ser·vir *v.* Adaptarse a un determinado propósito o función. *Las tijeras no **servían** para sacar el clavo de la pared.*

se·sión *sust.* Reunión organizada para un objetivo determinado. *Las animadoras celebraban sus **sesiones** de práctica después de la escuela.*

si·mu·lar *v.* Fingir algo mediante la imitación. *Los pilotos se entrenan **simulando** vuelos en una computadora especial.*

sos·pe·char *v.* Intuir que algo malo o extraño está sucediendo. *El largo silencio en la habitación de los niños hizo **sospechar** a su madre.*

su·bir *v.* Desplazarse hacia arriba, escalar. *A medida que **subía** la montaña, me daba más frío.*

su·mer·gi·ble *sust.* Vehículo que navega bajo el agua. *El veloz **sumergible** llevó una cámara hasta las profundidades del océano.*

su·pe·rar *v.* Vencer. *Debes hacer un esfuerzo por **superar** tu miedo a la oscuridad.*

su·pe·rior *sust.* Persona que tiene autoridad sobre otro. *El empleado siguió las instrucciones de sus **superiores**.*

su·per·vi·sar *v.* Vigilar, controlar el funcionamiento de algo. *El jefe de bomberos pasó varias horas **supervisando** el entrenamiento de rescate.*

su·per·vi·ven·cia *sust.* Conservación de la vida; hecho de seguir viviendo. *Cuando un animal está herido, tiene menos posibilidades de **supervivencia**.*

su·til *adj.* Que no es evidente. Difícil de detectar. *El niño hizo un gesto **sutil** a su hermana para que nadie se diera cuenta.*

T

ten·tá·cu·lo *sust.* Cada una de las extremidades largas, elásticas y delgadas con las que algunos animales tocan, agarran o se desplazan. *Los pulpos atrapan a sus presas con los **tentáculos**.*

te·o·rí·a *sust.* Idea basada en pruebas, pero que no está demostrada científicamente. *Hacia 1860 Joseph Lister publicó una **teoría** en la que se indicaba que las infecciones estaban causadas por gérmenes.*

te·pe *sust.* Pedazo de tierra que se mantiene unido gracias a las raíces de la hierba que contiene. *Algunos pioneros construían sus casas de **tepe**.*

te·rri·to·rio *sust.* Terreno que pertenece a un país o región. *El **territorio** de los Estados Unidos limita al norte con Canadá.*

tentáculo

653

trueque
Esta palabra está relacionada con *trocar* y viene de *trocare* que en latín significa "cambiar".

visado

te·rri·to·rio con·ti·nen·tal *sust.* Parte de un continente situada en tierra firme, sin incluir las islas. *Los habitantes de Hawai llaman **territorio continental** al resto de los Estados Unidos.*

tí·tu·lo *sust.* Documento que acredita la formación de una persona para desempeñar una profesión. *Para trabajar como enfermera se necesita un **título** oficial.*

trai·cio·ne·ro/trai·cio·ne·ra *adj.* Que oculta peligros insospechados. *El bosque puede ser un lugar muy **traicionero**.*

trans·mi·sión *sust.* Mensaje enviado por radio. *El tornado interrumpió la **transmisión** del equipo de investigación.*

tra·tar *v.* Intentar. ***Traté** de mantener el equilibrio, pero me caí dos veces.*

tri·bu·to *sust.* Regalo que un pueblo derrotado o que desea protección hace a quienes tienen el poder. *Todos los años llegaban a la capital muchos **tributos** de oro y especias.*

true·que *sust.* Intercambio de mercancías sin usar dinero. *Algunos pueblos primitivos tenían sistemas de **trueque** bien desarrollados*

U

ur·gen·cia *sust.* Necesidad de hacer algo rápidamente. *Cuando Laura llamó al hospital, la operadora notó el tono de **urgencia** en su voz.*

V

vi·sa·do *sust.* Documento que autoriza a una persona a viajar por un país determinado. *Algunos turistas no pudieron entrar en Rusia porque únicamente llevaban el pasaporte y no tenían **visados**.*

vi·si·bi·li·dad *sust.* La mayor distancia a la que se puede ver. *Cuando hay niebla hay muy poca **visibilidad**.*

vo·lun·ta·rio/vo·lun·ta·ria *sust.* Persona que se ofrece libremente para hacer un trabajo. *El puente fue construido por un equipo de **voluntarios**.*

Y

ya·ci·mien·to *sust.* Lugar donde existen restos antiguos valiosos que se pueden recuperar mediante excavaciones. *En la isla se encontraron varios **yacimientos** con piezas de cerámica y hueso.*

Acknowledgments

"*A mi primer nieto,*" by Miguel de Unamuno. Copyright © Heirs of Miguel de Unamuno. Signed in the name and on behalf of the Unamuno Estate. Reprinted by permission of Ute Körner Literary Agency.

"*Ahí afuera,*" originally published as "*Out There,*" from *Rogue Wave and Other Red-Blooded Sea Stories,* by Theodore Taylor. Copyright © 1996 by Theodore Taylor. Translated and reprinted by permission of Theodore Taylor and the Watkins/Loomis Agency.

"*Amelia Earhart: La primera dama del aire,*" a selection from *Amelia Earhart: First Lady of Flight,* by Jan Parr. Copyright © 1997 by Jan Parr. Translated and reprinted by permission of Franklin Watts, a division of Grolier Publishing.

"*Amor canino,*" originally published as "*Puppy Love,*" adapted from *American Girl* magazine, March/April 1995 issue, Volume 3, Number 2. Copyright © 1995 by Pleasant Company. Translated and reprinted by permission of Pleasant Company.

"*Aracne, la hilandera,*" originally published as "*Arachne the Spinner,*" from *Greek Myths,* by Geraldine McCaughrean, illustrations by Emma Chichester Clark. Text copyright © 1992 by Geraldine McCaughrean. Illustrations copyright © 1992 by Emma Chichester Clark. First published in the United Kingdom by Orchard Books in 1992, a division of The Watts Publishing Group Limited, 96 Leonard Street, London EC2A 4XD. Translated and reprinted by permission of The Watts Publishing Group Ltd.

Bajo las aguas azules, originally published as *Beneath Blue Waters: Meetings with Remarkable Deep-Sea Creatures,* by Deborah Kovacs and Kate Madin, principal photography by Larry Madin. Text copyright © 1996 by Deborah Kovacs and Kate Madin. Photographs copyright © 1996 by Larry Madin. Translated and reprinted by permission of Raines & Raines Literary Agency.

"*Bajo las palmas reales,*" a selection from *Under the Royal Palms,* by Alma Flor Ada. Text and cover photograph copyright © 1998 by Alma Flor Ada. Spanish translation copyright © 2000 by Alma Flor Ada. Text reprinted by permission of Atheneum Books for Young Readers, an imprint of Simon & Schuster Children's Publishing Division. Translation and cover reprinted by permission of the Author and BookStop Literary Agency.

"*Baño de luna,*" by Julia González. Copyright © Julia González. Reprinted by permission of Jorge L. Suárez-Argudín on behalf of the author's estate.

Selection from "*Barcos,*" by Alberto Blanco. Text copyright © Alberto Blanco. Reprinted by permission of the author.

"*Bessie Coleman: La acróbata del aire,*" originally published as "*Barnstorming Bessie Coleman,*" by Sylvia Whitman from Cobblestone magazine, February 1997 issue: *Tuskegee Airmen.* Copyright © 1997 by Cobblestone Publishing Company, 30 Grove Street, Suite C, Peterborough, NH 03458. All rights reserved. Translated and reprinted by permission of the publisher.

"*Buenos Hotdogs/Good Hotdogs,*" from *My Wicked Wicked Ways,* by Sandra Cisneros, published by Third Woman Press and in hardcover by Alfred A. Knopf. Copyright © 1987 by Sandra Cisneros. Reprinted by permission of Susan Bergholz Literary Services, New York. All rights reserved. Translation as published in *Cool Salsa,* edited by Lori M. Carlson. Translation copyright © Lori M. Carlson. Reprinted by permission of the translator.

"*Chuck Close: De cerca,*" a selection from *Chuck Close, Up Close,* by Jan Greenberg and Sandra Jordan. Copyright © 1998 by Jan Greenberg and Sandra Jordan. Translated and reprinted by permission of Dorling Kindersley Publishing, Inc.

"*Cómo la música bajó del cielo,*" originally published as "*How the Music Was Fetched Out of Heaven,*" from The *Golden Hoard,* by Geraldine McCaughrean, illustrated by Bee Willey. Text copyright © 1995 by Geraldine McCaughrean. Illustrations copyright © 1995 by Bee Willey. Translated and reprinted by permission of The Orion Publishing Group.

"*Cómo soy yo,*" by Almudena Herranz from *Poesía para niños escrita por niños,* by Gloria Fuertes. Copyright © Almudena Herranz. Every effort has been made to locate the rights holder of this selection. If the rights holder should see this notice, please contact School Permissions at Houghton Mifflin Company.

"*Cómo tener espíritu deportivo,*" originally published as "*How to Be a Good Sport,*" from *Current Health 1®* magazine, December 1998 issue, Volume 22, No. 4. Copyright © 1998 by Weekly Reader Corporation. All rights reserved. Translated and reprinted by permission of Weekly Reader Corporation.

"*Conexión con los medios de comunicación: La valentía en las noticias,*" originally published as "*Boy Wonder: 5th Grader Stops Bus After Driver Collapses,*" by Carolyn Bower from *St. Louis Post-Dispatch,* October 4, 1995 issue. Copyright © St. Louis Post-Dispatch. Translated and reprinted by permission of the publisher.

"*Construir la antigua Roma,*" a selection from *Ancient Romans at a Glance,* by Dr. Sarah McNeill. Copyright © 1998 by Macdonald Young Books. Reprinted by permission of McGraw-Hill Book Company.

"*Construye y lanza un cohete de papel,*" originally published as "*Build and Launch a Paper Rocket!,*" adapted from *NASA's Rockets: Physical Science Teacher's Guide with Activities.*

"*Criar mariposas en casa,*" originally published as "*Home-Grown Butterflies,*" by Deborah Churchman from *Ranger Rick* magazine, May 1998 issue. Copyright © 1998 by the National Wildlife Federation. Translated and reprinted with the permission of the publisher, the National Wildlife Federation.

Selection from *Cuando era Puertorriqueña,* by Esmeralda Santiago. Text copyright © 1994 by Esmeralda Santiago. Reprinted by permission of Random House, Inc.

"*Dame la mano,*" from *Ronda de astros,* by Gabriela Mistral. Copyright © Provincia Franciscana de la Santisima Trinidad, Santiago de Chile. Copyright © Espasa-Calpe, S.A. Madrid. Reprinted by permission of Espasa-Calpe S.A.

Dinosaurios fantasmas, originally published as *Dinosaur Ghosts: The Mystery of Coelophysis,* by J. Lynett Gillette, pictures by Douglas Henderson. Text copyright © 1997 by J. Lynett Gillete. Pictures copyright © 1997 by Douglas Henderson. Translated and published by arrangement with Dial Books for Young Readers, a division of Penguin Putnam Inc.

"*Doctor dinosaurio,*" originally published as "*Doctor Dinosaur,*" by Carolyn Duckworth. Copyright © 1997 by Carolyn Duckworth. Reprinted by permission of the author.

"*Donde crecen los helechos rojos,*" a selection from *Where the Red Fern Grows,* by Wilson Rawls. Copyright © 1961 by Sophie S. Rawls, Trustee, or successor Trustee(s) of the Rawls Trust, dated July 31, 1991. Copyright © 1961 by The Curtis Publishing Company. Translated and used by permission of Dell Publishing, a division of Random House, Inc.

"*¿Dónde están?,*" from *My Mexico/Mexico Mío,* by Tony Johnston. Copyright © 1996 by Tony Johnston. Used by permission of G.P. Putnam's Sons, an imprint of Penguin

"*Mi madre*," by Trigueros de León from *Antología de poesía infantil*, by Ana Rosa Nuñez. Copyright © 1985 by Ana Rosa Nuñez. Reprinted by permission of Ediciones Universal.

"*Mi sueño es*," a selection from "*I Have A Dream*," by Dr. Martin Luther King, Jr. Copyright © 1963 by Martin Luther King Jr., copyright renewed 1991 by Coretta Scott King. Translated and reprinted by arrangement with The Heirs to the Estate of Martin Luther King, Jr., c/o Writers House, Inc. as agent for the proprietor.

"*Mis amigos*," by Claudia Garcia Moreno, from *Voices from the Fields*, by S. Beth Atkin. Copyright © 1993 by Claudia Garcia Moreno. Reprinted by permission of Little, Brown and Company (Inc.)

"*Moverse, saltar/Shuffle, Jump*," from *Sol a sol: Bilingual poems*, written and selected by Lori Marie Carlson. Text copyright © 1998 by Lori Marie Carlson. Reprinted by permission of Henry Holt and Company, LLC.

Selection from "*No es posible*," from *La poesia no es un cuento*, by Gloria Fuertes. Text copyright © 1989 by Gloria Fuertes. Reprinted by permission of Editorial Bruno, Madrid.

"*Paraíso terrenal*," from *Angels Ride Bikes and Other Fall Poems/Los ángeles andan en bicicleta y otros poemas de otoño*, by Francisco X. Alarcón. Poem copyright © 1997 by Francisco X. Alarcón. Reprinted with the permission of the publisher, Children's Book Press, San Francisco, CA.

Pasaje a la libertad: La historia de Chiune Sugihara, by Ken Mochizuki, illustrated by Dom Lee, translated by Esther Sarfatti. Text copyright © 1997 by Ken Mochizuki. Illustrations copyright © 1997 by Dom Lee. Translation copyright © 1999 by Lee & Low Books, Inc. Reprinted by arrangement with Lee & Low Books, Inc.

"*Pinceladas diferentes*," originally published as "*Different Strokes*," by Samantha Bonar from *American Girl* magazine, May/June 1999 issue. Copyright © 1999 by Pleasant Company. Translated and reprinted by permission of Pleasant Company. Artwork depicted is reprinted by permission of ALLUCRA on behalf of Alexandra Nechita.

"*Recuperar tesoros reales*," originally published as "*Raising Royal Treasures*," from Time for Kids magazine, November 13, 1998 issue. Copyright © 1998 by Time Inc. Translated and used with permission.

"*Se busca ayuda*," originally published as "*Help Wanted: Groups Seek Kid Volunteers to Change the World, No Experience Necessary*," by Anna Prokos from the December 1997 issue of 3-2-1 Contact magazine. Translated and reprinted by permission of Sesame Workshop.

"*Solo contra el mar*," originally published as "*Alone Against the Sea*," by Walter Roessing from National Geographic World magazine, April 1997 issue. Copyright © 1997 by National Geographic Society. Translated and reprinted by permission of National Geographic Society.

"*Solo de guitarra*," originally published as "*Guitar Solo*," from *The Bronze Cauldron*, by Geraldine McCaughrean, illustrated by Bee Willey. Text copyright © 1997 by Geraldine McCaughrean. Illustrations copyright © 1997 by Bee Willey. Translated and reprinted by permission of The Orion Publishing Group.

"*Tiburones bajo el hielo*," originally published as "*Sharks Under Ice*," by Nick Caloyianis, as told to David George Gordon from *National Geographic World* magazine, February 1999 issue. Copyright © 1999 by National Geographic Society. Translated and reprinted by permission of National Geographic Society.

"*¡Un joven genio del jazz!*," originally published as "*A Real Jazzy Kid*," by Gail Hennessey from *U.S. Kids* magazine, March 1994 issue, Vol. 7, Issue 2, *A Weekly Reader* Magazine. Copyright © 1994 by Children's Better Health Institute, Benjamin Franklin Literary & Medical Society, Inc., Indianapolis, Indiana. Translated and used by permission.

"*Un talento especial*," a selection from *A Kind of Grace*, by Jackie Joyner-Kersee. Copyright © 1997 by Jackie Joyner-Kersee. Translated and reprinted by permission of Warner Books, Inc.

"*Una historia de coraje, valentía, fortaleza y heroísmo*," originally published as "*A Story of Courage, Bravery, Strength, and Heroism...*," by Shao Lee from *Asian Pages*, July 15-31, 1995. Copyright © 1995. Translated and reprinted with permission from Asian Pages.

"*Una ratonera mejor*," originally published as "*A Better Mousetrap*," from *Lion and Mouse Stories*, by Colleen Neuman. Copyright © 1993 by Colleen Neuman. Translated and reprinted by permission of Baker's Plays. All inquiries should be directed to Baker's Plays, P.O. Box 699222, Quincy, MA 02269.

Special thanks to the following teachers whose students' compositions appear as Student Writing Models.

Writing Models

Cindy Cheatwood, Florida; Diana Davis, North Carolina; Kathy Driscoll, Massachusetts; Linda Evers, Florida; Heidi Harrison, Michigan; Eileen Hoffman, Massachusetts; Julia Kraftsow, Florida; Bonnie Lewison, Florida; Kanetha McCord, Michigan

Photography

6 Norio Sato/Photonica. **7** Corbis Royalty Free **8** "Bird" mask by Alutiiq artist Jerry Laktonen. **12** © George Holton/Photo Researchers. **14** Scala/Art Resource, New York. **16** AP/Wide World Photos. **17** The Granger Collection. **18** © 2002 PhotoDisc, Inc.. **20** © 2002 PhotoDisc, Inc.. **20-1** © Jim Cummins 1996/Getty Images. **26** (t) © Neil Rabinowitz. (b) © Art Wolfe. **27** (tl) (tr) (bl) Art Wolfe. **27** (br) © David A. Northcott/CORBIS. **28** (t) Craig Virden. (b) Michael Justice/Mercury Pictures. **29** (bkgd) © 2002 PhotoDisc, Inc.. **47** St. Louis Post Dispatch. **48-9** (bkgd) Corbis Royalty Free. **50** (bkgd) © 2002 PhotoDisc, Inc.. **50-1** (bkgd) PhotoSpin. **50** © Sovfoto/Eastfoto. **51** Visas for Life Foundation. **52** (bkgd) PhotoSpin **65** (t) Jeff Reinking/Mercury Pictures. (b) Courtesy Dom Lee. **68-71**. Monique Goodrich. **69** (frame) Image Farm. **71** (frame) Image Farm. **72** (l) Terje Rakke/The Image Bank/PictureQuest. **72-3** © Chris Rainier/CORBIS. **73** (t) © Phil Schermeister/CORBIS. (r) © Galen Rowell/CORBIS. (b) TR Youngstrom/Outside Images/PictureQuest. **87** (t) Courtesy Ed Myers. (b) Courtesy Bill Farnsworth. **90-1** © Michael Lewis/CORBIS. **92-3** (bkgd) © Wild Country/CORBIS. **92** (t) Royal Geographic Society. **93** (b) Royal Geographic Society. **96** (t) Eric Bakke/Mercury Pictures. (b) Lorraine Parow/Mercury Pictures. **115** (t) James Sugar/Black Star. (b) AP/Wide World. **118-9** Norio Sato/Photonica. **120** Chris Jones/Corbis Stock Market **121** © 2002 PhotoDisc, Inc.. **122** Joseph Sohm/CORBIS. **124** Photex/CORBIS. **125** © 2002 PhotoDisc, Inc.. **126** © 2002 PhotoDisc, Inc.. **127** © 2002 PhotoDisc, Inc.. **128** Darren Modricker/CORBIS. **129** © 2002 PhotoDisc, Inc.. **130** © 2002 PhotoDisc, Inc.. **131** David Roth/ Getty Images. **132** CORBIS. **133** Jennie Woodcock/CORBIS. **134** (l) Peter Beck/Corbis Stock Market. (m) Peter Langone/International Stock. (r) Jon Feingersh/Corbis Stock Market. **136** (icon) Corbis Royalty Free. **136-7** Art Wolfe/ Getty Images. **142-3** (bkgd) UPI/CORBIS-Bettmann. **142** (b) © CORBIS.